falstaff

RESTAURANT &
BEIZEN GUIDE

D1665907

SCHWEIZ

2023

Die besten 1150 Restaurants und Beizen
der Schweiz. Von Gästen bewertet.

IMPRESSUM

HERAUSGEBER
Wolfgang M. Rosam
Aloys Hirzel

MEDIENINHABER
Falstaff Verlag Schweiz AG
Lagerstrasse 121, 8004 Zürich
www.falstaff.com

GESCHÄFTSFÜHRUNG
Mag. Elisabeth Kamper, Ronald Tomandl, Thomas Walliser

VERWALTUNGSRAT
Wolfgang M. Rosam, Aloys Hirzel

VERLAGSLEITUNG
Sophie-Marie von Haugwitz

CHEFREDAKTION
Dominik Vombach, Benjamin Herzog

REDAKTION
Julia Hamester, Kemal Kara, Natalia Rebow (Chefs vom Dienst)
Sophie Piff, Daniel Riesinger, Nicolas Wessely,
Kara Wilding (Redaktionsassistenz)
Georg Morawitz-Holeschofsky, Robert Pleniger (Daten)
Daniela Bieder, Sven Friese, Ursula Geiger
und Larissa Graf (Autoren)
Andreas Hierzenberger (Lektorat)
Florence Wibowo (Fotoredaktion)

ANZEIGENVERTRIEB
Eugen Baumgartner, Camille Husson-Stengel,
Therese Kramarz, Martina Kummer

GESTALTUNG UND PRODUKTION
Marcus Wiesner (Grafik)
Michael Lenhart (Produktion/Litho)

DRUCK
Neografia

+

*VALAIS AOC PAÏEN DE
PLAMONT LA RODELINE
2020, 75 CL

. . . .

26.95 (10 CL = 3.59)

+

*TICINO DOC MERLOT SIRIO
BARRIQUE MATASCI VINI 2018, 75 CL

. . . .

28.50 (10 CL = 3.80)

Highlights aus dem
Mondovino-Sortiment

 Exklusiv online erhältlich:
mondovino.ch/highlights

coop

Für mich und dich.

INHALT

DIE BESTEN RESTAURANTS UND BEIZEN DER SCHWEIZ

Zwei Träume.
Ein Lebensgefühl.

Be one of us.
drivenbydreams.ch

PORSCHE

EDITORIAL

Chefredaktion
Falstaff Schweiz:
Benjamin Herzog und
Dominik Vombach

Was für eine grosse Freude! So umfangreich wie dieses Mal war der Falstaff Restaurant- und Beizenguide noch nie. Rund 1150 Betriebe finden sich in diesem Buch, die allesamt verdeutlichen, wie vielfältig die Schweizer Gastronomie heute ist. Darunter unzählige Betriebe, die zum ersten Mal überhaupt in einem Guide dieser Art erscheinen. Egal, wonach Ihnen der Sinn steht, wir haben unzählige Tipps und Empfehlungen für Sie – von der bodenständigen Landbeiz über italienische und asiatische Lokale ums Eck bis hin zu den besten Gourmet-Adressen des Landes. Das Beste daran: Auswahl und Bewertung der Betriebe kamen durch Sie, unsere Leser, zustande. Sie alle hatten die Chance, für Ihre liebsten Lokale zu voten oder diese zu nominieren. Die Falstaff-Redaktion hat ihre Votings auf falstaff.com in den letzten Monaten geprüft und zu diesem wertvollen, umfassenden Gastroführer zusammengefasst.

Sollte Ihr Lieblingslokal fehlen, möchten wir Sie dazu ermutigen, es für das nächste Jahr zu nominieren. Denn nur mit Ihrer Hilfe, liebe Falstaff-Leser, kann dieser Guide genau den Zweck erfüllen, den er soll: alle Restaurants in der Schweiz zu repräsentieren, die Geniessern grosse Freude bereiten und von denen auch andere wissen sollten.

Danke, liebe Falstaff-Community, und viel Vergnügen mit dem Restaurant- und Beizenguide 2023!

Benjamin Herzog
Chefredaktion
Falstaff Schweiz

Dominik Vombach
Chefredaktion
Falstaff Schweiz

DER GUIDE

☐ ESPACE MITTELLAND	112
☐ NORDWESTSCHWEIZ	172
☐ OSTSCHWEIZ	298

DIE LOKALE

Der Restaurant- und Beizenguide präsentiert rund 1150 Schweizer Gastrobetriebe. Einschränkungen gab es für die Aufnahme der Betriebe dabei keine – einzig ein gewisses Punkteniveau beim Onlinevoting wurde vorausgesetzt. Sie finden in diesem Führer einfache Landbeizen genauso wie urbane Weinbistros, Hotelrestaurants oder Sternerestaurants der Spitzenklasse. Der Guide beinhaltet also für jeden Geschmack und für jede Gelegenheit genau das Richtige. Verteilt sind die Betriebe im gesamten Land und werden nach Grossregionen sortiert abgebildet.

IM ÜBERBLICK

☐	SÜDSCHWEIZ (Genfersee & Tessin)	38
▨	ZENTRALSCHWEIZ	366
▨	ZÜRICH	210

FALSTAFF-COMMUNITY

Alle Bewertungen in diesem Guide stammen von der Falstaff-Community, also von Ihnen, den Gästen. Genau das ist auch das Besondere: Anstelle von professionellen Kritikern stimmten die Falstaff-Leser online für ihr Lieblingslokal ab und konnten gleichzeitig neue Betriebe nominieren. So gewährleistet Falstaff, dass es auch neue und kleinere Restaurants in den Guide schaffen. Fehlt Ihr Lieblingslokal in dieser Ausgabe? Dann nominieren Sie den Betrieb für die nächste Ausgabe. Schreiben Sie uns: guides@falstaff.ch.

SYMBOLIK/BEWERTUNG

SYMBOLE

🏡	GARTEN
P	PARKPLÄTZE VORHANDEN
👫	KINDERFREUNDLICH
♿	BEHINDERTENGERECHT
🐕	HUNDE NICHT ERWÜNSCHT
🛏	ÜBERNACHTUNGSMÖGLICHKEIT
💳	ELEKTRONISCHE ZAHLUNGSMÖGLICHKEIT

BEWERTUNG

ESSEN:	maximal 50 PUNKTE
SERVICE:	maximal 20 PUNKTE
WEIN-/GETRÄNKEKARTE:	maximal 20 PUNKTE
AMBIENTE:	maximal 10 PUNKTE
GESAMT:	maximal 100 PUNKTE

DIE GABEL-SYMBOLE*

⫴	95–100 PUNKTE
⫼	90–94 PUNKTE
⫿	85–89 PUNKTE
❘	80–84 PUNKTE

Die angegebenen Daten wurden von den Betrieben an Falstaff übermittelt. Die aktuellsten Informationen und Öffnungs-zeiten finden Sie immer auf www.falstaff.com sowie auf der Website des jeweiligen Betriebs. Jedes Restaurant wurde zudem von der Redaktion mit aussagekräftigen Attributen versehen, die die jeweils individuellen Besonderheiten hervor-heben und das Konzept treffend beschreiben.

* © Modell «Vienna» von Berndorf Besteck

jura

«Frisch gemahlen, nicht gekapselt.»

Roger Federer
Schweizer Tennis-
Ikone und JURA-
Markenbotschafter
seit 2006

Die J8 sorgt für vollkommen neue Genusserlebnisse: Die Sweet-Foam-
Funktion aromatisiert den Milchschaum direkt bei der Zubereitung
– beispielsweise für einen trendigen Sweet Latte. Das Mahlwerk P.A.G.2+
garantiert jederzeit ein Maximum an Geschmack. Das Coffee Eye erkennt
die Platzierung der Tasse und passt die Spezialitätenauswahl im Display
automatisch an. JURA – If you love coffee.   jura.com

Foto: Digitale Massarbeit

Wirtin des Jahres
präsentiert von Famille Perrin

TANJA GRANDITS, STUCKI, BASEL

Tanja Grandits ist die beste Köchin der Schweiz – aber lange nicht nur das! In ihrem Basler Restaurant Stucki hält sie seit 14 Jahren die Fäden in der Hand. Das mit einem Team von langjährigen Mitarbeitern – von denen viele seit dem Anfang an ihrer Seite wirken. Das gibt es selten. Die «Wirtin mit Leib und Seele» schafft eine einzigartige Atmosphäre in ihrem Lokal, etwas Unvergleichliches, das die Gäste immer wieder bei ihr einkehren lässt und die Mitarbeiter zum Bleiben bewegt. Grandits weiss immer, was zu tun ist, und tut es mit einer Überzeugung, die man ohne Scham beneiden darf. Egal, ob sie kocht, ihre Brigade dirigiert, etwas in ihrem «Stucki» optimiert, Bücher schreibt oder neue Ideen entwickelt – Grandits begeistert auf ganzer Linie. 2022 ist sie Genusspatin «ihrer» Stadt Basel und geht auch in dieser Rolle auf: So trommelte sie innert kürzester Zeit zehn Basler Kolleginnen und Kollegen zusammen, um mit ihnen und ihrem Team ein Benefiz-Dinner zugunsten der Opfer des Ukraine-Kriegs zu veranstalteten. Ein gelungener Abend war natürlich auch das.

FAMILIENTAG

FAMILLE PERRIN

Foto: Digitale Massarbeit

Gourmetadresse des Jahres

MAGDALENA, SCHWYZ

Das kleine Örtchen Rickenbach im Kanton Schwyz hat sich in den letzten beiden Jahren tatsächlich zum Mekka für Feinschmecker entwickelt. Sie alle pilgern wegen des Magdalena in die Innerschwyz, des Restaurants, mit dem Chefkoch Dominik Hartmann innert kürzester Zeit den Schweizer Gourmethimmel gestürmt hat. Aufs neue Jahr hin entschied sich der Shooting Star der heimischen Gastroszene gemeinsam mit Gastgeberin Adriana Hartmann und Geschäftsführer Marco Appert zum Verzicht auf Fleisch und Fisch im Restaurant. Ein radikaler Schritt, der bei einem Lokal am Fusse des Mythen durchaus Mut und vor allem Können braucht. Die zwei Sterne, die das Magdalena auf Anhieb nach Eröffnung bekam, sprechen diesbezüglich aber sowieso eine eigene Sprache. Hartmanns tänzerisch leichte Küche zelebriert das Grundprodukt auf einzigartige Weise – mal ist es eine Rande, mal eine Sellerie, mal eine Zwiebel. Immer stellt sich nach einem Besuch im Magdalena jedoch die Frage: Wie kann das alles nach nur zwei Jahren schon so grossartig sein?

Prickelt anders.

Jetzt geniessen:
Der fruchtig-frische Schaumwein.
100% schweizerisch.
Erhältlich im Coop.

 @stradawein | strada-wein.ch

Foto: PR

Eröffnung des Jahres

SILEX, ZÜRICH

Das Zürcher Silex entwickelte sich innerhalb kürzester Zeit zu einem neuen Hotspot für Wein- und Kulinarikliebhaber. Geschuldet ist dies wohl auch der hochkarätigen Gastroerfahrung, welche die Betreiber in den Jahren vor der Eröffnung des Lokals sammelten. Chef George Tomlin kochte einst im Londoner Sternerestaurant The Clove Club, bevor er die Küche in der legendären Weinbar P. Franco führte. Seine Frau, Julia von Meiss, war ebenfalls im The Clove Club tätig und leitete später renommierte Weinbars. Auch Sommelier Jean-Denis Roger arbeitete zuvor in der Spitzengastronomie, unter anderem im Zürcher Maison Manesse und dem Baur au Lac sowie der Naturweinbar 169 West. Im Silex löst das Trio nun alle Versprechen, die mit ihren Lebenswegen verbunden sind, auf eindrucksvolle Weise ein und hat ein kontemporäres Lokal geschaffen, das in jeder internationalen Metropole bestehen würde. Bei der sorgfältig kuratierten Weinkarte setzt man auf naturnahen Anbau, lässt sich geschmacklich jedoch nicht einengen. Auch das Essen lässt kaum Wünsche offen und glänzt von den Snacks bis hin zum ausgedehnten Menu mit auf beste Produkte fokussierten Gerichten.

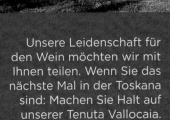

Foto: Thomas Engler

Ikone 2023

KRONENHALLE, ZÜRICH

Die Legende der Zürcher Kronenhalle beginnt im Jahr 1924 mit Hulda und Gottlieb Zumsteg. Im einstigen Hôtel de la Couronne unmittelbar beim Bellevue eröffnete das Ehepaar damals jenes Lokal, das heute zu den Ikonen der Stadt und der ganzen Schweiz gehört. Das Haus avancierte schnell zum beliebten Treffpunkt der Zürcher, aber auch Künstler und Schriftsteller aus aller Welt fühlten sich hier wohl. Nach Gottlieb Zumstegs Tod im Jahr 1954 stieg sein Sohn Gustav in die Geschäftsleitung ein. Durch seine Kontakte in die Kunst- und in die Modewelt wurde die Kronenhalle endgültig zur Legende. Gustav Zumsteg war Kunstsammler und platzierte die Gemälde aus seiner Kollektion im Lokal. Das sorgte für weitere Bekanntheit, denn wann trinkt und speist man schon zwischen Werken von Miró, Braque oder Matisse? Max Frisch, Richard Strauss, Coco Chanel und Friedrich Dürrenmatt gehörten in diesen Jahren unter anderem zu den Gästen der Zumstegs. Bis heute speist man hier zwischen den Werken der grossen Künstler, geniesst gehobene, zeitlose Hausmannskost und teilt sich das Lokal mit Prominenz aus aller Welt.

im Hier und Jetzt
innehalten
auf sich besinnen
sich verwirklichen
verbunden sein

bulthaup

Foto: PR

Beiz des Jahres

GASTHAUS BAD OSTERFINGEN, OSTERFINGEN

Das Gasthaus Bad Osterfingen gehört seit vielen Jahren
zu den Klassikern in der Nordostschweiz. Inmitten der
Reblandschaft des Schaffhauser Klettgaus ist es ein Wohl-
fühl- und Sehnsuchtsort für Generationen. Hier kam man
schon mit den Grosseltern hin, und hierhin will man einst die
eigenen Enkel mitbringen. Alleine das Ambiente in und um
die alten Gemäuer ist legendär – ob unter den prachtvollen
Kastanienbäumen im Garten oder in einer der gemütlichen
Gaststuben, sich wohlzufühlen ist hier kein Kunststück. Dazu
tragen natürlich auch die Wohlfühlküche von Michael Meyer
und der herzliche Service von Ariane Meyer bei. Auf die Teller
gibt es Währschaftes auf Topniveau: Das Kalbsrahmschnitzel
mit Spätzli ist zu Recht legendär, ebenso die Wildgerichte
im Herbst oder das Caramelköpfli zum Ausklang. Ins Glas
kommen im «Bad Osterfingen» Weine aus eigenem Anbau.
Diese gehören zum Besten, was die Region zu bieten hat – das
beweisen auch die wiederholt hohen Punktierungen in den
Falstaff-Verkostungen.

Foto: PR

Gastrokonzept des Jahres

PIÙ, BINDELLA, ZÜRICH

Gastronomisch sind wir Schweizerinnen und Schweizer verwöhnt – in kaum einem Land ist die Grundqualität der Lokale so hoch wie hier. Das ist unter anderem Gastro-Unternehmern wie Familie Bindella zu verdanken, die es versteht, trotz grosser Zahl an Betrieben (es sind mittlerweile fast 50!) die Grundqualität stets hochzuhalten. Fast schon Bahnbrechendes erlebt man beim Besuch einer der jüngsten Erfolgsgeschichten des Familienunternehmens namens «Più» mit zwei Standorten in Zürich sowie einem in Bern und seit Kurzem auch einem in Zug. Hier wird Pizza Napoletana serviert, und das in einer Qualität, wie man sie auch in Neapel nicht immer findet. Als ob das nicht genug wäre, finden sich auf den Karten auch Pasta- oder Fleischgerichte in altbekannter Bindella-Qualität, aber mit zeitgemässem Twist. Und dann wäre da noch die ungezwungene, modern anmutende Atmosphäre in den Lokalen, die einen beim Besuch keinen Moment realisieren lässt, dass das jeweilige Lokal kein Einzelfall, sondern Teil eines Konzepts ist – eines der besten des Landes.

Foto: Gaudenz Danuser

Plant-Based-Restaurant des Jahres

OZ (SCHAUENSTEIN CAMINADA), FÜRSTENAU

Selbst in Andreas Caminadas Gourmet-Wunderland in Fürstenau nimmt das Oz einen ganz besonderen Platz ein. Nicht nur, weil es hier ausschliesslich um Gemüse geht, sondern alleine schon des Lokals selbst und seines Chefkochs Timo Fritsche wegen. Statt an Tischen macht es sich der Gast hier am Tresen gemütlich und schaut Fritsche und seinem Team dabei zu, wie die filigranen Speisen zubereitet werden. Wüsste man nicht, dass der Name «Oz» auf Rätoromanisch für «heute» steht, könnte man sich durchaus im zauberhaften Land des Zauberers von Oz verstehen. Fritsches Oden an das Gemüse drehen sich rund um die Ernte aus dem eigenen Permakultur-Garten. Rund 700 verschiedene Gemüse-, Früchte- und Kräutersorten werden in unmittelbarer Nähe kultiviert und bieten täglich neue Inspiration. Sommelier und Restaurantleiter Giuseppe Lo Vasco serviert zu Fritsches feinfühligen Gerichten eine spannende Auswahl an Getränken, die von Kombucha bis hin zu zurückhaltend produzierten Weinen reicht. So wird der Besuch im Oz zu einem stimmigen Gesamterlebnis, das nicht nur Gemüseliebhaber umhauen wird.

Foto: PR

Slow-Food-Bio-Restaurant des Jahres

Die Zürcher Wirtschaft im Franz geht seit vielen Jahren ihren ganz eigenen Weg. Einen, der Lockerheit mit hoher Qualität brillant verbindet und seit jeher für gesunden Menschenverstand steht. Im Falle der Wiediker Quartierbeiz bezieht sich Letzteres auf den holistischen Ansatz, den Sebastian Funck und sein Team von Beginn an pflegen. Ganz sicher gehört zu diesem der bewusste Umgang mit Lebensmitteln. Denn wenn irgendwo die Themen Bio, Nachhaltigkeit, Saisonalität und Regionalität keine blossen Schlagwörter sind, dann ist das ohne Zweifel in der Franz. Hier geht man sogar noch weiter und bindet von Beginn an den Menschen in das Konzept mit ein. Faire Löhne, flexible Arbeitszeiten, all das, was andernorts noch immer diskutiert wird, gehört in der Wirtschaft im Franz seit Langem zum Standard. Genau so klar, wie man bei der Ausrichtung des Lokals ist, ist es dann letztlich auch auf dem Teller. Die Gerichte von Gino Miodragovic und Sebastian Funck bestechen durch hochwertige Produkte, die ohne Chichi in Szene gesetzt werden. Quartierbeizen wie diese wünschen wir uns für die ganze Schweiz.

Foto: PR

Hotelrestaurant des Jahres

THE RESTAURANT, THE DOLDER GRAND, ZÜRICH

Bereits seit 2008 wirkt Heiko Nieder nun im The Restaurant im legendären Zürcher The Dolder Grand. Der Zwei-Sterne-Koch ist Meister der Kleinteiligkeit und Komposition. Seine Kochkunst verändert sich ständig, denn Nieder strebt nur dem einen entgegen: der Perfektion. Der ursprünglich aus Deutschland stammende Spitzenkoch geht mit der Zeit und bleibt sich dabei dennoch stets treu. Bei allen Modeerscheinungen geht es ihm am Ende ums Wesentliche, nämlich um den Geschmack. Durch Nieders Wirken entwickelte sich die Küche im The Dolder Grand von klassisch französisch hin zu weltoffen und machte das The Restaurant zu einem der besten Gourmetlokale der gesamten Schweiz. Einen besseren Ort als das stilvolle The Restaurant kann man sich für die schnörkellose, innovative Geourmetküche von Heiko Nieder kaum vorstellen. Die grossartige Weinkarte des Lokals wird von der mehrfach ausgezeichneten Sommelière Lisa Bader kuratiert und umfasst abwechslungsreiche Weine, die Nieders Gerichte immer perfekt unterstreichen. Ein Perfect Match, sozusagen.

FEUERRING®

DAS ORIGINAL

AUF DEM WEG
ZUM ORIGINAL.

Foto: bixon_stappung

Beste Weinkarte des Jahres

ALTER TORKEL, JENINS

Geht es um Weine aus der Bündner Herrschaft, gibt es keine bessere Adresse als den Alter Torkel in Jenins. Das Lokal verfügt über einen umfassenden Weinkeller mit Spitzengewächsen aus der Region. Seit der Übernahme durch Julia und Oliver Friedrich im Jahr 2020 wächst dieser stetig. Vor allem die Jahrgangstiefe ist hierbei hervorzuheben, denn diese ist sicherlich einzigartig. An die häufig ausverkauften Weine der Bündner Topwinzer kommen die Friedrichs durch ihre guten Beziehungen, die sie zu ihnen pflegen. Sind die Friedrichs besonders von einem Wein angetan, wird er als Spezialabfüllung für den Alter Torkel unter dem Label «AT Selektion» angeboten. Auch in der Küche des Lokals ist die Suche nach besten Produkten omnipräsent. Wenn immer möglich, kommen sie direkt aus dem Garten oder von lokalen Produzenten. Küchenchef David Esser kreiert aus ihnen Gerichte, die sich spielend zwischen Finesse und Bodenständigkeit bewegen. Immer dabei im Blick: die Top-Crus aus dem eigenen Keller. Wen wundert es da, dass im Alter Torkel auch Schweizer Topchefs gerne eine kleine Auszeit nehmen?

ESPORÃO

„EIN INTENSIVER UND LEBENDIGER WEIN"

Esporão Colheita
DOC Alentejo BIO
75cl |14.50

Schauenstein

Foto: beigestellt

Top 10 mit Übernachtung

Cheval Blanc 4001 Basel	Seite 196	99 Punkte
Schauenstein 7414 Fürstenau	Seite 319	99 Punkte
Memories 7310 Bad Ragaz	Seite 338	98 Punkte
The Restaurant 8032 Zürich	Seite 289	97 Punkte
Widder Restaurant 8001 Zürich	Seite 293	97 Punkte
Ecco 6612 Ascona	Seite 62	97 Punkte
Einstein Gourmet 9000 St. Gallen	Seite 345	97 Punkte
Domaine de Châteauvieux 1242 Satigny	Seite 58	96 Punkte
Gasthaus zum Gupf 9038 Rehetobel	Seite 305	96 Punkte
Pavillon 8001 Zürich	Seite 277	96 Punkte

Redaktionelle Auswahl. Die Reihung ergibt sich aus Gesamtpunktzahl und Essensbewertung.

Rebecca Clopath

Top 10 in den Bergen

The Omnia 3920 Zermatt	🍴🍴🍴	Seite 109	**92** Punkte
Capri 3920 Zermatt	🍴🍴🍴	Seite 106	**92** Punkte
Le 42 1874 Champéry	🍴🍴🍴	Seite 94	**92** Punkte
Gütsch by Markus Neff 6490 Andermatt	🍴🍴🍴	Seite 401	**91** Punkte
Hohliebestübli 3715 Adelboden	🍴🍴🍴	Seite 118	**91** Punkte
Rebecca Clopath 7433 Lohn	🍴🍴🍴	Seite 325	**91** Punkte
7132 Red 7132 Vals	🍴🍴🍴	Seite 336	**91** Punkte
AlpArosa 7050 Arosa	🍴🍴🍴	Seite 309	**91** Punkte
Das Elephant 7032 Laax	🍴🍴🍴	Seite 323	**90** Punkte
Erner Garten 3995 Ernen	🍴🍴🍴	Seite 96	**90** Punkte

Redaktionelle Auswahl. Die Reihung ergibt sich aus Gesamtpunktzahl und Essensbewertung.

Cheval Blanc

Foto: Peter Knogl

Top 10 am Wasser

Cheval Blanc 4001 Basel	𝄞𝄞 Seite 196	**99** Punkte
focus ATELIER 6354 Vitznau	Seite 388	**96** Punkte
Krone – Säumerei am Inn 7522 La Punt Chamues-ch	Seite 322	**96** Punkte
Sens 6354 Vitznau	Seite 388	**96** Punkte
Belvédère 6052 Hergiswil	Seite 392	**93** Punkte
Roots 4056 Basel	Seite 202	**93** Punkte
PRISMA im Park Hotel Vitznau 6354 Vitznau	Seite 388	**93** Punkte
Fiskebar 1201 Genf	Seite 51	**92** Punkte
Seebistro Belvédère 6052 Hergiswil	Seite 392	**92** Punkte
Le Floris 1247 Anières	Seite 44	**91** Punkte

Redaktionelle Auswahl. Die Reihung ergibt sich aus Gesamtpunktzahl und Essensbewertung.

Madgalena

Top 10 mit Garten

Cheval Blanc 4001 Basel	⑂⑂⑂⑂ Seite 196	99 Punkte
Anne-Sophie Pic 1000 Lausanne	⑂⑂⑂⑂ Seite 83	97 Punkte
Stucki 4059 Basel	⑂⑂⑂⑂ Seite 205	97 Punkte
Einstein Gourmet 9000 St. Gallen	⑂⑂⑂⑂ Seite 345	97 Punkte
Magdalena 6432 Schwyz	⑂⑂⑂⑂ Seite 401	97 Punkte
Taverne zum Schäfli 8556 Wigoltingen	⑂⑂⑂⑂ Seite 364	97 Punkte
Domaine de Châteauvieux 1242 Satigny	⑂⑂⑂⑂ Seite 58	96 Punkte
focus ATELIER 6354 Vitznau	⑂⑂⑂⑂ Seite 388	96 Punkte
Gasthaus zum Gupf 9038 Rehetobel	⑂⑂⑂⑂ Seite 305	96 Punkte
Locanda Barbarossa 6612 Ascona	⑂⑂⑂⑂ Seite 62	96 Punkte

Redaktionelle Auswahl. Die Reihung ergibt sich aus Gesamtpunktzahl und Essensbewertung.

SIEGER

Ornellaia

Foto: Ornellaia

Top 10 Italienisch

Ornellaia 8001 Zürich	🍴🍴	Seite 276	**95** Punkte
Da Vittorio 7500 St. Moritz	🍴🍴	Seite 330	**95** Punkte
Osteria della Bottega 1204 Genf	🍴	Seite 54	**93** Punkte
Osteria Tre 4416 Bubendorf	🍴	Seite 190	**92** Punkte
Capri 3920 Zermatt	🍴	Seite 106	**92** Punkte
Segreto 9300 Wittenbach	🍴	Seite 351	**92** Punkte
Tosca 1207 Genf	🍴	Seite 56	**92** Punkte
Klingler's Ristorante 6006 Luzern	🍴	Seite 378	**92** Punkte
Da Enzo 6652 Tegna	🍴	Seite 75	**91** Punkte
Chez Donati 4056 Basel	🍴	Seite 196	**91** Punkte

Redaktionelle Auswahl. Die Reihung ergibt sich aus Gesamtpunktzahl und Essensbewertung.

Foto: Reto Guntli

Megu

Top 10 Asiatisch

Megu 3780 Gstaad	Seite 138	95 Punkte
The Japanese Restaurant 6490 Andermatt	Seite 402	94 Punkte
Matsuhisa 7500 St. Moritz	Seite 332	93 Punkte
Sala of Tokyo 8001 Zürich	Seite 282	92 Punkte
Sushi Shin 8001 Zürich	Seite 287	92 Punkte
Myo 1003 Lausanne	Seite 86	91 Punkte
Shibata 1209 Genf	Seite 55	90 Punkte
Ginger 8008 Zürich	Seite 259	90 Punkte
Hato 8001 Zürich	Seite 261	90 Punkte
Hato 7500 St. Moritz	Seite 331	90 Punkte

Redaktionelle Auswahl. Die Reihung ergibt sich aus Gesamtpunktzahl und Essensbewertung.

Löwen, Berken

Foto: beigestellt

Top 10 Schweizer Küche

Swiss Alpine 9410 Heiden	Seite 305	93 Punkte
Bacchus 6024 Hildisrieden	Seite 373	92 Punkte
Urs Wilhelm's Restaurant 8595 Altnau	Seite 357	92 Punkte
Neue Blumenau 9308 Lömmenschwil	Seite 342	92 Punkte
Engel Stans 6370 Stans	Seite 394	92 Punkte
Löwen 3376 Berken	Seite 120	92 Punkte
Adler 6436 Ried-Muotathal	Seite 400	91 Punkte
Bänziger 5703 Seon	Seite 187	91 Punkte
Bären 3713 Reichenbach im Kandertal	Seite 144	91 Punkte
Casa Casutt 7130 Ilanz	Seite 320	91 Punkte

Redaktionelle Auswahl. Die Reihung ergibt sich aus Gesamtpunktzahl und Essensbewertung.

D

SCHWEIZ

DIE BESTEN RESTAURANTS
UND BEIZEN IN DEN KANTONEN
GENF, TESSIN, WAADT
UND WALLIS.

WALLISER TOMATENFONDUE

Für 4 Personen
ZUBEREITUNGSZEIT: CA. 60 MINUTEN
SCHWIERIGKEITSGRAD: ●●○○○

ZUTATEN (ERGIBT CA. 2 LITER FONDUE)

- 1 kg kleine, festkochende Kartoffeln
- 4 Knoblauchzehen, fein gehackt
- 1 Zwiebel, fein gehackt
- 1 TL Rapsöl
- 200 ml Rotwein
- 400 g passierte Tomaten
- 650 g Fondue Käsemischung
- 25 g Maisstärke
- frisch geriebene Muskatnuss
- frischer oder getrockneter Oregano
- edelsüßer Paprika
- schwarzer Pfeffer
- Salz

ZUBEREITUNG

- Kartoffeln samt Schale weichkochen, abgießen, warm halten.

- Gehackten Knoblauch und Zwiebel in Öl im Fonduetopf weichdünsten. Mit Hälfte des Rotweins ablöschen, Tomatensauce dazugeben und aufkochen.

- Fondue Käsemischung dazugeben und so lange Rühren, bis der Käse schmilzt.

- Maisstärke im restlichen Wein auflösen, dazugießen und so lange Rühren, bis die gewünschte cremige Textur entsteht.

- Mit Gewürzen, Salz und Pfeffer abschmecken.

- Zum Anrichten gekochte Kartoffeln halbieren und auf einem Teller platzieren. Fondue mit einem Schöpflöffel darüber geben.

TOP-LOKALE SÜDSCHWEIZ

1.	L'Hotel de Ville 1023 Crissier	Seite 81	98 Punkte
2.	Anne-Sophie Pic 1000 Lausanne	Seite 83	97 Punkte
3.	Ecco 6612 Ascona	Seite 62	97 Punkte
4.	Domaine de Châteauvieux 1242 Satigny	Seite 58	96 Punkte
4.	Locanda Barbarossa 6612 Ascona	Seite 62	96 Punkte
5.	L'Atelier Robuchon 1201 Genf	Seite 52	95 Punkte
6.	After Seven 3920 Zermatt	Seite 105	94 Punkte
7.	ARTÉ AL LAGO 6906 Lugano	Seite 68	94 Punkte
7.	Damien Germanier 1950 Sion	Seite 102	94 Punkte
7.	L'Ours 3963 Crans-Montana	Seite 95	94 Punkte
7.	La Brezza 6612 Ascona	Seite 62	94 Punkte
8.	Café Berra 1871 Monthey	Seite 100	93 Punkte
8.	Denis Martin 1800 Vevey	Seite 91	93 Punkte
8.	I Due Sud 6900 Lugano	Seite 69	93 Punkte
8.	L'Aparté 1201 Genf	Seite 52	93 Punkte

Die Reihung ergibt sich aus Gesamtpunktzahl und Essensbewertung.

 80–84   85–89    90–94   ‍4 95–100 Punkte

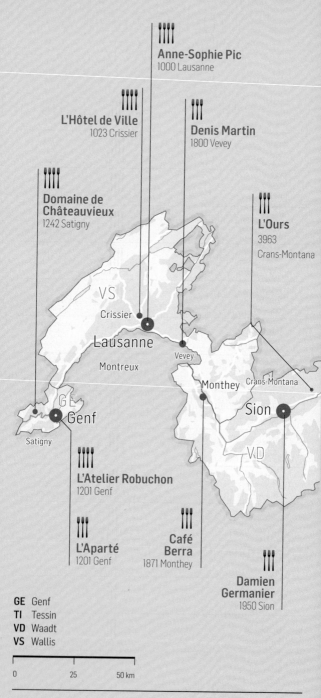

Anne-Sophie Pic
1000 Lausanne

L'Hôtel de Ville
1023 Crissier

Denis Martin
1800 Vevey

Domaine de Châteauvieux
1242 Satigny

L'Ours
3963
Crans-Montana

VS

Crissier

Lausanne

Vevey

Montreux

Monthey

Crans-Montana

GE
Genf

Sion

Satigny

VD

L'Atelier Robuchon
1201 Genf

L'Aparté
1201 Genf

Café Berra
1871 Monthey

Damien Germanier
1950 Sion

GE Genf
TI Tessin
VD Waadt
VS Wallis

0   25   50 km

SÜDSCHWEIZ
TOP-LOKALE IM ÜBERBLICK

La Brezza
6612 Ascona

Locanda Barbarossa
6612 Ascona

TI

Ascona

Bellinzona

Lugano

Zermatt

Ecco
6612 Ascona

After Seven
3920 Zermatt

Arté al Lago
6906 Lugano

I Due Sud
6900 Lugano

80–84   85–89   90–94   95–100 Punkte

GENF

Café du Levant

1288 Aire-la-Ville

Im Café du Levant bietet Stéphane Taffonneau französische Küche auf hohem Niveau in einer warmen und freundlichen Atmosphäre. Hier werden selbst die größten Feinschmecker durch qualitativ hochwertige Produkte, Kreativität, Savoir-faire, Geschmack und Texturen verführt.

Rue du Vieux-Four 53		Essen:	**44**	50
+41 22 7577150		Service:	**18**	20
www.cafedulevant.ch		Getränke:	**17**	20
französisch • regional • saisonal		Ambiente:	**8**	10
		Gesamt:	**87**	100

Le Floris

1247 Anières

Le Floris bietet mit dem riesigen Garten eine einzigartige Umgebung vor den Toren Genfs. Von morgens bis abends gibt es unterschiedliche Konzepte und Stimmungen: Ob Businesslunch, romantisches Dinner oder Kaffeepause, hier werden die verschiedensten Bedürfnisse befriedigt.

Route d'Hermance 287		Essen:	**46**	50
+41 22 7512020		Service:	**18**	20
www.lefloris.com		Getränke:	**18**	20
Fusionsküche • Sharing Menu • Essen mit Aussicht		Ambiente:	**9**	10
		Gesamt:	**91**	100

Tsé Fung

1293 Bellevue

Die Küche von Küchenchef Frank Xu ist gekennzeichnet durch beste Produkte, meisterhafte Garmethoden, raffiniertes Spiel mit den Texturen, Optik und Eleganz. Seine Neuinterpretationen kantonesischer Klassiker sind einzigartig. Bestes Beispiel ist seine Peking-Ente in zwei Gängen.

Route de Lausanne 301		Essen:	**47**	50
+41 22 9595888		Service:	**18**	20
www.lareserve.ch		Getränke:	**19**	20
Hotelrestaurant • Fine Dining • chinesisch		Ambiente:	**9**	10
		Gesamt:	**93**	100

Les Curiades 🍴

1233 Bernex

Les Curiades lädt zu einem gastronomischen Ausflug in die Genfer Land-schaft ein. Hier ist man stolz auf die hohe Qualität des lokalen Gemüse-und Obstbaus sowie der regionalen Viehzucht. Diese marktfrischen Zutaten werden gekonnt zubereitet und beglücken die Geschmacksnerven.

Vieux-Lully 10
+41 22 757 40 40
www.restaurantlescuriades.ch
saisonal • regional • entspannt

Essen:	**44**	50
Service:	**18**	20
Getränke:	**16**	20
Ambiente:	**8**	10
Gesamt:	**86**	100

Café des Négociants 🍴

1227 Carouge

Beruhigend für die Augen – anregend für den Gaumen. So lässt sich ein Besuch im Café des Négociants kurz zusammenfassen. Die schlicht, dennoch warm eingerichteten Räumlichkeiten laden ein zum Geniessen von französischen Klassikern und davon inspirierten Neukreationen.

Rue de la Filature 29
+41 22 300 31 30
www.negociants.ch
Bistro • französisch • Fleisch • entspannt

Essen:	**45**	50
Service:	**18**	20
Getränke:	**17**	20
Ambiente:	**9**	10
Gesamt:	**89**	100

Indian Rasoi 🍴

1227 Carouge

Hier kreiert Kuldeep Rawat eine moderne indische Küche – traditionell und neu interpretiert. Der Küchenchef kombiniert die Geheimnisse und Aromen des indischen Subkontinents mit saisonalen Produkten der Schweiz und nimmt die Gäste mit auf eine exquisite kulinarische Reise.

Rue Jacques Dalphin 54
+41 22 300 06 09
indianrasoi.ch
indisch • saisonal • Garten

Essen:	**44**	50
Service:	**17**	20
Getränke:	**16**	20
Ambiente:	**8**	10
Gesamt:	**85**	100

L'Agape 🍴

1227 Carouge

Nur wenige Schritte von Vieux Carouge entfernt, im Viertel Acacias, befindet sich das L'Agape. Auf der saisonalen Speisekarte – die sich auf frische Produkte aus der Region konzentriert – finden sich Gerichte wie panierter Kalbskopf, Garnelen-Carpaccio oder konfierte Schweinbrust.

Rue Caroline 11
+41 22 343 12 98
www.lagape.ch
Gasthaus • saisonal • entspannt

Essen:	**43**	50
Service:	**17**	20
Getränke:	**16**	20
Ambiente:	**8**	10
Gesamt:	**84**	100

🍴 80–84   🍴🍴 85–89   🍴🍴🍴 90–94   🍴🍴🍴🍴 95–100 Punkte

L'Écorce ‖

1227 Carouge

Während seine Frau Sophie sehr aufmerksam die Gäste umsorgt, zaubert Küchenchef Arnaud seine feinen Kreationen. Die Speisekarte im Restaurant L'Écore ist französisch inspiriert, modern interpretiert und wird von der schönen Weinkarte perfekt begleitet.

Rue du Collège 8	Essen:	**45** ǀ 50
+41 22 300 20 98	Service:	**17** ǀ 20
lecorce-restaurant.ch	Getränke:	**18** ǀ 20
Bistro • französisch • klassisch	Ambiente:	**8** ǀ 10
	Gesamt:	**88** ǀ 100

L'Olivier de Provence ‖

1227 Carouge

Nur wenige Schritte vom pulsierenden Zentrum von Carouge liegt L'Olivier de Provence. Chefkoch Nicolas Bouillier kreiert mit seinem Team kreativ umgesetzte, traditionelle und raffinierte mediterrane Gerichte. Das köstliche Mille-feuille minute rundet jedes Essen perfekt ab.

Rue Jacques Dalphin 13	Essen:	**44** ǀ 50
+41 22 342 04 50	Service:	**18** ǀ 20
www.olivier-de-provence.ch	Getränke:	**17** ǀ 20
Fisch • mediterran • modern	Ambiente:	**8** ǀ 10
	Gesamt:	**87** ǀ 100

Le Flacon ‖‖

1227 Carouge

Im Herzen der Altstadt von Carouge dreht sich alles um Begeisterung, Austausch und Kreativität. Im Restaurant Le Flacon erwartet die Gäste eine kreative und gewagte Speisekarte, die sich am Rhythmus der Jahreszeiten orientiert und vom Küchenchef innovativ umgesetzt wird.

Rue Vautier 45	Essen:	**47** ǀ 50
+41 22 342 15 20	Service:	**19** ǀ 20
leflacon.ch	Getränke:	**18** ǀ 20
saisonal • regional • entspannt	Ambiente:	**9** ǀ 10
	Gesamt:	**93** ǀ 100

L'Artichaut ‖

1227 Carouge

Im L'Artichaut wird eine neu interpretierte französische Küche serviert, die je nach Jahreszeit mit frischen saisonalen Produkten zubereitet wird. Die Küchencrew legt dabei grössten Wert auf Hausgemachtes und setzt alles daran, die Gaumen der Gäste bestmöglich zu verwöhnen.

Quai du Cheval-Blanc 9	Essen:	**45** ǀ 50
+41 22 301 90 91	Service:	**17** ǀ 20
www.artichaut-restaurant.ch	Getränke:	**18** ǀ 20
Bistro • französisch • saisonal	Ambiente:	**8** ǀ 10
	Gesamt:	**88** ǀ 100

Pakùpakù ⅃⅃   1227 Carouge

Dieses moderne Restaurant im Stil der Isakaya – der japanischen Bistros – bietet ein spannendes und abwechslungsreiches Menu mit kreativen Gerichten, die im Sharing-Stil am Tisch geteilt werden können. Mittags wird die Speisekarte mit zwei köstlichen Tages-Bentoboxen ergänzt.

Rue Vautier 43	Essen:	**44** ⎪ 50
+41 22 3010003	Service:	**18** ⎪ 20
misuji.ch	Getränke:	**17** ⎪ 20
Casual Dining • japanisch • Sharing Menu	Ambiente:	**8** ⎪ 10

Gesamt: **87** ⎪ 100

Buffet de la Gare ⅃   1298 Céligny

Im Buffet de la Gare geniesst man neben der gemütlichen Atmosphäre – in einem Dekor aus einer anderen Zeit – kulinarische Genüsse einer gutbürgerlichen und saisonalen Küche. Das berühmte Rezept für Eglifilets aus dem Genfersee lässt die Geschmacksknospen tanzen.

Route de Founex 25	Essen:	**44** ⎪ 50
+41 22 7762770	Service:	**17** ⎪ 20
www.buffet-gare-celigny.ch	Getränke:	**16** ⎪ 20
Gasthaus • gemütlich • saisonal	Ambiente:	**7** ⎪ 10

Gesamt: **84** ⎪ 100

Le Relais de Chambésy ⅃⅃   1292 Chambésy

Das Restaurant tischt eine gekonnte Mischung aus gutbürgerlicher und französischer Küche auf. Die Gerichte sind äusserst schmackhaft und frisch. Das ehemalige Postamt lädt ein zu geselligen Momenten, sei es in den gemütlichen Räumlichkeiten oder auf der schönen Terrasse.

Place de Chambésy 8	Essen:	**44** ⎪ 50
+41 22 7581105	Service:	**18** ⎪ 20
www.relaisdechambesy.ch	Getränke:	**17** ⎪ 20
Gasthaus • Fleisch • Fisch • traditionell	Ambiente:	**9** ⎪ 10

Gesamt: **88** ⎪ 100

La Tanière ⅃⅃   1206 Champel

Im Herzen von Veysonnaz liegt das Restaurant La Tanière. Das moderne Lokal bietet eine klassische und innovative italienische Küche und eine Auswahl an traditionellen Walliser Gerichten, die man mit einem atemberaubenden Blick auf das Rhonetal und die Alpen geniesst.

Avenue de Miremont 31TER	Essen:	**44** ⎪ 50
+41 22 3471515	Service:	**18** ⎪ 20
www.lataniere.ch	Getränke:	**17** ⎪ 20
italienisch • Essen mit Aussicht • modern	Ambiente:	**8** ⎪ 10

Gesamt: **87** ⎪ 100

⅃ 80–84   ⅃⅃ 85–89   ⅃⅃⅃ 90–94   ⅃⅃⅃⅃ 95–100 Punkte

De la Place ¦¦¦

1284 Chancy

In unkompliziertem Ambiente wird hier raffinierte Küche mit frischen, lokalen Produkten geboten. Die Hamburger mit den hausgemachten Pommes frites begeistern Gross und Klein. Die Weinkarte könnte lokaler nicht sein: sie besteht zu 100 Prozent aus Genfer Weinen.

Route de Bellegarde 55	Essen:	**46** | 50
+41 22 7570200	Service:	**18** | 20
www.laplacechancy.ch	Getränke:	**17** | 20
Gasthaus • regional • entspannt	Ambiente:	**9** | 10
🏠 P	Gesamt: **90** | 100	

Mapo ¦¦

1225 Chêne-Bourg

Bei Saalchefin Manue und Chefkoch Paul geniesst man kreative französische Küche in einladender und geselliger Atmosphäre. Alle Gerichte der saisonalen Speisekarte sind zum Teilen gedacht. Die Kreationen von Paul orientieren sich an den Jahreszeiten und den lokalen Produzenten.

Rue de Genève 40	Essen:	**44** | 50
+41 22 3490560	Service:	**17** | 20
www.maporestaurant.ch	Getränke:	**17** | 20
französisch • saisonal • traditionell	Ambiente:	**9** | 10
🏠 💳	Gesamt: **87** | 100	

Collonge Café ¦¦

1245 Collonge-Bellerive

Das Café bietet Genussmomente in einem alten Herrenhaus in Collonge-Bellerive. Küchenchef Angelo Citiulo bereit aus regionalen Zutaten herrliche, von der mediterranen Küche inspirierte Kreationen zu. Der reichhaltige Brunch am Sonntag ist aus gutem Grund sehr beliebt.

Chemin Château-de-Bellerive 3	Essen:	**45** | 50
+41 22 7771245	Service:	**18** | 20
www.collonge-cafe.ch	Getränke:	**17** | 20
Gasthaus • mediterran • im Grünen • modern	Ambiente:	**8** | 10
🏠 💳	Gesamt: **88** | 100	

Le Vallon ¦¦

1231 Conches

Im Le Vallon nimmt der innovative Chefkoch Christophe Raoux – Meilleur Ouvrier de France 2015 – seine Gäste mit auf eine kulinarische Genussreise der Extraklasse, bei der er Hechtquenelle, Froschschenkel à la Lyonnaise, entbeintes Huhn à l'harissa oder Tatar serviert.

Route de Florissant 182	Essen:	**44** | 50
+41 22 3471104	Service:	**17** | 20
levallon.ch	Getränke:	**17** | 20
Fine Dining • Garten • klassisch	Ambiente:	**9** | 10
🏠 💳	Gesamt: **87** | 100	

Arabesque ¶¶ {1211 Genf}

Das Arabesque bietet authentische und unverfälschte libanesische Küche, die auf viel Respekt gegenüber Traditionen und Geschmäckern des Libanons basiert. Auf den Tisch kommen die berühmten Mezze oder schmackhafte Grilladen, alles wird optisch wunderschön dargeboten.

Quai Wilson 47
+41 22 9066763
www.restaurantarabesque.com
Hotelrestaurant • Sharing Menu • elegant • libanesisch

Essen:	**44**	50
Service:	**18**	20
Getränke:	**16**	20
Ambiente:	**8**	10
Gesamt: **86**		100

Bayview ¶¶¶ {1211 Genf}

Das Bayview zählt zu den besten Restaurants in Genf. Hier trifft die klassisch raffinierte Küche von Küchenchef Michel Roth auf zeitgenössischen Stil. Der spektakuläre Weinkeller und das originelle und einzigartige Design machen jeden Besuch zu einem unvergesslichen Erlebnis.

Quai Wilson 47
+41 22 9066552
www.restaurantbayview.com
Fine Dining • regionale Produkte • Essen mit Aussicht

Essen:	**46**	50
Service:	**18**	20
Getränke:	**18**	20
Ambiente:	**9**	10
Gesamt: **91**		100

Bistrot du Boeuf Rouge ¶¶ {1201 Genf}

Familie Farina serviert im Bistrot du Boeuf Rouge eine leckere, französische Brasserieküche und hat sich mit klassischen und feinen Lyoner Spezialitäten einen Namen gemacht. Hier geniessen die Gäste Hechtklösschen, heisse Saucisson und Rosette in nostalgischem Ambiente.

Rue Docteur-Alfred-Vincent 17
+41 22 7327537
www.boeufrouge.ch
gemütlich • Fleisch • urchig

Essen:	**45**	50
Service:	**16**	20
Getränke:	**16**	20
Ambiente:	**8**	10
Gesamt: **85**		100

Bombar ¶¶¶ {1205 Genf}

Die Gourmet-Weinbar Bombar begeistert mit schlichtem und minimalistischem Interieur, fröhlicher Atmosphäre, feinem Essen und einer spannenden Weinkarte. Die Speisekarte stellt die lokalen Produkte in den Vordergrund, die Gerichte sind kreativ, raffiniert und äusserst aromatisch.

Place des Augustins 3
+41 22 3299111
www.bombar.ch
Casual Dining • Sharing Menu • Tapas • unkonventionell

Essen:	**48**	50
Service:	**18**	20
Getränke:	**18**	20
Ambiente:	**8**	10
Gesamt: **92**		100

¶ 80–84   ¶¶ 85–89   ¶¶¶ 90–94   ¶¶¶¶ 95–100 Punkte

Brasserie Lipp ‖

1204 Genf

Die Brasserie Lipp ist ein Ort, an dem sich die Tradition der französischen Brasserie fest etabliert hat: Geselligkeit und Gastfreundschaft spielen hier eine grosse Rolle. Sauerkraut, Cassoulet, Austern, Gänseleber oder Mille-feuille werden in lebendiger Atmosphäre serviert.

Rue de la Confédération 8	Essen:	**45**	50
+41 22 3188030	Service:	**18**	20
www.brasserie-lipp.com	Getränke:	**17**	20
Bistro • französisch • Fisch • traditionell	Ambiente:	**9**	10
🔲	Gesamt: **89**	100

Café des Banques ‖‖

1204 Genf

Im Café des Banques sind einzigartige gastronomische Erlebnisse garantiert. Die im Sharing-Stil konzipierten Überraschungsmenus von Yoann Caloué überzeugen mit Kreativität, Geschmack und überraschenden Kombinationen. Genossen wird in entspannter, lockerer Atmosphäre.

Rue de Hesse 6	Essen:	**45**	50
+41 22 3114498	Service:	**18**	20
www.cafedesbanques.com	Getränke:	**17**	20
Allrounder • regional • elegant • Sharing Menu	Ambiente:	**9**	10
🏠 🔲	Gesamt: **89**	100

Chez Philippe ‖

1204 Genf

Das Chez Philippe ist die Adresse für Fleischliebhaber. In der Passage des Lions bildet das Restaurant eine Mikro-Enklave von New York im Herzen von Genf. Über dem Holzkohlegrill werden feinstes Fleisch und Meeresfrüchte zubereitet, zu denen das Restaurant tolle Weine serviert.

Rue du Rhône 8	Essen:	**46**	50
+41 22 3161616	Service:	**17**	20
www.chezphilippe.ch	Getränke:	**17**	20
modern • Fleisch • Terrasse	Ambiente:	**8**	10
🏠 🔲	Gesamt: **88**	100

De la Cigogne ‖

1204 Genf

Das De la Cigogne am bezaubernden Place Longemalle heisst die Gäste im prächtig historischen Gebäude willkommen. Küchenchef Nicolas Pasquier kreiert eine Küche, die von Authentizität, Kreativität und Raffinesse geprägt ist – fein, frisch und von den Jahreszeiten inspiriert.

Place de Longemalle 17	Essen:	**45**	50
+41 22 8184060	Service:	**17**	20
longemallecollection.com	Getränke:	**17**	20
traditionell • saisonal • elegant	Ambiente:	**9**	10
🏠 🛏 🔲	Gesamt: **88**	100

Fiskebar ¶¶¶

Küchenchefin Francesca Fucci bietet originelle nordische Küche mit lokalen und saisonalen Einflüssen. Fiskebar ist eine Hommage an die traditionellen Fischmärkte Skandinaviens: Traditionellen nordischen Köstlichkeiten wird mit raffinierten Techniken eine neue Dimension gegeben.

Quai du Mont Blanc 11	Essen: **46** | 50
+41 22 9096071	Service: **19** | 20
www.geneva-fiskebar.com	Getränke: **18** | 20
Casual Dining • Fisch • modern	Ambiente: **9** | 10
[icons]	Gesamt: **92** | 100

Il Lago ¶¶¶

Die Klasse und Eleganz des Four Seasons Hotel des Bergues ist auch in den Gerichten des Restaurant Il Lago zu spüren. Küchenchef Massimiliano Sena kombiniert feinste Ingredienzen und bestes Kochhandwerk und zaubert so von der mediterranen Küche inspirierte Gourmet-Gerichte.

Quai des Bergues 33	Essen: **46** | 50
+41 22 9087000	Service: **18** | 20
fourseasons.com	Getränke: **18** | 20
Hotelrestaurant • Fine Dining • elegant	Ambiente: **9** | 10
[icons]	Gesamt: **91** | 100

Il Vero ¶¶

Die Küche von Chefkoch Giancarlo Pagano und seiner Crew zeichnet sich durch authentische italienische Gerichte aus. Besonders das legendäre Fritto Misto Il Vero fehlt nie auf der Karte. Dazu gibt es eine spektakuläre Aussicht auf den Genfer See und die französischen Alpen.

Quai du Mont Blanc 19	Essen: **45** | 50
+41 22 9089224	Service: **18** | 20
www.fairmont.com	Getränke: **17** | 20
Hotelküche • elegant • italienisch	Ambiente: **8** | 10
[icons]	Gesamt: **88** | 100

Izumi im Four Seasons Hotel des Bergues ¶¶

Das Izumi zelebriert originelle japanische Nikkei-Küche. Genossen wird auf der trendigen Dachterrassen-Oase mit Blick auf die Stadt und den funkelnden Genfer See. Das Entdeckungsmenu ist ideal, um sich eine Idee der kreativen, aromatischen und farbenfrohen Küche zu machen.

Quai des Bergues 33	Essen: **45** | 50
+41 22 9087525	Service: **18** | 20
www.fourseasons.com	Getränke: **17** | 20
Hotelrestaurant • Fine Dining • japanisch • elegant	Ambiente: **9** | 10
[icons]	Gesamt: **89** | 100

Jeab 🍴

1205 Genf

Mit frischen, modernen und authentischen Gerichten lädt das Jeab zu einer kulinarischen Reise nach Thailand ein. Ob grüner Papayasalat, Pad Thai oder Klebreis mit Mango – die Gerichte begeistern gänzlich. Der zuvorkommende Service macht das kulinarische Erlebnis komplett.

Boulevard de Saint-Georges 6	Essen:	**44** | 50
+41 22 3282624	Service:	**17** | 20
www.jeab.ch	Getränke:	**18** | 20
Casual Dining • Thai • modern	Ambiente:	**9** | 10
	Gesamt:	**88** | 100

L'Aparté 🍴

1201 Genf

Das L'Aparté im Hotel Royal ist eines der stadtbekanntesten Restaurants in Genf. Hier erzählt der renommierte Chefkoch Armel Bédouet seinen Gästen höchstpersönlich, welche Zutaten er für seine innovativen Kreationen verwendet, um daraus seine köstliche Gourmetküche zu zaubern.

Rue de Lausanne 41–43	Essen:	**47** | 50
+41 22 9061460	Service:	**19** | 20
www.hotelroyalgeneva.com	Getränke:	**18** | 20
Casual Dining • weltlich • entspannt	Ambiente:	**9** | 10
	Gesamt:	**93** | 100

L'Atelier Robuchon 🍴

1201 Genf

Durch das offene Küchenkonzept geniessen die Gäste im Restaurant ein spannendes Live-Cooking-Erlebnis. Olivier Jean verführt – nach sieben Jahren als Küchenchef des L'Atelier in Taipeh – nun seine Gäste in Genf mit innovativen Gaumenfreuden und Genussmomenten.

Quai Wilson 37	Essen:	**48** | 50
+41 22 9013770	Service:	**20** | 20
www.oetkercollection.com	Getränke:	**18** | 20
Bar • weltlich • elegant	Ambiente:	**9** | 10
	Gesamt:	**95** | 100

La Cantine des Commerçants 🍴

1205 Genf

In der Cantine des Commerçants erwartet einen ein Stück Baskenland, mit seiner ganzen Wärme und Grosszügigkeit. Liebhaber der Bistronomie fühlen sich bei Nathalie und Didier wohl und geniessen eine saisonale Küche, in der ein respektvoller Umgang mit der Natur gelebt wird.

Boulevard Carl Vogt 29	Essen:	**44** | 50
+41 22 3281670	Service:	**17** | 20
www.lacantine.ch	Getränke:	**17** | 20
Fleisch • saisonal • modern	Ambiente:	**8** | 10
	Gesamt:	**86** | 100

La Finestra 🍴🍴   1204 Genf

Seit 2006 empfängt das Team des Restaurants La Finestra seine Gäste mit italienischer Offenherzigkeit und Gastfreundschaft. Man geniesst hier schmackhafte traditionelle italienische Gerichte, für das Land typische Weine und aussergewöhnliche Kulinarikmomente.

Rue de la Cité 11	Essen:	**43**	50
+41 22 3122322	Service:	**17**	20
www.lafinestra.ch	Getränke:	**17**	20
italienisch • Garten • traditionell	Ambiente:	**8**	10
	Gesamt:	**85**	100

La Micheline 🍴🍴   1207 Genf

Im Herzen des neuen Viertels Gare des Eaux-Vives gelegen, überrascht Andres Arocena seine Gäste immer wieder mit seiner Kreativität. Der Chefkoch kocht seine innovativen Gerichte ausschliesslich mit saisonalen Produkten, marktfrisch und von ausgezeichneter Qualität.

Avenue de la Gare-des-Eaux-Vives 3	Essen:	**44**	50
+41 22 8400338	Service:	**18**	20
www.lamicheline.ch	Getränke:	**17**	20
saisonal • Terrasse • gemütlich	Ambiente:	**8**	10
	Gesamt:	**87**	100

Le Chat-Botté 🍴🍴🍴   1201 Genf

Unaufdringlich, authentisch und köstlich sind die Worte, an denen sich Küchenchef Dominique Gauthier und sein Team orientieren. Seine Gerichte zeugen von höchster Kochkunst und machen ein Besuch hier zu einem ebenso einzigartigen wie außergewöhnlichen Erlebnis.

Quai du Mont-Blanc 13	Essen:	**47**	50
+41 22 7166920	Service:	**19**	20
www.beau-rivage.ch	Getränke:	**18**	20
Hotelküche • saisonal • elegant • regional	Ambiente:	**9**	10
	Gesamt:	**93**	100

Le Jardinier 🍴🍴   1201 Genf

Küchenchef Olivier Jean kreiert im Le Jardinier mit internationaler Erfahrung innovative, überraschende und grossartige Gerichte, in denen Gemüse die Hauptrolle spielt. Viele Speisen sind vegan, milch- und glutenfrei. Genuss pur mit Blick auf den malerischen Hafen von Genf.

Quai Wilson 37	Essen:	**44**	50
+41 22 9013780	Service:	**17**	20
oetkercollection.com	Getränke:	**18**	20
Hotelrestaurant • vegetarisch • elegant	Ambiente:	**9**	10
	Gesamt:	**88**	100

🍴 80–84   🍴🍴 85–89   🍴🍴🍴 90–94   🍴🍴🍴🍴 95–100 Punkte   53

Le Patio ‖   1207 Genf

Le Patio zelebriert ein einzigartiges Konzept, das sich als «Rind&Hummer» bezeichnet. Es steht sinnbildlich für beste Gerichte vom Land und Meer. Entrecôte, Tatar oder Carpaccio vom Rind oder rohe, gekochte oder grillierte Krustentiere – hier ist Abwechslung garantiert.

Boulevard Helvétique 19	Essen:	**44** | 50
+41 22 7366675	Service:	**18** | 20
www.lepatio-restaurant.ch	Getränke:	**17** | 20
Bistro • Fleisch • modern • weltlich	Ambiente:	**9** | 10
	Gesamt:	**88** | 100

Nagomi ‖   1201 Genf

Durch die offene Küche kann man Masahiko Numabukuro direkt bei seinem Handwerk bewundern. Der Küchenchef und sein Team zaubern hier feine Salate, wohlschmeckende Suppen, innovative Fischgerichte und exquisites Sushi, zu dem man japanisches Bier oder Sake geniesst.

Rue de Zurich 47	Essen:	**45** | 50
+41 22 7323828	Service:	**17** | 20
	Getränke:	**16** | 20
japanisch • Sushi • traditionell	Ambiente:	**8** | 10
	Gesamt:	**86** | 100

Natürlich ‖   1204 Genf

Unweit der Rhône liegt das Restaurant in einer Seitenstrasse. In entspannter Bistro-Atmosphäre geniesst man saisonale, modern interpretierte Gerichte. In der Küche werden ausschliesslich Produkte aus der Region verwendet. Die schöne Weinkarte bietet zahlreiche Bio-Weine.

Rue de la Coulouvrenière 38	Essen:	**44** | 50
+41 22 3201505	Service:	**17** | 20
naturlich.ch	Getränke:	**17** | 20
grosse Weinkarte • regional • entspannt	Ambiente:	**8** | 10
	Gesamt:	**86** | 100

Osteria della Bottega ‖‖   1204 Genf

Viel Liebe zu den Zutaten und Sorgfalt bei der Auswahl authentischer Produkte sind die Grundlage der Menus der Osteria della Bottega. Täglich wird frische Pasta zubereitet, die traditionelle italienische Küche wird hier neu interpretiert und auf hohem Level kultiviert.

Grand-Rue 3	Essen:	**47** | 50
+41 22 8108451	Service:	**18** | 20
www.osteriadellabottega.com	Getränke:	**19** | 20
Fine Dining • italienisch • elegant • saisonal	Ambiente:	**9** | 10
	Gesamt:	**93** | 100

Pachacamac ｜｜   1201 Genf

Mit der Gründung des Pachacamac hat Cecilia Zapata ihren verstorbenen Eltern ein Denkmal gesetzt. Jede ihrer einzigartigen, meisterhaften Kreationen ist von ihren peruanischen Wurzeln geprägt, gerne kombiniert die versierte Köchin diese Geschmäcker mit Aromen Japans und Chinas.

Rue Voltaire 11	Essen:	**46** ｜ 50
+41 22 9402437	Service:	**18** ｜ 20
www.pachacamacrestaurant.com	Getränke:	**16** ｜ 20
Fine Dining • peruanisch • entspannt	Ambiente:	**9** ｜ 10
	Gesamt:	**89** ｜100

Puccini Café ｜｜   1207 Genf

Im Puccini Café geniesst man eine traditionelle italienische Küche, die eine Liebeserklärung an die Toscana ist – aromatisch, einladend und innovativ. Küchenchef Ivan Baretti regt mit seinen Kreationen die Fantasie seiner Gäste an und schärft mit seinen Gerichten die Sinne.

Rue de la Mairie 8	Essen:	**44** ｜ 50
+41 22 7071444	Service:	**18** ｜ 20
www.tosca-geneva.ch	Getränke:	**18** ｜ 20
Gasthaus • italienisch • elegant	Ambiente:	**9** ｜ 10
	Gesamt:	**89** ｜100

Roberto ｜｜   1204 Genf

Noch immer finden sich auf dem Menu des Roberto die Klassiker der ersten Stunde, die den Erfolg des mittlerweile in fünfter Generation geführten Restaurants ausgemacht haben: Ossobuco, Saltimbocca, Ravioli. Dazu gesellen sich heute weitere italienische Hochgenüsse.

Rue Pierre-Fatio 10	Essen:	**43** ｜ 50
+41 22 3118033	Service:	**19** ｜ 20
www.restaurantroberto.ch	Getränke:	**17** ｜ 20
Familienbetrieb • italienisch • traditionell	Ambiente:	**9** ｜ 10
	Gesamt:	**88** ｜100

Shibata ｜｜｜   1209 Genf

Der japanische Koch Hiroshi Shibata ermöglicht es, authentische japanische Küche aus Hokkaido, der Nordinsel Japans, zu entdecken. Die raffinierten und originellen Gerichte lassen eine neue Facette der japanischen Küche entdecken und stillen so für einen Moment das Fernweh.

Chemin Gilbert-Trolliet 4	Essen:	**46** ｜ 50
+41 22 7403730	Service:	**18** ｜ 20
www.shibata.ch	Getränke:	**17** ｜ 20
Familienbetrieb • japanisch • entspannt	Ambiente:	**9** ｜ 10
	Gesamt:	**90** ｜100

Tosca ♦♦♦

1207 Genf

Die Grundlage des Restaurants Tosca ist die grosse Liebe zur Toscana. Die Passion und der Respekt für die Küche Italiens werden kombiniert mit bester Kochtechnik, innovativen Ideen und erlesenen Zutaten, daraus resultieren raffinierte Genussmomente, die Lebensfreude vermitteln.

Rue de la Mairie 8		
+41 22 707 14 44	Essen:	**46** | 50
tosca-geneva.ch	Service:	**19** | 20
Fine Dining • italienisch • elegant	Getränke:	**18** | 20
	Ambiente:	**9** | 10
🖵	Gesamt:	**92** |100

Windows ♦♦♦

1201 Genf

Ob Crêpes Suzette, Lachs-Sashimi, gesundes Frühstück oder High Tea, die Küche des Windows präsentiert die feinsten Zutaten, die mit Sorgfalt und Leidenschaft zubereitet werden. Die Gerichte widerspiegeln eine Vielfalt von Kochtechniken und -stilen der gehobenen Küche.

Quai du Mont-Blanc 17		
+41 22 906 55 14	Essen:	**44** | 50
www.dangleterrehotel.com	Service:	**18** | 20
Hotelrestaurant • weltlich • am Wasser	Getränke:	**19** | 20
	Ambiente:	**9** | 10
🅿 🛏 🖵	Gesamt:	**90** |100

Yakumanka ♦♦

1201 Genf

Im Herzen von Genf findet man eine authentische peruanische Küche, die den Fokus auf erlesene Meeresfrüchte legt und in der man unvergessliche gastronomische Momente erleben kann. Die Speisekarte präsentiert traditionelle Cevicheria des Küchenchefs Daniel Galvez Estrada.

Quai Turrettini 1		
+41 22 909 00 00	Essen:	**44** | 50
www.mandarinoriental.com	Service:	**18** | 20
Hotelrestaurant • peruanisch • traditionell	Getränke:	**17** | 20
	Ambiente:	**8** | 10
🏛 🛏 🖵	Gesamt:	**87** |100

Café-Restaurant du Quai ♦♦

1248 Hermance

Im Café-Restaurant du Quai geniesst man – nur einen Steinwurf vom Genfer See entfernt – die Gourmet- und Familienküche von Chefkoch Jérôme Manifacier. Seine Kreationen sind farbenfroh, genussvoll, und sein Spiel mit verschiedenen Texturen stimuliert die Geschmacksnerven.

Quai d'Hermance 10		
+41 22 751 40 00	Essen:	**45** | 50
www.lequaihermance.ch	Service:	**17** | 20
Casual Dining • Essen mit Aussicht • entspannt	Getränke:	**16** | 20
	Ambiente:	**8** | 10
🏛 🚻 ♿ 🖵	Gesamt:	**86** |100

L'Auberge d'Hermance 🍴

1248 Hermance

Küchenchef Nicolas Chidyvar kreiert in der Auberge d'Hermance eine köstliche Mischung aus traditioneller und moderner Gourmetküche. Sehr empfehlenswert sind die berühmten Hausspezialitäten: «Le Poulet Tradition de l'Auberge en Croûte de Sel» und «Les Filets de Perches meunière».

Rue du Midi 12	Essen:	**44** | 50
+41 22 7511368	Service:	**17** | 20
www.hotel-hermance.ch	Getränke:	**17** | 20
Hotelrestaurant • Fisch • Fleisch • Terrasse	Ambiente:	**8** | 10
	Gesamt:	**86** | 100

Auberge d'Onex 🍴

1213 Onex

In der Auberge d'Onex wird grösster Wert auf die Auswahl der Produkte und Produzenten und eine kreative, hausgemachte und saisonale Küche gelegt. Auch der Raclette-Käse – der am grossen Kamin bei Holzfeuer in der Gaststube geschmolzen wird – stammt vom benachbarten Bauernhof.

Route de Loëx 18	Essen:	**48** | 50
+41 22 7923259	Service:	**16** | 20
	Getränke:	**16** | 20
Garten • bio • saisonal	Ambiente:	**9** | 10
	Gesamt:	**89** | 100

Les Fourneaux du Manège 🍴

1213 Onex

Hier entstehen die Gerichte aus regionalen Produkten im Laufe der Jahreszeiten. Durch die Förderung kurzer Wege und direkter Beziehungen zu den Lieferanten entfaltet die raffinierte, kreative Gourmetküche den Geschmack der sorgfältig ausgewählten Zutaten.

Route de Chancy 127	Essen:	**44** | 50
+41 22 8700390	Service:	**18** | 20
www.fourneauxdumanege.ch	Getränke:	**17** | 20
traditionell • nachhaltig • regional • im Grünen	Ambiente:	**8** | 10
	Gesamt:	**87** | 100

de Certoux 🍴

1258 Perly-Certoux

Das Café ist ein Ort der Geselligkeit und des Teilens. Ohne viel Aufhebens wird hier regionale, nachhaltige Gourmetküche zubereitet. Das Gemüse aus dem eigenen Garten oder die Zutaten aus der Region werden mit viel Liebe und Kochhandwerk zu kreativen Meisterwerken.

Route de Certoux 133	Essen:	**45** | 50
+41 22 7711032	Service:	**18** | 20
www.cafe-certoux.ch	Getränke:	**17** | 20
Gasthaus • eigener Gemüsegarten • nachhaltig • im Grünen	Ambiente:	**9** | 10
	Gesamt:	**89** | 100

🍴 80–84   🍴🍴 85–89   🍴🍴🍴 90–94   🍴🍴🍴🍴 95–100 Punkte

La Place ▓

1228 Plan-les-Ouates

Gastronomie ist die Kunst, Zutaten zu nutzen, um Glück zu schaffen. Dies ist der Leitsatz des Restaurants La Place. Mediterrane Elemente werden mit der asiatischen Küche kombiniert, um farbenfrohe und raffinierte Gerichte zu zaubern. Eine Küche, die in der Tat glücklich macht.

Route de Saint-Julien 143	Essen:	**45** ∣ 50
+41 22 7949698	Service:	**18** ∣ 20
www.restaurant-laplace.ch	Getränke:	**18** ∣ 20
Fusionsküche • modern • im Grünen	Ambiente:	**9** ∣ 10
	Gesamt:	**90** ∣ 100

Café de Peney ▓

1242 Satigny

Das Café de Peney lässt sich als Bistrot Gourmand bezeichnen. In ruhiger, entspannter Umgebung werden von der traditionellen Küche inspirierte Gerichte serviert. Mittags begeistert das Menu du Marché. In der À-la-carte-Speisekarte findet sich für jeden Geschmack das Richtige.

Route d'Aire-la-Ville 130	Essen:	**44** ∣ 50
+41 22 7531755	Service:	**18** ∣ 20
www.cafe-de-peney.ch	Getränke:	**18** ∣ 20
Fleisch • Fisch • im Grünen • gemütlich	Ambiente:	**9** ∣ 10
	Gesamt:	**89** ∣ 100

Domaine de Châteauvieux ▓

1242 Satigny

Protagonist der Gourmet-Kreationen von Philippe Chevrier und Damien Coche sind Saisonprodukte, die nahe der ursprünglichen Form belassen werden. Durch gekonntes Kombinieren und ausgeklügeltes Handwerk begeistern sie auf einzigartige Weise mit Aroma, Geschmack und Originalität.

Chemin de Châteauvieux 16	Essen:	**48** ∣ 50
+41 22 7531511	Service:	**19** ∣ 20
www.chateauvieux.ch	Getränke:	**19** ∣ 20
Fine Dining • eigener Weinbau • im Grünen • regional	Ambiente:	**10** ∣ 10
	Gesamt:	**96** ∣ 100

Le Cigalon ▓

1226 Thônex

Das Le Cigalon wird gerne der «Fischtempel von Genf» genannt. Seit 27 Jahren ist Jean-Marc Bessire federführend in der Küche des Restaurants und gibt den Gerichten seine Handschrift mit. In seinen Kreationen verbindet er Geschmack, Emotionen und Aromen zu herrlichen Speisen.

Route d'Ambilly 39	Essen:	**47** ∣ 50
+41 22 3499733	Service:	**18** ∣ 20
www.le-cigalon.ch	Getränke:	**18** ∣ 20
Fisch • grosse Weinkarte • Terrasse	Ambiente:	**9** ∣ 10
	Gesamt:	**92** ∣ 100

La Chaumière ♦♦♦

1256 Troinex

Im Restaurant La Chaumière wird eine authentische und schmackhafte Küche serviert. Die Kreationen von Küchenchef Serge Labrosse werden nur mit besten Produkten der Region Genf zubereitet und von seinem Team zu subtilen und facettenreiche Genussmomenten verarbeitet.

Chemin de la Fondelle 16	Essen:	**46** ı 50
+41 22 7843066	Service:	**18** ı 20
www.restaurant-la-chaumiere.ch	Getränke:	**17** ı 20
Bistro • regionale Produkte • entspannt	Ambiente:	**9** ı 10
🏠 P	Gesamt:	**90** ı 100

La Réunion ♦♦♦

1255 Veyrier

Ohne Chichi wird im Café de La Réunion aus ausgezeichneten Produkten äusserst schmackhafte Qualitätsküche zubereitet. In herzlicher und sympathischer Atmosphäre werden die kreativen Gourmet-Kreationen, die entsprechend dem Rhythmus der Natur oft wechseln, aufgetischt.

Chemin de Sous-Balme 2	Essen:	**46** ı 50
+41 22 7840798	Service:	**18** ı 20
www.restaurant-reunion.ch	Getränke:	**18** ı 20
Gasthaus • Fusionsküche • gemütlich • im Grünen	Ambiente:	**9** ı 10
🏠 ▭	Gesamt:	**91** ı 100

TESSIN

Forni ♦♦

6780 Airolo

In der Alta Leventina kommen Geniesser im Restaurant Forni auf ihre Kosten. Die Speisekarte wechselt saisonal und weiss immer durch Vielfalt zu überraschen. In der Küche werden echte, authentische und schmackhafte Speisen unter Berücksichtigung regionaler Produkte zubereitet.

Via della Stazione 19	Essen:	**44** ı 50
+41 91 8691270	Service:	**17** ı 20
www.forni.ch	Getränke:	**18** ı 20
Casual Dining • regional • saisonal	Ambiente:	**7** ı 10
🏠 P 🛏	Gesamt:	**86** ı 100

♦ 80–84 ♦♦ 85–89 ♦♦♦ 90–94 ♦♦♦♦ 95–100 Punkte

Aerodromo da Nani 🍴

6612 Ascona

Fleisch und Fisch vom Grill sind die Spezialität des Ristorante da Nani. Besonders das Hähnchen mit einer aromatischen Sauce aus Tessiner Kräutern begeistert immer wieder. Auch Klassiker wie Brasato oder Ossobuco finden auf dem vielfältigen und ideenreichen Menu ihren Platz.

Via Aerodromo 3		Essen:	**44** | 50
+41 91 7911373		Service:	**17** | 20
www.ristorantedanani.ch		Getränke:	**17** | 20
Essen mit Aussicht • regional • mediterran		Ambiente:	**8** | 10
		Gesamt:	**86** | 100

Al Lago 🍴🍴

6612 Ascona

Hier ist der Name Programm: Das Restaurant Al Lago liegt direkt am Lago Maggiore im Schlossgarten des Hotel Castello. Es werden leichte italienische Küche und neu interpretierte Gerichte aus frischen Zutaten, immer bereichert mit einer gebündelten Kräutervielfalt, zubereitet.

Piazza Motta		Essen:	**45** | 50
+41 91 7910161		Service:	**18** | 20
www.castello-seeschloss.ch		Getränke:	**18** | 20
Hotelrestaurant • Seeterrasse • im Schloss • mediterran		Ambiente:	**9** | 10
		Gesamt:	**90** | 100

Asia

6612 Ascona

Das Seven Asia lädt ein zu einer kulinarische Reise nach Asien. Die Speisekarte bietet Sushi und Sashimi, authentisches Thai-Curry, Dim Sum und viele weitere Köstlichkeiten. Die Gerichte werden mit grösster Sorgfalt und fachmännisch von kompetenten Küchenchefs zubereitet.

Via Moscia 4	Essen:	**44** ǀ 50
+41 91 7807787	Service:	**17** ǀ 20
seven.ch	Getränke:	**18** ǀ 20
Thai • japanisch • modern	Ambiente:	**9** ǀ 10
	Gesamt: **88** ǀ 100	

Easy

6612 Ascona

An der lebhaften Seepromenade von Ascona gelegen bietet das Seven Easy köstliche Mittelmeer-Küche: Täglich wird frische Pasta von Hand gemacht, und im Holzofen werden luftige Pizze gebacken. Das hausgemachte Eis verführt Gross und Klein und rundet jedes Essen perfekt ab.

Piazza Giuseppe Motta 61	Essen:	**43** ǀ 50
+41 91 7807771	Service:	**18** ǀ 20
seven.ch	Getränke:	**17** ǀ 20
modern • Pizza • Burger • Fisch	Ambiente:	**9** ǀ 10
	Gesamt: **87** ǀ 100	

Ecco ||||

6612 Ascona

Im Ecco hat Rolf Fliegauf seinen ganz eigenen Stil entwickelt, der sich als puristische Aromaküche bezeichnen lässt. In seiner Fine-Dining-Küche behält jede Zutat das eigene Aroma. Nicht nur das Essen, auch die Location und der Service sind aussergewöhnlich und unvergesslich.

Strada Del Segnale 10		Essen:	**48**	50
+41 91 7858888		Service:	**20**	20
www.giardino-ascona.ch		Getränke:	**19**	20
Hotelrestaurant • Fine Dining • Fusionsküche • elegant		Ambiente:	**10**	10

P & ✕ ⊨ ⊡

Gesamt: **97** | 100

La Brezza |||

6612 Ascona

La Brezza bedeutet auf deutsch Brise. Die Idee eines frischen Lüftchens wird auch in der Küche umgesetzt: Küchenchef Marco Campanella kocht leicht, knackig und frisch. Basis und Inspiration seiner kreativen Kreationen sind die Tessiner Umgebung und lokale Zutaten.

Via Albarelle 16		Essen:	**47**	50
+41 91 7857171		Service:	**19**	20
www.edenroc.ch		Getränke:	**19**	20
Hotelrestaurant • Fine Dining • regional • saisonal		Ambiente:	**9**	10

⛲ P ✕ ⊨

Gesamt: **94** | 100

La Casetta ||

6612 Ascona

Das Seehaus La Casetta bezaubert mit südlichem Charme direkt am See. Nebst täglich hausgemachten Pastagerichten wird hier eine grosse Auswahl an Grillspezialitäten zubereitet. Besonders hervorzuheben ist dabei die vielfältige Fischvitrine mit fangfrischen Fischen.

Via Albarelle 16		Essen:	**44**	50
+41 91 7857171		Service:	**18**	20
www.edenroc.ch		Getränke:	**18**	20
Hotelrestaurant • Seeterrasse • Essen mit Aussicht • urchig		Ambiente:	**9**	10

⛲ P ✕ ⊨

Gesamt: **89** | 100

Locanda Barbarossa ||||

6612 Ascona

Die Küche ist geprägt von mediterraner Leichtigkeit und lehnt sich an die klassische französische Küche. Hinzu kommt eine Prise geschmackliches Abenteuer, inspiriert von Mattias Roocks kulinarischen Reisen. Dieser Mix verleiht dem Restaurant einen ganz einzigartigen Charme.

Via Muraccio 142		Essen:	**48**	50
+41 91 7910202		Service:	**19**	20
www.castellodelsole.com		Getränke:	**19**	20
französisch • eigener Gemüse- und Kräutergarten		Ambiente:	**10**	10

⛲ P ⊨

Gesamt: **96** | 100

Riva ||

6612 Ascona

See und Meer spielen die Hauptrolle bei dieser Osteria i Pesce. Frische Meeresfrüchte und Fisch werden von der Küchenchefin Elena Carsino gekonnt in Szene gesetzt. Der Service ist herzlich und das Ambiente eine stilvolle Mischung aus modernen und Retro-Elementen.

Piazza Giuseppe Motta 25 +41 91 7807787 seven.ch mediterran • Fisch • Terrasse • Essen mit Aussicht	Essen: **43** | 50 Service: **18** | 20 Getränke: **17** | 20 Ambiente: **9** | 10
	Gesamt: **87** | 100

Seven |||

6612 Ascona

Italienische Küche – traditionell und innovativ. So lässt sich kurz beschreiben, was im Seven auf den Tisch kommt. Traditionelle Gerichte des Belpaese werden mit innovativen Zubereitungsarten verbunden. Resultat sind unwiderstehliche, moderne und kreative Gourmet-Kreationen.

Via Moscia 2 +41 91 7807788 seven.ch Gasthaus • italienisch • entspannt	Essen: **45** | 50 Service: **19** | 20 Getränke: **18** | 20 Ambiente: **9** | 10
	Gesamt: **91** | 100

Locanda Orelli ⫪

6781 Bedretto

Zehn Autominuten von Airolo entfernt liegt dieses schmucke Restaurant. In der gemütlichen Gaststube werden feine, regionale Gerichte mit modernen Akzenten serviert. Im Weinkeller lagern Provenienzen, die zwischen dem 40. und dem 50. Grad nördlicher Breite gekeltert werden.

Centro paese	Essen:	**44** | 50
+41 91 8691185	Service:	**18** | 20
www.locanda-orelli.ch	Getränke:	**18** | 20
Gasthaus · urchig · gemütlich	Ambiente:	**8** | 10
P 🛏	Gesamt:	**88** | 100

Castelgrande ⫪⫪

6500 Bellinzona

Hier speist man quasi in einem UNESCO-Weltkulturerbe. Küchenchef Cyrille Kamerzin legt viel Wert auf eine marktfrische Küche aus lokalen Produkten mit französischen Akzenten. Klasse: Das Vier-Gänge-Überraschungsmenu wird auch in einer vegetarischen Variante angeboten.

Salita al Castelgrande	Essen:	**45** | 50
+41 91 8148781	Service:	**17** | 20
www.castelgrande.ch	Getränke:	**16** | 20
Casual Dining · französisch · mediterran · Ambiente	Ambiente:	**8** | 10
🏛 P 🖼	Gesamt:	**86** | 100

Locanda Orico ⫪⫪⫪

6500 Bellinzona

Lorenzo Albrici schafft in seiner Locanda Orico eine einzigartige Symbiose der italienischen und der französischen Kochkunst. Basis dazu sind ausgewählte Produkte erster Güte, die mit viel Respekt und Können zu unverfälschten, aromareichen und leichten Gerichten zubereitet werden.

Via Orico 13	Essen:	**46** | 50
+41 91 8251518	Service:	**18** | 20
www.locandaorico.ch	Getränke:	**17** | 20
italienisch · französisch · regional	Ambiente:	**9** | 10
♿ ✳ 🖼	Gesamt:	**90** | 100

Osteria Boato ⫪

6614 Brissago

An der Promenade von Brissago serviert die Osteria Boato köstliche Fischspezialitäten. Nach dem Credo «aus dem Einfachsten das Beste machen» werden in der Küche köstliche Gerichte aus regionalen und saisonalen Zutaten zubereitet. Der Familienbetrieb wird mit viel Herzblut geführt.

Viale Lungolago	Essen:	**43** | 50
+41 91 7809922	Service:	**18** | 20
www.osteriaboato.ch	Getränke:	**16** | 20
Seeterrasse · Fisch · regional	Ambiente:	**8** | 10
🏛	Gesamt:	**85** | 100

Cacciatori ⚍

6936 Cademario

Im Cacciatori wird nach dem Motto «La buona tavola» gekocht. Auf den Tisch kommen authentische Tessiner Spezialitäten, lombardische Köstlichkeiten und Kulinarisches aus der klassischen Küche. Die Protagonisten auf dem Teller sind marktfrische, aromatische Zutaten.

Via Cantonale 126 +41 91 6052236 www.hotelcacciatori.ch **italienisch • Schweizer Küche • regional**	Essen: **44** I 50 Service: **17** I 20 Getränke: **16** I 20 Ambiente: **9** I 10
🏠 P 🛏	Gesamt: **86** I 100

Grotto Eguaglianza ⚍

6825 Capolago

Im Dorfkern von Capolago, dem Südende des Luganersees, werden im Grotto Eguaglianza authentische Geschmäcker aufgetischt. Traditionelle Gerichte werden von innovativen Kreationen ergänzt, alles wird aus saisonalen, regionalen, mit Sorgfalt ausgewählten Zutaten gekocht.

Via Municipio 20 +41 91 6305617 www.eguaglianza.ch **Schweizer Küche • italienisch • traditionell**	Essen: **44** I 50 Service: **17** I 20 Getränke: **17** I 20 Ambiente: **8** I 10
🏠 P ♿	Gesamt: **86** I 100

Senza Punti ⚍

6646 Contra

Die obersten Maximen im Senza Punti sind Authentizität, Atmosphäre, Transparenz und Qualität. In unkomplizierter, lockerer und entspannter Stimmung werden Gerichte genossen, in deren Zentrum Qualität und Geschmack stehen. Dabei wird auch die Optik nicht ausser Acht gelassen.

Via Contra 440 +41 91 6001515 www.senza-punti.ch **Casual Dining • mediterran • regional**	Essen: **44** I 50 Service: **18** I 20 Getränke: **16** I 20 Ambiente: **9** I 10
🏠 P ✖	Gesamt: **87** I 100

Vairano ⚍

6575 Gambarogno

Nicht nur der atemberaubende Blick über den Lago Maggiore der Osteria Vairano ist ein Grund, hier einzukehren. Auch das gemütliche Ambiente, das authentische, ausgezeichnete Essen und die herzliche und liebevolle Bewirtung machen diesen Ort zu einem paradiesischen Fleckchen Erde.

Via Bellavista 1 +41 91 7941604 **traditionell • Essen mit Aussicht • italienisch**	Essen: **43** I 50 Service: **17** I 20 Getränke: **16** I 20 Ambiente: **8** I 10
🏠 P ✖ ▭	Gesamt: **84** I 100

⚍ 80–84   ⚍⚍ 85–89   ⚍⚍⚍ 90–94   ⚍⚍⚍⚍ 95–100 Punkte

Cittadella ⸾⸾   6600 Locarno

In raffinierter und eleganter Atmosphäre wird im Restaurant Cittadella in der Altstadt von Locarno beste Küche mit Fisch und Krustentieren geboten. Ob zu Wolfsbarsch in Salzkruste oder Frittura di Pesce, aus dem Weinkeller mit über 300 Etiketten findet sich der passende Wein.

Via Cittadella 18	Essen:	**44** | 50
+41 91 7515885	Service:	**18** | 20
www.cittadella.ch	Getränke:	**18** | 20
Fisch • Pizza • entspannt	Ambiente:	**9** | 10
	Gesamt: 89 | 100	

Da Valentino ⸾⸾   6600 Locarno

Mitten in der Altstadt von Locarno liegt das Da Valentino. Hier wird mit viel Liebe und Fingerspitzengefühl der mediterranen Küche gefrönt. Die helle Gaststube mit dem schönen Fliessenboden, dem offenen Kamin und den weiss gedeckten Tischen trägt viel zum Wohlbefinden bei.

Via Torretta 7	Essen:	**45** | 50
+41 91 7520110	Service:	**17** | 20
davalentino.ch	Getränke:	**17** | 20
gemütlich • mediterran • zentral gelegen	Ambiente:	**8** | 10
	Gesamt: 87 | 100	

Fontana ⸾⸾   6600 Locarno

Die Küche des trendigen La Fontana ist geprägt durch mediterrane, leichte, aber auch regionale und vor allem nachhaltige Produkte. Das Küchenteam beobachtet Trends aufmerksam und bereitet eine originelle, kosmopolitische Küche zu, die mit regionalen Produkten verfeinert wird.

Via ai Monti 44	Essen:	**44** | 50
+41 91 7560079	Service:	**18** | 20
www.lafontana-locarno.com	Getränke:	**17** | 20
Bar • regional • weltlich	Ambiente:	**9** | 10
	Gesamt: 88 | 100	

Locanda Locarnese ▌▌ 6600 Locarno

Nur einen Katzensprung von der Piazza Grande entfernt kocht Persyo Cadlolo authentische, mediterrane Gerichte, wenn immer möglich aus regionalen Zutaten. Das charmant eingerichtete Restaurant verfügt auch über eine raffiniert angelegte kleine Terrasse in der schmalen Gasse.

Via Bossi 1	Essen:	**44**	50
+41 91 7568756	Service:	**17**	20
www.locandalocarnese.ch	Getränke:	**17**	20
Casual Dining • mediterran • Terrasse	Ambiente:	**8**	10
	Gesamt: **86**		100

Osteria del Centenario ▌▌ 6600 Locarno

Der aus Locarno stammende Küchenchef Egon Bajardi erfüllte sich 2007 mit der Osteria del Centenario einen langgehegten Traum. Kreativ und avantgardistisch sind seine handwerklich perfekt ausgeführten Kreationen. Wenn immer möglich werden Produkte aus der Region verwendet.

Viale Verbano 17	Essen:	**45**	50
+41 91 7438222	Service:	**18**	20
www.osteriacentenario.ch	Getränke:	**18**	20
modern • regionale Produkte • Terrasse	Ambiente:	**8**	10
	Gesamt: **89**		100

Ristorante La Rinascente ▌▌▌ 6600 Locarno

Unter einer mit Fresken bemalten Gewölbedecke lässt sich im La Rinascente kreative, mediterrane Küche aus besten, regionalen Zutaten geniessen. Die ausgesuchten Köstlichkeiten werden von kompetentem Service begleitet. Auch das vegetarische Menü lässt keine Wünsche offen.

Via al Tazzino 3	Essen:	**44**	50
+41 91 7511331	Service:	**18**	20
www.hotel-rinascente.ch	Getränke:	**18**	20
mediterran • regional • traditionell	Ambiente:	**10**	10
	Gesamt: **90**		100

Centrale ▌▌ 6616 Losone

Im Centrale in der Innenstadt von Losone werden aus saisonalen Produkten feine, von der Tessiner Küche inspirierte Gerichte zubereitet. Die Cannelloni werden mit geschmortem Kaninchenfleisch gefüllt, und die Gnocchi sind hausgemacht. Die Atmosphäre ist herzlich und entspannt.

Via Locarno 2	Essen:	**45**	50
+41 91 7921201	Service:	**18**	20
www.ristorantecentrale-losone.ch	Getränke:	**16**	20
saisonal • Schweizer Küche • italienisch	Ambiente:	**8**	10
	Gesamt: **87**		100

Grottino Ticinese ❘

6616 Losone

Herzlich empfangen Sandro und Claudia ihre Gäste. Die Polenta kocht über dem Kaminfeuer und wird in vielen Variationen als Hauptgang serviert oder als Beilage zu allerlei deftigen Gerichten gereicht. Und selbstverständlich steht für Bambini Polenta mit Milch auf der Karte.

Via San Materno 10	Essen:	43	50
+41 91 7913230	Service:	17	20
www.grottino-ticinese.ch	Getränke:	16	20
entspannt • traditionell • Schweizer Küche • italienisch	Ambiente:	8	10
	Gesamt: 84	100	

Osteria dell'Enoteca ❘❘

6616 Losone

Im Sommer wird im romantischen Innenhof, im Winter im gemütlichem Speisesaal mit wärmendem Kaminfeuer gespiesen. In der Küche werden kreative, saisonale und regionale Gerichte zubereitet. Der herzliche und professionelle Service runden das kulinarische Erlebnis wunderbar ab.

Via Contrada Maggiore 24	Essen:	44	50
+41 91 7917817	Service:	19	20
www.osteriaenoteca.ch	Getränke:	17	20
französisch • Schweizer Küche • italienisch • Garten	Ambiente:	8	10
	Gesamt: 88	100	

ARTÉ AL LAGO ❘❘❘

6906 Lugano

In einer Kunstgalerie gelegen, bietet Arté al Lago die perfekte Kombination aus Gourmetküche und einzigartigem Ambiente. Die innovative und verlockende Küche setzt viel auf Meeres- und Seefische. Daraus werden kreative, präzise und leidenschaftliche Kreationen geschaffen.

Piazza Emilio Bossi 7	Essen:	47	50
+41 91 9734800	Service:	19	20
www.villacastagnola.com	Getränke:	19	20
Fine Dining • Hotelrestaurant • mediterran • traditionell	Ambiente:	9	10
	Gesamt: 94	100	

Badalucci ❘❘

6900 Lugano

Die Gerichte des Ristorante Badalucci – «A taste of art» – wollen Emotionen wecken. Um dies zu schaffen, wird unermüdlich an neuen Kombinationen getüftelt, und kulinarische Erinnerungen werden mit einem frischen Blick neu interpretiert. So entstehen unvergessliche Kreationen.

Viale Cassarate 3	Essen:	44	50
+41 91 2251649	Service:	18	20
www.badalucci.com	Getränke:	18	20
Fusionsküche • elegant • französisch	Ambiente:	9	10
	Gesamt: 89	100	

Ciani Lugano 🍴

6900 Lugano

Dario Lanza steht im Ciani am Herd und verwöhnt seine Gäste mit klassischen, mediterran interpretierten Gerichten. Die Räumlichkeiten eignen sich auch gut für grössere Feiern. Dann lohnt sich ein ausgiebiger Blick in die fantastische Weinkarte mit vielen grossformatigen Flaschen.

Piazza Indipendenza 4	Essen:	**45** | 50
+41 91 9226655	Service:	**17** | 20
www.cianilugano.ch	Getränke:	**17** | 20
Fine Dining • modern • französisch	Ambiente:	**8** | 10
	Gesamt:	**87** | 100

Cyrano 🍴

6900 Lugano

In der Osteria Cyrano werden Geniesser auf eine Reise in die Welt des Geschmacks mitgenommen. Dank der besonderen Lage des Tessins als Kreuzungspunkt der herben alpinen Küche und der spielerischen Leichtigkeit der mediterranen Küche begeistern die Gerichte mit viel Geschmack.

Corso Enrico Pestalozzi 27	Essen:	**45** | 50
+41 91 2254444	Service:	**17** | 20
www.osteriacyrano.ch	Getränke:	**18** | 20
Fisch • Fleisch • gemütlich	Ambiente:	**8** | 10
	Gesamt:	**88** | 100

I Due Sud 🍴🍴

6900 Lugano

I Due Sud, das Gourmetrestaurant des Splendide Hotel, ist ein Juwel der Haute Cuisine. Das Konzept des Küchenchefs Domenico Ruberto ist, mit seinen kreativen Speisen eine Begegnung der Aromen Süditaliens mit denen der Südschweiz zu ermöglichen. Dies schmeckt vorzüglich.

Riva Antonio Caccia 7	Essen:	**47** | 50
+41 91 9857711	Service:	**19** | 20
www.robertonaldicollection.com	Getränke:	**18** | 20
Hotelrestaurant • Fine Dining • mediterran • Essen mit Aussicht	Ambiente:	**9** | 10
	Gesamt:	**93** | 100

Le Relais ██

6906 Lugano

Im eleganten Le Relais verwöhnt Küchenchef Alessandro Boleso abends mit klassischer Mittelmeerküche auf höchstem Niveau und ab und zu mit überraschenden Variationen, wie die Komposition aus Sauerkraut, Ananas und Marroni als letzter Gang eines seiner Degustationsmenus zeigt.

Viale Castagnola 31	Essen:	**44**	50
+41 91 9732555	Service:	**18**	20
www.villacastagnola.com	Getränke:	**18**	20
Hotelrestaurant • Fine Dining • elegant	Ambiente:	**8**	10
🏛 P	**Gesamt: 88**		100

META ███

6900 Lugano

Im Erdgeschoss des futuristisch anmutenden Palazzo Mantegazzo liegt dieses elegante, lichtdurchflutete Restaurant. Küchenchef Luca Bellancas Stil verwischt kulinarische Grenzen. Handwerkliche Perfektion, Leichtigkeit und überraschende sensorische Eindrücke begeistern die Gäste.

Riva Paradiso 2	Essen:	**45**	50
+41 91 9946868	Service:	**18**	20
metaworld.ch	Getränke:	**18**	20
Fine Dining • mediterran • elegant • Terrasse	Ambiente:	**9**	10
🏛 ▭	**Gesamt: 90**		100

Principe Leopoldo ███

6900 Lugano

Das Principe Leopoldo ist der Himmel auf Erden. Als Hotel ebenso wie als kulinarischer Hotspot. Küchenchef Christian Moreschi verwöhnt hier abends mit modern interpretierten Spezialitäten – die Risotti sind legendär, und Sommelier Claudio Recchia sorgt für die passende Weinbegleitung.

Via Montalbano 5	Essen:	**47**	50
+41 91 9858812	Service:	**18**	20
www.leopoldohotel.com	Getränke:	**18**	20
Fine Dining • Essen mit Aussicht • regional	Ambiente:	**9**	10
🏛 🛏 ▭	**Gesamt: 92**		100

Seven Lugano 🍴

6900 Lugano

Saisonale und typische Tessiner Produkte stehen im Seven Lugano auf dem Menu. Die cremigen Risotti oder eine feine Fleischspezialität aus dem Josper Ofen sollten dringen probiert werden. Auch Sushi-Liebhaber kommen hier mit raffinierten Fusion-Kreationen auf ihre Kosten.

Via Stauffacher 1	Essen:	**45** ╎ 50
+41 91 2907777	Service:	**19** ╎ 20
www.seven.ch	Getränke:	**17** ╎ 20
modern • japanisch • Fleisch • entspannt • regionale Pro-	Ambiente:	**8** ╎ 10
dukte •		
🏠 📺	Gesamt:	**89** ╎ 100

The View 🍴🍴

6900 Lugano

The View in Lugano ist ein aussergewöhnlicher Ort, an dem exklusive und anspruchsvolle gastronomische Erlebnisse genossen werden. Kreativität, Forschung und herausragende Leidenschaft sind kennzeichnend für die Kochkunst des talentierten Küchenchefs Diego Della Schiava.

Via Guidino 29	Essen:	**45** ╎ 50
+41 91 2100000	Service:	**19** ╎ 20
www.theviewlugano.com	Getränke:	**18** ╎ 20
mediterran • Essen mit Aussicht • modern	Ambiente:	**10** ╎ 10
🏠 P 🛏	Gesamt:	**92** ╎ 100

Grotto dell'Ortiga 🍴🍴

6928 Manno

Natürlich essen, frisch und pur – das ist der Leitsatz des Grotto dell'Ortigia. Gekocht wird nach traditionellen Rezepten, die Gerichte werden saisonal fantasievoll aufgelockert. Getafelt wird im Sommer draussen an Granittischen und im Winter im heimeligen Speisesaal.

Strada Regina 35	Essen:	**44** ╎ 50
+41 91 6051613	Service:	**17** ╎ 20
www.ortiga.ch	Getränke:	**18** ╎ 20
Beiz • italienisch • regional • entspannt	Ambiente:	**9** ╎ 10
🏠 P ♿ 🚫	Gesamt:	**88** ╎ 100

Grotto della Salute ⅠⅠ

6900 Massagno

Im elegant ausgestatteten Grotto werden klassische Tessiner Speisen mit modernen Akzenten serviert. Im Sommer geniesst man auf der von uralten Platanen beschirmten Terrasse, im Winter rückt man im Kaminzimmer enger zusammen. Im Herbst lockt eine superbe Weinkarte in die Vinothek.

Via Madonna della Salute 10
+41 91 9660476
www.grottodellasalute.ch
Gasthaus • mediterran • Casual Dining • Terrasse

Essen:	**44**	50
Service:	**17**	20
Getränke:	**17**	20
Ambiente:	**9**	10
Gesamt:	**87**	100

Arbostora Charme ⅠⅠ

6922 Morcote

Direkt am Lago di Lugano liegt dieses charmante Hotelrestaurant. In der warmen Jahreszeit speist man auf der Terrasse unter der schattigen Pergola unkomplizierte Speisen mit einem mediterranen Touch. Sehr schöne Weinkarte mit 300 Positionen, die Hälfte davon aus dem Tessin.

Riva da San Carlo 16
+41 7672 87839
hotelarbostora.ch
Hotelrestaurant • Essen mit Aussicht • gemütlich

Essen:	**45**	50
Service:	**16**	20
Getränke:	**16**	20
Ambiente:	**9**	10
Gesamt:	**86**	100

Villa Orselina ⅠⅠⅠ

6644 Orselina

Die Küche der Villa Orselina ist leicht und frisch, weckt die Sinne und inspiriert. Sie entsteht durch die gekonnte Kombination aus mediterranen Aromen mit italienischer und Tessiner Küche. Die kulinarischen Köstlichkeiten werden von einem einzigartigen Blick begleitet.

Via Santuario 10
+41 91 7357373
www.villaorselina.ch
Hotelrestaurant • italienisch • Essen mit Aussicht

Essen:	**44**	50
Service:	**19**	20
Getränke:	**17**	20
Ambiente:	**10**	10
Gesamt:	**90**	100

Morchino ⅠⅠ

6912 Pazzallo

Unweit vom Luganer Stadtzentrum, von Grün umgeben, wird im Grotto Morchino traditionelle Küche in urigem Ambiente geboten. Die Küche ist fest mit dem Territorium, seinen Produkten und den Traditionen verbunden. Bestes Beispiel dafür ist der lang geschmorte Ossobuco mit Polenta.

Via Carona 1
+41 91 9946044
www.morchino.ch
Beiz • italienisch • entspannt • regional

Essen:	**43**	50
Service:	**18**	20
Getränke:	**16**	20
Ambiente:	**9**	10
Gesamt:	**86**	100

Grotto Pozzasc 🍴

6695 Peccia

Das Grotto liegt direkt an einem Naturbecken, geformt vom Fluss Peccia. An Granittischen im Schatten hoher Bäume laden hungrige Wanderer hier ihre Batterien wieder auf. Über dem offenen Feuer kocht die Polenta im Kupferkessel und ergänzt feine Ragouts oder Wurstspezialitäten.

Al fiume	Essen:	**43**	50
+41 91 7551604	Service:	**17**	20
www.pozzasc.ch	Getränke:	**17**	20
Gasthaus • urig • im Grünen	Ambiente:	**9**	10
🏠 P	Gesamt:	**86**	100

Grotto America 🍴

6652 Ponte

Das Grotto America ist ein Grotto wie aus dem Bilderbuch. Idyllisch an der Maggia in Ponte Brolla gelegen wird in unkomplizierter Atmosphäre an Granittischen genossen. Das Menu ist einfach und authentisch, aus erlesenen Zutaten der Region werden schmackhafte Gerichte zubereitet.

Via ai Grotti 71	Essen:	**45**	50
+41 91 7962370	Service:	**19**	20
www.grottoamerica.ch	Getränke:	**15**	20
Beiz • entspannt • im Grünen • regional	Ambiente:	**10**	10
🏠 P	Gesamt:	**89**	100

Porto Pojana Ristorante Terminus 🍴

6826 Riva San Vitale

Das elegante, stilvoll eingerichtete Restaurant hat direkten Seeanstoss und bietet fantastische Ausblicke. Küchenchef Andrea Levratto ist ein Meister der Fischküche und verwöhnt mit Fangfrischem aus See und Meer. Die Weinkarte ist bestens auf die mediterranen Speisen abgestimmt.

Via Poiana 53	Essen:	**44**	50
+41 91 6306370	Service:	**17**	20
www.portopojana.ch	Getränke:	**17**	20
mediterran • Fisch • Seeterrasse	Ambiente:	**9**	10
🏠 P	Gesamt:	**87**	100

🍴 80–84 🍴🍴 85–89 🍴🍴🍴 90–94 🍴🍴🍴🍴 95–100 Punkte

Ul Furmighin ⑪

6839 Sagno

Ul Furmighin – die kleine Ameise – ist eine gemeinnützige Genossenschaft, deren Ziel es ist, in Sagno die menschlichen Kontakte zu ermöglichen, die für das soziale Leben des Dorfes notwendig sind. Es ist ein Ort der Begegnung, des Verweilens und des authentischen Genusses.

Piazza Garuf
+41 91 6820175
www.ul-furmighin.ch
Beiz • nachhaltig • im Grünen • entspannt

Essen:	**44**	50
Service:	**18**	20
Getränke:	**16**	20
Ambiente:	**9**	10
Gesamt:	**87**	100

Vecchia Osteria Seseglio ⑪

6832 Seseglio

Die Vecchia Osteria Seseglio bietet ein Ambiente, das Eleganz und Raffinesse mit der rustikalen, ursprünglichen Bauernhausstruktur verbindet. Die Küche von Küchenchef Ambrogio Stefanetti vereint Tradition und Emotion. Daraus resultieren unvergessliche kulinarische Momente.

Via Campora 11
+41 91 6827272
www.vecchiaosteria.ch
Fine Dining • regional • im Grünen

Essen:	**45**	50
Service:	**19**	20
Getränke:	**18**	20
Ambiente:	**9**	10
Gesamt:	**91**	100

Montalbano ⑪

6854 Stabio

Die Küche von Andrea Bertarini überrascht mit leidenschaftlichen, komplexen, dennoch einfachen Kreationen. Seine Gerichte bieten eine Reise der geschmacklichen Harmonie, die aus einzigartigen Kombinationen von Speisen und Weinen besteht und ein unvergessliches Erlebnis bietet.

Via Montalbano 34c
+41 91 6471206
ristorantemontalbano.ch
Fleisch • saisonal • regionale Produkte • im Grünen

Essen:	**45**	50
Service:	**17**	20
Getränke:	**17**	20
Ambiente:	**8**	10
Gesamt:	**87**	100

Motto del Gallo ⑪

6807 Taverne

Das Motto del Gallo entstand 1981 durch die Renovation eines alten befestigten Dorfes, das auf dem Hügel namens «Motto» liegt. In diesem geschichtsträchtigen Ort kann feinste Küche genossen werden – das Degustationsmenu oder die à-la-carte-Saisonkarte präsentieren hochstehende Küche.

Via Bicentenario 16
+41 91 9452871
www.mottodelgallo.ch
italienisch • regional • elegant

Essen:	**44**	50
Service:	**19**	20
Getränke:	**17**	20
Ambiente:	**9**	10
Gesamt:	**89**	100

Da Enzo ¶¶¶

6652 Tegna

Das Da Enzo ist ein Ort zum Wohlfühlen. Am Eingang des Maggiatals gelegen, kann im Restaurant mit wildromantischem Garten hochstehende Gastronomie genossen werden. Aus ausgewählten Zutaten werden fantasievolle Kreationen geschaffen, die von viel Savoir-faire zeugen.

Ponte Brolla +41 91 796 1475 www.ristorantedaenzo.ch **italienisch • im Grünen • elegant**	Essen: **46** ∣ 50 Service: **18** ∣ 20 Getränke: **18** ∣ 20 Ambiente: **9** ∣ 10
🏛 P 🍴 🛏 📇	Gesamt: **91** ∣ 100

T3e Terre ¶¶

6652 Tegna

Marco Meneganti ist ein begnadeter Koch und verwöhnt seine Gäste auf hohem Niveau mit modern interpretierter mediterraner Küche und Grotto-Klassikern wie Risotto, Polenta, Ossobuco und Coniglio. Die Pasta ist hausgemacht und das vegetarische Menu liebevoll zusammengestellt.

Via Vecchia Stazione 2 +41 91 743 2222 www.3terre.ch **Hotelrestaurant • im Grünen • entspannt**	Essen: **45** ∣ 50 Service: **18** ∣ 20 Getränke: **17** ∣ 20 Ambiente: **8** ∣ 10
🏛 P ♿ 🛏 📇	Gesamt: **88** ∣ 100

Centovalli ¶¶

6652 Terre di Pedemonte

Seit Jahren wird im Ristorante Centovalli auf einfache Gerichte gesetzt. Dabei gibt es einen klaren Protagonisten: den legendären Risotto mit Steinpilzen und Gorgonzola. Als Gericht für sich selber oder als Beilage zu Fleischgerichten, hier ist er verdient die Primadonna.

Via Vecchia Stazione 5 +41 91 796 1444 www.centovalli.com **im Grünen • entspannt • Hotelrestaurant**	Essen: **44** ∣ 50 Service: **19** ∣ 20 Getränke: **17** ∣ 20 Ambiente: **8** ∣ 10
🏛 P ✖ 🛏 📇	Gesamt: **88** ∣ 100

¶ 80–84   ¶¶ 85–89   ¶¶¶ 90–94   ¶¶¶¶ 95–100 Punkte

Hotel Conca Bella, Restaurant & Wine Bar 6833 Vacallo

Die Leidenschaft für gutes Essen und Gastfreundschaft wird im Restaurant Conca Bella gelebt. Nach Jahren der Sternegastronomie geht es heute einfacher zu und her. Das hohe kulinarische Niveau ist aber geblieben: Die mit viel Raffinesse zubereiteten Gerichte überzeugen vollends.

Via Concabella 2
+41 91 6975040
www.concabella.ch
Hotelrestaurant • modern • saisonal

Essen:	**44**	50
Service:	**18**	20
Getränke:	**19**	20
Ambiente:	**9**	10
Gesamt:	**90**	100

La Sorgente 6921 Vico Morcote

Hier ist alles «fatto in casa» – Pasta, Saucen, Eis, alles wird mit viel kulinarischer Handwerkskunst zubereitet. Die italienischen Regionen und die Tessiner Tradition sind Inspirationsquellen für die Küche. Gekocht wird mit sorgfältig ausgewählten, saisonalen Produkten.

Portich da Sura 18
+41 91 9962301
www.lasorgente.ch
italienisch • regional • im Grünen

Essen:	**45**	50
Service:	**19**	20
Getränke:	**17**	20
Ambiente:	**8**	10
Gesamt:	**89**	100

Vicania 6921 Vico Morcote

Hoch über Morcote, auf der Alp Vicania, liegt das Ristorante Vicania mit atemberaubender Sicht über den Luganersee. Ob cremiger Risotto, Gnocchi, kalt geräucherte Forelle oder Vitello tonnato – die Gerichte aus der Küche begeistern mit Präzision, Sorgfalt und Geschmack.

Sentée dal Alp Vicania
+41 91 9802414
www.ristorantevicania.ch
italienisch • im Grünen • entspannt

Essen:	**45**	50
Service:	**18**	20
Getränke:	**18**	20
Ambiente:	**9**	10
Gesamt:	**90**	100

WAADT

La Pinte Communale ‖ 1860 Aigle

Am Marktplatz von Aigle liegt dieses elegante Restaurant. Chefkoch Alexandre Luquet setzt hier auf traditionelle Küche mit modernen Einflüssen. Die Zutaten sind von erster Güte und werden der jeweiligen Saison angepasst. Die sehr gut kuratierte Weinkarte bietet viele edle Crus.

Place du Marché 4	Essen:	**44** ı 50
+41 24 4666270	Service:	**18** ı 20
www.pinte-communale.ch	Getränke:	**17** ı 20
Casual Dining • entspannt • saisonal	Ambiente:	**8** ı 10
	Gesamt:	**87** ı 100

La Pinte du Paradis ‖ 1860 Aigle

Die Pinte du Paradis liegt in einer historischen Scheune des Schloss Aigle und bietet einen atemberaubenden Ausblick auf die umliegenden Rebflächen und Berge. Selbstredend umfasst die Weinkarte zig lokale Crus, dazu wird raffinierte, bodenständige Beizenküche serviert.

Place du Château 2	Essen:	**43** ı 50
+41 24 4661844	Service:	**17** ı 20
www.lapinteduparadis.ch	Getränke:	**17** ı 20
im Grünen • Beiz • entspannt	Ambiente:	**9** ı 10
	Gesamt:	**86** ı 100

le Guillaume Tell ‖ 1091 Aran-Villette

Das Gasthaus mit der einladenden, rosafarbenen Fassade beheimatet einen Gourmettempel, dessen Hohepriester Denis Velan ist. Seine Kreationen sind eine wunderbare Synthese von Geschmack, Texturen und Ästhetik, und die Menus sind Kompositionen von hoher Präzision.

Route de la Petite Corniche 5	Essen:	**45** ı 50
+41 21 7991184	Service:	**18** ı 20
www.leguillaumetell.ch	Getränke:	**17** ı 20
Fine Dining • Fusionsküche • im Grünen	Ambiente:	**8** ı 10
	Gesamt:	**88** ı 100

Auberge de l'Union ₰₰ 1273 Arzier

In der Auberge de l'Union pflegt Küchenchef David Perraudin eine klassische Küche und bereitet Feines aus Land, Meer und dem Léman zu. Leicht und elegant sind seine auf die jeweilige Saison abgestimmten Kreationen. Die Weinkarte ist sehr gut bestückt mit Gewächsen aus der Region.

Route de Saint-Cergue 9	
+41 22 3661942	Essen: **45** | 50
www.auberge-union-arzier.ch	Service: **17** | 20
Essen mit Aussicht • weltlich • saisonal	Getränke: **17** | 20
	Ambiente: **9** | 10
	Gesamt: **88** | 100

Njørden ₰₰ 1170 Aubonne

In Aubonne weht ein Hauch nordischer Küche durch die Strassen. Koch Philippe Deslarzes ist gebürtiger Schwede und verwebt seine Kindheitserinnerungen vom Fischen und Pilzesammeln mit seinen herrlich puristischen Kreationen. Abends werden Menus mit bis zu acht Gängen serviert.

Place du Marché 15	
+41 21 8085090	Essen: **44** | 50
njorden.com	Service: **18** | 20
nordische Küche • regionale Produkte • modern	Getränke: **17** | 20
	Ambiente: **8** | 10
	Gesamt: **87** | 100

Des Bains ₰₰ 1580 Avenches

Nahe den antiken Thermen von Avenches liegt das Restaurant von Johann Stauffacher. Der Koch setzt auf eine marktfrische, kreative Küche und bietet, abgestimmt auf die jeweilige Jahreszeit, saisonale Spezialitäten. Immer zu geniessen sind Egli und Zander aus dem nahen Murtensee.

Route de Berne 1	
+41 26 6753660	Essen: **44** | 50
www.restaurantdesbains.ch	Service: **17** | 20
französisch • Fisch • regional • entspannt	Getränke: **18** | 20
	Ambiente: **8** | 10
	Gesamt: **87** | 100

Ô33 ₰₰ 1580 Avenches

Im schlicht gehaltenen Restaurant, das sich im Rathaus befindet, wird frische, moderne Küche serviert, die lokale Produkte modern in Szene setzt. Während mittags ein feines kleines Menu kredenzt wird, steht der Abend voll im Zeichen der Kreativität des jungen Küchenchefs.

Rue Centrale 33	
+41 26 6773333	Essen: **44** | 50
www.hoteldevilleavenches.ch	Service: **18** | 20
französisch • regional • elegant • Hotelrestaurant •	Getränke: **18** | 20
	Ambiente: **8** | 10
	Gesamt: **88** | 100

La Palette des Sens

1880 Bex

Das gediegene Restaurant La Palette des Sens befindet sich im schmucken L'Hôtel de Ville de Bex. Die Küche glänzt durch erfinderische, originelle Gerichte und setzt sich zum Ziel, neue Aromenwelten zu schaffen. Überraschungen sind hier immer wieder garantiert.

Rue Centrale 8
+41 24 4634152
www.bexhoteldeville.ch
Bistro • Terrasse • klassisch

Essen:	**44** | 50
Service:	**17** | 20
Getränke:	**17** | 20
Ambiente:	**8** | 10
Gesamt:	**86** | 100

Le Café Suisse

1880 Bex

Kreativere Restaurants und Köchinnen wie Marie Robert muss man hierzulande erst finden. Das Interieur ist märchenhaft, genauso wie die gelungenen Kombinationen der verspielten jungen Chefköchin. Eine Reise in eine kulinarische Anderswelt, die man erlebt haben sollte.

Rue Centrale 41
+41 24 4633398
www.cafe-suisse.ch
Fusionsküche • Menu surprise • unkonventionell

Essen:	**46** | 50
Service:	**19** | 20
Getränke:	**18** | 20
Ambiente:	**9** | 10
Gesamt:	**92** | 100

Auberge de Bogis-Bossey

1279 Bogis-Bossey

Cyril und Nadège Freudiger entführen in ihrem Lokal in die Welt des Geschmacks und der Texturen. Die verwendeten Produkte stammen aus der Region und werden von Cyril Freudiger zu stimmigen Gerichten transformiert. Önologin Nadège Freudiger sorgt für die passenden Weine.

Chemin de la Pinte 1
+41 22 7766326
auberge-bogis-bossey.com
saisonal • Menu surprise • gemütlich

Essen:	**44** | 50
Service:	**18** | 20
Getränke:	**17** | 20
Ambiente:	**8** | 10
Gesamt:	**87** | 100

Le 1424

1424 Champagne

Der nahegelegene Neuenburgersee – auf den man hier einen wunderbaren Ausblick hat – spielt auch auf der Karte des 1424 eine gewichtige Rolle. Auf der Karte finden sich viele Fischgerichte, die von der Küchenbrigade gekonnt und schmackhaft in Szene gesetzt wird.

Chemin de Praz 2
+41 24 4361227
www.lafabriquecornu.ch
saisonal • Essen mit Aussicht • modern • Fisch •

Essen:	**43** | 50
Service:	**17** | 20
Getränke:	**17** | 20
Ambiente:	**9** | 10
Gesamt:	**86** | 100

Là-Haut ⫴

1803 Chardonne

Gelegen im Winzerdorf Chardonne, bietet das Là-Haut einen atemberaubenden Ausblick auf den Genfersee. Diesen geniesst man bei kreativer, moderner Küche, die exotische Aromen gekonnt mit klassischen Zutaten vereint. Fürs Auge gibt's hier auch auf den Tellern viel zu bestaunen.

Rue du village 21	Essen: **45** | 50
+41 21 9212930	Service: **18** | 20
www.restaurant-la-haut.ch	Getränke: **17** | 20
Menu surprise • saisonal • Essen mit Aussicht	Ambiente: **8** | 10
	Gesamt: **88** | 100

La Table de Mary ⫴

1400 Cheseaux-Noréaz

Alleine der spektakuläre Ausblick auf den Neuenburgersee macht das La Table de Mary zu einem wahren Bijou. Noch eine Schippe drauf legen die raffinierte regional und saisonal inspirierte Küche von Maryline Nozahic und der herzliche Service ihres Mannes Loïc.

Route du Gymnase 2	Essen: **46** | 50
+41 24 4363110	Service: **19** | 20
www.latabledemary.ch	Getränke: **18** | 20
Essen mit Aussicht • entspannt • saisonal	Ambiente: **8** | 10
	Gesamt: **91** | 100

Auberge Les Platanes ⫴

1275 Chéserex

Das Lokal, das in einer eleganten Villa aus dem 17. Jahrhundert liegt, feiert die Klassik. Das von der Küche bis hin zur Einrichtung im Régence-Stil. Die saisonal inspirierten Gerichte werden mit viel Gespür für Feinheiten aus ausschliesslich frischen Produkten kreiert.

Rue du Vieux-Collège 2	Essen: **45** | 50
+41 22 3691722	Service: **17** | 20
www.lesplatanes.ch	Getränke: **17** | 20
klassisch • elegant • gemütlich	Ambiente: **8** | 10
	Gesamt: **87** | 100

La Fleur de Sel ⫴

1304 Cossonay

Das gastronomische Konzept stammt von Starkoch Carlo Crisci und wird von Romain Dercil perfekt umgesetzt. Klassisch französische Gerichte mit sehr viel Raffinesse werden im Bistro La Fleur de Sel serviert. In den Sommerferien essen Kinder bis zehn Jahre in Begleitung ihrer Eltern gratis.

Rue du Temple 10	Essen: **45** | 50
+41 21 8612608	Service: **18** | 20
www.lafleurdesel.ch	Getränke: **19** | 20
Gewölbe • modern • grosse Weinkarte	Ambiente: **9** | 10
	Gesamt: **91** | 100

Tawan Thai ⫾⫿ 1304 Cossonay

Inmitten der Altstadt von Cossonay begeistert Dumrong Kongsunton seit vielen Jahren mit Klassikern der thailändischen Küche. Was der Autodidakt auf die Teller bringt, hat Substanz und ist weit entfernt von den üblichen Schnellimbissen, die man hierzulande vielerorts findet.

Petite Rue 4	Essen: **44** ǀ 50
+41 21 8613135	Service: **17** ǀ 20
www.tawan-thai.ch	Getränke: **16** ǀ 20
Thai • Familienbetrieb • traditionell	Ambiente: **8** ǀ 10
🏠 P ♿	Gesamt: 85 ǀ 100

L'Hotel de Ville ⫾⫿⫾⫿ 1023 Crissier

Franck Giovanninis kulinarisches Schaffen folgt einer einzigartigen Qualitätscharta. Diese ist die Grundlage für Sterneküche auf höchstem Niveau. Seine Kreationen sind in Geschmack und Textur perfekt abgestimmt und von grösster Harmonie. Dazu werden Spitzencrus aus aller Welt kredenzt.

Rue d'Yverdon 1	Essen: **49** ǀ 50
+41 21 6340505	Service: **20** ǀ 20
www.restaurantcrissier.com	Getränke: **20** ǀ 20
Fine Dining • elegant • regionale Produkte	Ambiente: **9** ǀ 10
🖿	Gesamt: 98 ǀ 100

Auberge Communale d'Echandens ⫾⫿ 1026 Echandens

Das Lokal im Herzen des charmanten Dorfs Echandens bietet saisonale Menus, die sich je nach Jahreszeit ändern. Im Café sind es Bistrogerichte mit Waadtländer Flair, im eleganten Speiserestaurant französisch inspirierte Gerichte die durch solides Handwerk überzeugen.

Place du Saugey 8	Essen: **45** ǀ 50
+41 21 7023070	Service: **17** ǀ 20
www.auberge-echandens.ch	Getränke: **17** ǀ 20
Allrounder • Brasserie • gemütlich	Ambiente: **8** ǀ 10
🏠 P	Gesamt: 87 ǀ 100

Auberge aux Trois Tilleuls ⫾⫿ 1272 Genolier

Wer in der Gegend ist, sollte diesem charmanten Gasthof unbedingt einen Besuch abstatten. Die saisonale, raffinierte Küche basiert auf dem, was die Mutter Natur zum jeweiligen Zeitpunkt zu bieten hat. Die Gerichte sind frisch, abwechslungsreich und schmackhaft.

Place du Village 7	Essen: **46** ǀ 50
+41 22 3660531	Service: **16** ǀ 20
www.aubergegenolier.ch	Getränke: **16** ǀ 20
regionale Produkte • Garten • gemütlich	Ambiente: **8** ǀ 10
🏠 ♿ 🖿	Gesamt: 86 ǀ 100

Auberge de la Gare ⫴

1091 Grandvaux

Alleine die wunderschöne Terrasse mit atemberaubendem Ausblick auf den Genfersee macht die Auberge de la Gare zu einem wahren Bijou. Serviert wird vornehmlich regionale Küche, die aus besten Produkten zubereitet wird. Spezialität des Hauses ist das Barschfilet.

Rue de la Gare 1	Essen:	**45**	50
+41 21 7992686	Service:	**18**	20
www.aubergegrandvaux.ch	Getränke:	**17**	20
Fisch • regionale Produkte • Essen mit Aussicht	Ambiente:	**8**	10

Gesamt: **88** | 100

Tout un Monde ⫴

1091 Grandvaux

Regionalität steht im Tout un Monde bei der Auswahl der Grundprodukte an erster Stelle. Wenn immer möglich, kommen die Zutaten von Schweizer Produzenten, vornehmlich aus dem Lavaux. Hieraus werden edle Gerichte kreiiert, die von Weinen aus der Umgebung begleitet werden.

Place du Village 7	Essen:	**44**	50
+41 21 7991414	Service:	**18**	20
www.toutunmonde.ch	Getränke:	**18**	20
Gasthaus • am Wasser • Terrasse • klassisch	Ambiente:	**9**	10

Gesamt: **89** | 100

57° ⫴

1006 Lausanne

Die Live-Küche im Lokal bietet Einblicke in das Wirken der Küchenbrigade, die hier gekonnt Fleisch, Fisch und Schalentiere zubereitet – auf dem Grill, am Spiess oder einfach nur gebraten. Das Ambiente ist modern, die verwendeten Produkte in der Küche aus lokaler Herkunft.

Place du Port	Essen:	**44**	50
+41 21 7065757	Service:	**18**	20
www.chateaudouchy.ch	Getränke:	**17**	20
Hotelrestaurant • unkonventionell • am Wasser	Ambiente:	**8**	10

Gesamt: **87** | 100

Amici ⫯

1005 Lausanne

Francesco und Nicole Limardo verwöhnen im Amici mit Spezialitäten aus dem kulinarischen Kosmos Süditaliens. Aber es sind nicht nur die Speisen, sondern auch die Gastgeber, die hier eine gehörige Portion Italianità versprühen. Die perfekte kulinarische Auszeit für Liebhaber selbiger.

Rue Dr César-Roux 5	Essen:	**43**	50
+41 21 3115458	Service:	**17**	20
www.ristoranteamici.ch	Getränke:	**16**	20
italienisch • Pasta • entspannt	Ambiente:	**8**	10

Gesamt: **84** | 100

Anne-Sophie Pic ||||

In ihrer Dependance im Lausanner Beau-Rivage Palace hat Anne-Sophie Pic die Verantwortung an den jungen Küchenchef Kévin Vaubourg abgegeben. Vaubourg setzt die Kreationen der internationalen Starköchin gekonnt und bis ins letzte Detail um. Die Weinkarte ist sensationell.

Place du Port 17	Essen:	**49**	50
+41 21 6133339	Service:	**20**	20
www.brp.ch	Getränke:	**19**	20
Fine Dining • Menu surprise • elegant	Ambiente:	**9**	10
🏛 P ♿	Gesamt: **97**	100

Au Chat Noir ||

Authentischer als in dieser Brasserie neben der Lausanner Oper geht es kaum. Das Lokal ist eines der wenigen Übriggebliebenen seiner Art in der Stadt. Die Gerichte sind klassisch, teils italienisch inspiriert und immer auf top Produkten basierend. Der Service ist zuvorkommend.

Rue Beau-Séjour 27	Essen:	**45**	50
+41 21 3129585	Service:	**18**	20
	Getränke:	**17**	20
Brasserie • französisch • elegant	Ambiente:	**9**	10
♿	Gesamt: **89**	100

Brasserie de Montbenon ||

Die Brasserie de Montbenon gehört zu den «Café historique de Lausanne». Mit einmaliger Aussicht auf die Alpen geniesst man hier moderne, international inspirierte Speisen, die aus regionalen Produkten zubereitet werden. Die Weinauswahl umfasst diverse lokale Crus.

Allée Ernest-Ansermet 3	Essen:	**44**	50
+41 21 3204030	Service:	**18**	20
www.brasseriedemontbenon.ch	Getränke:	**17**	20
gemütlich • regional • saisonal	Ambiente:	**7**	10
🏛 P ♿ 📺	Gesamt: **86**	100

Café du Grütli ||

Dieses Traditionshaus befindet sich unweit der Lausanner Place de la Palud. Seit 1849 werden hier die Gäste in ruhigem, gemütlichem und vor allem zeitlosem Ambiente verwöhnt. Die Weinauswahl umfasst eine grosse Auswahl an heimischen Gewächsen, das Käsefondue ist legendär.

Rue de la Mercerie 4	Essen:	**43**	50
+41 21 3129493	Service:	**18**	20
www.cafedugruetli.ch	Getränke:	**17**	20
traditionell • Schweizer Küche • grosse Weinkarte	Ambiente:	**8**	10
🏛 ♿ 📺	Gesamt: **86**	100

La Bavaria ¶¶   1003 Lausanne

Die beliebte Lausanner Brasserie wurde bereits im Jahr 1881 gegründet. Die Küche serviert zeitgemässe Brasserie-Gerichte. Auf der Getränke-karte finden sich neben einer grossen Auswahl an Bier auch viele Trouvaillen für Weinliebhaber – bis hin zu exklusiven Bordeauxweinen.

Rue du Petit Chêne 10 +41 21 3233913 labavaria.ch **Brasserie • französisch • traditionell**	Essen: **43** | 50 Service: **17** | 20 Getränke: **16** | 20 Ambiente: **9** | 10
	Gesamt: **85** | 100

La Brasserie du Royal ¶¶   1006 Lausanne

Hier werden authentische Brasseriegerichte vom Küchenchef subtil und hervorragend neu interpretiert. Dabei orientiert man sich an der Saison und setzt auf regionale Zutaten. Das Ambiente ist warm und elegant, die Weinkarte umfasst viele Klassiker aus der Schweiz und Europa.

Avenue d'Ouchy 40 +41 21 6148888 www.royalsavoy.ch **Brasserie • französisch • elegant**	Essen: **44** | 50 Service: **17** | 20 Getränke: **17** | 20 Ambiente: **8** | 10
	Gesamt: **86** | 100

La Grappe d'Or ¶¶   1003 Lausanne

In den letzten Jahren hielt mit Théotime Bioret die norditalienische Küche im traditionsreichen La Grappe d'Or Einzug. Das Pasta-Angebot ist klein und originell, Fisch- und Fleischspezialitäten authentisch. Für Weinliebhaber gibt es eine Vielzahl an italienischen Crus.

Rue Cheneau-de-Bourg 3 +41 21 3113970 www.la-grappe.com **italienisch • Schweizer Küche • Fleisch**	Essen: **43** | 50 Service: **18** | 20 Getränke: **16** | 20 Ambiente: **8** | 10
	Gesamt: **85** | 100

La Table du Lausanne Palace ¶¶¶   1002 Lausanne

Franck Pelux und seine Brigade widmen sich im beliebtesten Restaurant des Lausanne Palace der hochstehenden französischen Küche. Die Produkte von lokalen Produzenten werden mit grösstem Respekt verarbeitet, was ein einmaliges kulinarisches Erlebnis ermöglicht.

Rue Grand-Chêne 7 +41 21 3313215 www.lausanne-palace.ch **Hotelrestaurant • Fine Dining • elegant**	Essen: **47** | 50 Service: **18** | 20 Getränke: **18** | 20 Ambiente: **9** | 10
	Gesamt: **92** | 100

Lausanne-Moudon ‖

Seinen Namen verdankt das traditionsreiche Lokal der alten Tramlinie, die Lausanne und Moudon bis 1962 verband. Auf der Karte findet sich eine Vielzahl von Brasserie-Gerichten, die Weinauswahl ist reichhaltig und fokussiert sich auf die Schweiz und Frankreich.

Rue du Tunnel 20	Essen:	**44**	50
+41 21 3290471	Service:	**18**	20
www.lausanne-moudon.ch	Getränke:	**15**	20
Bistro • französisch • gemütlich	Ambiente:	**9**	10
	Gesamt: **86**		100

Le Berceau des Sens ‖‖

Für die Schweiz ist dieses Restaurant ein Unikum. Im Service und in der Küche wirken die Studenten der Hotelfachschule Lausanne und lernen die traditionelle Hotellerie kennen. Die raffinierte, französisch inspirierte Küche von Küchenchef Cédric Bourassin ist herausragend.

Route de Cojonnex 18	Essen:	**46**	50
+41 21 7851221	Service:	**19**	20
www.berceau-des-sens.ch	Getränke:	**18**	20
Fine Dining • unkonventionell • elegant	Ambiente:	**9**	10
	Gesamt: **92**		100

Le Pointu ‖

Egal, ob Aperitif, Brunch oder feiner Kaffee, im Le Pointu kommen Geniesser immer auf ihre Kosten. Die moderne Beiz in Lausanne glänzt zudem durch überaus freundlichen Service und eine grosse Auswahl an Bier und Wein aus der Region. Auch der Brunch hier ist sehr beliebt.

Rue Neuve 2	Essen:	**43**	50
+41 21 3511414	Service:	**18**	20
www.le-pointu.ch	Getränke:	**17**	20
regional • weltlich • entspannt • Biervielfalt •	Ambiente:	**9**	10
	Gesamt: **87**		100

Le Rossignol ‖

Im schlichten Restaurant von Willy Rossignol lassen sich geschmackvolle mediterran inspirierte Gerichte entdecken, die mit frischen saisonalen Produkten zubereitet werden. Begleitet werden Rossignols Kreationen von Weinen aus dem Lavaux, dem Tessin und anderen Regionen.

Avenue du Léman 36	Essen:	**44**	50
+41 21 7280956	Service:	**18**	20
www.restaurantlerossignol.ch	Getränke:	**17**	20
Gasthaus • regional • gemütlich	Ambiente:	**8**	10
	Gesamt: **87**		100

‖ 80–84 ‖‖ 85–89 ‖‖‖ 90–94 ‖‖‖‖ 95–100 Punkte

L'Accademia ⁇

1006 Lausanne

Eine Akademie wie diese wünscht sich jeder Feinschmecker. Sie ist der ideale Ort, um hochwertige, frische italienische Küche zu entdecken. Das Ambiente ist entspannt, der Service freundlich, und im Sommer lockt die Terrasse des Hauses mit wunderschönem Ausblick auf den See.

Place du Port 11 +41 21 6133434 www.angleterre-residence.ch **Hotelrestaurant • Seeterrasse • traditionell**	Essen: **43** | 50 Service: **18** | 20 Getränke: **17** | 20 Ambiente: **8** | 10
	Gesamt: **86** | 100

Miyako ⁇

1006 Lausanne

Genauso elegant wie das Beau-Rivage Palace selbst ist auch die japanische Küche, die im Miyako zubereitet wird. Im hippen Restaurant werden schmackhafte Sushi- und Sashimi-Gerichte serviert. Bei schönem Wetter geniesst man sie auf der Terrasse mit Blick auf den Genfersee.

Place du Port 17–19 +41 21 6133391 www.brp.ch **Hotelrestaurant • japanisch • Sushi • Essen mit Aussicht**	Essen: **44** | 50 Service: **17** | 20 Getränke: **17** | 20 Ambiente: **8** | 10
	Gesamt: **86** | 100

Myo ⁇⁇

1003 Lausanne

Hier sind Liebhaber der japanischen Küche völlig richtig. Unangefochtener Star des Hauses ist der Fisch, der nachhaltig gefangen und jeden morgen frisch geliefert wird. Japanische Köche veredeln ihn zu authentischen Sushi-Kreationen. Auch die Weinkarte kann sich sehen lassen.

Allée Ernest-Ansermet 1 +41 21 3232288 www.myo.ch **japanisch • modern • im Park**	Essen: **45** | 50 Service: **19** | 20 Getränke: **18** | 20 Ambiente: **9** | 10
	Gesamt: **91** | 100

Obeirut Lebanese Cuisine ⁇

1003 Lausanne

Authentische libanesische Küche findet man in der Schweiz nicht an jeder Ecke. Im Lausanner Obeirut wird sie jedoch seit vielen Jahren zelebriert. Die Karte des Lokals besticht durch eine grosse Auswahl an authentischen Speisen: von Hommos über Shawarma bis hin zu Falafel.

Rue Belle-Fontaine 2 +41 21 3491010 www.obeirut.com **libanesisch • orientalisch • weltlich**	Essen: **43** | 50 Service: **17** | 20 Getränke: **17** | 20 Ambiente: **8** | 10
	Gesamt: **85** | 100

Pinte Besson ‖   1003 Lausanne

Genauso traditionell wie die Waadtländer Beiz selbst ist auch die Auswahl an Speisen, die hier serviert wird. In gediegener Atmosphäre geniesst man etwa Côte de Bœuf, Rösti oder Käse-Fondue und erfreut sich an der Historie, die das 1780 eröffnete Lokal ausstrahlt.

Rue de l'Ale 4	Essen:	**43**	50
+41 21 3125969	Service:	**18**	20
www.pinte-besson.com	Getränke:	**17**	20
regional • saisonal • unkonventionell	Ambiente:	**9**	10
	Gesamt: **87**		100

Ristorante St Paul ‖   1004 Lausanne

Eine Reise nach Süditalien gefällig? Dann ist das Ristorante St Paul the place to be. Das Lokal in Lausanne verwöhnt mit authentischer süditalienischer Küche, die die Einflüsse von Kalabrien, Sizilien und Apulien vereint. Auch auf der Weinkarte stehen die Regionen im Fokus.

Avenue d'Echallens 72	Essen:	**44**	50
+41 21 5447391	Service:	**17**	20
www.ristorante-st-paul.ch	Getränke:	**17**	20
italienisch • Meeresfrüchte • traditionell	Ambiente:	**8**	10
	Gesamt: **86**		100

Sushi Zen Palace ‖   1002 Lausanne

Vier erstklassige japanische Köche wirken im Sushi Zen Palace und erfreuen die Gäste mit traditionellen und neu interpretierten Gerichten aus dem Land der aufgehenden Sonne. Nigiri Unagi Camembert und Maguro Foie gras finden sich auf der Karte genauso wie Sushi und Sashimi.

Rue du Grand Chêne 7–9	Essen:	**44**	50
+41 21 3313988	Service:	**18**	20
www.lausanne-palace.ch	Getränke:	**17**	20
japanisch • Sushi • traditionell • Hotelrestaurant •	Ambiente:	**9**	10
	Gesamt: **88**		100

Tom ｜   1006 Lausanne

Der Ort, um nach einem Besuch im Lausanner Olympischen Museum den Hunger zu stillen. Geboten werden schmackhafte saisonal inspirierte Menus und Snacks in farbenfrohem, zeitgenössischem Ambiente. Die Terrasse bietet einen spektakulären Ausblick über den Genfersee.

Quai d'Ouchy 1	Essen:	**42**	50
+41 21 6216708	Service:	**17**	20
www.olympic.org	Getränke:	**16**	20
regional • Essen mit Aussicht • gemütlich	Ambiente:	**9**	10
	Gesamt: **84**		100

Hôtel de la Gare ᵞᵞᵞ

1522 Lucens

Pierrick Suters La Table de Suter im Hôtel de la Gare geniesst unter Schweizer Gourmets einen hervorragenden Ruf. Seine Küche ist klassisch und auf hohem Niveau – eine Reise in die Welt der Aromen und Texturen. Auf der Weinkarte finden sich Crus der besten Winzer der Westschweiz.

Avenue de la Gare 13
+41 21 9061250
www.hoteldelagarelucens.ch
Fine Dining • traditionell • elegant

Essen:	**46**	50
Service:	**19**	20
Getränke:	**19**	20
Ambiente:	**8**	10
Gesamt:	**92**	100

Auberge de l'Abbaye de Montheron ᵞᵞᵞ

1053 Montheron

Die Auberge de l'Abbaye de Montheron befindet sich in einer wunderschönen Abtei aus dem Jahr 1142. Drum herum liegt viel Natur, was sich auch in der zeitgemässen Küche von Rafael Rodriguez widerspiegelt. Sein «Menu découverte» feiert lokale Produkte. Schöne Naturweinkarte.

Route de l'Abbaye 2
+41 21 7317373
www.montheron.ch
Fine Dining • nachhaltig • gemütlich

Essen:	**47**	50
Service:	**18**	20
Getränke:	**18**	20
Ambiente:	**9**	10
Gesamt:	**92**	100

Décotterd ᵞᵞᵞ

1823 Montreux

Stéphane Décotterds Restaurant befindet sich im ehemaligen Belle-Époque-Hotel Bellevue, in dem die Hotelfachschule von Glion untergebracht ist. Décotterds Küche ist inspiriert vom See und der alpinen Landschaft. Seine Kreationen sind kulinarische und ästhetische Köstlichkeiten.

Route de Glion 111
+41 21 9663525
maisondecotterd.com
Fine Dining • Essen mit Aussicht • elegant

Essen:	**46**	50
Service:	**19**	20
Getränke:	**18**	20
Ambiente:	**9**	10
Gesamt:	**92**	100

L'Etoile ᵞᵞ

1845 Noville

Neben einem schicken Bistro verfügt das L'Etoile über eine hübsche Veranda und einen ebenso hübschen, schattigen Garten. Die Küche ist regional und saisonal geprägt, wobei Produkte von lokalen Erzeugern bevorzugt werden. Klassiker ist die Bouillabaisse auf italienische Art.

Chemin du Battoir 1
+41 21 9601058
www.etoilenoville.ch
Bistro • grosse Weinkarte • Terrasse

Essen:	**44**	50
Service:	**18**	20
Getränke:	**17**	20
Ambiente:	**9**	10
Gesamt:	**88**	100

Le Deck ‖ 1070 Puidoux

Die Sicht über den Genfersee ist grandios und krönt die kreative Küche von Lionel Rodriguez. Klassische Speisen wie Filet de perche aus dem Léman fehlen ebenso wenig wie raffinierte Fleischgerichte. Der Slow-Food-Charta verpflichtet stammen die Zutaten aus nachhaltiger Produktion.

Route de la Corniche 4	Essen:	**42**	50
+41 21 9266000	Service:	**18**	20
www.barontavernier.ch	Getränke:	**18**	20
Hotelrestaurant • Seeterrasse • traditionell	Ambiente:	**8**	10
	Gesamt:	**86**	100

Café de Riex ‖ 1097 Riex

Die Küche von Chefkoch Peter Hasler ist ehrlich und gut gemacht. Bei den Zutaten setzt er auf den eigenen Garten und befreundete Produzenten aus der Umgebung. Auf der Weinkarte des Lokals, das im kleinen Winzerdorf Riex liegt, finden sich Tropfen der besten Winzer der Region.

Route de la Corniche 24	Essen:	**44**	50
+41 21 7991306	Service:	**18**	20
www.cafe-de-riex.ch	Getränke:	**18**	20
regional • saisonal • Essen mit Aussicht	Ambiente:	**9**	10
	Gesamt:	**89**	100

Auberge de Rivaz ‖‖ 1071 Rivaz

In der Auberge de Rivaz im wunderschönen Lavaux erwartet Feinschmecker ein einzigartiges Erlebnis. Küchenchef Thierry Bréhonnet und sein Team verwöhnen mit neu interpretierten Brasserie-Klassikern, die aus besten lokalen saisonalen Produkten zubereitet werden.

Route de Sallaz 6	Essen:	**45**	50
+41 21 9461055	Service:	**18**	20
www.aubergederivaz.ch	Getränke:	**18**	20
Brasserie • französisch • regional	Ambiente:	**9**	10
	Gesamt:	**90**	100

Les Jardins de la Tour ‖‖ 1658 Rossinière

Heimelig ist hier nicht nur das überschaubare Lokal mit winzigem Garten, sondern auch die Küche von Patrick Gazeau. Er schafft es, gekonnt Spitzengastronomie und Bodenständiges zu verbinden – ein Gedicht für Auge und Gaumen. Die Weinkarte ist hervorragend bestückt.

Rue de La Placette 16	Essen:	**46**	50
+41 26 9245473	Service:	**19**	20
www.lesjardinsdelatour.ch	Getränke:	**18**	20
Fine Dining • traditionell • Fusionsküche	Ambiente:	**9**	10
	Gesamt:	**92**	100

80–84 85–89 90–94 95–100 Punkte

Le Roc ⫴

1659 Rougemont

Das Hotelrestaurant bezieht sich auf Kreationen des etablierten Kochs Edgard Bovier, der zuvor im Lausanne Palace wirkte. Die Gerichte spannen den Bogen gekonnt zwischen mediterranem und lokalen Spezialitäten. Die gut selektierte Weinauswahl ist durchaus fair kalkuliert.

Chemin des Palettes 14		
+41 26 9210101	Essen:	**45** | 50
www.hotelderougemont.com	Service:	**17** | 20
Vinothek • Terrasse • entspannt • Hotelrestaurant •	Getränke:	**17** | 20
	Ambiente:	**9** | 10
	Gesamt:	**88** | 100

Valrose ⫴

1659 Rougemont

Benoît Carcenats möchte mit seinen kulinarischen Kreationen die Seele berühren – und das schafft der Spitzenkoch auch. Im Valrose verwöhnt er nicht nur den Gaumen, sondern auch durch die perfekte Präsentation der Speisen. Die Weinauswahl ist sorgfältig und umfassend.

Place de la Gare		
+41 26 9237777	Essen:	**45** | 50
www.hotelvalrose.ch	Service:	**18** | 20
Fine Dining • weltlich • elegant	Getränke:	**17** | 20
	Ambiente:	**9** | 10
	Gesamt:	**89** | 100

Auberge de la Veveyse ⫼

1806 Saint-Légier-La Chiésaz

Einfach, schön und gut: So lässt sich die Küche des talentierten Chefkochs David Tarnowski beschreiben. Seine Kreationen sind von seinen französischen Wurzeln und seiner Liebe zu den Produkten des Südens geprägt. Im Sommer geniesst man diese auf der grünen Terrasse.

Route de Châtel-St-Denis 212		
+41 21 9436760	Essen:	**45** | 50
www.auberge-de-la-veveyse.ch	Service:	**18** | 20
Brasserie • Essen mit Aussicht • saisonal	Getränke:	**18** | 20
	Ambiente:	**9** | 10
	Gesamt:	**90** | 100

Auberge de l'Onde ⫼

1071 Saint-Saphorin

Liebhaber von Rôtisserie-Köstlichkeiten kommen hier, im Herzen des Waadtländer Lavaux, voll und ganz auf ihre Kosten. Zudem lockt die sensationell bestückte Weinkarte von Sommelier Jérôme Aké Béda, die zu den besten des Landes gehört, wenn es um die Sorte Chasselas geht.

Centre du village		
+41 21 9254900	Essen:	**46** | 50
www.aubergedelonde.ch	Service:	**18** | 20
Essen mit Aussicht • Fleisch • Fisch	Getränke:	**18** | 20
	Ambiente:	**8** | 10
	Gesamt:	**90** | 100

A la Vieille Auberge ⫣   1358 Valeyres-sous-Rances

Der erfahrene Küchenchef Eric Hamart serviert im A la Vieille Auberge raffinierte regionale Gerichte, welche die verwendeten Produkte gekonnt ins Zentrum rücken. Gastgeberin und Weinkennerin Myriam Hamart verwöhnt die Gäste mit den passenden Tropfen zu den Speisen.

Route Romaine 2	Essen:	**45** | 50
+41 24 4410006	Service:	**17** | 20
www.lavieilleauberge.ch	Getränke:	**16** | 20
Casual Dining • klassisch • Menu surprise	Ambiente:	**8** | 10
🏠 P 🖶		Gesamt: **86** | 100

Denis Martin ⫣⫣   1800 Vevey

Inspiriert von Ferran Adrià begann Denis Martin vor gut zehn Jahren, die Molekularküche hierzulande bekannt zu machen. Noch heute frönt er mit grosser Leidenschaft den experimentellen Techniken dieser Stilrichtung und interpretiert die Schweizer Terroirküche neu.

Rue du Château 2	Essen:	**47** | 50
+41 21 9211210	Service:	**19** | 20
www.denismartin.ch	Getränke:	**18** | 20
Fine Dining • unkonventionell • weltlich	Ambiente:	**9** | 10
🏠 ♿ 🖶		Gesamt: **93** | 100

Les Ateliers ⫣⫣⫣   1800 Vevey

Das von postindustriellem Chic geprägte Lokal hinter dem Bahnhof von Vevey ist das Reich von Chefkoch Jean-Sébastien Ribette. Hier werden ambitionierte Gourmetmenus sowie Gerichte im Brasserie-Stil serviert. Die Desserts des Hauses sollte man unbedingt gekostet haben.

Rue des Deux Gares 6a	Essen:	**47** | 50
+41 21 9225050	Service:	**19** | 20
www.lesateliersvevey.ch	Getränke:	**18** | 20
Casual Dining • Menu surprise • elegant	Ambiente:	**9** | 10
🖶		Gesamt: **93** | 100

Les Saisons ⫣⫣⫣   1800 Vevey

Das schmucke Gourmetlokal des Grandhotels am Genfersee besticht zum einen durch sein einzigartiges Belle-Époque-Ambiente. Zum anderen durch die leichte, einfallsreiche Küche von Thomas Neeser. Auf der ausufernden Weinkarte dürfte jeder Weinliebhaber fündig werden.

Rue d'Italie 1	Essen:	**46** | 50
+41 21 9250606	Service:	**19** | 20
www.ghdl.ch	Getränke:	**18** | 20
Hotelrestaurant • Fine Dining • elegant • modern	Ambiente:	**9** | 10
P 🛏 🖶		Gesamt: **92** | 100

Les Tois Couronnes ¶¶¶

1800 Vevey

Im Restaurant des feudalen Hôtel des Trois Couronnes wirkt Köchin Cécile Fontannaz, die unter anderem bei Franck Giovannini im Hôtel de Ville in Crissier wirkte. Ihre hochstehende alpine Küche basiert auf hochwertigen saisonalen Produkten aus dem gesamten Alpenraum.

Rue d'Italie 49	Essen:	**45**	50
+41 21 9233250	Service:	**18**	20
www.hoteltroiscouronnes.ch	Getränke:	**18**	20
Hotelrestaurant • mediterran • elegant	Ambiente:	**9**	10

| | Gesamt: **90** | 100 |

Au Coeur de la Côte ¶¶

1184 Vinzel

Die frittierte Käseschnitte namens Malakoff ist die unangefochtene Spezialität des Au Coeur de la Côte. Serviert wird sie im gemütlichen Restaurant noch heute im Originalrezept mit Cornichons und lokalem Wein. So, wie sie laut Überlieferungen schon 1855 serviert wurde.

Route du Vignoble 12	Essen:	**44**	50
+41 21 8241141	Service:	**18**	20
www.malakoffvinzel.ch	Getränke:	**17**	20
traditionell • urchig • unkonventionell	Ambiente:	**8**	10

| | Gesamt: **87** | 100 |

Auberge de la Croix d'Or ¶¶¶

1169 Yens

Das charmante kleine Gasthaus in Yens wird seit 2012 von Claudia und Olivier Hiernard geführt. Mit Blick auf den Genfersee und die Alpen geniesst man hier im Bistroteil Brasseriegerichte, in der intimen Atmosphäre des Speisesaals raffinierte französisch inspirierte Küche.

Grand Rue 18	Essen:	**45**	50
+41 21 8003108	Service:	**18**	20
www.auberge-communale-yens.ch	Getränke:	**18**	20
Fine Dining • französisch • Essen mit Aussicht	Ambiente:	**9**	10

| | Gesamt: **90** | 100 |

Gerber Wyss ¶¶

1400 Yverdon-les-Bains

Séverin Gerber und Grégory Wyss sind begnadete Bäcker und Confiseure. 2020 erweiterten sie ihren kulinarischen Horizont und eröffneten ein Restaurant nahe der Bäckerei. Ihre Kreationen sind durchdacht und so zart wie ein Praliné. Sehr schöne vegetarische und vegane Kompositionen.

Rue du Four 15	Essen:	**45**	50
+41 24 4261010	Service:	**18**	20
gerberwyss.ch	Getränke:	**18**	20
Fine Dining • regionale Produkte • vegetarisch • elegant	Ambiente:	**8**	10

| | Gesamt: **89** | 100 |

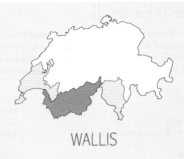

WALLIS

Albrun ¶¶

3996 Binn

In der Küche des Restaurants wird gewissenhaft mit hochwertigen lokalen Produkten umgegangen. Handwerklich hochstehendes Kochwissen liegt allen traditionellen Gerichten mit dem gewissen Etwas zu Grunde. Diese klassische, trotzdem moderne Küche begeistert die Gäste.

Binna 4	Essen:	**46** ǀ 50
+41 27 9714582	Service:	**17** ǀ 20
www.albrun.ch	Getränke:	**18** ǀ 20
Hotelrestaurant • im Grünen • entspannt	Ambiente:	**9** ǀ 10
	Gesamt: **90** ǀ 100	

Nest- und Bietschhorn ¶¶

3919 Blatten

Chef Laurent Hubert verbindet Aromen aus der ganzen Welt, französische Gepflogenheiten und Qualitätsprodukte aus dem Lötschental zu kreativen und aussergewöhnlichen Gerichten. Die konsequent regional ausgerichtete Weinkarte bildet den perfekten Rahmen für die Speisen.

Talstrasse 16	Essen:	**45** ǀ 50
+41 27 9391106	Service:	**18** ǀ 20
www.nest-bietschhorn.ch	Getränke:	**18** ǀ 20
Hotelrestaurant • weltlich • am Berg	Ambiente:	**8** ǀ 10
	Gesamt: **89** ǀ 100	

Castle ¶¶¶

3989 Blitzingen

Brigitte und Peter Gschwendtner nehmen ihre Gäste im Hotel Restaurant Castle Blitzingen mit auf eine einzigartige kulinarische Reise, bei der Schweizer Klassiker und internationale Gerichte zu raffinierten Highlights auf höchstem Niveau serviert werden.

Chaschtebielstrasse 104	Essen:	**46** ǀ 50
+41 27 9701700	Service:	**18** ǀ 20
www.hotel-castle.ch	Getränke:	**18** ǀ 20
Schweizer Küche • Terrasse • weltlich	Ambiente:	**8** ǀ 10
	Gesamt: **90** ǀ 100	

¶ 80–84   ¶¶ 85–89   ¶¶¶ 90–94   ¶¶¶¶ 95–100 Punkte

Brasserie des Cheminots ⑪

3900 Brig

Die typischen Brasseriegerichte sind von mediterranen Einflüssen geprägt und werden frisch und modern interpretiert. Feinschmecker finden hier spezielle, monatliche Highlights. Die Weinkarte der Brasserie des Cheminots bietet eine grosse Auswahl von ausgezeichneten Crus.

Salfischstrasse 3		
+41 27 9229900	Essen:	**44** | 50
ambassador-brig.ch	Service:	**17** | 20
Hotelrestaurant • Brasserie • französisch	Getränke:	**17** | 20
	Ambiente:	**8** | 10
🏠 P 🛏 🖾	Gesamt: **86** | 100	

Le 42 ⑪⑪

1874 Champéry

Das Le 42 befindet sich im Herzen der Porte du Soleil und bietet einen atemberaubenden Blick auf das Bergpanorama. Die Gerichte von Küchenchefin Chloé Denjean spiegeln einen Bergstil wider, bei der sie moderne Bistroküche mit lokalen und saisonalen Gerichten kombiniert.

Route de Chavalet 3		
+41 79 9292893	Essen:	**46** | 50
	Service:	**19** | 20
	Getränke:	**18** | 20
saisonal • am Berg • gemütlich	Ambiente:	**9** | 10
🏠 🖾	Gesamt: **92** | 100	

Le Restaurant ⑪⑪

3961 Chandolin

Im behaglich einladenden Ambiente des Le Restaurant im Chandolin Boutique Hotel geniesset man authentische lokale und saisonale Gerichte. Die Küche versucht, ausschliesslich Produkte aus der Region zu verarbeiten. Das vegetarische Menu überzeugt mit Kreativität und Vielfalt.

Route des Plampras 10		
+41 27 5644444	Essen:	**46** | 50
www.chandolinboutiquehotel.ch	Service:	**18** | 20
Hotelrestaurant • Essen mit Aussicht • modern • regional	Getränke:	**18** | 20
	Ambiente:	**9** | 10
🏠 P 🛏	Gesamt: **91** | 100	

Cher-Mignon ⑪

3971 Chermignon

Seit Februar 2019 kreiert Serge Coustrain-Jean im Cher-Mignon mit viel Leidenschaft und Innovation genussvolle Gaumenfreuden. Die Küche bietet kulinarische Kreationen «im Wandel der Jahreszeiten» an, die die Geschichte, Herkunft und die Verbundenheit zur Natur widerspiegeln.

Route de Tsanveulle 16		
+41 27 4832596	Essen:	**45** | 50
www.cafechermignon.ch	Service:	**18** | 20
saisonal • nachhaltig • entspannt	Getränke:	**17** | 20
	Ambiente:	**8** | 10
🏠 🛏 🖾	Gesamt: **88** | 100	

Chetzeron 🍴🍴

3963 Crans-Montana

Mitten im Skigebiet von Crans-Montana liegt das Berghotel Chetzeron. Die vollständig hausgemachten Gerichte sind von der traditionellen alpinen Küche inspiriert und werden mit zeitgenössischen Noten verfeinert. Slow-Food-Rezepte zum Geniessen auf 2112 Metern Höhe.

2112, Rue de Chetzeron	Essen:	**43** ǀ 50
+41 27 4850808	Service:	**17** ǀ 20
www.chetzeron.ch	Getränke:	**17** ǀ 20
Hotelrestaurant • am Berg • modern	Ambiente:	**9** ǀ 10
🏠 P 🛏	Gesamt:	**86** ǀ 100

L'Ours 🍴🍴🍴

3963 Crans-Montana

Der Rhythmus der Jahreszeiten ist die Inspiration für Franck Reynaud. Aus ihm bereitet er die Aromen des Wallis mit Leidenschaft und Innovation zu. Der Gast geniesst ein alpines kulinarisches Erlebnis in glamourös edlem Ambiente und einen herrlichen Ausblick auf die Berge.

Route du Pas de l'Ours 41	Essen:	**47** ǀ 50
+41 27 4859333	Service:	**19** ǀ 20
www.pasdelours.ch	Getränke:	**19** ǀ 20
Hotelrestaurant • Fine Dining • elegant	Ambiente:	**9** ǀ 10
🏠 P 🛏	Gesamt:	**94** ǀ 100

Le Bistrot des Ours 🍴🍴

3963 Crans-Montana

Das Bistrot des Ours ist der ideale Raum für ein kulinarisches Erlebnis. Franck Reynaud nimmt die Natur als Inspirationsquelle und kreiert mit viel Leidenschaft und Feingefühl im Rhythmus der Jahreszeiten Gerichte, die die Aromen der alpinen Region perfekt widerspiegeln.

Rue du Pas-de-l'Ours 41	Essen:	**45** ǀ 50
+41 27 4859333	Service:	**17** ǀ 20
www.pasdelours.ch	Getränke:	**17** ǀ 20
saisonal • Essen mit Aussicht • traditionell	Ambiente:	**8** ǀ 10
🏠 P 🖼	Gesamt:	**87** ǀ 100

LeCrans 🍴🍴🍴

3963 Crans-Montana

Chefkoch Yannick Crepaux zaubert unvergessliche Gourmet-Erlebnisse aus lokalen Produkten, die in einer modernen und entspannten Atmosphäre genossen werden. Die Weinauswahl von mehr als 40 regionalen und internationalen Weinen geben den Gerichten den perfekten Rahmen.

Chemin du Mont Blanc 1	Essen:	**46** ǀ 50
+41 27 4866060	Service:	**18** ǀ 20
lecrans.com	Getränke:	**18** ǀ 20
grosse Weinkarte • Essen mit Ausblick • modern	Ambiente:	**9** ǀ 10
🏠 P 🛏 🖼	Gesamt:	**91** ǀ 100

🍴 80–84　🍴🍴 85–89　🍴🍴🍴 90–94　🍴🍴🍴🍴 95–100 Punkte

Morgenrot ♙♙

3926 Embd

Die Karte im charmanten Morgenrot besticht mit regionalen und anderen köstlichen Speisen, Eintöpfen und Walliser Spezialitäten, die auf traditionelle Art zubereitet werden. Während der Wild-Saison wird in der Dorfbeiz vom Nachbarn gejagtes Fleisch verarbeitet.

Flüo 2	Essen:	**43** | 50
+41 27 9521102	Service:	**18** | 20
www.morgenrotbergbeiz.ch	Getränke:	**16** | 20
Schweizer Küche • am Berg • urchig • regional	Ambiente:	**8** | 10
	Gesamt:	**85** | 100

Erner Garten ♙♙♙

3995 Ernen

Leidenschaft steht im Erner Garten an erster Stelle. Die Leidenschaft, die Küche der Alpen zu ergründen, nur Produkte von regionalen Produzenten zu beziehen, alles von Hand zu verarbeiten und daraus eine Gourmetküche entstehen zu lassen, die ihre Wurzeln in der Einfachheit hat.

Bieutistrasse 22	Essen:	**45** | 50
+41 27 5271000	Service:	**18** | 20
www.berglandhof.ch	Getränke:	**18** | 20
Hotelrestaurant • regional • nachhaltig • am Berg	Ambiente:	**9** | 10
	Gesamt:	**90** | 100

Gommerstuba ♙♙

3995 Ernen

Hier wird Selbstgemachtes grossgeschrieben. Küchenchef Lars Dederscheck verzaubert mit seiner langjährigen Erfahrung die Gaumen der Gäste mit köstlichen Speisen und wöchentlich wechselnden Menus, die alle – von der Sauce bis hin zum Glace – frisch zubereitet sind.

Niederärne 25	Essen:	**45** | 50
+41 27 9712971	Service:	**18** | 20
www.gommerstuba.com	Getränke:	**17** | 20
am Berg • Fleisch • Terrasse	Ambiente:	**8** | 10
	Gesamt:	**88** | 100

Heidi's Hütte ⍫

3984 Fiesch

Pietro Catalano bezeichnet sich selbst als «Crazy Food Junkie». In seinem nur in den Wintermonaten betriebenen Lokal Heidi's Hütte serviert er neben Fondue oder Kaviar nach Absprache auch mehrgängige, ausgeklügelte Überraschungsmenus samt Weinbegleitung.

Fiescheralp 30	Essen:	**43** | 50
+41 79 811 81 31	Service:	**18** | 20
www.groupcatalano.com	Getränke:	**17** | 20
Schweizer Küche • italienisch • am Berg	Ambiente:	**8** | 10
	Gesamt: **86** | 100	

Olivia Pulver

@paradise ⍫

3920 Findeln

Wenn immer möglich verwendet die Küche hier einheimische Zutaten. Die Gerichte erinnern an die Kindheit, Ferien auf dem Land oder an die erste weite Reise. Die spannenden Kreationen kommen einem bekannt und doch exotisch vor und werden mit viel Passion zubereitet.

Findeln	Essen:	**45** | 50
+41 27 967 34 51	Service:	**16** | 20
www.paradisezermatt.ch	Getränke:	**17** | 20
regional • am Berg • modern	Ambiente:	**9** | 10
	Gesamt: **87** | 100	

 80–84   85–89   90–94   ⍫⍫⍫⍫ 95–100 Punkte

Baschi

3985 Geschinen

Im Baschi werden Gastlichkeit, Qualität und Tradition aus alter Zeit seit über 65 Jahren bewahrt. Serviert werden Fleischgerichte vom offenen Feuer und Gommer Käsespezialitäten, die mit Leidenschaft zubereitet und von einer weltumspannenden Weinkarte eingerahmt werden.

Wiler		
+41 27 9732000	Essen:	**42** | 50
www.baschi-goms.ch	Service:	**17** | 20
Schweizer Küche • Fleisch • entspannt	Getränke:	**16** | 20
	Ambiente:	**7** | 10
	Gesamt:	**82** | 100

Tenne

3998 Gluringen

Die Küche in der Tenne basiert auf klassischem Handwerk und ist trotz aller Finesse, Kreativität und kulinarischen Inspirationen aus aller Welt einfach und ursprünglich. Die regionalen und saisonalen Grundprodukte behalten somit ihre Identität und ihren Eigengeschmack.

Furkastrasse 2		
+41 27 9731892	Essen:	**43** | 50
www.tenne.ch	Service:	**18** | 20
Gasthaus • regional • elegant	Getränke:	**17** | 20
	Ambiente:	**8** | 10
	Gesamt:	**86** | 100

Walliserkanne & Sigis.Bar

3925 Grächen

Ob feine Fleischgerichte, eine traditionelle Walliser-Küche oder die vegetarischen Köstlichkeiten – im Herzen von Grächen servieren die Gastgeber Sara und Hannes Schalbetter in gemütlichem Ambiente und herzlicher Atmosphäre köstliches Essen und exzellente Weine.

Dorfstrasse 492		
+41 27 9562591	Essen:	**42** | 50
www.walliserkanne-graechen.ch	Service:	**17** | 20
Hotelrestaurant • am Berg • gemütlich	Getränke:	**17** | 20
	Ambiente:	**8** | 10
	Gesamt:	**84** | 100

Mont-Rouge

1997 Haute-Nendaz

Im Hotel-Restaurant Mont-Rouge geniesst man nicht nur eine herrliche Aussicht auf das Rhonetal. Küchenchef Loris zaubert eine kreativ saisonale Küche zu einem ausgezeichneten Preis-Leistungs-Verhältnis auf die Teller, zu denen tolle Weine aus der Region serviert werden.

Route de la Télécabine 19		
+41 27 2881166	Essen:	**44** | 50
www.mont-rouge.ch	Service:	**17** | 20
Hotelrestaurant • Menu surprise • regional • traditionell	Getränke:	**17** | 20
	Ambiente:	**8** | 10
	Gesamt:	**86** | 100

Le Monument 🍴🍴 1978 Lens

Während sich Antonella und Pierino Prelli hervorragend mehr als aufmerksam um die Gäste kümmern, zaubern Michela und Alessandro Bianchi kreativ gehobene Gerichte aus allerbesten Zutaten. Die gutsortierte Weinkarte und das schöne Ambiente runden den Besuch hier ab.

Place du Village 3	Essen:	**45** ı 50
+41 27 4831982	Service:	**17** ı 20
www.lemonument.ch	Getränke:	**17** ı 20
Gasthaus • grosse Weinkarte • traditionell	Ambiente:	**8** ı 10
	Gesamt:	**87** ı 100

Le Maguet 🍴🍴 1897 Les Evouettes

Im Le Maguet werden vorrangig lokale und saisonale Produkte verwendet, die in der Küche kreativ zu genussvollen Gerichten verarbeitet werden. Seit zwei Generationen wird diese Tradition mit Leidenschaft gelebt und findet in den Menus «Land» oder «Süßwasser» wieder.

Route Cantonale 95	Essen:	**45** ı 50
+41 24 4812604	Service:	**17** ı 20
www.restaurant-le-maguet.ch	Getränke:	**18** ı 20
regional • im Grünen • unkonventionell	Ambiente:	**8** ı 10
	Gesamt:	**88** ı 100

Les Touristes 🍴🍴🍴 1920 Martigny

Während Nelson die Gäste freundlich empfängt und sie kompetent über edle Weine und die Kunst der Tafel berät, strebt Mathieu in der Küche täglich nach den besten Leistungen. Anspruchsvoll und zielstrebig, so führt das Duo Mathieu Biolaz und Nelson Bonvin das Lokal seit 2016.

Rue de l'Hôpital 2	Essen:	**45** ı 50
+41 27 5520150	Service:	**18** ı 20
www.touristes-martigny.ch	Getränke:	**18** ı 20
Fine Dining • Fusionsküche • entspannt	Ambiente:	**9** ı 10
	Gesamt:	**90** ı 100

Maison Chomel 🍴🍴 1920 Martigny

Die Leidenschaft zum Beruf und die Qualität der Produkte verbindet der Küchenchef perfekt und kreiert eine zugängliche und schmackhafte Küche. Die Gerichte sind ein wahrer Genuss und von Vorspeise bis zum Dessert ist diese Passion und das Handwerk im Maison Chomel spürbar.

Place du Bourg 11	Essen:	**43** ı 50
+41 27 7229598	Service:	**17** ı 20
www.maison-chomel.ch	Getränke:	**17** ı 20
Brasserie • Delikatessenverkauf • regional	Ambiente:	**8** ı 10
	Gesamt:	**85** ı 100

🍴 80–84 🍴🍴 85–89 🍴🍴🍴 90–94 🍴🍴🍴🍴 95–100 Punkte   99

Café Berra ▌▌▌

1871 Monthey

Fünf Minuten von Monthey entfernt empfangen Josiane Raemy und Jean-Yves André ihre Gäste im Restaurant Café Berra. Die Küche kreiert aus lokalen Produkten feine Köstlichkeiten, deren Vielfalt und Aromen man am besten im Menu auf der grosszügigen Terrasse geniesst.

Place de l'École	Essen: **47** | 50
+41 24 4710530	Service: **19** | 20
www.cafeberra.ch	Getränke: **18** | 20
Fine Dining • modern • gemütlich	Ambiente: **9** | 10
🏠 P ♿ 📧	Gesamt: **93** | 100

Du Théâtre ▌▌

1870 Monthey

Mauro Capelli und Ilario Colombo legen bei der Auswahl ihrer Produkte grössten Wert auf Frische, Authentizität und Geschmack. Inspiriert von der Region und dem Terroir nehmen sie ihre Gäste im Théâtre du Crochetan mit auf eine regionale Reise durch eine saisonale Küche.

Avenue du Théâtre 7	Essen: **45** | 50
+41 24 4717970	Service: **18** | 20
www.restaurant-theatre-monthey.ch	Getränke: **17** | 20
Fine Dining • regionale Produkte • elegant	Ambiente: **8** | 10
🏠 📧	Gesamt: **88** | 100

Gianni Genussatelier ▌

3904 Naters

In Giannis Genussatelier gibt es nur eine Weinkarte, zu der tellerweise kulinarische Leckereien serviert werden. Von Mittwoch bis Freitag zaubert das Küchenteam mittags Frisches und Gesundes auf den Teller, Freitag und Samstag werden die Gaumenfreunden auch am Abend serviert.

Lindenweg 7	Essen: **43** | 50
+41 27 9221616	Service: **16** | 20
www.gia-nni.ch	Getränke: **16** | 20
Bistro • grosse Weinkarte • entspannt	Ambiente: **7** | 10
📧	Gesamt: **82** | 100

Edo ☖

3975 Randogne

Edo – der historische Name Tokios – steht für den Inbegriff der traditionellen Kultur Japans, die im Restaurant gelebt wird und sich in den Gerichten widerspiegelt. Im Edo geniesst man feinste, authentische japanische Küche und einen atemberaubenden Ausblick auf die Walliser Alpen.

Route Sierre-Montana 43	Essen:	**45**	50
+41 27 4817000	Service:	**16**	20
www.edo-tokyo.ch	Getränke:	**17**	20
japanisch • Sushi • am Berg	Ambiente:	**8**	10

| | Gesamt: **86** | 100 |

Arvu-Stuba ☖

3906 Saas-Fee

Mitten im Dorfkern von Saas-Fee befindet sich das Restaurant Arvu-Stuba. Im historischen Gebäude verwöhnt Familie Anthamatten seit 1981 mit Klassikern wie Kalbsgeschnetzeltem, Rösti und Fondue sowie kreativen Gerichten wie dem geräucherten Thunfischcarpaccio ihre Gäste.

Untere Dorfstrasse 62	Essen:	**45**	50
+41 27 9572747	Service:	**16**	20
www.arvu-stuba.ch	Getränke:	**16**	20
Familienbetrieb • traditionell • Fondue	Ambiente:	**7**	10

| | Gesamt: **84** | 100 |

Schweizerhof ☖☖

3906 Saas-Fee

Um das breite und kreative Spektrum der Küche zu entdecken, bietet sich das täglich wechselnde Vier-Gänge-Abendmenu ideal an. Aus erlesenen Zutaten bereitet das Team delikate Gerichte zu. Christian Schubert und Stefan Kläy lassen bei ihren Gästen keine Wünsche offen.

Haltenstrasse 10	Essen:	**44**	50
+41 27 9587575	Service:	**18**	20
www.schweizerhof-saasfee.ch	Getränke:	**17**	20
Hotelrestaurant • weltlich • Menu surprise	Ambiente:	**8**	10

| | Gesamt: **87** | 100 |

Nouvo Bourg ☖☖☖

1913 Saillon

Das Nouvo Bourg, im Herzen des alten Dorfes Saillon gelegen, bietet eine saisonal wechselnde Karte, die Geniesser mit einer exquisiten Küche verzaubert. Bei Fabienne Zufferey und Grégoire Antonin dürfen Gäste eine feine Brasserieküche mit regionalem Geschmack entdecken.

Rue du Bourg 25	Essen:	**46**	50
+41 27 7441430	Service:	**18**	20
www.nouvobourg.ch	Getränke:	**18**	20
Brasserie • saisonal • elegant	Ambiente:	**9**	10

| | Gesamt: **91** | 100 |

Chez Ida ‖

3961 Saint-Luc

Im Chez Ida geniesst man eine reichhaltige französische Küche – durch Grossmutter Ida inspiriert und vom Terroir beeinflusst. Die Spezialitäten des Hauses sind Raron-Egliflets, Sauce tartare und Pommes frites nach Art des Hauses und die Morchel-Linguine.

Route Principale 8
+41 27 4751444
www.bellatola.ch
Hotelrestaurant • französisch • entspannt

Essen:	**44**	50
Service:	**18**	20
Getränke:	**17**	20
Ambiente:	**9**	10
Gesamt:	**88**	100

Château De Villa ‖

3960 Sierre

In behaglichem Ambiente werden regionale Spezialitäten wie Alpschwein, Trockenfleisch oder Walliser Pökelwaren serviert. Im Mittelpunkt stehen Käsegerichte: das berühmte Raclette mit fünf Rohmilchkäsen und Fondues. Die enorme Auswahl an Walliser Weinen rundet das Angebot ab.

Rue Sainte-Catherine 4
+41 27 4562429
www.chateaudevilla.ch
Schweizer Küche • traditionell • urchig

Essen:	**43**	50
Service:	**18**	20
Getränke:	**18**	20
Ambiente:	**9**	10
Gesamt:	**88**	100

L'Atelier Gourmand ‖‖

3960 Sierre

In der Brasserie geniesst man die Handschrift von Küchenchef Didier de Courten und die Erfahrung seiner Crew. Das L'Atelier Gourmand bietet je nach Jahreszeit wechselnde Menus an, die in gemütlicher Atmosphäre mit Spitzenweinen aus der Region genossen werden.

Rue du Bourg 1
+41 27 4551351
www.hotel-terminus.ch
Brasserie • saisonal • gemütlich

Essen:	**46**	50
Service:	**18**	20
Getränke:	**18**	20
Ambiente:	**8**	10
Gesamt:	**90**	100

Damien Germanier ‖‖

1950 Sion

Damien Germanier und sein Team zaubern ihren Gästen wahre Geschmacksexplosionen auf den Teller. Dabei legen sie grössten Wert auf die Herkunft und die Qualität der Produkte und geben ihnen bei der Zubereitung ein Höchstmass an Aufmerksamkeit und Wertschätzung.

Rue du Scex 33
+41 27 3229988
www.damiengermanier.ch
regionale Produkte • nachhaltig • modern

Essen:	**47**	50
Service:	**19**	20
Getränke:	**19**	20
Ambiente:	**9**	10
Gesamt:	**94**	100

La Sitterie ||| 1950 Sion

Jacques Bovier rückt nach einer von Reisen geprägten Karriere lokale Zutaten aus den Alpen in den Vordergrund. Ohne dabei eine kulinarische Verbindung zu anderen Horizonten zu vergessen, serviert er damit oberhalb von Sion eine authentische Walliser Küche auf hohem Niveau.

Route du Rawyl 41	Essen:	**45**	50
+41 27 2032212	Service:	**18**	20
www.lasitterie.ch	Getränke:	**18**	20
Schweizer Küche • Fleisch • entspannt	Ambiente:	**9**	10

Gesamt: **90** | 100

Relais du Mont d'Orge || 1950 Sion

Liebhaber von Meeresfrüchten – insbesondere dem bretonischen Hummer – kommen im Relais du Mont d'Orge auf ihre Kosten. Auf Wunsch stellt der Küchenchef ein massgeschneidertes «Hummer-Spezialmenu» zusammen. Im Herbst wird die Speisekarte durch Wildgerichte ergänzt.

Route du Sanetsch 99	Essen:	**44**	50
+41 27 3953346	Service:	**17**	20
www.ricou.ch	Getränke:	**17**	20
Meeresfrüchte • Terrasse • gemütlich	Ambiente:	**8**	10

Gesamt: **86** | 100

Bergrestaurant Moosalp || 3923 Törbel

Hier kann man geschmolzenes Raclette direkt vom offenen Feuer geniessen und lieben lernen. Carmen und Amadé Kalbermatten führen die Moosalp seit über 20 Jahren. Die Gerichte aus lokalen Zutaten werden stets mit Fantasie und internationalem Flair zubereitet.

Moosalpstrasse 357	Essen:	**46**	50
+41 27 9521495	Service:	**18**	20
www.moosalp.ch	Getränke:	**17**	20
Familienbetrieb • Schweizer Küche • am Berg • urchig	Ambiente:	**8**	10

Gesamt: **89** | 100

La Cordée || 1936 Verbier

In edlem Brasserie-Ambiente geniesst man eine reichhaltige, aktuelle und genussvolle Küche – inspiriert von der Vergangenheit, beeinflusst durch die Gegenwart und in die Zukunft blickend. So lässt sich nicht nur der Kochstil, sondern auch die Einrichtung des La Cordée beschreiben.

Route du Centre Sportif 24	Essen:	**44**	50
+41 27 7754545	Service:	**18**	20
www.hotelcordee.com	Getränke:	**18**	20
Hotelrestaurant • regional • entspannt	Ambiente:	**9**	10

Gesamt: **89** | 100

| 80–84 | || 85–89 | ||| 90–94 | |||| 95–100 Punkte |

Le Grenier ‖

Im rustikalen Ambiente aus Stein und Holz bietet das Grenier traditionelle Küche: Veloutés, Soupes paysannes, Raclettes, Fondues, Grenouille-Keulen, Schmorgerichte und feine Süssspeisen. Sebastiano Lombardi legt Wert auf Authentizität der Aromen der zubereiteten Speisen.

Chemin des Creux	Essen:	**43** | 50
+41 27 7716200	Service:	**18** | 20
www.chalet-adrien.com	Getränke:	**18** | 20
Hotelrestaurant • Essen mit Aussicht • traditionell	Ambiente:	**8** | 10
	Gesamt:	**87** | 100

Table D'Adrien ‖‖

Die von der Bergwelt und der Nähe von Flüssen und Seen zwischen Frankreich, Italien und dem Wallis inspirierte Gourmetküche ist ebenso einzigartig in Verbier wie die gastronomische Vielfalt an italienischen Aromen, die Chefkoch Sebastiano Lombard im Table D'Adrien kreiert.

Chemin des Creux	Essen:	**46** | 50
+41 27 7716200	Service:	**18** | 20
chalet-adrien.com	Getränke:	**18** | 20
Hotelrestaurant • Essen mit Aussicht • elegant	Ambiente:	**9** | 10
	Gesamt:	**91** | 100

Auberge de Vouvry ‖

Die Auberge de Vouvry begeistert ihre Gäste mit kreativen Überraschungs- und sehr attraktiven Às-la-carte-Menus. Im Restaurant werden ausschliesslich hausgemachte Leckereien angeboten und degustiert. Die gut sortierte Weinkarte bietet schöne Weine zu angemessenen Preisen.

Avenue du Valais 2	Essen:	**45** | 50
+41 24 4811221	Service:	**17** | 20
www.restaubergevouvry.ch	Getränke:	**17** | 20
Hotelrestaurant • Fusionsküche • Menu surprise	Ambiente:	**7** | 10
	Gesamt:	**86** | 100

1818 ‖

Das Restaurant verbindet die Atmosphäre eines traditionellen Chalets mit modernem Design, und die Küche bereitet Speisen auf eine kreative und spannende Art zu. Protagonist hier ist der Josper-Holzkohlegrill, auf dem erstklassiges Fleisch und Fisch bei über 350 °C grilliert werden.

Bahnhofstrasse 84	Essen:	**44** | 50
+41 27 9678484	Service:	**17** | 20
www.1818zermatt.ch	Getränke:	**18** | 20
Fleisch • Fisch • am Berg	Ambiente:	**9** | 10
	Gesamt:	**88** | 100

After Seven 🍴🍴🍴   3920 Zermatt

Die offene Küche im Restaurant ist Mittelpunkt und Hingucker zugleich. Serviert wird im After Seven eine kreative Mischung aus Weitläufigem und Bodenständigem. Die Gerichte sind exotisch inspiriert und werden mit frischen, regionalen und saisonalen Produkten gekocht.

Hofmattstrasse 4
+41 27 9666970
www.backstagehotel.ch
Fine Dining • Menu surprise • saisonal

Essen:	**48**	50
Service:	**19**	20
Getränke:	**18**	20
Ambiente:	**9**	10
Gesamt:	**94**	100

🏠 P 🛏

Jan Geerk

Al Bosco 🍴   3920 Zermatt

Im Al Bosco geniesst man auf der grossen Sonnenterrasse «Italianità direkt unter dem Matterhorn». Serviert werden unkomplizierte Klassiker des italienischen und Schweizer Alpenraums. Die Highlights wie die Riffelalp-«Gamelle» und die Matterhorn-Pizza sind legendär.

Riffelalp
+41 27 9660507
www.riffelalp.com
Schweizer Küche • italienisch • am Berg

Essen:	**45**	50
Service:	**16**	20
Getränke:	**16**	20
Ambiente:	**7**	10
Gesamt:	**84**	100

🏠 🛏 🍴

Alexandre 🍴   3920 Zermatt

Im Restaurant Alexandre geniesst man neben dem Matterhornblick lokale und mediterrane Gerichte. Das reichhaltige Frühstück mit regionalen Spezialitäten begeistert Langschläfer wie Frühaufsteher. Luigi Lafranco kombiniert kreativ die alpine und mediterrane Küche.

Riffelalp
+41 27 9660555
www.riffelalp.com
Frühstück • am Berg • elegant

Essen:	**45**	50
Service:	**16**	20
Getränke:	**16**	20
Ambiente:	**7**	10
Gesamt:	**84**	100

🛏 🍴

 80–84   85–89   90–94   95–100 Punkte

Alpenhof ｢｢   3920 Zermatt

Im gediegenen Ambiente geniesst man Einflüsse aus dem Orient, dem Mittelmeerraum und den Alpen, die raffiniert zu einer gutbürgerlichen Küche kombiniert werden. Feinschmecker haben die Möglichkeit, die ganze Kreativität des Küchenteams im Fünf-Gänge-Menu zu entdecken.

Matterstrasse 43	Essen:	**44**	50
+41 27 9665555	Service:	**18**	20
www.julen.ch	Getränke:	**17**	20
Hotelrestaurant • weltlich • entspannt • Menu Surprise	Ambiente:	**8**	10
	Gesamt: **87**	100

Aroleid ｢｢   3920 Zermatt

Im wunderschön umgestalteten Alpenchalet und unter dem wachsamen Auge des Matterhorns präsentiert Chef Patron Marián Podola eine Gourmetküche von Weltklasse, die darauf abzielt, ein Gefühl der Gemeinschaft an den Tisch zu bringen und die guten Dinge im Leben zu teilen.

Furi 151	Essen:	**46**	50
+41 76 2277010	Service:	**16**	20
www.aroleid-kollektiv.ch	Getränke:	**17**	20
Shared Menu • entspannt • am Berg	Ambiente:	**8**	10
	Gesamt: **87**	100

Brasserie Uno ｢｢   3920 Zermatt

In der ungezwungenen Atmosphäre der Brasserie Uno geniesst man die gehobene Küche von Küchenchef Luis Romo. Die Kreationen sind international inspiriert und mit frischen Aromen und einfallsreichen Ideen zubereitet. Es werden nur beste Zutaten aus der Region verwendet.

Kirchstrasse 38	Essen:	**44**	50
+41 79 8511768	Service:	**17**	20
brasserieuno.com	Getränke:	**17**	20
Casual Dining • weltlich • regionale Produkte	Ambiente:	**9**	10
	Gesamt: **87**	100

Capri ｢｢｢   3920 Zermatt

Im Sommer kocht Küchenchef Giuseppe Parisi auf Capri, und im Winter zelebriert er mit dem Ristorante Capri «Dolce Vita» direkt am Matterhorn. Serviert wird kreative mediterrane Küche für kulinarische Höhenflüge – den Blick auf das verschneite Zermatt gibt es als Dolci dazu.

Bahnhofstrasse 31	Essen:	**46**	50
+41 27 9668888	Service:	**19**	20
www.montcervinpalace.ch	Getränke:	**18**	20
Hotelrestaurant • italienisch • am Berg	Ambiente:	**9**	10
	Gesamt: **92**	100

Chez Heini ☷

3920 Zermatt

Ein Familienbetrieb mit besonderen Wurzeln. Heini – Namensgeber des Restaurants – war schon früh ein fester Bestandteil von Zermatt. Gleiches gilt für das legendäre, am offenen Feuer gegrillte Lamm mit heimischen Kräutern oder die Liveshow von Dan Daniell, dem Sohn von Heini.

Wiestistrasse 45	Essen: **44** | 50
+41 27 9671630	Service: **18** | 20
www.chezheini.com	Getränke: **18** | 20
Fleisch • am Berg • unkonventionell	Ambiente: **9** | 10
	Gesamt: **89** | 100

Chez Vrony ☷

3920 Zermatt

Vrony Cotting-Julen empfängt ihre Gäste im Chez Vrony mit Herzlichkeit und Gastlichkeit. Serviert werden Spezialitäten mit internationalem Touch, aber auch Schweizer Klassiker und Familienrezepte – das Menu bietet für alle Geschmäcker den passenden Genuss.

Findeln	Essen: **45** | 50
+41 27 9672552	Service: **18** | 20
www.chezvrony.ch	Getränke: **17** | 20
Schweizer Küche • bio • am Berg • traditionell	Ambiente: **9** | 10
	Gesamt: 89 | 100

Julen ☷

3920 Zermatt

Beim Betreten des Restaurants Julen hat man sofort das Gefühl, bleiben zu wollen. Der schöne Alpinstil, der wärmende Kamin und die attraktive Apéro-Bar laden dazu ein. Das Küchenteam kombiniert Spezialitäten aus dem Wallis gekonnt mit Gerichten aus dem mediterranen Raum.

Riedstrasse 2	Essen: **45** | 50
+41 27 9667600	Service: **18** | 20
www.julen.ch	Getränke: **17** | 20
Hotelrestaurant • Schweizer Küche • entspannt	Ambiente: **9** | 10
	Gesamt: 89 | 100

La Muña

3920 Zermatt

Die Kreationen im La Muña Zermatt sind immer frisch und besonders geschmackvoll. Die Küche kreiert raffinierte Gerichte, bei denen die Zubereitungszeiten kurz gehalten sind, um den Produkten möglichst viel Spielraum zur Entfaltung der ursprünglichen Aromen zu geben.

Bahnhofstrasse 5 +41 27 9660000 www.schweizerhofzermatt.ch **Fusionsküche • am Berg • modern**	Essen:	**43**	50
	Service:	**18**	20
	Getränke:	**17**	20
	Ambiente:	**9**	10
	Gesamt: **87**	100	

Marie's Deli

3920 Zermatt

Im Marie's Deli erinnert vieles an eine Zeit, in der hausgemachtes Essen geschätzt wurde und frische Produkte als Luxus galten. Das Restaurant ist eine Hommage an Maria Julen, die sich als Frau in den 1960er-Jahren mutig mit einem Comestible-Laden selbstständig gemacht hat.

Untere Mattenstrasse 12 +41 27 9662660 www.deli-zermatt.ch **Familienbetrieb • Delikatessenverkauf • entspannt**	Essen:	**43**	50
	Service:	**18**	20
	Getränke:	**17**	20
	Ambiente:	**9**	10
	Gesamt: **87**	100	

Potato

3920 Zermatt

Im Potato ist die Kartoffel der Star. Hier erlebt man unkompliziertes Fine Dining in einer ganz neuen Art. Chef Alexandre kreiert fantastische hausgemachte Menus und Gerichte, die mit regionalen Weinen, hausgemachten Drinks und herzlichem Service garniert werden.

Bahnhofstrasse 10 +41 27 9665150 potatozermatt.com **Fine Dining • regional • grosse Weinkarte**	Essen:	**42**	50
	Service:	**17**	20
	Getränke:	**17**	20
	Ambiente:	**8**	10
	Gesamt: **84**	100	

Prato Borni 🍴🍴

3920 Zermatt

Im Alpine Gourmet Prato Borni erleben Gäste, wie hochwertige Produkte zur Perfektion veredelt und mit Fingerspitzengefühl kombiniert werden. Die unvergleichliche regionale Vielfalt spiegelt sich im Menu «Heimat» wider. Ein gastronomisches Erlebnis der Sonderklasse.

Bahnhofstrasse 55	Essen:	**47** | 50
+41 27 9666600	Service:	**18** | 20
www.zermatterhof.ch	Getränke:	**18** | 20
Hotelrestaurant • Fine Dining • elegant • traditionell	Ambiente:	**8** | 10

P ♿ 🛏 📺

Gesamt: **91** \| 100

Schäferstube 🍴🍴

3920 Zermatt

Im behaglichen Spezialitätenrestaurant im Dorfkern von Zermatt geniesst man die Geschichte und die Heimatverbundenheit bei jedem Gericht. Echten Walliser Genuss höchster Qualität garantieren Fleisch- und Käsefondue, Raclette oder die Zermatter Lammspezialitäten vom Grill.

Riedstrasse 2	Essen:	**44** | 50
+41 27 9667600	Service:	**18** | 20
www.julen.ch	Getränke:	**18** | 20
Hotelrestaurant • Schweizer Küche • entspannt	Ambiente:	**8** | 10

P 🛏

Gesamt: **88** \| 100

The Omnia 🍴🍴🍴

3920 Zermatt

Modern, unkompliziert, pur, aber dennoch mit einem Hauch von fernen Aromen verfeinert, werden die Gerichte mit Savoir-faire kreiert. Die Kunst, Geschmack und die Authentizität saisonaler alpiner Qualitätsprodukte in Szene zu setzen, beherrscht Chef Tony Rudolph perfekt.

Auf dem Fels	Essen:	**47** | 50
+41 27 9667171	Service:	**19** | 20
www.the-omnia.com	Getränke:	**18** | 20
Hotelrestaurant • am Berg • elegant	Ambiente:	**8** | 10

🚡 P ✈ 🛏

Gesamt: **92** \| 100

Veranda ⅋

Lokale alpine Köstlichkeiten und ein postkartenähnlicher Blick auf das Matterhorn laden die Gäste zur kulinarischen Entdeckungsreise ein. Beim beliebten und wöchentlichen Walliserabend erfreut sich eine grosse Stammkundschaft an Raclette und dem feinen Trockenfleisch-Buffet.

Untere Mattenstrasse 12–14	Essen:	45	50
+41 27 9662660	Service:	17	20
www.hotel-mirabeau.ch	Getränke:	17	20
Hotelrestaurant • Schweizer Küche • am Berg	Ambiente:	8	10
	Gesamt:	**87**	100

Vivanda ⅋

Im Vivanda erwartet einen eine ursprüngliche und authentisch italienische Küche. Auf dem Holzkohlegrill werden verschiedene Fisch- und Fleischgerichte wie die «Bistecca alla Fiorentina» zubereitet. Eine feine Pasta- und Pizzaauswahl vom Holzofen runden das Angebot ab.

Bahnhofstrasse 41	Essen:	43	50
+41 27 9681909	Service:	17	20
	Getränke:	17	20
italienisch • Fisch • Fleisch • klassisch	Ambiente:	8	10
	Gesamt:	**85**	100

Walliserkeller ⅋

Auf 2222 Metern Höhe kombiniert der Walliserkeller eine urige und gemütliche Chalet- und Berghütten-Atmosphäre mit köstlichem Essen. Die regionale Küche verwöhnt ihre Gäste mit ausgewählten Schweizer Spezialitäten wie Raclette, verschiedenen Grilladen und Käsefondue.

Riffelalp	Essen:	43	50
+41 27 9660555	Service:	17	20
www.riffelalp.com	Getränke:	17	20
Gasthaus • am Berg • romantisch	Ambiente:	8	10
	Gesamt:	**85**	100

Zum See ¶¶ 3920 Zermatt

Die Karte umfasst sommers wie winters ehrliche Gerichte wie Salate, wärmende Suppen, Rösti oder Käseschnitten. Greti und Max Mennig und ihr Küchenteam bieten traditionelle und mediterrane Speisen, die zu ausgezeichneten Feinschmeckergerichten verzaubert wurden.

Zum See 24	Essen:	**44** | 50
+41 27 9672045	Service:	**18** | 20
www.zumsee.ch	Getränke:	**18** | 20
Fisch • Essen mit Aussicht • traditionell	Ambiente:	**8** | 10
	Gesamt:	**88** | 100

ESPACE
MIT

TEL LAND

DIE BESTEN RESTAURANTS UND BEIZEN IN DEN KANTONEN BERN, FREIBURG, JURA, NEUENBURG UND SOLOTHURN.

NIDWALDNER KALBSGESCHNETZELTES

Für 4 Personen
ZUBEREITUNGSZEIT: CA. 50 MINUTEN
SCHWIERIGKEITSGRAD: ●●○○○

ZUTATEN

- 800 g Kalbsschulter, gewürfelt
- 1 Zwiebel, gehackt
- 100 ml Weisswein
- 50 ml Kräuterschnaps
- 500 ml Rinder- oder Hühnerbrühe
- 150 g Apfel, geschält und würfelig
- 150 g Pfifferlinge und/oder Champignons
- 150 ml Sahne
- 50 g Butter
- etwas Mehl
- Salz, Pfeffer
- Zitronensaft

ZUBEREITUNG

- Kalbsfleisch mit Salz und Pfeffer würzen, mit etwas Mehl anstäuben und in heissem Öl anbraten

- Zwiebel dazugeben, leicht andünsten und mit Weisswein und dem Kräuterschnaps ablöschen

- Brühe dazugeben und bei schwacher Hitze etwa 40 Minuten köcheln lassen

- Währenddessen Pilze und Apfelstücke in der Butter kernig andünsten

- Etwas Butter mit Mehl zu einer Mehlschwitze verbinden und Brühe damit binden

- Pilze und Apfelstücke zum köchelnden Kalbfleisch geben, kurz ziehen lassen

- Mit Zitronensaft und Sahne verfeinern und mit Salz und Pfeffer abschmecken

TOP-LOKALE
ESPACE MITTELLAND

1.	Sommet 3780 Gstaad	🍴🍴	Seite 139	**95** Punkte
2.	Maison Wenger 2340 Le Noirmont	🍴🍴	Seite 159	**95** Punkte
2.	Megu 3780 Gstaad	🍴🍴	Seite 138	**95** Punkte
3.	Traube 4632 Trimbach	🍴🍴	Seite 171	**94** Punkte
4.	dasRestaurant 3600 Thun	🍴🍴	Seite 149	**93** Punkte
4.	Le Bocca 2072 Saint-Blaise	🍴🍴	Seite 163	**93** Punkte
4.	Le Pérolles 1700 Freiburg	🍴🍴	Seite 156	**93** Punkte
4.	Sonne 3251 Wengi bei Büren	🍴🍴	Seite 152	**93** Punkte
4.	Steinhalle 3005 Bern	🍴🍴	Seite 128	**93** Punkte
4.	Trois Tours 1722 Freiburg	🍴🍴	Seite 157	**93** Punkte
5.	Esprit Ravet 3780 Gstaad	🍴🍴	Seite 137	**93** Punkte
5.	La Bagatelle 3780 Gstaad	🍴🍴	Seite 138	**93** Punkte
6.	Äusseren Stand 3011 Bern	🍴🍴	Seite 120	**92** Punkte
6.	L'Hôtel de Ville 1700 Freiburg	🍴🍴	Seite 155	**92** Punkte
6.	Zur Gedult 3400 Burgdorf	🍴🍴	Seite 134	**92** Punkte

Die Reihung ergibt sich aus Gesamtpunktzahl und Essensbewertung.

 80–84   85–89   90–94   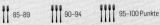 95–100 Punkte

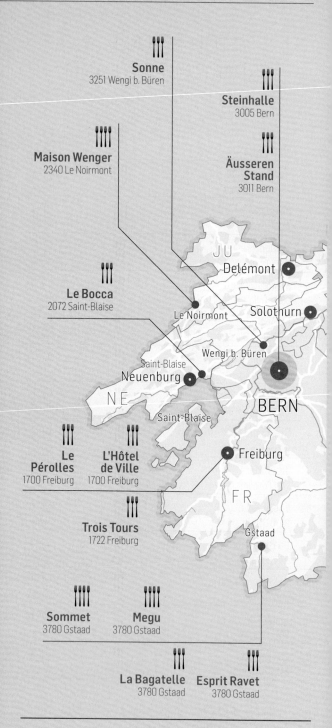

Sonne
3251 Wengi b. Büren

Steinhalle
3005 Bern

Maison Wenger
2340 Le Noirmont

Äusseren
Stand
3011 Bern

Le Bocca
2072 Saint-Blaise

JU

Delémont

Solothurn

Le Noirmont

Wengi b. Büren

Saint-Blaise
Neuenburg

NE

Saint-Blaise

BERN

Le
Pérolles
1700 Freiburg

L'Hôtel
de Ville
1700 Freiburg

Freiburg

Trois Tours
1722 Freiburg

FR

Gstaad

Sommet
3780 Gstaad

Megu
3780 Gstaad

La Bagatelle
3780 Gstaad

Esprit Ravet
3780 Gstaad

ESPACE MITTELLAND
TOP-LOKALE IM ÜBERBLICK

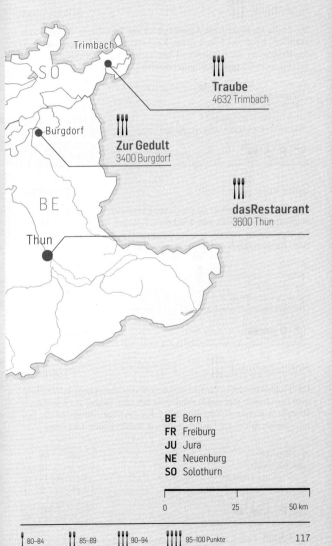

Traube
4632 Trimbach

Zur Gedult
3400 Burgdorf

dasRestaurant
3600 Thun

Trimbach

SO

Burgdorf

BE

Thun

BE Bern
FR Freiburg
JU Jura
NE Neuenburg
SO Solothurn

0   25   50 km

80–84   85–89   90–94   95–100 Punkte   117

BERN

Alpenblick

3715 Adelboden

Die Stuba im Restaurant Alpenblick ist zur Topadresse in Adelboden avanciert. Unter der Führung von Küchenchef Björn Inniger überzeugt das Restaurant mit lokalen und internationalen Köstlichkeiten, die in drei bis sechs Gängen kombiniert werden können.

Dorfstrasse 9	Essen: **45** | 50
+41 33 6732773	Service: **19** | 20
www.alpenblick-adelboden.ch	Getränke: **18** | 20
Familienbetrieb • Fusionsküche • elegant	Ambiente: **8** | 10
	Gesamt: **90** | 100

Belle Vue

3715 Adelboden

Die Küche im Belle Vue ist französisch inspiriert und trägt die unverkennbare Handschrift von Küchenchef Jürgen Willing. Hochwertige Frischprodukte und ein gut beherrschtes Handwerk bilden dabei die Basis für das täglich neu zusammengestellte Vier-Gänge-Menu.

Bellevuestrasse 15	Essen: **45** | 50
+41 33 6738000	Service: **18** | 20
www.parkhotel-bellevue.ch	Getränke: **17** | 20
Hotelrestaurant • französisch • Schweizer Küche	Ambiente: **8** | 10
	Gesamt: **88** | 100

Hohliebestübli

3715 Adelboden

Das Hohliebestübli ist für sein ausgezeichnetes, mehrgängiges Wohlfühlmenu aus besten regionalen Produkten bekannt. Sandra Burn und Andy Schranz kümmern sich im über 300 Jahre alten Bauernhaus seit 20 Jahren – immer mit einem Lächeln – um das Wohlbefinden der Gäste.

Hohliebeweg 17	Essen: **46** | 50
+41 33 6731069	Service: **18** | 20
www.hohliebestuebli.ch	Getränke: **18** | 20
Menu surprise • elegant • am Berg	Ambiente: **9** | 10
	Gesamt: **91** | 100

Panorama ||

3703 Aeschried

Das Verarbeiten von frischen Produkten ist für Daniel Rindisbacher und Tochter Ladina selbstverständlich. Aus der mittags gutbürgerlichen Küche zaubern die beiden hoch über dem Thunersee abends spannende Gourmetkreationen, die man am besten im mehrgängigen Menu geniesst.

Aeschriedstrasse 36	Essen:	**45**	50
+41 33 6542973	Service:	**18**	20
www.restaurantpanorama.ch	Getränke:	**17**	20
Schweizer Küche • Essen mit Aussicht • gemütlich	Ambiente:	**8**	10

Gesamt: **88** | 100

Zum Löwen ||

3256 Bangerten

Im Löwen werden klassische Schweizer Gerichte mit saisonalen Zutaten serviert. Die verwendeten Produkte stammen zu fast 100 Prozent aus dem eigenen Garten. Seien es die grünen Spargel, die Kartoffeln für Pommes frites oder die Früchte von den Hochstammbäumen.

Deisswilstrasse 1	Essen:	**44**	50
+41 31 8690230	Service:	**18**	20
www.loewen-bangerten.ch	Getränke:	**17**	20
Gasthaus • Familienbetrieb • regional	Ambiente:	**8**	10

Gesamt: **87** | 100

Adler ||

3552 Bärau

Der urchige Landgasthof bietet eine gutbürgerliche und qualitativ hochstehende Küche. Gekocht wird hier ausschliesslich mit frischen und lokalen Produkten. Neben saisonalen Gerichten bietet der Adler das ganze Jahr diverse Cordons bleus und Suure Mocke an.

Bäraustrasse 42	Essen:	**44**	50
+41 34 4021132	Service:	**18**	20
www.landgasthof-adler.ch	Getränke:	**16**	20
Gasthaus • regional • traditionell	Ambiente:	**8**	10

Gesamt: **86** | 100

Kreuz ||

3123 Belp

Das Kreuz nimmt einen mit auf eine bunte Reise durch eine multinationale Küche. Das Restaurant bietet feine Pastakreationen, ein würziges Tandoori-Poulet oder die knusprige «Chrütz Wurscht». Hier geniesst man indische und italienische Leckerbissen sowie Schweizer Speisen.

Dorfstrasse 30	Essen:	**45**	50
+41 31 8194240	Service:	**18**	20
www.kreuz-belp.ch	Getränke:	**18**	20
Gasthaus • Schweizer Küche • indisch	Ambiente:	**8**	10

Gesamt: **89** | 100

Löwen ╎╎╎ 3376 Berken

Während Küchenchef Markus Meier seine weiterum bekannte, gutbürgerliche Küche aus frischen, regionalen Zutaten zaubert, kümmert sich Roli Steiner im Weinkeller des Löwen um die über 650 Positionen ausgesuchter europäischer Schätze und Schweizer Spezialitäten.

Aareweg 13	Essen:	**45** ╎ 50
+41 62 9631744	Service:	**18** ╎ 20
www.loewenberken.ch	Getränke:	**20** ╎ 20
Gasthaus • Schweizer Küche • grosse Weinkarte	Ambiente:	**9** ╎ 10
🏠 P ♿ ▭	Gesamt:	**92** ╎ 100

Äusseren Stand ╎╎╎ 3011 Bern

Im traditionsreichen Restaurant Zum Äusseren Stand taucht man in die Genusswelten von Küchenchef Fabio Toffolon ab. Stilsicher kombiniert er Einflüsse aus aller Welt mit grosser geschmacklicher Raffinesse und kreiert aus saisonalen Produkten unvergessliche kulinarische Erlebnisse.

Zeughausgasse 17	Essen:	**47** ╎ 50
+41 31 3295050	Service:	**18** ╎ 20
www.aeussererstand.ch	Getränke:	**18** ╎ 20
Fine Dining • Fusions Küche • elegant	Ambiente:	**9** ╎ 10
🏠 ♿ ▭	Gesamt:	**92** ╎ 100

Azzurro ╎╎ 3008 Bern

Viel Liebe und italienische Leidenschaft spürt man hier. Die Gastgeber Franco und Luci Marinelli sowie Chefkoch Giacomo Giometti servieren authentische italienische Antipasti, Primi, Secondi und Pizze mit feinsten Zutaten ganz nach dem Motto des Hauses: «Terra e Mare».

Murtenstrasse 2	Essen:	**45** ╎ 50
+41 31 3858585	Service:	**17** ╎ 20
www.ristorante-azzurro.ch	Getränke:	**17** ╎ 20
italienisch • Fisch • Pizza	Ambiente:	**8** ╎ 10
🏠 ♿	Gesamt:	**87** ╎ 100

Brasserie VUE ╎╎ 3000 Bern

Ein Kurztrip nach Frankreich mit Zwischenstopps rund um den Globus: So lässt sich die Küche in der eleganten Brasserie Vue im Hotel Bellevue beschreiben. Die Crossover-Gerichte werden den ganzen Tag über serviert. Bei jedem Gericht steht das Handwerk im Mittelpunkt.

Kochergasse 3	Essen:	**45** ╎ 50
+41 31 3204545	Service:	**18** ╎ 20
www.bellevue-palace.ch	Getränke:	**17** ╎ 20
Hotelrestaurant • französisch • Terrasse • modern	Ambiente:	**9** ╎ 10
🏠 P ♿ 🛏 ▭	Gesamt:	**89** ╎ 100

Casa Novo ⫴ 3011 Bern

Im Casa Novo geht es um Wohlbehagen, gute Atmosphäre und hohe Ansprüche an die Grundprodukte. Während Jesús und Dominik Novo im gemütlichen Restaurant oder auf der Terrasse ihre Gäste empfangen, zaubert Tobias Steiner in der Küche die spanischen Köstlichkeiten.

Läuferplatz 6	Essen: **44** ∣ 50
+41 31 9924444	Service: **18** ∣ 20
www.casa-novo.ch	Getränke: **18** ∣ 20
Familienbetrieb • spanisch • am Wasser	Ambiente: **9** ∣ 10
	Gesamt: **89** ∣ 100

Darling ⫴ 3013 Bern

Nachhaltigkeit ist Trumpf. In der Quartierbeiz setzt man am Abend auf die Karte, was die Bäuerinnen am Morgen auf den Feldern geerntet oder die Metzger geschlachtet haben – von Kopf bis Fuss, von Wurzel bis Blatt, natürlich aus der Region und natürlich bio. Frischer geht es nicht.

Kasernenstrasse 29	Essen: **44** ∣ 50
+41 31 3356655	Service: **17** ∣ 20
www.darling.restaurant	Getränke: **16** ∣ 20
nachhaltig • regional • Garten	Ambiente: **8** ∣ 10
	Gesamt: **85** ∣ 100

Entrecôte Fédérale ⫴⫴ 3011 Bern

Im Entrecôte Fédérale trifft man Banker, Büezer und Bundesräte, Feinschmecker jeglicher Couleur. Vis-à-vis vom zauberhaften Wasserspiel auf dem Bundesplatz geniesst man das «Entrecôte Café de Paris» mit hausgemachten Pommes allumettes – die Spezialität des Hauses.

Bärenplatz 31	Essen: **45** ∣ 50
+41 31 3111624	Service: **18** ∣ 20
www.entrecote.ch	Getränke: **18** ∣ 20
Brasserie • französisch • elegant	Ambiente: **9** ∣ 10
	Gesamt: **90** ∣ 100

Essort ⫴ 3000 Bern

Karin und Urs Lüthi haben aus der ehemaligen US-Botschaft einen modernen Ort der Gemütlichkeit, Wärme und des Genusses geschaffen. Das aktuelle Menu – das es auch in einer vegetarischen Variante gibt – trägt die genial leidenschaftliche Handschrift von Sven Maillardet.

Jubiläumsstrasse 97	Essen: **45** ∣ 50
+41 31 3681111	Service: **17** ∣ 20
www.essort.ch	Getränke: **17** ∣ 20
weltlich • modern • unkonventionell	Ambiente: **9** ∣ 10
	Gesamt: **88** ∣ 100

Fischerstübli ｜｜

3011 Bern

Seit 2019 begrüssen Lea Steinmann und Sébastien Arnoux ihre Gäste im traditionellen Matte-Quartier. Die klassische Küche ist modern interpretiert wie das Tatar aus Fleisch, Fisch oder Gemüse. Die Zutaten stammen von lokalen Partnern und werden täglich frisch zubereitet.

Gerberngasse 41	Essen:	**44** ｜ 50
+41 31 3110304	Service:	**17** ｜ 20
www.fischerstuebli.ch	Getränke:	**17** ｜ 20
Fisch • saisonal • traditionell	Ambiente:	**8** ｜ 10
	Gesamt:	**86** ｜ 100

Frohegg ｜｜

3007 Bern

Joao Micaelo lässt seine auf internationalen Reisen gesammelten Erfahrungen kreativ in die Menukarte in der Frohegg einfliessen und verwöhnt seine Gäste kulinarisch in jeder Hinsicht. So verzaubert der Küchenchef Fleischliebhaber ebenso wie Vegetarier.

Belpstrasse 51	Essen:	**44** ｜ 50
+41 31 3822524	Service:	**17** ｜ 20
www.frohegg.ch	Getränke:	**17** ｜ 20
Bistro • regional • saisonal	Ambiente:	**8** ｜ 10
	Gesamt:	**86** ｜ 100

Frohsinn ｜｜｜

3011 Bern

Symbiose aus Laden und Restaurant, das ist der Frohsinn in Bern. Hier werden tolle Weine, eine frische Küche und selbstgemachte Getränke serviert. Die Produkte stammen aus der Region aus fairem und nachhaltigem Anbau. Im Frohsinn wird Lebensgenuss mit Sinn zelebriert.

Münstergasse 54	Essen:	**46** ｜ 50
+41 31 3280301	Service:	**18** ｜ 20
www.frohsinn-bern.ch	Getränke:	**18** ｜ 20
grosse Weinkarte • nachhaltig • entspannt	Ambiente:	**9** ｜ 10
	Gesamt:	**91** ｜ 100

Jack's ｜｜｜

3001 Bern

Der Fokus im Berner Kulturrestaurant liegt auf frischen, saisonalen Brasseriegerichten, deren Rezepturen Küchenchef Rudolf Reetz kreativ angepasst und ihnen einen zeitgemässen Touch verliehen hat. Der Hausklassiker – das hervorragende Wiener Schnitzel – ist das beste der Stadt.

Bahnhofplatz 11	Essen:	**45** ｜ 50
+41 31 3268080	Service:	**18** ｜ 20
www.schweizerhof-bern.ch	Getränke:	**18** ｜ 20
Brasserie • Fleisch • elegant	Ambiente:	**9** ｜ 10
	Gesamt:	**90** ｜ 100

Kirchenfeld 🍴

3005 Bern

Gehobene Gastronomie, erstklassige Gastfreundschaft und stilvolles Ambiente mit französischem Flair erwarten die Gäste bei Lena und Lorenzo Malorgio. Die saisonale und regionale Küche bereitet mit viel Detailliebe Schweizer Klassiker und mediterran beeinflusste Gerichte zu.

Thunstrasse 5 +41 31 3510278 www.kirchenfeld.ch **Brasserie • Schweizer Küche • mediterran**	Essen: **45** | 50 Service: **18** | 20 Getränke: **18** | 20 Ambiente: **8** | 10
🏠 P 🍴 📺	Gesamt: **89** | 100

Kornhauskeller 🍴

3011 Bern

Der kulinarische Schwerpunkt im Kornhauskeller liegt auf währschaften Klassikern und Berner Spezialitäten. Im prachtvollen Gewölbekeller werden die Gäste mit regionalen und saisonalen Produkten verwöhnt. Die Weinkarte bietet erlesene Tropfen aus Italien und aus der Schweiz.

Kornhausplatz 18 +41 31 3277272 www.bindella.ch **Schweizer Küche • traditionell • elegant**	Essen: **44** | 50 Service: **18** | 20 Getränke: **17** | 20 Ambiente: **10** | 10
♿ 📺	Gesamt: **89** | 100

Le Vivant 🍴🍴🍴

3008 Bern

Bei Yannick Wigley und Beat Blum soll sich jeder wie zu Hause fühlen. Dem Le Vivant liegt es am Herzen, Gerichte mit lokalen und nachhaltigen Produkten zuzubereiten, die Spass machen und Freude bereiten. Dazu geniesst man Weine, die im Glas ungeschönt ihre Herkunft widerspiegeln.

Güterstrasse 50 +41 31 5061020 www.levivant.ch **grosse Weinkarte • unkonventionell • gemütlich**	Essen: **45** | 50 Service: **18** | 20 Getränke: **19** | 20 Ambiente: **9** | 10
📺	Gesamt: **91** | 100

| 80–84 | 85–89 | 90–94 | 95–100 Punkte | 123 |

Lorenzini 🍴

3011 Bern

Seit 40 Jahren geniesst man in einem der ältesten und berühmtesten italienischen Restaurants der Stadt Traditionen. Im gemütlichen Lorenzini werden den Gästen Klassiker wie Scaloppine di vitello al limone, Filetto di manzo «Lorenzini» oder Saltimbocca di vitello serviert.

Hotelgasse 10	Essen:	**44** | 50
+41 31 3185067	Service:	**18** | 20
www.lorenzini.ch	Getränke:	**18** | 20
italienisch • gemütlich • traditionell	Ambiente:	**9** | 10
	Gesamt: **89** |100	

Löscher 🍴

3013 Bern

Nachhaltigkeit spielt hier eine grosse Rolle. Es werden nur Produkte von kleinen, regionalen Produzenten verwendet. Die Abendkarte bietet liebevoll komponierte Kreationen. Die herrlichen Gerichte eignen sich ideal zum Teilen. So kann das ganze Spektrum der Küche probiert werden.

Viktoriastrasse 70	Essen:	**44** | 50
+41 78 6521100	Service:	**18** | 20
www.loescher.be	Getränke:	**17** | 20
regional • saisonal • unkonventionell	Ambiente:	**8** | 10
	Gesamt: **87** |100	

Ludmilla 🍴

3014 Bern

Hier geniesst man täglich frische und saisonale Mittagsmenus – nachhaltig und fair. Luki und Team servieren ein vegetarisches Fünf-Gänge-Menu, das mit Fleisch ergänzt werden kann. Die Weinkarte glänzt mit tollen Tropfen von biologisch, biodynamisch bis zu Naturwein.

Flurstrasse 24	Essen:	**46** | 50
+41 31 3023333	Service:	**16** | 20
www.restaurant-ludmilla.ch	Getränke:	**16** | 20
Gasthaus • saisonal • gemütlich	Ambiente:	**8** | 10
	Gesamt: **86** |100	

Marzilibrücke ⁇ 3005 Bern

Ob ausgiebiger Sonntagsbrunch, Pizza im Kastaniengarten oder das Fondue in Rellerli-Gondeln – schwer zu sagen, wofür man das Marzilibrücke mehr liebt. Hier werden die Gäste von Küchenchef Yannick Marx und den Gastgebern Barbara Steimer und Thomas Niffenegger mit Herzblut verwöhnt.

Gasstrasse 8
+41 31 3112780
www.marzilibruecke.ch
Pizza • Brunch • gemütlich

Essen:	**43**	50
Service:	**18**	20
Getränke:	**18**	20
Ambiente:	**8**	10
Gesamt:	**87**	100

mille sens ⁇ 3011 Bern

Die marktfrische Küche im mille sens nimmt einen mit auf eine kulinarische Weltreise. Inspiriert von den Aromen und Geschmäckern verschiedener Länder zaubert Küchenchef Domingo S. Domingo die perfekte Assemblage aus Traditionellem und Modernem auf den Teller.

Spitalgasse 38
+41 31 3292929
www.millesens.ch
Fusionsküche • weltlich • unkonventionell

Essen:	**45**	50
Service:	**18**	20
Getränke:	**17**	20
Ambiente:	**8**	10
Gesamt:	**88**	100

Moléson ⁇ 3011 Bern

In der Gourmanderie schlemmt man gesellig in Pariser Bistro-Atmosphäre mit gutem Gewissen. Alle Gerichte werden hier mit grosser Sorgfalt und Genuss zubereitet und sind ökologisch, frisch und hausgemacht. Fleisch und Fisch stammen aus würdiger und tiergerechter Haltung.

Aarbergergasse 24
+41 31 3114463
www.moleson-bern.ch
Bistro • französisch • nachhaltig

Essen:	**45**	50
Service:	**18**	20
Getränke:	**17**	20
Ambiente:	**9**	10
Gesamt:	**89**	100

Moment ⁇⁇ 3011 Bern

Hier geniesst man den kulinarischen Moment stimmungsvoll. Die Küche verarbeitet saisonale Produkte aus der Region kompromisslos zu erstklassigen Menus – die auch in einer «Plant-based»-Variante serviert werden – mit vier bis fünf Gängen. Die Weinauswahl lässt keine Wünsche offen.

Postgasse 49
+41 31 3321020
www.moment-bern.ch
grosse Weinkarte • regional • saisonal

Essen:	**46**	50
Service:	**18**	20
Getränke:	**19**	20
Ambiente:	**9**	10
Gesamt:	**92**	100

Musigbistrot ♟♟

3007 Bern

Hier treffen Balkan, Italien und Asien kulinarisch aufeinander und begeistern die Gäste mit einer klassischen und internationalen Küche auf hohem Niveau. Das abwechslungsreiche und kulinarisch spannende Angebot wird in gemütlicher und charmanter Atmosphäre genossen.

Mühlemattstrasse 48	Essen:	**44** | 50
+41 31 3721032	Service:	**16** | 20
www.musigbistrot.ch	Getränke:	**16** | 20
Allrounder • weltlich • entspannt	Ambiente:	**9** | 10
	Gesamt: **85** | 100	

Noumi ♟♟

3011 Bern

In der offenen Küche werden saisonale, frische und raffiniert einfache Speisen kreiert. Die Produkte stammen aus der Region und die Inspiration von Foodmarkets aus aller Welt. Der Fokus im Noumi liegt auf Bowls, Gegrilltem und vegetarischen Variationen.

Kochergasse 3	Essen:	**43** | 50
+41 31 3204664	Service:	**18** | 20
www.noumi.ch	Getränke:	**17** | 20
Bistro • vegetarisch • saisonal • regional	Ambiente:	**8** | 10
	Gesamt: **86** | 100	

Obstberg ♟♟

3006 Bern

Das grosszügige Restaurant ist im typischen Brasserie-Stil der 30er-Jahre eingerichtet. Im Obstberg geniessen die Gäste Frische und Kreativität, die Küchenchef Pascal Cueni innovativ mit viel Liebe zur modernen, französischen Brasserieküche paart.

Bantigerstrasse 18	Essen:	**44** | 50
+41 31 3520440	Service:	**17** | 20
www.brasserie-obstberg.ch	Getränke:	**17** | 20
Brasserie • französisch • Fleisch	Ambiente:	**9** | 10
	Gesamt: **87** | 100	

Pittaria ♟♟

3012 Bern

Hier geniessen die Gäste die frisch zubereiteten palästinensischen Köstlichkeiten im feinen Pitabrot. In der Pittaria erwartet die Gäste ein orientalisches Geschmackserlebnis, das die Sinne betört. Alle Gerichte werden mit viel Herzblut und nach alten Familienrezepten zubereitet.

Falkenplatz 1	Essen:	**44** | 50
+41 31 3016555	Service:	**17** | 20
www.pittaria.ch	Getränke:	**17** | 20
weltlich • vegetarisch • entspannt	Ambiente:	**8** | 10
	Gesamt: **86** | 100	

Più

3011 Bern

Eine Liebeserklärung an Italien und «la vera pizza napoletana» findet man im ehemaligen Kornhaus. Wer keine Pizza mag, bestellt im Più italienische Klassiker. Die passende Weinbegleitung finden Gäste in der Vinoteca Bindella nebenan und geniessen den Wein dann am Tisch.

Kornhausplatz 18	Essen:	**44**	50
+41 31 327 72 70	Service:	**18**	20
www.piu-ristorante.ch	Getränke:	**18**	20
italienisch • Pizza • modern	Ambiente:	**9**	10
	Gesamt: **89**	100

Restaurant Casino Bern

3011 Bern

Bei schönster Aussicht auf die Berner Alpen verwöhnt das Casino mit saisonalen und unkomplizierten Sommermenus und sorgt für klassische Genussmomente. Vier Restaurants, drei Chefköche, eine Handschrift – Ivo Adam vereint Italien, Frankreich und Japan unter einem Dach.

Casinoplatz 1	Essen:	**43**	50
+41 31 328 02 00	Service:	**18**	20
www.casinobern.ch	Getränke:	**19**	20
weltlich • Essen mit Aussicht • entspannt	Ambiente:	**8**	10
	Gesamt: **88**	100

Schöngrün

3006 Bern

Im wohl grünsten Restaurant in Bern wird eine bodenständige, regionale, saisonale und naturnahe Küche serviert, bei der alles haus- und eingemacht ist. Der ehrliche und respektvolle Umgang mit dem Produkt liegt dem Team genauso am Herzen wie die Auswahl regionaler Produzenten.

Monument im Fruchtland 1	Essen:	**43**	50
+41 31 359 02 90	Service:	**17**	20
www.restaurant-schoengruen.ch	Getränke:	**17**	20
regional • Terrasse • gemütlich	Ambiente:	**9**	10
	Gesamt: **86**	100

80–84   85–89   90–94   95–100 Punkte

Steinhalle ¶¶¶   3005 Bern

Wer Fine Dining auf legere Art und Weise geniessen will, ist hier richtig. Ob beim schnellen, gesunden und frischen easy Lunch oder beim unkomplizierten Casual Dining voller Raffinesse. Markus Arnolds Steinhalle ist ein unkonventionelles Gourmetrestaurant auf höchstem Niveau.

Helvetiaplatz 5	Essen:	**47**	50
+41 31 3515100	Service:	**19**	20
www.steinhalle.ch	Getränke:	**18**	20
Fine Dining • weltlich • unkonventionell	Ambiente:	**9**	10

Gesamt: **93** | 100

Süder ¶¶   3007 Bern

Die Architektur des historischen Gebäudes strahlt Charme und Attraktivität aus und ist idealer Ort zum Geniessen. Küchenchef Kevin Künzler bereitet kreative, abwechslungsreiche und überraschende Genussmomente zu, für die er vorwiegend frische, regionale Produkte verarbeitet.

Weissensteinstrasse 61	Essen:	**44**	50
+41 31 3715767	Service:	**18**	20
www.restaurant-sueder.ch	Getränke:	**17**	20
saisonal • regional • Garten	Ambiente:	**9**	10

Gesamt: **88** | 100

Verdi ¶¶   3011 Bern

Das dem Meister Giuseppe Verdi und seiner Leidenschaft gewidmete Restaurant in der Altstadt versprüht ebenfalls Leidenschaft und Handwerk. Die hervorragende emilianische Küche und die begehbare Vinothek des Traditionslokal sind dem grossen Komponisten angemessen.

Gerechtigkeitsgasse 7	Essen:	**44**	50
+41 31 26368	Service:	**18**	20
www.bindella.ch	Getränke:	**18**	20
italienisch • traditionell • Gewölbe	Ambiente:	**9**	10

Gesamt: **89** | 100

Waldheim ⫻ ⟨ 3012 Bern

Das Waldheim ist die lebendige Jugendstil-Beiz im Berner Länggasse-Quartier. Bei Blumenliebhaberin Regula Minder und ihren Waldheimern geniesst man richtig frischen Fisch. Das Restaurant serviert erfrischende Menus am Mittag und kulinarische Entdeckungsreisen am Abend.

Waldheimstrasse 40	Essen:	**45** ǀ 50
+41 31 3052424	Service:	**17** ǀ 20
www.waldheim-bern.ch	Getränke:	**17** ǀ 20
Beiz • regional • Fisch	Ambiente:	**9** ǀ 10
	Gesamt: **88** ǀ 100	

Wein & Sein ⫻ 3011 Bern

Pascal Melliger überrascht mit Leidenschaft, Sorgfalt und Liebe zum Detail. Er nimmt seine Gäste mit auf eine kulinarische Entdeckungsreise. Im mehrgängigen Menu zeigen sich die Qualität der Produkte und der Ideenreichtum der Küche am besten. Die Weinkarte lässt fast keine Wünsche offen.

Münstergasse 50	Essen:	**44** ǀ 50
+41 31 3119844	Service:	**18** ǀ 20
www.weinundsein.ch	Getränke:	**18** ǀ 20
Gasthaus • grosse Weinkarte • Gewölbe	Ambiente:	**9** ǀ 10
	Gesamt: **89** ǀ 100	

Yù ⫶ 3000 Bern

Im Yù geniesst man Köstlichkeiten aus ganz Asien. Beim «Asian Dream Buffet» kann man sich von rund dreissig verschiedenen Spezialitäten inspirieren lassen. Das innovative Küchenteam um Huu Dung Nguyen steht für guten Geschmack, frische Produkte und Kochhandwerk.

Kornhausstrasse 3	Essen:	**43** ǀ 50
+41 31 3395250	Service:	**17** ǀ 20
www.kursaal-bern.ch	Getränke:	**16** ǀ 20
Casual Dining • vietnamesisch • modern	Ambiente:	**8** ǀ 10
	Gesamt: **84** ǀ 100	

Zimmermania ⫻ 3011 Bern

Hier serviert man hausgemachte französische Klassiker wie Entenleberterrine, überbackene Zwiebelsuppe oder Kalbskopf an Vinaigrette. Bei Janine Mangiantini und ihrem Team geniesst man die französischen Köstlichkeiten auf der Terrasse oder unter den Altstadt-Lauben.

Brunngasse 19	Essen:	**44** ǀ 50
+41 31 3111542	Service:	**18** ǀ 20
www.zimmermania.ch	Getränke:	**17** ǀ 20
Bistro • französisch • traditionell	Ambiente:	**9** ǀ 10
	Gesamt: **88** ǀ 100	

⫶ 80–84　⫻ 85–89　⫼ 90–94　⫼⫶ 95–100 Punkte

Zum blauen Engel ‖

3012 Bern

In der ehemaligen Druckerei bietet das Restaurant Zum blauen Engel kulinarischen Genuss in verspielter Atmosphäre. Serviert wird eine klassisch französische Küche, die kreativ mit Einflüssen aus aller Welt garniert ist und vorwiegend mit regionalen Produkte zubereitet wird.

Seidenweg 9b		Essen:	**45**	50
+41 31 3023233		Service:	**17**	20
www.zumblauenengel.ch		Getränke:	**17**	20
Bistro • französisch • unkonventionell		Ambiente:	**9**	10
		Gesamt:	**88**	100

Culinary Artists ‖

2502 Biel

Im August 2019 hat sich Küchenchef Norman Hunziker mit seinem Team im neu eröffneten Pop-up Culinary Artists niedergelassen und kreiert dort Gerichte nach dem Motto «Swiss Culinaire». Die fünf jungen Spitzenköche nehmen ihre Gäste mit auf eine kulinarische Entdeckungsreise.

Bözingenstrasse 51		Essen:	**46**	50
+41 58 6803470		Service:	**18**	20
www.artist-biel.ch		Getränke:	**17**	20
weltlich • entspannt • modern		Ambiente:	**7**	10
		Gesamt:	**88**	100

Du Bourg ‖

2502 Biel

Hier werden nur Produkte aus der Region verwendet, deren Aromen sich in den Menus voll entfalten. Die vegetabile Küche wird durch Fleisch von hiesigen Weiden und Fisch aus Gewässern ergänzt. Die Nähe zu den Produzenten und Produkten wird kulinarisch in den Mittelpunkt gestellt.

Burggasse 12		Essen:	**45**	50
+41 32 3220302		Service:	**18**	20
www.du-bourg.ch		Getränke:	**17**	20
regional • Fleisch • Fisch		Ambiente:	**9**	10
		Gesamt:	**89**	100

Lokal ‖‖

2502 Biel

Verschiedene Kochtechniken und Kulturen aus der ganzen Welt werden ganz nach dem Motto «Inspiriert von der Welt – zu Hause in Biel» mit lokalen Produkten auf einem Teller vereint. Man geniesst den Abend in gemütlich, lockerer Atmosphäre bei einer tollen Flasche (Natur-)Wein.

Albrecht-Haller-Strasse 2		Essen:	**46**	50
+41 32 3222451		Service:	**18**	20
www.lokal-biel.ch		Getränke:	**18**	20
regional • gemütlich • unkonventionell		Ambiente:	**9**	10
		Gesamt:	**91**	100

Palace ♙♙ 2502 Biel

Egal, ob Gourmetmenu oder ein feines Gericht aus der Brasseriekarte, das Palace an Biels Ausgehmeile bietet für jeden Geschmack das passende Angebot – abwechslungsreich und täglich frisch zubereitet. Die Weinauswahl wird von Chef Daniel Lauper persönlich vorgenommen.

Thomas-Wyttenbach-Strasse 2		
+41 32 3132222	Essen:	**43** ǀ 50
www.restaurantpalacebiel.ch	Service:	**17** ǀ 20
mediterran • italienisch • französisch	Getränke:	**17** ǀ 20
	Ambiente:	**8** ǀ 10
🏠♿📇	Gesamt:	**85** ǀ 100

Repas ♙♙♙ 2502 Biel

Über den Dächern von Biel trifft der Charme der Pariser Bistros auf einzigartige Gaumenfreuden. Das Repas vereint nicht nur Bistro, Restaurant und Rooftop-Bar, sondern auch eine gehobene Gastronomie mit der klassischen französischen Bistroküche.

Bahnhofstrasse 14	Essen:	**47** ǀ 50
+41 32 3254040	Service:	**18** ǀ 20
www.repas-biel.ch	Getränke:	**17** ǀ 20
Bistro • grosse Weinkarte • Dachterrasse	Ambiente:	**8** ǀ 10
🏠📇	Gesamt:	**90** ǀ 100

St. Gervais ♙♙♙ 2502 Biel

Das St. Gervais ist eine Bieler Institution, in der mittags saisonale und frische Menus serviert werden. Die Abendkarte des Restaurants steckt voller Gaumenfreuden. Man findet bodenständige Klassiker und raffinierte Saisongerichte, die vom Küchenteam innovativ zubereitet werden.

Untergasse 21	Essen:	**46** ǀ 50
+41 32 3224822	Service:	**18** ǀ 20
www.stgervais.ch	Getränke:	**17** ǀ 20
Schweizer Küche • weltlich • traditionell	Ambiente:	**9** ǀ 10
🏠♙♙♿📇	Gesamt:	**90** ǀ 100

ecluse ♙♙ 2501 Biel/Bienne

Küchenchef Pascal kreiert eine «Küche der Leidenschaft». Er serviert im ecluse eine authentische Küche, die Leichtigkeit, Saisonalität und Genuss vereint. Seine Spezialitäten: hausgemachte Entenleber, gegrillter Seebarsch mit Anis, Ente mit Orangensauce.

Promenade de la Suze 14d	Essen:	**45** ǀ 50
+41 32 3221840	Service:	**18** ǀ 20
www.ecluse-biel.ch	Getränke:	**18** ǀ 20
Schweizer Küche • nachhaltig • regional	Ambiente:	**8** ǀ 10
🏠♿📇	Gesamt:	**89** ǀ 100

Perroquet Vert ⁙

2502 Biel/Bienne

Die Kreationen von Küchenchef Christian Albrecht sind sowohl geschmacklich als auch ästhetisch hervorragend und vermitteln auf genussvolle Weise die Küche im Perroquet Vert. Es werden nur frische, regionale und biologische Produkte für die Gerichte verwendet.

Zentralstrasse 15	Essen:	**44** ꞏ 50
+41 32 322 25 55	Service:	**17** ꞏ 20
www.perroquetvert.ch	Getränke:	**17** ꞏ 20
Bistro • regional • traditionell	Ambiente:	**8** ꞏ 10
	Gesamt:	**86** ꞏ 100

Zum Thailänder ⁙

2502 Biel/Bienne

Im authentisch eingerichteten Lokal in der Bieler Altstadt wird die königlich thailändische Küche zelebriert. Chefkoch An Thiravit Karinrak erlernte das Handwerk von seiner Mutter, die eine leidenschaftliche Spezialistin für den traditionellen thailändischen Stil war.

Brunngasse 4	Essen:	**45** ꞏ 50
+41 32 323 87 87	Service:	**17** ꞏ 20
www.zumthailaender.ch	Getränke:	**17** ꞏ 20
Gasthaus • Thai • traditionell	Ambiente:	**8** ꞏ 10
	Gesamt:	**87** ꞏ 100

Linde ❘

3067 Boll

In der traumhaften Umgebung des Lindentals lädt die Linde zum genussvollen Verweilen ein. Hier wird das Gewöhnliche aussergewöhnlich: Auf der Terrasse geniesst man feine Menus – saisonal und regional – mit ausgesuchten Weinen. Das Highlight ist die feine Rösti vom Holzherd.

Lindentalstrasse 109	Essen:	**43** ꞏ 50
+41 31 839 04 52	Service:	**17** ꞏ 20
www.linde-lindenthal.ch	Getränke:	**16** ꞏ 20
Schweizer Küche • traditionell • urchig	Ambiente:	**8** ꞏ 10
	Gesamt:	**84** ꞏ 100

Le Tapis Rouge ‖

3855 Brienz

Im Grandhotel wird im Einklang mit der Natur gekocht. Die Kreativität und die Finesse der Küche lassen die Gerichte in ihrer Schlichtheit glänzen. Die Kräuter stammen aus dem eigenen Garten, das Gemüse wird, wenn möglich, vom eigenen Acker oder aus den historischen Gartenhäusern bezogen.

Axalpstrasse	Essen:	**45**	50
+41 33 9522525	Service:	**18**	20
www.giessbach.ch	Getränke:	**17**	20
Sharing Menu • regional • traditionell	Ambiente:	**9**	10

Gesamt: 89 | 100

IL GRANO ‖

3294 Büren an der Aare

Die hausgemachte und bodenständige mediterrane Küche wird hier nach Familienrezepten traditionell zubereitet – biologisch und frisch. Der Gastraum mit Natursteinwand und grossen Fenstern sorgt im alten Kornhaus für einmalige Atmosphäre beim kulinarischen Erlebnis.

Ländte 38	Essen:	**46**	50
+41 32 3510303	Service:	**18**	20
www.ilgrano.ch	Getränke:	**17**	20
Gasthaus • italienisch • Gewölbe	Ambiente:	**8**	10

Gesamt: 89 | 100

La Pendule ‖‖

3400 Burgdorf

Hier werden Gäste mit naturbelassenen Gerichten, wechselnden Gourmetmenus und grosser Kulinarik verwöhnt. Die Küche serviert klassische und herzhafte Brasserie-Gerichte oder raffinierte Fine-Dining-Küche aus Produkten, die von regionalen Produzenten bezogen werden.

Kirchbühl 2	Essen:	**45**	50
+41 34 4288000	Service:	**18**	20
www.stadthaus.ch	Getränke:	**18**	20
Fine Dining • mediterran • elegant	Ambiente:	**9**	10

Gesamt: 90 | 100

Serendib ‖

3400 Burgdorf

Küchenchef Manuel Hölterhoff liebt es, für seine Gäste kulinarische Genussmomente zu kreieren. Serviert wird eine Küche, die mediterran geprägt und französisch inspiriert ist. Für seine köstlichen Gerichte verarbeitet er frische, ausgewählte und beste saisonale Produkte.

Metzgergasse 8	Essen:	**45**	50
+41 34 4223816	Service:	**17**	20
www.serendib.ch	Getränke:	**18**	20
Gasthaus • mediterran • saisonal	Ambiente:	**9**	10

Gesamt: 89 | 100

‖ 80–84 ‖ 85–89 ‖‖ 90–94 ‖‖‖ 95–100 Punkte

133

Zur Gedult ||| 3400 Burgdorf

Küchenchef Lukas Kiener überrascht hier mit einer innovativen Kombination aus klassischen und modernen Gerichten und raffinierten Kompositionen. Monatlich kreiert er ein neues Menu mit saisonalen Produkten und Zutaten aus der Region, zu dem erlesene Weine serviert werden.

Metzgergasse 12		
+41 34 5300272	Essen:	**47** ǀ 50
www.gedult.ch	Service:	**18** ǀ 20
Fine Dining • regional • traditionell	Getränke:	**18** ǀ 20
	Ambiente:	**9** ǀ 10

| | Gesamt: **92** ǀ 100 |

Bären ||| 3465 Dürrenroth

Seit 2009 begrüssen Chantal und Volker Beduhn ihre Gäste in Dürrenroth und vermitteln mit dem Romantik Hotel Bären den Dreiklang aus Gastlichkeit, Geschichte und Genuss. Die verschiedenen Geräume bieten jedem Feinschmecker individuelle kulinarische Genussmomente.

Dorfstrasse 17		
+41 62 9590088	Essen:	**46** ǀ 50
www.baeren-duerrenroth.ch	Service:	**18** ǀ 20
Schweizer Küche • im Grünen • traditionell	Getränke:	**17** ǀ 20
	Ambiente:	**9** ǀ 10

| | Gesamt: **90** ǀ 100 |

Moosegg ||| 3543 Emmenmatt

Die Küche im Hotel Moosegg verwendet ausschliesslich regionale und überregionale Produkte von bester Qualität, die zu einer grandiosen Aussicht über die Berner Alpen serviert werden. Die Gaumenfreuden geniesst man hier in herzlicher und unkomplizierter Gastfreundschaft.

Moosegg 231a		
+41 34 4090607	Essen:	**46** ǀ 50
www.moosegg.ch	Service:	**18** ǀ 20
Hotelrestaurant • saisonal • entspannt	Getränke:	**19** ǀ 20
	Ambiente:	**9** ǀ 10

| | Gesamt: **92** ǀ 100 |

Löwen

3312 Fraubrunnen

Der «Löie» Fraubrunnen legt seit der ersten Stunde sein Hauptaugenmerk auf regionale und einwandfreie Produkte. Durch die Liebe zu Lebensmitteln, gepaart mit Innovation und Kreativität, entstehen einzigartige, kulinarische Gerichte, die die vier Jahreszeiten abbilden.

Bernstrasse 9	Essen:	**43** ı 50
+41 31 7677469	Service:	**17** ı 20
www.loewen-fraubrunnen.ch	Getränke:	**17** ı 20
Fleisch • nachhaltig • regional • saisonal	Ambiente:	**8** ı 10
🏠 P	Gesamt:	**85** ı 100

Zum Brunnen

3312 Fraubrunnen

Das liebste Menu von Küchenchef Alex Rufibach – der «Suure Mocke» mit Kartoffelstock – ist nicht nur der Star im Gasthof zum Brunnen, sondern in der ganzen Region und, wenn man Gerüchten Glauben schenken darf, in der ganzen Welt bekannt.

Bernstrasse 6	Essen:	**44** ı 50
+41 31 7677216	Service:	**17** ı 20
www.suuremocke.ch	Getränke:	**16** ı 20
Fleisch • traditionell • urchig	Ambiente:	**8** ı 10
🏠 P 🛏	Gesamt:	**85** ı 100

Philipp Blaser

3714 Frutigen

Mit Fingerspitzengefühl und Kreativität vereint Philipp Blaser Traditionelles mit Neuem und zaubert mit den besten Zutaten aus dem Berner Oberland kulinarische Kreationen. Auf der Karte findet man eine schöne Mischung aus beliebten Klassikern und täglich wechselnden Gerichten.

Obere Bahnhofstrasse 10	Essen:	**43** ı 50
+41 33 6711616	Service:	**17** ı 20
www.national-frutigen.ch	Getränke:	**17** ı 20
Schweizer Küche • Essen mit Aussicht • traditionell	Ambiente:	**8** ı 10
🏠 P 🛏 📺	Gesamt:	**85** ı 100

Tropenhaus Frutigen 🍴🍴🍴

3714 Frutigen

Stefan Steiner kreiert eine frische, moderne und etwas freche Küche mit Tropenfeeling. Mittags serviert man Klassiker aus der eigenen Fischzucht, mit Früchten und Gewürzen aus dem Garten kombiniert. Abends geniesst man ein Fine-Dining-Menu oder spannende à-la-carte-Gerichte.

Tropenhausweg 1	
+41 33 6721144	
www.tropenhaus-frutigen.ch	
Fisch • im Grünen • unkonventionell	

Essen:	**46** | 50
Service:	**18** | 20
Getränke:	**17** | 20
Ambiente:	**9** | 10
Gesamt:	**90** | 100

Kreuz 🍴🍴

3238 Gals

Zwischen dem Bieler- und dem Neuenburgersee liegt das Kreuz: eine kulinarische Oase, die ihren Gästen Genuss fernab des städtischen Trubels bietet. In gemütlichem Ambiente servieren Christine und Michel Simitsch-Monney seit 1998 eine raffinierte Küche für Geniesser.

Dorfstrasse 8	
+41 32 3382414	
www.kreuzgals.ch	
Gasthaus • saisonal • entspannt	

Essen:	**44** | 50
Service:	**18** | 20
Getränke:	**17** | 20
Ambiente:	**8** | 10
Gesamt:	**87** | 100

Glacier 🍴🍴🍴

3818 Grindelwald

So lokal wie möglich – vom Frühstück bis zum Dessert – ist hier die Prämisse. Das Konzept von Küchenchef Robert Steuri ist von der Liebe zu erlesenen Zutaten der Region inspiriert. Mit möglichst regional bezogenen Produkten entwickelt er ein modernes Fine-Dining-Erlebnis.

Endweg 55	
+41 33 8531004	
www.hotel-glacier.ch	
Fine Dining • regionale Produkte • entspannt	

Essen:	**45** | 50
Service:	**18** | 20
Getränke:	**18** | 20
Ambiente:	**9** | 10
Gesamt:	**90** | 100

Schmitte ⫙

3818 Grindelwald

Wo heute Gäste à la carte geniessen, wurde vor über 100 Jahren Eisen geschmiedet. Das Feuer in der Küche des Romantikhotels Schweizerhof ist dabei nicht erloschen, und so wird im Restaurant Schmitte alpenländische Cuisine innovativ mit einer internationalen Kulinarik kombiniert.

Swiss Alp Resort 1	Essen:	**44** | 50
+41 33 8545858	Service:	**17** | 20
www.hotel-schweizerhof.com	Getränke:	**17** | 20
Hotelrestaurant • Schweizer Küche • weltlich	Ambiente:	**8** | 10

| 🏠 P ⫙ ♿ 🛏 🍴 | Gesamt: **86** \| 100 |

Avenue Montagne ⫙⫙

3780 Gstaad

Marco Braun erlangte sein Wissen im Nahen Osten, wo er mit internationalen Chefs kochte. In Gstaad lässt er sich nun von der umliegenden Natur zu kreativen Gerichten inspirieren. Die lokalen und saisonalen Produkte kombiniert er raffiniert mit seiner internationalen Erfahrung.

Wispilenstrasse 29	Essen:	**46** | 50
+41 33 7489800	Service:	**19** | 20
www.grandhotelpark.ch	Getränke:	**18** | 20
mediterran • regionale Produkte • traditionell	Ambiente:	**9** | 10

| 🏠 P ⫙ 🛏 | Gesamt: **92** \| 100 |

Esprit Ravet ⫙⫙

3780 Gstaad

Die Familie Ravet ist die wohl bekannteste Gourmet-Familie der Schweiz und Namensgeber dieser kleinen und wunderbaren Brasserie. Das Team um Küchenchef Marcel Reist kreiert für seine Gäste grossartige und gutgelaunte Brasseriegerichte auf allerhöchstem Niveau.

Promenade	Essen:	**46** | 50
+41 33 7488844	Service:	**19** | 20
www.bernerhof-gstaad.ch	Getränke:	**19** | 20
Hotelrestaurant • Fine Dining • klassisch	Ambiente:	**9** | 10

| 🏠 P ⫙ 🛏 | Gesamt: **93** \| 100 |

Gildo's ⫙

3780 Gstaad

In Gildo's Ristorante werden Gäste von der Cucina Italiana verzaubert. Wie schon der legendäre Gründer Maître d'hôtel Gildo Bocchini legt auch Maurizio Paglino seinen Fokus auf die feinen Aromen, Gastfreundschaft und kulinarischen Genüsse des südliche Nachbarlands.

Palacestrasse 28	Essen:	**45** | 50
+41 33 7485000	Service:	**17** | 20
www.palace.ch	Getränke:	**17** | 20
Hotelrestaurant • italienisch • im Grünen	Ambiente:	**10** | 10

| P 🛏 🍴 | Gesamt: **89** \| 100 |

| ⫙ 80–84 | ⫙⫙ 85–89 | ⫙⫙⫙ 90–94 | ⫙⫙⫙⫙ 95–100 Punkte | 137 |

La Bagatelle ▯▯▯

3780 Gstaad

Zu ihren saisonalen Angeboten serviert das Restaurant im Hotel Le Grand Chalet täglich eine marktfrische Küche. Die Kreationen von Küchenchef Steve Willié punkten mit präzise abgestimmten Aromen und mediterranen Akzenten. Die erlesenen Weine ergänzen dies perfekt.

Neueretstrasse 43	Essen:	46	50
+41 33 7487676	Service:	19	20
www.grandchalet.ch	Getränke:	19	20
Hotelrestaurant • Fine Dining • elegant	Ambiente:	9	10

Gesamt: 93 | 100

Megu ▯▯▯▯

3780 Gstaad

Im Restaurant Megu serviert Küchenchef und Sternekoch Martin Göschel Köstlichkeiten aus der klassischen internationalen Küche. Der Küchenchef ist für seine Liebe zum Detail und seinen Hang für Perfektion bekannt und kreiert authentische Gerichte aus feinsten Zutaten.

Alpinastrasse 23	Essen:	47	50
+41 33 8889866	Service:	19	20
www.thealpinagstaad.ch	Getränke:	19	20
Hotelrestaurant • Fine Dining • japanisch	Ambiente:	10	10

Gesamt: 95 | 100

Rialto ▯▯▯

3780 Gstaad

In ihrem Bistro Rialto bieten Yvan Letzter und Manuel Stadelmann kreative Genusserlebnisse. Für die gefüllten Tintenfische nach vietnamesischer Art, den Schweinebauch oder die Wonton-Ravioli mit schwarzem Trüffel vom Küchenchef reisen Feinschmecker extra an.

Promenade 54	Essen:	45	50
+41 33 7443474	Service:	18	20
www.rialto-gstaad.ch	Getränke:	18	20
Bistro • Fleisch • weltlich	Ambiente:	9	10

Gesamt: 90 | 100

Sommet ▮▮▮ 3780 Gstaad

Küchenchef Martin Göschel kredenzt im Sommet grandiose Kreationen.
Die französisch geprägte Küche ergänzt er perfekt mit den genussvollen
Akzenten, die er auf seinen Reisen nach Italien, Südamerika und Südost-
asien gesammelt hat, und zaubert daraus kreative Köstlichkeiten.

Alpinastrasse 23	Essen:	**48** | 50
+41 33 8889866	Service:	**19** | 20
www.thealpinagstaad.ch	Getränke:	**19** | 20
Hotelrestaurant • weltlich • elegant	Ambiente:	**9** | 10

P ▮▮ ♿ 🛏 💳 | Gesamt: **95** \| 100

Wasserngrat ▮▮ 3780 Gstaad

Auf über 1920 Metern befindet sich der «Gipfel des Genusses» – das
Bergrestaurant Wasserngrat. Nik und Simon Buchs heissen hier ihre
Gäste willkommen und servieren herzhafte Gerichte wie Fondue, Berg-
suppe mit Wienerli oder Simmentaler-Entrecôte.

Bissedüri 16	Essen:	**45** | 50
+41 33 7449622	Service:	**17** | 20
www.wasserngrat.ch	Getränke:	**18** | 20
Gasthaus • Schweizer Küche • Essen mit Aussicht	Ambiente:	**9** | 10

🏔 ▮▮ 💳 | Gesamt: **89** \| 100

Pizzeria Bären ▮▮ 6083 Hasliberg

Feinste Pasta und knusprige Pizza werden im Hotel Bären mit viel
Herzblut, purer Italianità und spürbarer Lebensfreude frisch zubereitet.
Wer den «Giro d'Italia» bestellt, bekommt eine Pizza nach der anderen,
bis alle am Tisch satt und zufrieden sind.

Sattel 35	Essen:	**44** | 50
+41 33 5221322	Service:	**18** | 20
www.sinnvollgastro.ch	Getränke:	**17** | 20
Pizza • italienisch • unkonventionell	Ambiente:	**9** | 10

🏔 P 🛏 💳 | Gesamt: **88** \| 100

Schönbühl ▮▮▮ 3652 Hilterfingen

Ronny Tuchscherer pflegt eine traditionelle Küche, die er auf eine eigene,
neue und kreative Art interpretiert. Seinen Fokus legt er dabei auf
qualitativ hochstehende Grundprodukte und Regionalität. Genossen
werden die Gerichte mit einem guten Wein und einer herrlichen Aussicht.

Dorfstrasse 47	Essen:	**45** | 50
+41 33 2432383	Service:	**18** | 20
www.schoenbuehl.ch	Getränke:	**18** | 20
Hotelrestaurant • Essen mit Aussicht • regional	Ambiente:	**9** | 10

🏔 P ▮▮ 🛏 | Gesamt: **90** \| 100

▮ 80–84   ▮▮ 85–89   ▮▮▮ 90–94   ▮▮▮▮ 95–100 Punkte

OX – Restaurant & Grill 🍴

3800 Interlaken

Eine individuelle Gästebetreuung, hochwertige Fleisch- und Fisch-produkte und eine entspannte Atmosphäre. So präsentiert sich das OX seinen Gästen. Corinne Feller und Andreas Kiesel bieten nicht nur für jeden Geschmack, sondern auch für jedes Budget etwas an.

Am Marktplatz
+41 33 8281220
www.ox-interlaken.ch
Fleisch • Burger • Fisch

Essen:	**44**	50
Service:	**18**	20
Getränke:	**17**	20
Ambiente:	**8**	10
Gesamt:	**87**	100

Salzano 🍴

3800 Interlaken

Das Restaurant im Hotel Salzano ist längst kein Geheimtipp mehr. Feinschmecker wissen um die vielfältigen und kreativen kulinarischen Köstlichkeiten, die Patrizio und seine Küchencrew mit Leidenschaft kreieren. Zu empfehlen sind Chateaubriand oder Patrizios legendäre Ravioli.

Seestrasse 108
+41 33 8210070
www.salzano.ch
Gasthaus • Essen mit Aussicht • entspannt

Essen:	**44**	50
Service:	**18**	20
Getränke:	**18**	20
Ambiente:	**9**	10
Gesamt:	**89**	100

Au Gourmet 🍴

3718 Kandersteg

Im Waldhotel Dolderhorn heisst einen die Familie Mäder herzlich willkommen. Anne und René mit Sohn Patric servieren ihren Gästen Klassiker der gehobenen französischen Küche. Besonders der Dessert- und Käsewagen lässt die Herzen von Nachspeiseliebhabern höher schlagen.

Kandersteg
+41 33 6758181
www.doldenhorn-ruedihus.ch
Hotelrestaurant • französisch • elegant

Essen:	**46**	50
Service:	**18**	20
Getränke:	**18**	20
Ambiente:	**9**	10
Gesamt:	**91**	100

Ritter 🍴

3718 Kandersteg

Das Restaurant bietet ein reichhaltiges Angebot an Schweizer und inter-nationalen Gerichten und die Gartenterrasse einen atemberaubenden Blick auf den Kandersteg. Auf der Karte findet jeder Geniesser das Richti-ge. Zu empfehlen ist die Hausspezialität, der allseits beliebte Tatarenhut.

Äussere Dorfstrasse 2
+41 33 6758000
www.hotel-victoria.ch
Hotelrestaurant • Fleisch • traditionell

Essen:	**45**	50
Service:	**17**	20
Getränke:	**16**	20
Ambiente:	**9**	10
Gesamt:	**87**	100

Tanaka ♦♦

3122 Kehrsatz

Im Tanaka verbindet der japanische Koch Shinji Tanaka auf gekonnte Weise die Küche seiner Heimat mit europäischen Elementen. Dies nicht erst seit gestern, sondern bereits seit zwei Dekaden. Seine Kreationen bereitet Tanaka höchstpersönlich an der Teppanyakiplatte zu.

Bernstrasse 70	Essen:	**45** ǀ 50
+41 31 6916622	Service:	**17** ǀ 20
www.tanaka-restaurant.ch	Getränke:	**16** ǀ 20
Fusionsküche • japanisch • traditionell	Ambiente:	**8** ǀ 10

`P ✈ 🖵`

Gesamt: **86** ǀ 100

Platanenhof ♦♦

3422 Kirchberg

Gut, sauber und fair. Im Platanenhof wird nach Slow-Food-Prinzip gekocht. Hier werden nur natürliche, regionale und saisonale Zutaten verarbeitet. Gastgeberin Sonja Aeschbacher lebt eine persönliche Beziehung zu ihren Lieferanten und weiss zu jedem Produkt eine kleine Geschichte.

Ersigenstrasse 13	Essen:	**44** ǀ 50
+41 34 4454540	Service:	**18** ǀ 20
www.restaurant-platanenhof.ch	Getränke:	**17** ǀ 20
regional • bio • nachhaltig	Ambiente:	**8** ǀ 10

`🏠 P ♿ 🖵`

Gesamt: **87** ǀ 100

L'Auberge ♦♦♦

4900 Langenthal

Der Küchenchef und sein Team zaubern mit Freude, viel Hingabe und persönlicher Note jeden Tag überraschende Genussmomente auf den Teller: ob als einfacher Lunch mit Pepp oder als kreatives Gourmetmenu mit Stil. Die ehrliche saisonale Küche verwöhnt die Gäste mit dem gewissen Etwas.

Murgenthalstrasse 5	Essen:	**45** ǀ 50
+41 62 9266010	Service:	**18** ǀ 20
www.auberge-langenthal.ch	Getränke:	**18** ǀ 20
Hotelrestaurant • französisch • mediterran	Ambiente:	**9** ǀ 10

`🏠 P ♿ 🛏 🖵`

Gesamt: **90** ǀ 100

Zum goldenen Löwen ♦♦

3550 Langnau im Emmental

Unter der Leitung von Beat Soltermann und Michael Gfeller kreiert die Küchencrew im goldenen Löwen exquisite, immer der aktuellen Saison angepasste Menus und nimmt die Gäste mit auf eine kulinarische Reise durch das Emmental. Passend dazu geniesst man auserlesene Weine.

Güterstrasse 9	Essen:	**45** ǀ 50
+41 34 4026555	Service:	**18** ǀ 20
www.loewen-langnau.ch	Getränke:	**17** ǀ 20
Schweizer Küche • Essen im Grünen • traditionell	Ambiente:	**8** ǀ 10

`🏠 P ♿ 🛏 🖵`

Gesamt: **88** ǀ 100

Spettacolo ||| 3775 Lenk im Simmental

Im Restaurant Spettacolo kreiert Küchenchef Stefan Lünse mit seinem Team eine Reise für die Sinne mit genussvollen Momenten. Die raffiniert ausgearbeiteten Gerichte werden täglich frisch mit überwiegend lokalen und Schweizerischen Produkten zubereiten.

Badstrasse 20
+41 33 736 36 36
www.lenkerhof.ch
Hotelrestaurant • Fine Dining • traditionell

Essen:	**46**	50
Service:	**19**	20
Getränke:	**18**	20
Ambiente:	**9**	10
Gesamt:	**92**	100

Le Grillon ||| 2534 Les Prés-d'Orvin

In Daniel Jeandrevins Restaurant Le Grillon stehen lokale Spitzenprodukte von ausgezeichneter Qualität im Fokus. Um die ganze Bandbreite seiner perfekten Kreationen geniessen zu können, bestellt man am besten das Menu mit vier bis sieben Gängen.

Parc régional Chasseral
+41 32 322 00 62
www.jeandrevin-legrillon.ch
regional • saisonal • im Grünen

Essen:	**45**	50
Service:	**18**	20
Getränke:	**18**	20
Ambiente:	**9**	10
Gesamt:	**90**	100

Haberbüni ||| 3097 Liebefeld

In der idyllisch am Stadtrand von Bern gelegenen Haberbüni werden kulinarische Leckerbissen zu erschwinglichen Preisen serviert. Man verweilt genussvoll an einem einzigartigen und charismatischen Ort, den Markus Schneider zu eine Oase der Gastlichkeit geformt hat.

Könizstrasse 175
+41 31 972 56 55
www.haberbueni.ch
Fleisch • im Grünen • saisonal

Essen:	**46**	50
Service:	**18**	20
Getränke:	**18**	20
Ambiente:	**8**	10
Gesamt:	**90**	100

Liebefeld || 3097 Liebefeld

Seit Jahrzehnten geniesst man im Hotel Landhaus Liebefeld feinste kulinarische Momente in feierlichem Rahmen. In entspannter, familiärer Atmosphäre werden ausschliesslich regionale und saisonale Spezialitäten angeboten, zu denen jeder auch seinen Lieblingswein findet.

Schwarzenburgstrasse 134
+41 31 971 07 58
www.landhaus-liebefeld.ch
Gasthaus • saisonal • Gewölbe

Essen:	**45**	50
Service:	**17**	20
Getränke:	**17**	20
Ambiente:	**9**	10
Gesamt:	**88**	100

Werkhof 🍴

3097 Liebefeld

Im Werkhof werden «Nose to Tail» und «Leaf to Root» gelebt, und das ausschliesslich mit Schweizer Produkten, die von hoher Qualität und naturnah angebaut sind. Wo immer möglich, arbeitet das Gastgebertrio eng mit kleinen Produzenten aus der Region zusammen.

Könizstrasse 172	Essen:	**44** | 50
+41 31 9214444	Service:	**18** | 20
www.restaurantwerkhof.ch	Getränke:	**18** | 20
Gasthaus • regional • unkonventionell	Ambiente:	**8** | 10
	Gesamt:	**88** | 100

Aux Trois Amis 🍴🍴

2514 Ligerz

Geselliges Essen mit Freunden in gehobenem Ambiente. Das ist seit nun über 100 Jahren das Credo im Aux Trois Amis. Marc Joshua Engel kreiert neben traditionellen Gerichten auch Menus aus vier bis sieben Gängen, zu den «Classiques» und «Sauvages» aus der Region serviert werden.

Untergasse 17	Essen:	**46** | 50
+41 32 3151144	Service:	**18** | 20
www.aux3amis.ch	Getränke:	**18** | 20
regional • Essen mit Aussicht • elegant	Ambiente:	**9** | 10
	Gesamt:	**91** | 100

3 Fische 🍴

2576 Lüscherz

Bei Patrizia und Sven Rindlisbacher-Girsberger findet man in erster Linie Fischgerichte. Der ganze Hecht im Silberfrack, die Felchen Vignerons oder die Marmite du pêcheur sind die unbestrittenen kulinarischen Highlights. Im Herbst wird die Karte um feine Wildgerichte ergänzt.

Hauptstrasse 29	Essen:	**45** | 50
+41 32 3381221	Service:	**17** | 20
www.3fische.ch	Getränke:	**17** | 20
Gasthaus • Fisch • Wild • urchig	Ambiente:	**8** | 10
	Gesamt:	**87** | 100

Bären 🍴

4934 Madiswil

Wer Geschmack zu schätzen weiss, wird Patrick Pfisters Kreationen lieben. Seine Küche ist saisonal, und die Gerichte werden mit regionalen Produkten zubereitet. Klassiker wie das Cordon bleu oder Spezialitäten wie das Oberaargauer Kalbssteak schätzen Gourmets von nah und fern.

Kirchgässli 1	Essen:	**44** | 50
+41 62 9577010	Service:	**17** | 20
www.baeren-madiswil.ch	Getränke:	**17** | 20
Schweizer Küche • Fleisch • gemütlich	Ambiente:	**9** | 10
	Gesamt:	**87** | 100

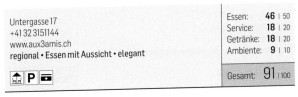

🍴 80–84   🍴🍴 85–89   🍴🍴🍴 90–94   🍴🍴🍴🍴 95–100 Punkte

Victoria ⅲ

3860 Meiringen

Im Victoria treffen zeitgemässes Design und alpine Tradition aufeinander. Chefkoch Simon Anderegg kombiniert die klassische französische Küche kreativ mit Inspirationen seiner vielen Auslandaufenthalte und interpretiert so Traditionelles neu – frisch, lebendig, ehrlich.

Bahnhofplatz 9
+41 33 9721040
www.victoria-meiringen.ch
Hotelrestaurant • Fleisch • elegant

Essen:	**45**	50
Service:	**19**	20
Getränke:	**18**	20
Ambiente:	**8**	10

Gesamt: **90** | 100

Moospinte ⅱ

3053 Münchenbuchsee

Hier servieren Stephanie und Christoph Mayr Musik für den Gaumen. Im historischen Gemäuer mit bayerisch-internationalem Charme verwöhnt das Restaurant seine Gäste mit unvergleichlichen kulinarischen Erlebnissen – von klein, aber fein bis hin zu grossen Menus.

Lyssstrasse 39
+41 31 8690113
www.moospinte.ch
Gasthaus • Garten • im Grünen • traditionell

Essen:	**44**	50
Service:	**18**	20
Getränke:	**17**	20
Ambiente:	**8**	10

Gesamt: **87** | 100

Bären ⅱ

3110 Münsingen

Im «ältesten Gasthof des Kantons» wurde schon im 14. Jahrhundert für Gäste gekocht. Nach einer erfolgreichen Schlacht sollen hier sogar Napoleon Bonaparte feine Speisen aufgetischt worden sein. Heute glänzt die Küche im Bären mit Schweizer Klassikern und Qualität.

Bernstrasse 26
+41 31 7221177
www.baeren-muensingen.ch
Schweizer Küche • Fleisch • traditionell

Essen:	**45**	50
Service:	**17**	20
Getränke:	**18**	20
Ambiente:	**8**	10

Gesamt: **88** | 100

Bären ⅲ

3713 Reichenbach im Kandertal

Das kulinarische Angebot im Gasthaus Bären besteht aus einer kreativen, abwechslungsreichen und nachhaltigen Küche. Saisonale, regionale und frische Lebensmittel werden hier raffiniert und nach alten, hauseigenen Rezepten zu feinen Gerichten zubereitet.

Dorfstrasse 21
+41 33 6761251
www.baeren-reichenbach.ch
Familienbetrieb • Schweizer Küche • traditionell

Essen:	**46**	50
Service:	**18**	20
Getränke:	**18**	20
Ambiente:	**9**	10

Gesamt: **91** | 100

16 Art Bar ⅋⅋

3792 Saanen

Die 300 Jahre alte ehemalige Glockengiesserei lädt zum Geniessen ein. Im 16eme finden Gäste überall liebevolle Details – sei es im urigen Gastraum oder auf den Tellern. Die Küche ist saisonal orientiert und kocht mit frischen Produkten. Zu empfehlen ist das Entrecôte vom Grill.

Mittelgässli 16
+41 33 7481616
www.16eme.ch
Allrounder • gemütlich • urchig

Essen:	**46**	50
Service:	**18**	20
Getränke:	**17**	20
Ambiente:	**8**	10
Gesamt:	**89**	100

Sonnenhof ⅋⅋

3792 Saanen

Bei Louise und Erich Baumer wird eine ehrliche schweizerisch-italienisch-französisch inspirierte Küche mit erstklassigen und saisonalen Produkten zubereitet und der perfekte Wein dazu gereicht. Seit über 20 Jahren sorgt sich das Paar im Sonnenhof nun um das Wohl der Gäste.

Sonnenhofweg 33
+41 33 7441023
www.restaurantsonnenhof.ch
grosse Weinkarte • Essen mit Aussicht • elegant

Essen:	**44**	50
Service:	**18**	20
Getränke:	**17**	20
Ambiente:	**9**	10
Gesamt:	**88**	100

Hornberg ⅋⅋

3777 Saanenmöser

Brigitte und Christian Hoefliger-von Siebenthal verwöhnen ihre Gäste mit gutem Geschmack in heimeligem Ambiente. Die ehrliche Hornberg-Küche steht für ein genussreiches kulinarisches Erlebnis. Neben der Qualität und regionalen Produkten steht die Verträglichkeit an erster Stelle.

Bahnhofstrasse 36
+41 33 7486688
www.hotel-hornberg.ch
Hotelrestaurant • regional • saisonal

Essen:	**45**	50
Service:	**18**	20
Getränke:	**18**	20
Ambiente:	**8**	10
Gesamt:	**89**	100

Restaurant de l'Ours ⅋⅋

2712 Saicourt

In entspannter Atmosphäre geniesst man im Restaurant de l'Ours Bellelay eine authentische und raffinierte Küche – reichhaltig, frisch und abwechslungsreich. Die monatlich wechselnde Speisekarte bietet den saisonalen Produkten die perfekte Bühne und sorgt für einzigartigen Genuss.

Route de Bellelay
+41 32 4895252
www.adb4u.ch
saisonal • regionale Produkte • klassisch

Essen:	**44**	50
Service:	**18**	20
Getränke:	**17**	20
Ambiente:	**9**	10
Gesamt:	**88**	100

⅋ 80–84 ⅋⅋ 85–89 ⅋⅋⅋ 90–94 ⅋⅋⅋⅋ 95–100 Punkte

Azalée ᵀᵀ

3778 Schönried

Die Gaststube im Restaurant Azalée lädt zum genussvollen Verweilen ein. Die frische, raffinierte Küche von Michel von Siebenthal ist lokal, fair und beweist grosse Leidenschaft zum Grundprodukt. Auf der Karte finden sich leichte Salate, saftige Fleischgerichte und vegetarische Genüsse.

Dorfstrasse 14 +41 33 7489191 www.hotelalpenrose.ch **regionale Produkte • klassisch • elegant**	Essen: **45** | 50 Service: **17** | 20 Getränke: **18** | 20 Ambiente: **8** | 10
🏠 P 🛏 🖷	Gesamt: **88** | 100

Schüpbärg-Beizli ᵀᵀ

3054 Schüpfen

Im Schüpbärg-Beizli servieren Sarah und Christoph Hunziker eine klassische, gutbürgerliche Schweizer Küche mit neuem «Touch». Saisonalität und Regionalität stehen in der Küche im Fokus. Das Geniessermenu eröffnet den Gästen einen breiten Einblick in die Kreativität der Küche.

Schüpbärg 134 +41 31 8790122 www.beizli.ch **Gasthaus • Schweizer Küche • Fleisch**	Essen: **45** | 50 Service: **18** | 20 Getränke: **18** | 20 Ambiente: **8** | 10
🏠 P 🖷	Gesamt: **89** | 100

Bären ᵀᵀᵀ

3150 Schwarzenburg

Im Bären trifft künstlerisches Handwerk auf fundiertes Kulinarikwissen. Auf dem Teller bilden qualitativ hochwertige Zutaten die Grundlage für herausragende Gerichte. In der Küche lässt man sich von der Fülle der Natur inspirieren und legt Wert auf Nachhaltigkeit.

Dorfplatz 4 +41 31 7310342 www.baeren-schwarzenburg.ch **Gasthaus • saisonal • elegant**	Essen: **45** | 50 Service: **18** | 20 Getränke: **18** | 20 Ambiente: **9** | 10
🏠 P 🖷	Gesamt: **90** | 100

Du Cerf ᵀᵀᵀ

2605 Sonceboz-Sombeval

Für Jean-Marc Soldati steht die Frische der Produkte an erster Stelle. Er hat die alte Postkutschenstation zu einen Feinschmeckerlokal geführt, das von der französischen Gourmetküche inspiriert ist. Die erfrischende Küche verarbeitet ausschliesslich saisonale Produkte vom Markt.

Rue du Collége 4 +41 32 4883322 www.cerf-sonceboz.ch **Fine Dining • Menu surprise • elegant**	Essen: **46** | 50 Service: **19** | 20 Getränke: **18** | 20 Ambiente: **9** | 10
P ♿ 🛏 🖷	Gesamt: **92** | 100

Belle Epoque 🍴 3700 Spiez

Janic Mühlemann kombiniert im eleganten Belle Epoque meisterhaft das Beste aus Küche und Keller. Im Restaurant im Hotel Eden Spiez werden kulinarische Entdecker und Liebhaber der klassischen Küche fündig und mit einer spektakulären Aussicht auf die Berge belohnt.

Seestrasse 58	Essen:	**45**	50
+41 33 6559900	Service:	**18**	20
www.eden-spiez.ch	Getränke:	**17**	20
Hotelrestaurant • französisch • elegant	Ambiente:	**9**	10

Gesamt: 89 | 100

Bistro Panorama 🍴 3612 Steffisburg

In der gemütlichen Gaststube serviert man eine ehrliche, regionale Küche mit Köstlichkeiten aus der Region und kulinarischen Genüssen anderer Länder. Dabei legt Rolf Fuchs grossen Wert auf sorgfältig ausgesuchte Produkte, beste Qualität und einen unverfälschten Geschmack.

Hartlisbergstrasse 39	Essen:	**45**	50
+41 33 4374344	Service:	**18**	20
www.panorama-hartlisberg.ch	Getränke:	**17**	20
Familienbetrieb • regionale Produkte • Essen mit Aussicht	Ambiente:	**8**	10

Gesamt: 88 | 100

Panorama 🍴🍴🍴 3612 Steffisburg

Im Restaurant Panorama Hartlisberg geniesst man neben dem kulinarischen Weitblick von Küchenchef Rolf Fuchs eine herrliche Aussicht auf die Berge. Die hervorragende Gourmetküche kreiert Köstlichkeiten aus der Heimat und kulinarische Hochgenüsse aus fernen Ländern.

Hartlisbergstrasse 39	Essen:	**46**	50
+41 33 4374344	Service:	**18**	20
www.panorama-hartlisberg.ch	Getränke:	**18**	20
Fine Dining • Essen mit Aussicht • elegant	Ambiente:	**10**	10

Gesamt: 92 | 100

La Famiglia 🍴 3066 Stettlen

Im La Famiglia werden beliebte italienische Klassiker genauso wie erlesene Köstlichkeiten der mediterranen Küche serviert. Klassiker wie Pizza oder Pasta dürfen hierbei natürlich nicht fehlen. Auch Pinsa mit Focaccia-ähnlichem Teig findet sich auf der umfassenden Karte.

Bernapark 13	Essen:	**42**	50
+41 31 5300450	Service:	**17**	20
www.la-famiglia-bernapark.ch	Getränke:	**16**	20
italienisch • Pizza • modern	Ambiente:	**9**	10

Gesamt: 84 | 100

🍴 80–84   🍴🍴 85–89   🍴🍴🍴 90–94   🍴🍴🍴🍴 95–100 Punkte

Ziegel.hüsi ⅋⅋

3066 Stettlen

Hier wird mit Leidenschaft gekocht. Im Ziegel.hüsi stehen frische, saisonale und regionale Zutaten im Zentrum, die das Küchenteam mit modernen Noten aus der ganzen Welt kombiniert. Auserlesene Weine aus der Schweiz und dem nahen Ausland runden das kulinarische Angebot ab.

Bernstrasse 7
+41 31 9314038
www.ziegelhuesi.ch
Hotelrestaurant • saisonal • gemütlich

Essen:	**44**	50
Service:	**18**	20
Getränke:	**17**	20
Ambiente:	**8**	10
Gesamt:	**87**	100

Beau-Rivage ⅋⅋⅋

3600 Thun

Das Beau-Rivage Da Domenico ist das echte italienische Restaurant in Thun. Dort geniesst man italienische Spezialitäten von frischer Pasta, über Meeresfrüchte, Fleisch bis zu Pizzen. Der Weinkeller bietet eine grosse Auswahl von tollen Tischweinen bis zu auserlesenen Tropfen.

Hofstettenstrasse 6
+41 33 2214110
www.beau-rivage-thun.ch
italienisch • klassisch • gemütlich

Essen:	**46**	50
Service:	**18**	20
Getränke:	**17**	20
Ambiente:	**9**	10
Gesamt:	**90**	100

Burgstrasse 9 ⅋⅋⅋

3600 Thun

Hier wird den Gästen die Idee von einer alpinen Naturküche nähergebracht, für die ausschliesslich regionale und saisonale Produkte verarbeitet werden. Die Kreationen von Stephan Koltes sind durch seine Neugier für andere Essenskulturen, Stile und Produkte geprägt.

Burgstrasse 9
+41 33 2291081
www.burgstrasse9.ch
Schweizer Küche • regionale Produkte • gemütlich

Essen:	**47**	50
Service:	**18**	20
Getränke:	**17**	20
Ambiente:	**8**	10
Gesamt:	**90**	100

Dampfschiff ⅋⅋⅋

3600 Thun

Drei Jahre als Souschef bei «Hexer» Stefan Wiesner, und nun Smutje auf dem Dampfschiff Thun. Kevin Wüthrichs Küche ist ganzheitlich und experimentell. Das Küchenteam legt grossen Wert auf nachhaltige und regionale Produkte. Gegessen wird in entspannter, hipper Atmosphäre.

Hofstettenstrasse 20
+41 33 2214949
www.dampfschiff-thun.ch
regional • unkonventionell • gemütlich

Essen:	**45**	50
Service:	**18**	20
Getränke:	**18**	20
Ambiente:	**9**	10
Gesamt:	**90**	100

Das Sündikat Thun 3600 Thun

Das Küchenteam vom Restaurant Sündikat bietet seinen Gästen ein unvergessliches veganes Geschmackserlebnis auf höchstem Niveau. Verarbeitet und serviert werden ausschliesslich regionale und frische Produkte, welche direkt aus eigens angelegter Permakultur stammen.

Freienhofgasse 12	Essen:	**43** ǀ 50
+41 33 2210566	Service:	**16** ǀ 20
www.dassuendikat.ch	Getränke:	**16** ǀ 20
vegan • Terrasse • entspannt	Ambiente:	**7** ǀ 10
	Gesamt: 82 ǀ 100	

dasRestaurant ||| 3600 Thun

Das Restaurant im Seepark bietet kulinarische Genusserlebnisse in einzigartiger Lage am Thuner See. Küchenchef Dominik Sato kreiert mit viel Herzblut und auserlesenen Produkten raffinierte und innovative Gerichte – mit feinsten Aromen vom Terroir, meisterhaft ausgewogen.

Seestrasse 47	Essen:	**47** ǀ 50
+41 33 2261212	Service:	**19** ǀ 20
www.seepark.ch	Getränke:	**18** ǀ 20
Fine Dining • Seeterrasse • elegant	Ambiente:	**9** ǀ 10
	Gesamt: 93 ǀ 100	

Schwert || 3600 Thun

In der ursprünglichsten Altstadtbeiz von Thun wird eine modern interpretierte Schweizer Küche serviert. Mittags wird man mit zwei täglich wechselnden Menus verwöhnt, und abends wählt man aus der monatlich wechselnden Karte aus, die freitags mit einem leckeren Fischgericht glänzt.

Untere Hauptgasse 8	Essen:	**45** ǀ 50
+41 33 2215588	Service:	**18** ǀ 20
www.schwert-thun.net	Getränke:	**16** ǀ 20
Schweizer Küche • urchig • traditionell	Ambiente:	**8** ǀ 10
	Gesamt: 87 ǀ 100	

Spedition

3600 Thun

Hier findet man regionale Küche mit Freude am unverfälschten Geschmack. Was früher eine Spedition war, ist heute ein exquisites Stadthotel und Gourmetrestaurant, das von morgens bis abends für jeden Gast etwas Passendes bereithält – Weine und Drinks inbegriffen.

Gewerbestrasse 4	Essen:	**45** ǀ 50
+41 33 550 59 09	Service:	**18** ǀ 20
www.speditionthun.ch	Getränke:	**18** ǀ 20
Hotelrestaurant • Fleisch • elegant	Ambiente:	**9** ǀ 10
	Gesamt: **90** ǀ 100	

Waisenhaus

3600 Thun

Im Waisenhaus geniesst man «Bella Italia» unter Kastanienbäumen in einem fast märchenhaft anmutenden Ambiente. Das Restaurant verzaubert seine Gäste auf der grossen Terrasse mit italienischen Klassikern wie Gamberoni all'aglio e peperoncino und Filetto di manzo al Barolo.

Bälliz 61	Essen:	**44** ǀ 50
+41 33 223 31 33	Service:	**18** ǀ 20
www.bindella.ch	Getränke:	**17** ǀ 20
italienisch • am Wasser • traditionell	Ambiente:	**8** ǀ 10
	Gesamt: **87** ǀ 100	

Forst 🍴 4922 Thunstetten

Seit 1904 bietet das Restaurant Forst kulinarische Entdeckungsreisen, bei der alle Sinne angesprochen werden. Im Forst soll sich der Gast wohlfühlen und im besonderen Ambiente geniessen – ob beim Tête-à-Tête, Businesstreffen, einem Familienfest oder auf der Durchreise.

Forst 101	Essen:	**43** | 50
+41 62 9632111	Service:	**17** | 20
www.restaurantforst.ch	Getränke:	**16** | 20
Fisch • regional • traditionell	Ambiente:	**8** | 10
	Gesamt: **84** | 100	

Bären 🍴🍴 3226 Treiten

Auserlesenes Gemüse und bestes Schweizer Fleisch werden zu Gerichten in höchster Qualität. Das ist das Versprechen von Daniela und René Muster. Gutbürgerliche Küche mit dem gewissen Etwas und sagenhafte, in der ganzen Region bekannte Desserts gilt es hier zu geniessen.

Hauptstrasse 15	Essen:	**45** | 50
+41 32 3134131	Service:	**17** | 20
www.baeren-treiten.ch	Getränke:	**17** | 20
Gasthaus • Schweizer Küche • traditionell	Ambiente:	**9** | 10
	Gesamt: **88** | 100	

Bären 🍴🍴🍴 3427 Utzenstorf

Die Geschichte des Traditionshauses Bären ist bis ins Jahr 1261 zurück dokumentiert. Der Gasthof wird heute von Manuela und Martin Thommen geführt. Ein Familienbetrieb seit 14 Generationen. Die französisch inspirierte Küche wird aus marktfrischen Qualitätsprodukten gezaubert.

Hauptstrasse 18	Essen:	**45** | 50
+41 32 6654422	Service:	**18** | 20
www.baeren-utzenstorf.ch	Getränke:	**18** | 20
Gasthaus • Familienbetrieb • französisch	Ambiente:	**9** | 10
	Gesamt: **90** | 100	

1903 🍴🍴 3823 Wengen

Im 1903 in Wengen geniesst man schlichte, traditionelle Schweizer Gerichte, die liebevoll und sorgfältig mit regionalen und saisonalen Zutaten aus der Schweiz zubereitet und im wundervoll mit Altholz dekorierten Restaurant serviert werden.

Lauterbrunnen	Essen:	**45** | 50
+41 33 8553422	Service:	**18** | 20
www.hotel-schoenegg.ch	Getränke:	**17** | 20
Hotelrestaurant • Essen mit Aussicht • urchig	Ambiente:	**9** | 10
	Gesamt: **89** | 100	

🍴 80–84   🍴🍴 85–89   🍴🍴🍴 90–94   🍴🍴🍴🍴 95–100 Punkte

Chez Meyer's ### 3823 Wengen

Mickaël Cochet verwöhnt seine Gäste mit den feinsten regionalen und überregionalen Spezialitäten und kreativen Überraschungsmenus – französisch-alpin inspiriert. Seinen Weg ins Hotel Regina fand der Küchenchef aus den savoyischen Bergen über zahlreiche Michelin-Restaurants.

Wengen Zentrum	Essen:	**46**	50
+41 41 338565858	Service:	**18**	20
www.hotelregina.ch	Getränke:	**18**	20
Hotelrestaurant • französisch • Menu surprise	Ambiente:	**9**	10

Gesamt: **91** | 100

Sonne ### 3251 Wengi bei Büren

Seit über zwanzig Jahren verwöhnen Iris und Kurt Mösching ihre Gäste im Berner Seeland. In diesem Gourmettempel – der von aussen wie ein gemütlicher Landgasthof wirkt – bieten sie Gästen eine integrierende Küche mit einzigartigen Grundprodukten und einer erlesenen Weinauswahl.

Scheunenberg 70	Essen:	**47**	50
+41 32 3891545	Service:	**18**	20
www.sonne-scheunenberg.ch	Getränke:	**19**	20
Gasthaus • Fine Dining • grosse Weinkarte	Ambiente:	**9**	10

Gesamt: **93** | 100

Alpenblick ### 3812 Wilderswil

Spitzenkoch Richard Stöckli kocht im Alpenblick mit purer Leidenschaft. Die ausgezeichnete Küche ist weit über die Jungfrau-Region hinaus bekannt. Vieles, was serviert wird, kommt aus dem eigenen Obst-, Gemüse- und Kräutergarten oder von den eigenen Kühen auf der Alp.

Oberdorfstrasse 3	Essen:	**45**	50
+41 33 8283550	Service:	**17**	20
www.hotel-alpenblick.ch	Getränke:	**17**	20
Fine Dining • Fondue • regionale Produkte	Ambiente:	**8**	10

Gesamt: **87** | 100

Gourmetstübli ### 3812 Wilderswil

Die ausgezeichnete Küche von Richard Stöckli ist weit über die Jungfrau-Region hinaus bekannt. Im Hotel Alpenblick kocht der Spitzenkoch mit purer Leidenschaft und meist hauseigenen Produkten, die im üppigen Obst-, Gemüse- und Kräutergarten hinterm Haus geerntet werden.

Oberdorfstrasse 3	Essen:	**46**	50
+41 33 8283550	Service:	**18**	20
www.hotel-alpenblick.ch	Getränke:	**19**	20
Fine Dining • Menu surprise • grosse Weinkarte	Ambiente:	**9**	10

Gesamt: **92** | 100

Zum Kreuz ﹐﹐   3033 Wohlen bei Bern

Familientradition in der 13. Generation. Der gemütliche Landgasthof vor den Toren Berns bietet beliebte Schweizer Gerichte – zeitgemäss interpretiert – und für jeden Anlass das richtige Ambiente. Das Vacherin Glacé zum Dessert ist weit über die Kantonsgrenze hinaus bekannt.

Hauptstrasse 7	Essen:	**45** ⏐ 50
+41 31 8291100	Service:	**18** ⏐ 20
www.kreuzwohlen.ch	Getränke:	**16** ⏐ 20
Gasthaus • Fleisch • urchig	Ambiente:	**8** ⏐ 10
🏠 P ﹐﹐ ♿ ▭	Gesamt:	**87** ⏐ 100

Chez Marco ﹐﹐   3770 Zweisimmen

In ihrem Haus betreiben Pia und Marco Feuz die Brasserie zur Simme und das Restaurant Chez Marco. Das Gastgeberpaar serviert dort Kaffeespezialitäten, Brasseriegerichte und ein innovatives Überraschungsmenu. Die hochwertigen Zutaten stammen von lokalen Produzenten.

Bahnhofstrasse 1	Essen:	**45** ⏐ 50
+41 33 7221166	Service:	**18** ⏐ 20
www.zur-simme.ch	Getränke:	**18** ⏐ 20
Brasserie • Menu surprise • Fleisch	Ambiente:	**8** ⏐ 10
🏠 P ♿ 🛏 ▭	Gesamt:	**89** ⏐ 100

FREIBURG

Café Paradiso ﹐﹐   1630 Bulle

Das Café Paradiso von Virginie Tinembart und Georgy Blanchet serviert eine ehrliche Marktküche aus regionalen Produkten, oft mit Wildkräutern ergänzt. Vom Mittagsmenu zum Nachmittagssnack und bis zum kreativen Abendmenu gibts ganztags etwas zu essen.

Rue du Marché 21	Essen:	**44** ⏐ 50
+41 26 5258696	Service:	**18** ⏐ 20
www.café-paradiso.ch	Getränke:	**17** ⏐ 20
bio • Terasse • gemütlich	Ambiente:	**8** ⏐ 10
🏠 ▭	Gesamt:	**87** ⏐ 100

﹐ 80–84   ﹐﹐ 85–89   ﹐﹐﹐ 90–94   ﹐﹐﹐﹐ 95–100 Punkte   153

Du Cheval Blanc 🍴🍴

1630 Bulle

Im Restaurant du Cheval Blanc in Bulle wird eine Gourmetküche mit französischer Basis auf hohem Niveau angeboten. Küchenchef André Thürler bereitet eine überschaubare Anzahl marktfrischer Gerichte zu. Serviert werden diese in einem eleganten, in Weiss gehaltenen Gastraum.

Rue de Gruyère 16			
+41 26 9186444	Essen:	**45**	50
www.restaurantduchevalblanc.ch	Service:	**17**	20
Hotelrestaurant • Terrasse • elegant	Getränke:	**17**	20
	Ambiente:	**8**	10

Gesamt: **87** | 100

L' Etoile Nova 🍴🍴🍴

1637 Charmey

Gastgeberin und Küchenchefin Alexandra Müller präsentiert im L'Etoile Nova eine delikate, kreative Küche. Die besten Zutaten der Region werden von ihr mit viel Passion und Know-how in Gerichte verwandelt, die nicht nur schön aussehen, sondern auch hervorragend schmecken.

Rue du Centre 21			
+41 26 9275050	Essen:	**46**	50
www.etoile.ch	Service:	**19**	20
Fine Dining • Hotelrestaurant • französisch	Getränke:	**18**	20
	Ambiente:	**9**	10

Gesamt: **92** | 100

Quatre Saisons 🍴🍴🍴

1637 Charmey

Im Quatre Saisons kocht Jean-Marie Pelletier Gerichte, die kreativ und in der Gegend verankert sind. Nur ausgewählte lokale Produkte kommen bei ihm auf die schön angerichteten Teller. Abgeschlossen wird der Abend mit einer grossen Auswahl regionaler Käse vom Käsewagen.

Gros Plan 28			
+41 26 9276262	Essen:	**45**	50
www.hotel-cailler.ch	Service:	**18**	20
Hotelrestaurant • regional • entspannt	Getränke:	**18**	20
	Ambiente:	**9**	10

Gesamt: **90** | 100

Bindella Fribourg

1700 Freiburg

Das Ristorante Bindella in der Altstadt Fribourgs ist ein beliebter Treffpunkt für Liebhaber der schlichten Küche Süditaliens. Über Spaghetti alle Vongole, Zitronenrisotto mit Jakobsmuscheln oder Misto di Pesce vom Grill freuen sich Stammkunden und neue Gäste gleichermassen.

Rue de Lausanne 38	Essen:	**45** ǀ 50
+41 26 3224905	Service:	**18** ǀ 20
www.bindella.ch	Getränke:	**18** ǀ 20
italienisch • Fisch • entspannt	Ambiente:	**9** ǀ 10
	Gesamt: **90** ǀ 100	

Café du Gothard

1701 Freiburg

Das Café du Gothard ist nicht mehr aus Freiburg wegzudenken. In diesem Traditionslokal werden lokale Spezialitäten serviert, besonders das Fondue moité-moitié ist schweizweit bekannt. Aber auch für die anderen herzhaften Gerichte wie Rösti und Wurstsalat lohnt sich der Besuch.

Rue du Pont-Muré 16	Essen:	**44** ǀ 50
+41 26 3223285	Service:	**18** ǀ 20
www.le-gothard.ch	Getränke:	**18** ǀ 20
Schweizer Küche • Fondue • urchig	Ambiente:	**9** ǀ 10
	Gesamt: **89** ǀ 100	

L'Hôtel de Ville

1700 Freiburg

Die Gerichte von Frédérik Kondratowicz basieren auf dem, was die Saison bietet. Seine Küche ist in der französischen Tradition verankert, kreativ und leichtfüssig. Die Speisesäle sind mit Kunst behangen und bieten so den passenden Rahmen für einen rundherum genussvollen Abend.

Grand-Rue 6	Essen:	**47** ǀ 50
+41 26 3212367	Service:	**18** ǀ 20
www.restaurant-hotel-de-ville.ch	Getränke:	**18** ǀ 20
Fine Dining • saisonal • elegant	Ambiente:	**9** ǀ 10
	Gesamt: **92** ǀ 100	

 80–84   85–89 90–94 95–100 Punkte

La Cène ¦¦¦

1700 Freiburg

Hier kocht der in Savoyen aufgewachsene Mohamed Azeroual eine kreative Gourmetküche mit französischem Fundament, in die er Geschmäcker und Aromen der Küche seiner marokkanischen Mutter einfliessen lässt. Auch der Service ist sehr zuvorkommend und kompetent.

Rue du Criblet 6	Essen: **47** | 50
+41 26 3214646	Service: **18** | 20
www.lacene.ch	Getränke: **18** | 20
Fine Dining • Fusionsküche • elegant	Ambiente: **8** | 10
	Gesamt: **91** | 100

Le Pérolles ¦¦¦

1700 Freiburg

Das Le Pérolles ist das gastronomische Paradies von Küchenchef Pierrot Ayer. Seine Gourmetküche ist kreativ, modern und oft gewagt, aber immer schmackhaft. Im Bistro Petit Pérolles im ersten Stock findet man von morgens bis abends unkomplizierte Gerichte und einen Delikatessenladen.

Boulevard de Pérolles 1	Essen: **47** | 50
+41 26 3474030	Service: **19** | 20
www.leperolles.ch	Getränke: **18** | 20
Fine Dining • Menu Surprise • unkonventionell	Ambiente: **9** | 10
	Gesamt: **93** | 100

Le Sauvage ¦¦

1700 Freiburg

Im Le Sauvage in der Altstadt wird klassisch gekocht. Dank moderner An- und Einrichtung wirkt das Restaurant aber keineswegs angestaubt. Für Gemüsefans gibt es auch jeden Tag ein komplett vegetarisches Menu. Auf der Weinkarte findet sich eine grosse Auswahl Schweizer Weine.

Planche-Supérieure 12	Essen: **46** | 50
+41 26 3473060	Service: **18** | 20
www.le-sauvage.ch	Getränke: **16** | 20
regional • modern • gemütlich	Ambiente: **8** | 10
	Gesamt: **88** | 100

Les Trentenaires ¦¦

1700 Freiburg

Das hippe Les Trentenaires befindet sich in einer alten Apotheke in der Rue de Lausanne. Serviert wird eine einfache Bistroküche mit Gerichten wie Burger, Tatar und verschiedenen Salaten. Dazu gibt es eine grosse Bierauswahl, nach Wunsch wird auch ein Bier-Pairing angeboten.

Rue de Lausanne 87	Essen: **44** | 50
+41 26 3224411	Service: **17** | 20
www.lestrentenaires.ch	Getränke: **18** | 20
Bistro • regional • entspannt	Ambiente: **9** | 10
	Gesamt: **88** | 100

Trois Tours ‖‖

1722 Freiburg

Das Trois Tours ist das neue Projekt des mehrfach ausgezeichneten Kochs Romain Paillereau. Im elegant eingerichteten historischen Gebäude serviert er ein saisonales Gourmetmenu auf Basis von lokalen Zutaten, dessen Gerichte die Gäste mit ihrer Eleganz und Präzision überraschen.

Route de Bourguillon 15	Essen:	**47** ı 50
+41 26 3223069	Service:	**19** ı 20
www.trois-tours.ch	Getränke:	**18** ı 20
Gasthaus • Fine Dining • modern	Ambiente:	**9** ı 10
🏠 📧	Gesamt: **93** ı 100	

Zum Kantonsschild ‖

3215 Gempenach

In den urchigen Gaststuben des Restaurants von Conny und Fritz Leicht-Flühmann wird eine gehobene klassische Küche angeboten. Auf den Teller kommt, was es gerade frisch auf dem Markt gibt, manchmal aufgepeppt mit Gewürzen und Techniken aus fernen Ländern.

Hauptstrasse 24	Essen:	**45** ı 50
+41 31 7511111	Service:	**18** ı 20
www.kantonsschild.ch	Getränke:	**17** ı 20
Gasthaus • Meeresfrüchte • klassisch	Ambiente:	**9** ı 10
🏠 📧	Gesamt: **89** ı 100	

La Tavola Pronta ‖

3280 Greng

La Tavola Pronta zelebriert die Piemontesische Küche. Mittags liegt der Fokus bei traditionellen, ländlichen piemontesischen Gerichten. Abends wird entweder das wöchentlich wechselnden «Menu nuovo piemontese» oder das «Menu tradizionale» mit gepflegten Klassikern aufgetischt.

De Castella-Platz 19	Essen:	**44** ı 50
+41 31 3826633	Service:	**18** ı 20
www.latavolapronta.ch	Getränke:	**18** ı 20
italienisch • entspannt • gemütlich	Ambiente:	**9** ı 10
🏠 📧	Gesamt: **89** ı 100	

Auberge des Clefs ‖

1789 Lugnorre

In der Auberge des Clefs, die seit über 20 Jahren von Wirtepaar Therese und Werner Rätz geführt wird, werden die Gäste mit einer vielfältigen Küche verwöhnt. Serviert werden die oft mediterran-französisch angehauchten Gerichte im Sääli, im Bistro oder auf der Terrasse.

Route de Chenaux 4	Essen:	**44** ı 50
+41 26 6733106	Service:	**18** ı 20
www.aubergedesclefs.ch	Getränke:	**17** ı 20
Gasthaus • französisch • traditionell	Ambiente:	**8** ı 10
🏠 P ♿ 📧	Gesamt: **87** ı 100	

‖ 80–84   ‖ 85–89   ‖‖ 90–94   ‖‖‖ 95–100 Punkte

Freiburger Falle 🍴

3280 Murten

In die Freiburger Falle tappt man gerne. Es gibt klassisches Freiburger Fondue und viel Fleischiges: Black Angus vom heissen Stein oder abgehangenes Swiss-Gourmand-Grand-Cru-Fleisch. Auch ein Highlight: die von Grosi Seydoux drei Stunden im Holzofen gebackenen Meringues.

Hauptgasse 43	Essen:	**44**	50
+41 26 672 12 22	Service:	**18**	20
www.ff-murten.ch	Getränke:	**17**	20
Schweizer Küche • regional • gemütlich	Ambiente:	**9**	10
🏠♿🛏🖥	Gesamt: **88**	100	

Käserei 🍴🍴

3280 Murten

Gastgeber Oli Lohse und Eric Glauser haben die Käserei zu einem gemütlichen, eleganten Treffpunkt gemacht. Mittags gibt es Tagesteller, abends eine kleine Karte mit feinen, ehrlichen Saisongerichten, dazu eine gut sortierte Weinkarte und den Käse von Maître Antony aus dem Elsass.

Rathausgasse 34	Essen:	**45**	50
+41 26 670 09 09	Service:	**18**	20
www.kaeserei-murten.ch	Getränke:	**19**	20
grosse Weinkarte • entspannt • unkonventionell	Ambiente:	**9**	10
🏠♿🖥	Gesamt: **91**	100	

De l'Ours 🍴

1786 Sugiez

Die Küche vom de l'Ours spricht Auge, Mund, Ohr und Geist an. All dies zu vereinen, ist die Kunst des Küchenchefs Frédéric Duvoisin. Er interpretiert klassische Gerichte auf seine eigene Art und setzt auf frische, regionale Zutaten. Das Resultat sind köstliche, kreative Gerichte.

Route de l'Ancien Pont 5	Essen:	**45**	50
+41 26 673 93 93	Service:	**18**	20
www.hotel-ours.ch	Getränke:	**18**	20
grosse Weinkarte • saisonal • regional	Ambiente:	**8**	10
🏠P🍴♿🛏🖥	Gesamt: **89**	100	

Zum Schlüssel ⸢⸣ 3182 Ueberstorf

Hier kommen fast nur Produkte aus der Region auf den Teller. Daraus entstehen Gerichte, die für eine Mischung aus Tradition und Kreativität stehen. Es gibt von Mittag bis Abend Essen, ob Mittagsmenu, salzige und süsse Snacks am Nachmittag oder à-la-carte-Gerichte.

Dorfstrasse 1	Essen: **45**	50
+41 31 7422240	Service: **18**	20
www.gasthofzumschluessel.ch	Getränke: **17**	20
Schweizer Küche • traditionell • urchig	Ambiente: **9**	10
🏠 P 🍴 ♿ 🛏 🖥	Gesamt: **89**	100

JURA

Maison Wenger ⸢⸢⸣⸣ 2340 Le Noirmont

Jérémy Desbraux und seine Partnerin Anaëlle Roze verwöhnen die Gäste hier kulinarisch auf höchstem Niveau. Das Degustationsmenu wechselt mit den Jahreszeiten und ist inspiriert von den grünen und steinigen Hügeln des Jura, seinen Trockenmauern und Tannenwäldern.

Rue de la Gare 2	Essen: **47**	50
+41 32 9576633	Service: **19**	20
www.maisonwenger.ch	Getränke: **19**	20
Hotelrestaurant • Fine Dining • französisch	Ambiente: **10**	10
🏠 P	Gesamt: **95**	100

 80–84 85–89 90–94 95–100 Punkte

Château de Pleujouse ⫙

2953 Pleujouse

In herrlicher Kulisse servieren die Schlossherren des mittelalterlichen Château Pleujouse, Catherine und Gérard Praud, eine elegante französische Küche mit modernen Einflüssen. Viele der erstklassigen Zutaten stammen von Produzenten der Umgebung, die sie persönlich kennen.

Le Château 18
+41 32 4621080
www.chateaudepleujouse.ch
Schweizer Küche • französisch • im Grünen • regional

Essen:	**45**	50
Service:	**18**	20
Getränke:	**18**	20
Ambiente:	**9**	10

Gesamt: **90** | 100

NEUENBURG

Du Poisson ⫙

2012 Auvernier

In der Brasserie du Poisson werden Fisch- und Fleischliebhaber fündig. Frische Meeresfrüchte, fangfrischer Fisch aus dem Neuenburgersee oder das Tartare de Bœuf vom lokalen Rind werden hier delikat umgesetzt. Die gut selektierte Weinkarte rundet das Ganze perfekt ab.

Rue des Epancheurs 1
+41 32 7316231
www.lepoisson-auvernier.ch
Brasserie • mediterran • französisch • Fisch

Essen:	**45**	50
Service:	**18**	20
Getränke:	**18**	20
Ambiente:	**8**	10

Gesamt: **89** | 100

Le Buffet d'un Tram ⫙

2016 Cortaillod

Das Le Buffet d'un Tram ist mehr als eine Brasserie. In der alten Tramstation geniesst man seit über 25 Jahren eine leichte, maritime und sehr bodenständige Küche mit einem Glas Wein, direkt im Schatten eines grossen Kastanienbaums. Das Rindstatar ist hier ein Highlight.

Avenue François-Borel 3
+41 32 8422992
www.buffetduntram.ch
regionale Produkte • französisch • Garten

Essen:	**44**	50
Service:	**17**	20
Getränke:	**16**	20
Ambiente:	**8**	10

Gesamt: **85** | 100

Hôtel de Commune ⫴ 2056 Dombresson

Können und Präzision stehen im Restaurant Hôtel de Commune ganz oben auf der Menukarte. Regionalität und Saisonalität werden hier zu kreativen Gerichten verarbeitet, die bis zum Dessert fein durchdacht sind und sich in verschiedenen Texturen und Geschmäckern widerspiegeln.

Grand Rue 24 +41 32 853 60 08 www.hoteldombresson.ch **Hotelrestaurant • regional • gemütlich • entspannt**	Essen: **45** | 50 Service: **18** | 20 Getränke: **18** | 20 Ambiente: **9** | 10
🏠 P 🛏 🖥	Gesamt: **90** | 100

La Ferme des Brandt ⫼ 2300 La Chaux-de-Fonds

Die Küche des Ferme des Brandt vereint mit Brillanz experimentierfreudige Kochkunst und traditionelle Landküche. Noch heute wird im ältesten Jurahaus der Region im Holzofen Brot gebacken. Die Küche ist saisonal geprägt und wird durch die Aromen aus der umliegenden Natur ergänzt.

Petites Crosettes 6 +41 32 9685989 www.fermedesbrandt.ch **Gasthaus • im Grünen • entspannt • saisonal**	Essen: **45** | 50 Service: **17** | 20 Getränke: **18** | 20 Ambiente: **9** | 10
🏠 P	Gesamt: **89** | 100

La Parenthèse ⫼ 2300 La Chaux-de-Fonds

Bei Christelle und Ludovic legen Feinschmecker gerne eine Pause ein. Der Küchenchef des La Parenthèse kreiert stetig wechselnde Menus, die vom Wandel der Jahreszeiten inspiriert sind und mit saisonalen Zutaten vom Markt und von lokalen Produzenten zubereitet werden.

Rue de L'Hôtel-de-Ville 114 +41 32 9680389 www.la-parenthese.ch **Gasthaus • saisonal • traditionell**	Essen: **44** | 50 Service: **17** | 20 Getränke: **17** | 20 Ambiente: **9** | 10
🏠 🖥	Gesamt: **87** | 100

Auberge du Prévoux ⫼ 2400 Le Locle

Nur einen Katzensprung von der Grenze entfernt bietet die Auberge du Prévoux kulinarische Genüsse. Für die saisonalen und kreativen Gerichte verwendet die Küche ausschliesslich lokale Produkte aus biologischem oder nachhaltigem Anbau. Dieser Anspruch gilt auch bei der Weinkarte.

Le Prévoux 10 +41 32 9312313 www.aubergeduprevoux.ch **bio • saisonal • Garten**	Essen: **45** | 50 Service: **17** | 20 Getränke: **17** | 20 Ambiente: **8** | 10
P 🛏 🖥	Gesamt: **87** | 100

⫶ 80–84   ⫼ 85–89   ⫴ 90–94   ⫸ 95–100 Punkte

Chez Sandro ‖

2400 Le Locle

In der Nähe des Bahnhofs von Le Locle geniesst man eine zeitlose Gourmetpause und die Flucht aus dem Alltag. Das traditionell italienische Restaurant serviert eine authentische Küche. Neben der klassischen Speisekarte bietet der Küchenchef auch leckere saisonale Vorschläge an.

Rue de la Gare 4 +41 32 9314087 www.chez-sandro.ch italienisch • klassisch • traditionell	Essen: **45** | 50 Service: **17** | 20 Getränke: **16** | 20 Ambiente: **7** | 10
	Gesamt: **85** | 100

DuPeyrou ‖‖

2000 Neuchâtel

Im prunkvollen Palais aus dem 18. Jahrhundert nimmt Küchenchef Craig Penlington seine Gäste mit auf eine Reise. Seine Gerichte präsentieren die Farben und Aromen der Saison. Mit Präzision schafft der Australier eine Küche, die von originellen und subtilen Aromen geprägt ist.

Avenue du Peyrou 1 +41 32 7251183 www.dupeyrou.ch Fusionsküche • im Schloss • elegant	Essen: **46** | 50 Service: **19** | 20 Getränke: **18** | 20 Ambiente: **9** | 10
	Gesamt: **92** | 100

La Maison du Prussien ‖‖

2000 Neuchâtel

In der ehemaligen Brauerei aus dem 18. Jahrhundert befindet sich das Restaurant. Chefkoch Jean-Yves Drevet vereint in seinen Gerichten – ob Feinschmeckermenu oder à la carte – Kreativität und Aromavielfalt, die in der umfangreichen Weinkarte perfekte Begleiter finden.

Rue des Tunnels 11 +41 32 7305454 www.hotel-prussien.ch Hotelrestaurant • mediterran • gemütlich	Essen: **46** | 50 Service: **18** | 20 Getränke: **18** | 20 Ambiente: **9** | 10
	Gesamt: **91** | 100

La Table ‖

2000 Neuchâtel

Das Restaurant La Table du Palafitte gilt als eines der besten Restaurants am Neuenburger See. Chefoch Maxime Pot zaubert im Rhythmus der Jahreszeiten köstliche authentische Gerichte und räumt regionalen Produkten und Produzenten einen hohen Stellenwert ein.

Route des Gouttes d'Or 2 +41 32 7230202 www.palafitte.ch regional • am Wasser • Terrasse	Essen: **44** | 50 Service: **17** | 20 Getränke: **17** | 20 Ambiente: **9** | 10
	Gesamt: **87** | 100

Le Cardinal 🍴

2000 Neuchâtel

Die Brasserie Le Cardinal ist ein wahres Kleinod – der Jugendstil mit der einzigartigen Belle-Époque-Einrichtung ist in der Schweiz wohl einmalig. Traditionelle Gerichte von Pariser Brasserien treffen auf lokale Qualitätsprodukte und werden innovativ verbunden.

Rue du Seyon 9	Essen:	**44** | 50
+41 32 7251286	Service:	**18** | 20
www.lecardinal-brasserie.ch	Getränke:	**18** | 20
Brasserie • französisch • bio • entspannt	Ambiente:	**9** | 10
🏠 ♿ 📧	Gesamt:	**89** | 100

O'Terroirs 🍴

2000 Neuchâtel

Das Restaurant O'Terroirs steht für eine innovative Küche, die Tradition und Moderne vereint. Die Crew verwöhnt mit saisonalen Gerichten sowie süssen Köstlichkeiten vom Patissier. Der lichtdurchflutete Wintergarten bietet einen eindrucksvollen Blick auf See und Alpen.

Esplanade du Mont-Blanc 1	Essen:	**45** | 50
+41 32 7231515	Service:	**18** | 20
www.beau-rivage-hotel.ch	Getränke:	**18** | 20
Hotelrestaurant • Fusionsküche • am Wasser • elegant	Ambiente:	**9** | 10
🏠 P 🛏 📧	Gesamt:	**90** | 100

Le Bocca 🍴

2072 Saint-Blaise

Chefkoch Claude Frôté ist unentwegt auf der Suche nach den perfekten Genusskombinationen. Seine Brillanz und sein Können lassen sich am besten in den individuell zusammenstellbaren Degustationsmenus erleben. Seit über 20 Jahren begeistert er Geniesser auf höchstem kulinarischem Niveau.

Avenue Bachelin 11	Essen:	**47** | 50
+41 32 7533680	Service:	**19** | 20
www.le-bocca.com	Getränke:	**18** | 20
Fine Dining • saisonal • elegant	Ambiente:	**9** | 10
🏠 P	Gesamt:	**93** | 100

La Maison du Village 🍴

2026 Sauges

Im La Maison du Village geniessen die Gäste in entspannter Atmosphäre einfache und leckere Kulinarikmomente. Das Küchenteam setzt sich permanent, kreativ und innovativ mit der Natur und ihren Produkten auseinander und kreiert eine kleine, stetig wechselnde Speisekarte.

Rue de la Fontanette 41	Essen:	**46** | 50
+41 32 8353272	Service:	**18** | 20
www.maisonduvillage.ch	Getränke:	**18** | 20
Menu surprise • am Wasser • entspannt	Ambiente:	**8** | 10
🏠 📧	Gesamt:	**90** | 100

SOLOTHURN

Blüemlismatt

4622 Egerkingen

Direkt am europäischen Fernwanderweg gelegen, ist die gutbürgerliche Blüemlismatt ein ideales Wanderrestaurant. Stärken kann man sich hier mit frischer und regionaler Küche. Nach Blüemlismatt-Rösti, Capuns oder Schnipo geht das Weiterwandern fast wie von selbst.

Blüemlismatt 1	Essen:	**43** | 50
+41 62 3981468	Service:	**17** | 20
www.bluemlismatt.ch	Getränke:	**17** | 20
Brunch • im Grünen • entspannt	Ambiente:	**9** | 10
	Gesamt:	**86** | 100

Barmelhof

5015 Erlinsbach

Am Jurasüdfuss gelegen, bietet der Barmelhof ein kleines, feines Angebot an gutbürgerlichen Gerichten. Der Hauptteil der Produkte kommt aus dem eigenen Stall. Im Herbst begeistert das Wildsaupfeffer aus eigener regionaler Jagd oder die Metzgete nach uralten Familienrezepten.

Barmelhofstrasse 49	Essen:	**45** | 50
+41 62 8442271	Service:	**17** | 20
www.barmelhof.ch	Getränke:	**17** | 20
Gasthaus • Fleisch • im Grünen • traditionell	Ambiente:	**8** | 10
	Gesamt:	**87** | 100

Hirschen ¶¶

5015 Erlinsbach

Der Hirschen versteht sich als Ort des kulinarischen Handwerks. Dies ist den Gerichten anzumerken: Mit viel Geschick und Können werden aus regionalen Zutaten Kunstwerke voller Aromen und Texturen geschaffen. Von Fine-Dining-Kreationen zu Erlinsbacher Tapas, alles ist köstlich.

Hauptstrasse 125
+41 62 8573333
www.hirschen-erlinsbach.ch
Hotelrestaurant • im Grünen • regional

Essen:	**45**	50
Service:	**19**	20
Getränke:	**19**	20
Ambiente:	**9**	10
Gesamt: **92**		100

Pintli ¶

4532 Feldbrunnen

Das Pintli – umgangssprachlich für Beiz – ist ein Ort der Geselligkeit und des Essens und Trinkens. Hier wird klassischen Gerichten gekonnt ein Dreh verliehen. Im Weinkeller geht die Orientierung fest Richtung Schweiz, ohne aber tolle Flaschen aus Europa zu vernachlässigen.

Riedholzstrasse 1
+41 32 6221604
www.pintli.com
Allrounder • Gasthaus • unkonventionell

Essen:	**43**	50
Service:	**18**	20
Getränke:	**16**	20
Ambiente:	**9**	10
Gesamt: **86**		100

Zur Säge ¶¶¶

4112 Flüh

Patrick Zimmermann ist im grenznahen Elsass aufgewachsen und wirkte als Koch bereits im Bruderholz in Basel und in der Auberge de l'Onde in Saint Saphorin. Seine Leidenschaft gehört der klassischen französischen Küche. Qualität, Tradition und perfektes Handwerk sind sein Credo.

Steinrain 5
+41 61 7311717
www.säge-flüh.ch
Fine Dining • französisch • elegant

Essen:	**47**	50
Service:	**18**	20
Getränke:	**18**	20
Ambiente:	**9**	10
Gesamt: **92**		100

¶ 80–84   ¶¶ 85–89   ¶¶¶ 90–94   ¶¶¶¶ 95–100 Punkte

Chappeli ⫴

2540 Grenchen

Das Chappeli kann auch Tavolata: Saisonale, gesunde und vielfältige Küche wird in Schüsseln und Platten zum gemeinsamen Teilen und Geniessen am Tisch serviert. Wie immer werden nur beste, regionale Zutaten verwendet. Dabei ist klar: Hier ist für jeden etwas Leckeres dabei.

Allerheiligenstrasse 218	Essen: **44** ı 50
+41 32 6534040	Service: **18** ı 20
www.chappeli-grenchen.ch	Getränke: **18** ı 20
Gasthaus • mediterran • regional • entspannt	Ambiente: **8** ı 10
🏠 P ⫴ ♿ ▭	Gesamt: **88** ı 100

Taverna Romana ⫴

4577 Hessigkofen

Daniel und Mariana Meola haben den Süden in das beschauliche Hessigkofen gebracht. Seit elf Jahren verwöhnen die beiden in dem stattlichen Haus ihre Gäste mit klassischen Speisen aus Italiens Küche. Mariana ist ausgebildete Sommelière und glänzt mit hervorragender Weinauswahl.

Hauptstrasse 24	Essen: **44** ı 50
+41 32 3157475	Service: **17** ı 20
www.tavernaromana.ch	Getränke: **17** ı 20
Gasthaus • italienisch • im Grünen	Ambiente: **8** ı 10
🏠 P ♿	Gesamt: **86** ı 100

Eintracht ⫴

4703 Kestenholz

Ob am Vormittag zum Znüni, am Mittag für ein feines Tagesmenu oder zum kreativen Nachtessen in gepflegter, ungezwungener Atmosphäre – im lebhaften Eintracht fühlen sich alle wohl. Die Küche charakterisiert sich durch kreative, bestens abgeschmeckte saisonale Gerichte.

Neue Strasse 6	Essen: **44** ı 50
+41 62 3932463	Service: **17** ı 20
www.eintrachtkestenholz.ch	Getränke: **17** ı 20
Gasthaus • regional • modern • entspannt	Ambiente: **8** ı 10
🏠 🛏 ▭	Gesamt: **86** ı 100

Gartenzimmer ⫴

4566 Kriegstetten

Das Gartenzimmer macht seinem Namen alle Ehre: es ist ein gemütlicher Raum mit wunderschönem Blick auf den Garten, der einen den Alltag vergessen lässt. Hier finden Genussmenschen raffinierte saisonale Kreationen und bewährte Klassiker aus der Schweizer Küche.

Hauptstrasse 61	Essen: **44** ı 50
+41 32 6744162	Service: **18** ı 20
www.sternen.ch	Getränke: **17** ı 20
Hotelrestaurant • vegetarisch • saisonal • traditionell	Ambiente: **9** ı 10
🏠 P ♿ 🛏 ▭	Gesamt: **88** ı 100

Zum Löwen Messen ‖

3254 Messen

Im idyllischen Bucheggberg gelegen, begeistert das Restaurant zum Löwen mit einer gekonnten Kombination von saisonalen und regionalen, traditionellen und modernen Speisen. Auf die Herkunft und fachgerechte Zubereitung der Zutaten wird hier grossen Wert gelegt.

Hauptstrasse 42	Essen:	**44** ı 50
+41 31 7655025	Service:	**18** ı 20
www.loewen-messen.ch	Getränke:	**18** ı 20
Gasthaus • saisonal • traditionell	Ambiente:	**9** ı 10
	Gesamt: **89** ı 100	

Flügelrad ‖

4600 Olten

Am Mittwoch und am Donnerstag wird mittags wie am Familientisch mit frischem Tagesteller, Suppe und Salat gegessen. Abends wird à la carte aus dem einladenden Menu gewählt. Besonders auf Gruppen ist das Flügelrad mit verschiedenen Menu-Angeboten bestens vorbereitet.

Tannwaldstrasse 36	Essen:	**45** ı 50
+41 62 2966075	Service:	**18** ı 20
www.flügelrad.ch	Getränke:	**17** ı 20
Schweizer Küche • Fleisch • traditionell • entspannt	Ambiente:	**9** ı 10
	Gesamt: **89** ı 100	

National da Sergio ‖

4600 Olten

Das gemütliche Lokal bietet von hausgemachter Pasta bis zu Fleisch- und Fischgerichten das Beste aus der französisch-italienischen Küche. Während Sergio Salsi mit viel Herzlichkeit und Charme seine Gäste verwöhnt, zaubert Schwager und Küchenchef Ivano Boschi am Herd.

Klosterplatz 17	Essen:	**43** ı 50
+41 62 2962277	Service:	**18** ı 20
www.nationalolten.ch	Getränke:	**17** ı 20
französisch • italienisch • mediterran	Ambiente:	**8** ı 10
	Gesamt: **86** ı 100	

Salmen ‖

4600 Olten

Mit viel Enthusiasmus und Aufmerksamkeit wird hier in einem stilvollen Jugendstilhaus beste Gastronomie geboten. Das mehrgängige, kreative Abendmenu ändert sich alle zwei Wochen, die Komponenten daraus können frei mit Gerichten aus der Speisekarte kombiniert werden.

Ringstrasse 39	Essen:	**44** ı 50
+41 62 2122211	Service:	**19** ı 20
www.salmen-olten.ch	Getränke:	**17** ı 20
Bistro • Fusionsküche • entspannt	Ambiente:	**9** ı 10
	Gesamt: **89** ı 100	

‖ 80–84   ‖ 85–89   ‖‖‖ 90–94   ‖‖‖‖ 95–100 Punkte

Terminus 🍴

4600 Olten

Das Terminus ist bekannt für auserlesene Schweizer Fleischprodukte, die im hauseigenen Nose-to-Tail-Programm mit kreativen Einschlägen aus aller Welt kombiniert werden. Ergänzt wird das Angebot von vegetarischen und veganen Kreationen. Mittags gibt es abwechslungsreiche Menus.

Frohburgstrasse 7	Essen:	**44** | 50
+41 62 2129712	Service:	**18** | 20
www.terminus.ch	Getränke:	**17** | 20
Fusionsküche • nachhaltig • modern	Ambiente:	**8** | 10
	Gesamt:	**87** | 100

Zollhaus 🍴

4600 Olten

Dass die Küche im Zollhaus klein ist, ist den kulinarischen Kreationen nicht anzumerken: Sie begeistern mit viel Kreativität und Geschmack. Aus bunten Blättern, wilden Wurzeln, knackigem Gemüse und bestem Fleisch wird hier saisonale, mit der Region verwurzelte Küche gezaubert.

Bahnhofstrasse 4	Essen:	**44** | 50
+41 62 2969696	Service:	**18** | 20
www.zollhaus-olten.ch	Getränke:	**18** | 20
Casual Dining • Fleisch • gemütlich	Ambiente:	**9** | 10
	Gesamt:	**89** | 100

Attisholz 🍴

4533 Riedholz

Alles, was im Restaurant Attisholz kreiert wird, wird überlegt und mit Sorgfalt gemacht. Es sind die Jahreszeiten, welche die Menukarte regelmässig neu definieren. Dank Tradition und langjähriger Erfahrung werden so klassische Gerichte mit kreativen, modernen Einflüssen kreiert.

Attisholzstrasse 3	Essen:	**44** | 50
+41 32 6230606	Service:	**18** | 20
www.attisholz.ch	Getränke:	**18** | 20
Gasthaus • Schweizer Küche • regional • entspannt	Ambiente:	**9** | 10
	Gesamt:	**89** | 100

Kreuzen ||

4522 Rüttenen

In der grossen und reichhaltigen Speisekarte des Kreuzen findet sich für jeden Geschmack das Passende. In der Küche wird Rücksicht auf das saisonale Angebot genommen, es wird frisch und regional gekocht. Es ist ein richtiges Quartierrestaurant, das zum Verweilen einlädt.

Kreuzen 3
+41 32 622 75 66
www.kreuzen.ch
Gasthaus • Schweizer Küche • regional • entspannt

Essen:	**44**	50
Service:	**18**	20
Getränke:	**18**	20
Ambiente:	**9**	10
Gesamt:	**89**	100

Baseltor ||

4500 Solothurn

Frische, Handarbeit und Nachhaltigkeit sind Schlüsselwörter vom Baseltor, dies spiegelt sich in den Gerichten der beliebten Solothurner Institution wider. In der Genossenschaftsbeiz wird aus lokalen Zutaten gekonnt mediterranes Slow Food mit orientalischem Touch gekocht.

Hauptgasse 79
+41 32 662 34 22
www.baseltor.ch
mediterran • nachhaltig • regionale Produkte

Essen:	**45**	50
Service:	**18**	20
Getränke:	**17**	20
Ambiente:	**9**	10
Gesamt:	**89**	100

Cantinetta Bindella ||

4500 Solothurn

Fast wie daheim fühlt man sich in der gemütlichen Cantinetta Bindella. Im liebevoll eingerichteten Raum oder im romantischen Garten werden unverfälschte, schmackhafte Gerichte aufgetischt. Ganz nach dem Motto: italienische Küche in ihrer einfachsten, aber besten Form.

Ritterquai 3
+41 32 623 16 85
www.bindella.ch
italienisch • mediterran • Garten • gemütlich

Essen:	**44**	50
Service:	**18**	20
Getränke:	**18**	20
Ambiente:	**9**	10
Gesamt:	**89**	100

| 80–84 | 85–89 | 90–94 | 95–100 Punkte |

La Couronne ||| 4500 Solothurn

Die Couronne lässt das elegante Flair der ehemaligen Ambassadoren-stadt aufleben. Leichte, unkomplizierte, von der französischen Küche inspirierte Gerichte werden anspruchsvollen, traditionellen und unkon-ventionellen Geniessern gerecht. Gespiesen wird in stilvollem Ambiente.

Hauptgasse 64	Essen:	**45**	50
+41 32 6251010	Service:	**19**	20
www.lacouronne-solothurn.ch	Getränke:	**18**	20
Hotelrestaurant • französisch • elegant	Ambiente:	**9**	10
	Gesamt:	**91**	100

Salzhaus || 4500 Solothurn

Das Salzhaus an der Solothurner Riviera bietet kulinarische Fine-Dining-Erlebnisse. Im ehemaligen Salzlager werden in der Fusionsküche span-nende Kreationen geschaffen: klassische Gerichte mit asiatischen Akzen-ten, frische Mittagsbox-Menus oder donnerstags das japanische Menu.

Landhausquai 15a	Essen:	**45**	50
+41 32 6220101	Service:	**18**	20
www.restaurant-salzhaus.ch	Getränke:	**17**	20
Fine Dining • Fusionsküche • saisonal • elegant	Ambiente:	**9**	10
	Gesamt:	**89**	100

Vini al Grappolo ||| 4500 Solothurn

Das Vini ist ein Treffpunkt – ein Ort zum Reden, Geniessen und Verweilen. Mittags stehen vier köstliche Menus zur Auswahl, abends können aus einer fantasievollen Karte traditionelle und spezielle Fleisch- und Pasta-gerichte sowie kreative vegetarische Speisen gewählt werden.

Prisongasse 4	Essen:	**45**	50
+41 32 6235545	Service:	**18**	20
www.algrappolo.ch	Getränke:	**18**	20
italienisch • regional • entspannt	Ambiente:	**9**	10
	Gesamt:	**90**	100

Zum Alten Stephan ▌▌▌

4500 Solothurn

Der Alte Stephan ist das älteste Restaurant Solothurns. Erstklassige, fachgerecht zubereitete Produkte spielen auf den Tellern die Hauptrolle, die Gerichte begeistern mit hervorragendem Geschmack. Ganz entsprechend der Devise des Restaurants: «Einfach, aber richtig gut.»

Friedhofplatz 10	Essen:	**46** ၊ 50
+41 32 6221109	Service:	**18** ၊ 20
www.alterstephan.ch	Getränke:	**19** ၊ 20
regional • saisonal • entspannt	Ambiente:	**8** ၊ 10
	Gesamt:	**91** ၊ 100

Traube ▌▌▌

4632 Trimbach

Topstandards und saisongerechte Produkte sind die Pfeiler der Küchenphilosophie der Traube. Arno Sgier hat mit Authentizität und Konstanz das Restaurant zu einem Gourmetkleinod entwickelt. Mit viel Talent und Kreativität kreiert er harmonische, unverwechselbare Gerichte.

Baslerstrasse 211	Essen:	**47** ၊ 50
+41 62 2933050	Service:	**19** ၊ 20
www.traubetrimbach.ch	Getränke:	**19** ၊ 20
Fine Dining • regionale Produkte • modern	Ambiente:	**9** ၊ 10
	Gesamt:	**94** ၊ 100

ST

SCHWEIZ

DIE BESTEN RESTAURANTS UND BEIZEN IN DEN KANTONEN AARGAU, BASEL-LANDSCHAFT UND BASEL-STADT.

HÜHNERFILET UND RÖSTI
MIT LÄCKERLIGEWÜRZ

Für 4 Personen
ZUBEREITUNGSZEIT: CA. 60 MINUTEN
SCHWIERIGKEITSGRAD: ●●●○○

ZUTATEN
HÜHNERFILET UND RÖSTI

- 30 g Frühlingszwiebel, fein gehackt
- 60 g Lauch, fein gehackt
- 20 g Petersilie, fein gehackt
- 150 g Pouletbrust (Hühnerfilet)
- 1000 g Rösti (gerissene Erdäpfel)
- 100 g Rüebli (Karotten), gewürfelt
- 100 g Zucchini, gewürfelt
- Salz
- Pfeffer
- Roter Paprika
- Olivenöl

ZUTATEN LECKERLI
GEWÜRZMISCHUNG

- 12 Stk. Sternanis
- 10 g Wacholderbeeren
- 5 g Zimtpulver
- 3 g Pfeffer
- 5 g Ingwerpulver

ZUBEREITUNG

- Geschnetzelte Poulet Brust in heißem Wasser blanchieren, danach kalt abspülen

- Rüebli, Zucchini und Lauch ebenfalls blanchieren und danach kalt abspülen

- Wacholderbeeren und Sternanis im Mörser zu Pulver verarbeiten und mit restlichen Gewürzen vermengen

- Gerissene Kartoffeln auspressen und mit der Gewürzmischung vermengen. Salz, Pfeffer und Paprikapulver dazugeben

- Rösti in heißem Olivenöl goldbraun braten und auf Küchenpapier abtropfen lassen

- Pouletfleisch und Gemüse im restlichen Öl anbraten und mit Rösti auf Teller anrichten, mit Frühlingszwiebeln garnieren

TOP-LOKALE
NORDWESTSCHWEIZ

1.	**Cheval Blanc** 4001 Basel	Seite 196	**99** Punkte
2.	**Stucki** 4059 Basel	Seite 205	**97** Punkte
3.	**Bel Etage** 4051 Basel	Seite 196	**93** Punkte
3.	**Le Murenberg** 4416 Bubendorf	Seite 190	**93** Punkte
3.	**Roots** 4056 Basel	Seite 202	**93** Punkte
3.	**Schlüssel** 4104 Oberwil	Seite 193	**93** Punkte
4.	**Oliv** 4054 Basel	Seite 200	**92** Punkte
4.	**Osteria Tre** 4416 Bubendorf	Seite 190	**92** Punkte
4.	**Schauenburg** 4410 Liestal	Seite 191	**92** Punkte
4.	**Schloss Binningen** 4102 Binningen	Seite 189	**92** Punkte
5.	**Rosmarin** 5600 Lenzburg	Seite 183	**92** Punkte
5.	**Trois Rois** 4001 Basel	Seite 205	**92** Punkte
6.	**Bänziger** 5703 Seon	Seite 187	**91** Punkte
6.	**LA** 4056 Basel	Seite 199	**91** Punkte
6.	**Restaurant Fahr** 5444 Künten	Seite 183	**91** Punkte

Die Reihung ergibt sich aus Gesamtpunktzahl und Essensbewertung.

 80–84   85–89  90–94   95–100 Punkte

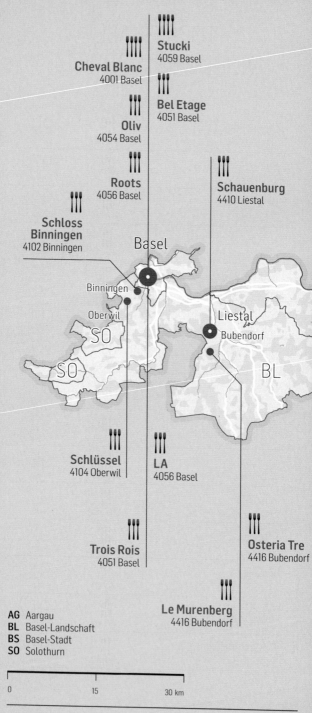

Stucki
4059 Basel

Cheval Blanc
4001 Basel

Bel Etage
4051 Basel

Oliv
4054 Basel

Roots
4056 Basel

Schauenburg
4410 Liestal

Schloss
Binningen
4102 Binningen

Basel

Binningen

Oberwil

Liestal

Bubendorf

SO

SO

BL

Schlüssel
4104 Oberwil

LA
4056 Basel

Trois Rois
4051 Basel

Osteria Tre
4416 Bubendorf

Le Murenberg
4416 Bubendorf

AG Aargau
BL Basel-Landschaft
BS Basel-Stadt
SO Solothurn

0   15   30 km

NORDWESTSCHWEIZ
TOP-LOKALE IM ÜBERBLICK

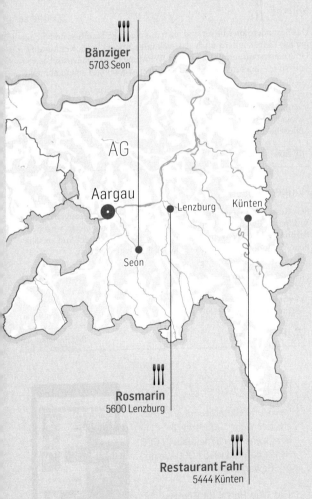

Bänziger
5703 Seon

AG

Aargau

Lenzburg   Künten

Seon

Rosmarin
5600 Lenzburg

Restaurant Fahr
5444 Künten

80–84   85–89   90–94   95–100 Punkte

AARGAU

Mürset

5000 Aarau

Das Besondere am Mürset sind nicht nur die lange Tradition und die einmalige Lage, sondern auch das vielfältige Angebot der Restaurants – Gourmetrestaurant, Brasserie und Weinstube bieten französisches «Savoir-vivre», hochstehende Gastronomie und gesellige Genussmomente.

Schachen 18
+41 62 822 13 72
www.muerset.ch
Brasserie • Schweizer Küche • Garten

Essen:	**44**	50
Service:	**18**	20
Getränke:	**18**	20
Ambiente:	**9**	10
Gesamt:	**89**	100

Roggenhausen

5000 Aarau

Das Restaurant Roggenhausen befindet sich im gleichnamigen Aarauer Wildpark. Es ist ein beliebtes Ausflugsziel, nicht zuletzt wegen der berühmten Cordon bleus, die dort serviert werden. Es gibt fünf verschiedene Versionen, die je in zwei Grössen angeboten werden.

Roggenhausenweg 1455
+41 62 822 53 56
www.restaurant-roggenhausen.ch
Gasthaus • Schweizer Küche • urchig

Essen:	**42**	50
Service:	**17**	20
Getränke:	**16**	20
Ambiente:	**9**	10
Gesamt:	**84**	100

Zollhuus 🍴

5000 Aarau

Das Zollhuus Aarau nennt sich Haus des guten Geschmacks und ist Treffpunkt für Liebhaber von hochwertigem Fleischgenuss. Mit den auf den Punkt gebratenen Dry-aged-Steaks oder kreativen veganen oder vegetarischen Alternativen sind kulinarische Glücksmomente garantiert.

Zollrain 16	Essen: **44** | 50
+41 62 8381818	Service: **18** | 20
www.hotelkettenbruecke.ch	Getränke: **17** | 20
Gasthaus • Steak • traditionell • Casual Dining	Ambiente: **8** | 10
🏠 P ♿ 🛏 📠	Gesamt: **87** | 100

Zum Schützen 🍴

5000 Aarau

Auf der Karte des Gasthof Schützen findet sich für jeden Geschmack etwas: Der saftige Kalbshackbraten oder das Schweinsrahmschnitzel lassen die Herzen der Liebhaber der gutbürgerlichen Küche höherschlagen. Das hausgemachte Karamellköpfli rundet den Genuss perfekt ab.

Schachenallee 39	Essen: **42** | 50
+41 62 8230124	Service: **18** | 20
www.gasthofschuetzen.ch	Getränke: **17** | 20
Gasthaus • Wild • traditionell	Ambiente: **9** | 10
🏠 P 🍴 ♿ 📠	Gesamt: **86** | 100

La Perla 🍴

4663 Aarburg

Das Restaurant La Perla liegt im ältesten Gewölbekeller des Kantons Aargau und wird nicht umsonst «Ambiente-Restaurant» genannt. Die Atmosphäre ist einmalig. Aber auch die Küche hat kulinarisch einiges zu bieten: Tradition und Moderne werden hier köstlich verbunden.

Landhausstrasse 17	Essen: **42** | 50
+41 62 7913151	Service: **18** | 20
www.laperla-aarburg.ch	Getränke: **17** | 20
Gewölbe • Allrounder • Steak	Ambiente: **9** | 10
P 📠	Gesamt: **86** | 100

Goldener Schlüssel 🍴

5400 Baden

Dank dem «Schneuggerei-Konzept» fällt hier die Wahl von Vorspeise und Hauptgang weg. Es kann je nach Lust und Hunger eine Kombination kleiner Portionen zusammengestellt werden – so kann man sich durch das Menu «schneuggen». Alles ist frisch und hausgemacht.

Limmatpromenade 29	Essen: **45** | 50
+41 56 2217721	Service: **18** | 20
www.goldenerschluessel.ch	Getränke: **17** | 20
Gasthaus • unkonventionell • Sharing Menu	Ambiente: **9** | 10
🏠 P 📠	Gesamt: **89** | 100

🍴 80–84   🍴🍴 85–89   🍴🍴🍴 90–94   🍴🍴🍴🍴 95–100 Punkte

CHRIS REIST

Plü im Grand Casino Baden 🍴

5400 Baden

Der Name Plü ist durchaus wörtlich zu nehmen: ein «bisschen mehr» steckt überall drin in diesem Restaurant: Pasta oder der Kuchen sind hausgemacht, das Fleisch vom Metzger des Vertrauens und Gemüse aus der Region. Dies und vieles mehr sind die Pünktchen auf dem U.

Haselstrasse 2	Essen:	**43** ǀ 50
+41 56 2040808	Service:	**19** ǀ 20
restaurant.grandcasinobaden.ch	Getränke:	**18** ǀ 20
elegant • Steak • Brunch	Ambiente:	**9** ǀ 10

🏠 P 📇

Gesamt: **89** ǀ 100

Stadtbistro Isebähnli 🍴

5400 Baden

Koch Jean Michel Vionnet kocht im Stadtbistro Isebähnli klassisch europäisch. Gastgeber Pius Bieri kann auf jahrzehntelange Erfahrung zurückgreifen, serviert mit seiner unaufgeregten, sympathischen Art schmeckt der Klassiker «Wienerschnitzel nach Art des Hauses» grad doppelt gut.

Bahnhofstrasse 10	Essen:	**45** ǀ 50
+41 56 2225758	Service:	**18** ǀ 20
www.stadtbistro.ch	Getränke:	**17** ǀ 20
Gasthaus • Terrasse • traditionell	Ambiente:	**9** ǀ 10

🏠 📇

Gesamt: **89** ǀ 100

Pinte 🍴

5405 Baden-Dättwil

In Dättwil werden die Gäste in der Pinte in eine Welt der kulinarischen Köstlichkeiten entführt. Wohlbefinden, Genuss und Erholung stehen hier im Vordergrund. Dass nur auserlesene und regionale Produkte von höchster Qualität auf die Teller kommen, ist hier selbstverständlich.

Sommerhaldenstrasse 20	Essen:	**44** ǀ 50
+41 56 4932030	Service:	**18** ǀ 20
www.pinte.ch	Getränke:	**18** ǀ 20
Gasthaus • Schweizer Küche • urchig	Ambiente:	**9** ǀ 10

🏠 P 📇

Gesamt: **89** ǀ 100

Steakhouse zur alten Schmitte

5413 Birmenstorf

Abends gibt es im Steakhouse zur alten Schmitte keine Speisekarte. Der Gast wählt das Fleisch direkt aus dem Dry-Ager, und Grillmeister «Big Sam» bereitet dieses direkt auf Buchenholzgrill zu. Dazu werden Olivenöl, aromatische Salze und der hausgemachte Chilipot serviert.

Badenerstrasse 29	Essen:	**45** ǀ 50
+41 56 210 18 28	Service:	**18** ǀ 20
www.steakhouse-schmitte.ch	Getränke:	**17** ǀ 20
Steak • Burger • modern	Ambiente:	**9** ǀ 10
	Gesamt:	**89** ǀ 100

Zum Bären

5413 Birmenstorf

Ob Znüni, Zmittag, Zvieri oder Znacht – im Bären ist alles immer frisch und gut. Taufrische, kreative, mediterran inspirierte Küche sorgt immer für köstliche kulinarische Überraschungen. Geschlemmt wird entweder im romantischen Garten oder in der stilvoll dekorierten Orangerie.

Kirchstrasse 7	Essen:	**45** ǀ 50
+41 56 201 44 00	Service:	**18** ǀ 20
www.zumbaeren.ch	Getränke:	**18** ǀ 20
Gasthaus • saisonal • mediterran	Ambiente:	**9** ǀ 10
	Gesamt:	**90** ǀ 100

Schifflände

5708 Birrwil

Die Fischküche – mal traditionell-herzhaft, mal schlicht-modern – ist das Herzstück des Menus im Schifflände. Köstlich abgerundet wird das Speisenangebot mit mediterranen Fleisch- und Veggie-Spezialitäten. Auch der eine oder andere Schweizer Küchenklassiker fehlt nicht.

Seestrasse 30	Essen:	**44** ǀ 50
+41 62 772 11 09	Service:	**18** ǀ 20
www.hotel-restaurant-schifflaende.ch	Getränke:	**17** ǀ 20
Fisch • Seeterrasse • entspannt	Ambiente:	**8** ǀ 10
	Gesamt:	**87** ǀ 100

80–84   85–89   90–94   95–100 Punkte

Zu den drei Sternen ⫴ 5505 Brunegg

Im Restaurant des Romantikhotels Zu den drei Sternen dreht sich alles um die «Cuisine naturelle». Natürliche Küche erhält dank spannender Kombinationen und Kreativität ein unverwechselbares Flair. Dazu werden edle Tropfen aus dem reichhaltigen Weinkeller kredenzt.

Hauptstrasse 3		
+41 62 8872727	Essen:	**44** | 50
www.hotel3sternen.ch	Service:	**18** | 20
Gewölbe • traditionell • nachhaltig • Hotelrestaurant	Getränke:	**18** | 20
	Ambiente:	**9** | 10
	Gesamt:	**89** | 100

Zur Heimat ⫴ 5420 Ehrendingen

Mit viel Wertschätzung für die traditionelle Schweizer Küche werden im Wirtshaus Zur Heimat regionale Zutaten mit besten Produkten aus allen Ecken der Welt kombiniert. Traditionen werden mit neuen Trends und Spezialitäten kreativ vereint, Resultat sind deliziöse Kreationen.

Dorfstrasse 22		
+41 56 2103828	Essen:	**44** | 50
www.zur-heimat.ch	Service:	**18** | 20
Gasthaus • regional • traditionell	Getränke:	**18** | 20
	Ambiente:	**9** | 10
	Gesamt:	**89** | 100

Hertenstein ⫴ 5408 Ennetbaden

Im Hertenstein wird kompromisslos auf Qualität gesetzt. Das ist den Gerichten auch anzumerken: Alle Elemente der Gerichte sind hausgemacht, von den Capuns zum Gazpacho. Kreativität und Tradition vermählen sich gekonnt, und so sind einzigartige Genussmomente garantiert.

Hertensteinstrasse 80		
+41 56 2211020	Essen:	**46** | 50
www.hertenstein.ch	Service:	**18** | 20
Essen mit Aussicht • modern • Eventlocation	Getränke:	**17** | 20
	Ambiente:	**8** | 10
	Gesamt:	**89** | 100

Linde ♙♙ 5442 Fislisbach

Ausgesuchte Gerichte der gutbürgerlichen Küche werden in der Linde frisch, lokal und saisonal zubereit. Dabei werden die Gerichte gekonnt modern interpretiert und immer liebevoll angerichtet. Getafelt wird in herzlicher, familiärer Atmosphäre und in stilvollem Ambiente.

Niederrohrdorferstrasse 1	Essen:	**44** | 50
+41 56 4931280	Service:	**18** | 20
www.linde-fislisbach.ch	Getränke:	**17** | 20
Schweizer Küche • Garten • traditionell	Ambiente:	**9** | 10
🏠 P 🛏	Gesamt:	**88** | 100

Restaurant Fahr ♙♙♙ 5444 Künten

Alexandra und Manuel Steigmeier verbinden im Fahr kreative Küche mit spannender Architektur und vielfältiger Natur. Aufgetischt wird regionale Gourmetküche mit globalen Einflüssen, auf die sorgfältige Auswahl und Verarbeitung der Produkte wird besonderer Wert gelegt.

Grossacherweg 1	Essen:	**46** | 50
+41 56 2410000	Service:	**18** | 20
www.fahr-sulz.ch	Getränke:	**18** | 20
Fine Dining • modern • elegant	Ambiente:	**9** | 10
🏠 P ♟♟ ♿ 📺	Gesamt:	**91** | 100

Barracuda ♙♙ 5600 Lenzburg

In modernem Ambiente kann man sich in der Brasserie Barracuda unter einem beeindruckenden Kronleuchter dem Savoir-vivre hingeben. Marktfrische, regionale Produkte werden gekonnt zu frischen und gesunden Gerichten für den grossen oder kleinen Hunger zubereitet.

Ateliergasse 3	Essen:	**43** | 50
+41 62 8880010	Service:	**18** | 20
www.barracuda.ch	Getränke:	**17** | 20
Gasthaus • regional • unkonventionell	Ambiente:	**9** | 10
🏠 🛏 📺	Gesamt:	**87** | 100

Rosmarin ♙♙♙ 5600 Lenzburg

Philipp Audolensky ist die Seele des Restaurants. Er ist gleichzeitig leidenschaftlicher Gastgeber und versierter Küchenchef. Auf der Karte finden sich Klassiker und monatlich wechselnde Gerichte, die à la carte oder in einem Fünf- oder Sieben-Gänge-Menu gekostet werden können.

Rathausgasse 13	Essen:	**46** | 50
+41 62 8924600	Service:	**19** | 20
www.restaurant-rosmarin.ch	Getränke:	**18** | 20
Familienbetrieb • mediterran • gemütlich	Ambiente:	**9** | 10
🏠 P	Gesamt:	**92** | 100

♙ 80–84   ♙♙ 85–89   ♙♙♙ 90–94   ♙♙♙♙ 95–100 Punkte

Merlin Photography Ltd.

Skin's 🍴

5600 Lenzburg

Das Skin's ist an die Skinmed-Klinik angeschlossen und tagsüber für das leibliche Wohl der Patienten verantwortlich. Abends gibt es für auswärtige Gäste ein saisonales, mehrgängiges Gourmet-Menu. Chef Kevin Romes kocht reduziert mit besten Produkten und filigranem Handwerk.

Dammweg 15B	Essen:	**45** | 50
+41 62 511 60 05	Service:	**17** | 20
www.skins-restaurant.ch	Getränke:	**17** | 20
Fine Dining • nachhaltig • elegant	Ambiente:	**9** | 10
💳	Gesamt:	**88** | 100

Trattoria zum alten Landgericht 🍴

5600 Lenzburg

Die Liebe zum Kochen und zum Bewirten von Gästen ist Pasquale Ferrara und seiner Familie sofort anzumerken. Mit viel Leidenschaft, Stolz und Können wird in der Trattoria zum alten Landgericht frische, saisonale italienische Küche in gepflegtem und freundlichem Ambiente serviert.

Aavorstadt 18	Essen:	**43** | 50
+41 62 891 65 60	Service:	**19** | 20
www.landgericht-lenzburg.ch	Getränke:	**17** | 20
Familienbetrieb • italienisch • entspannt	Ambiente:	**9** | 10
🏠	Gesamt:	**88** | 100

Bären 🍴

5506 Mägenwil

Das Prinzip des Gasthofs Bären ist einfach: Mit Freude und Herzlichkeit, Kreativität und höchster Qualität werden die Gäste verwöhnt. Barbara und Bernhard Bühlmann kümmern sich leidenschaftlich um das Wohl der Gäste, die oft für das legendäre Bären Güggeli wiederkehren.

Hauptstrasse 24	Essen:	**45** | 50
+41 62 896 11 65	Service:	**19** | 20
www.baeren-maegenwil.ch	Getränke:	**17** | 20
Schweizer Küche • traditionell • Gastgarten	Ambiente:	**9** | 10
🏠	Gesamt:	**90** | 100

Cocon ⫯⫯

5616 Meisterschwanden

Das Fremde im Vertrauten ist die Stärke des Cocon. Hier wird man mit «Swiss-Thai-Leckerbissen» verwöhnt: Einheimische Produkte werden mit der kulinarischen Vielfalt aus Thailand vermählt. Küchenchefin Naen Klepzig bereitet mit viel Liebe zum Detail Gourmetgerichte zu.

Seerosenstrasse 1	Essen:	**44** ⏐ 50
+41 56 6766868	Service:	**18** ⏐ 20
www.seerose.ch	Getränke:	**18** ⏐ 20
Thai • Fusionsküche • Seeterrasse	Ambiente:	**9** ⏐ 10
	Gesamt:	**89** ⏐ 100

Seerose ⫯⫯

5616 Meisterschwanden

Die Seerose garantiert Hochgenuss am Sonnenufer des Hallwilersees. Der authentische und natürliche Stil des «Natural Chics» ist hier in der Gestaltung des Interieurs und auf den Tellern zu spüren. Frische Küche mit vielen Gerichten aus fangfrischem Fisch mundet vorzüglich.

Seerosenstrasse 1	Essen:	**44** ⏐ 50
+41 56 6766868	Service:	**18** ⏐ 20
www.seerose.ch	Getränke:	**17** ⏐ 20
Fisch • mediterran • Seeterrasse	Ambiente:	**9** ⏐ 10
	Gesamt:	**88** ⏐ 100

Waldegg ⫯⫯

5737 Menziken

Das Waldegg bietet eine schöne Aussicht über das Wynental. Wirtepaar Didi und Tui Bollinger servieren eine gutbürgerliche Schweizer Küche mit einigen Thai-Akzenten. Beliebt sind auch die von ihnen veranstalteten Anlässe wie das Tuis Thaibuffet oder das Filet-Happening vom Zihl-Max.

Waldeggstrasse 1	Essen:	**42** ⏐ 50
+41 62 7715656	Service:	**17** ⏐ 20
www.waldegg-menziken.ch	Getränke:	**17** ⏐ 20
Gasthaus • Fusionsküche • urchig	Ambiente:	**9** ⏐ 10
	Gesamt:	**85** ⏐ 100

Veritas ⫯⫯

5630 Muri

Veritas in Vino ist ein Restaurant, wo in inspirierendem Ambiente aussergewöhnliche Tropfen aus der ganzen Welt genossen werden können, viele davon auch im Offenausschank. Dazu gibt es frische, hausgemachte Köstlichkeiten, die nach Lust und Laune kombiniert werden können.

Poststrasse 6	Essen:	**43** ⏐ 50
+41 56 6649025	Service:	**18** ⏐ 20
www.veritas-muri.ch	Getränke:	**18** ⏐ 20
Vinothek • mediterran • entspannt	Ambiente:	**8** ⏐ 10
	Gesamt:	**87** ⏐ 100

⫯ 80–84   ⫯⫯ 85–89   ⫯⫯⫯ 90–94   ⫯⫯⫯⫯ 95–100 Punkte

Schützen 🍴 4310 Rheinfelden

Das Restaurant Schützen, ein ehemaliges Kurhaus, kombiniert ein vielseitiges kulturelles Angebot mit einer fantasievollen und französisch inspirierten Küche zu einem bunten Erlebnis. Auf der Gartenterrasse oder im gemütlichen Restaurant lässt es sich wunderbar verweilen.

Bahnhofstrasse 19
+41 61 8362525
www.hotelschuetzen.ch
französisch • Garten • traditionell

Essen:	**44**	50
Service:	**18**	20
Getränke:	**16**	20
Ambiente:	**9**	10

Gesamt: **87** | 100

Zum Blauen Engel 🍴 5235 Rüfenach

Der Blaue Engel ist ein Ort für Geniesser aller Art. Für jene, die sich nach Speck und Rauchwürstli sehnen, oder für solche, die von Grund auf gekochte Gerichte schätzen – Tradition, Qualität und Identifikation sind massgebend. Der Sonntagsbraten mit Kartoffelstock ist einmalig.

Zehntenweg 5
+41 56 2841354
www.blauerengel.ch
Gasthaus • regional • urchig

Essen:	**43**	50
Service:	**18**	20
Getränke:	**17**	20
Ambiente:	**9**	10

Gesamt: **87** | 100

Schlossgarten 🍴 5040 Schöftland

Der Schlossgarten ist ein lebendiger Ort, wo man sich trifft, plaudert, trinkt und speist. Die Küche ist modern, raffiniert und überraschend. Die Gerichte werden stets auf ausgesuchte, der jeweiligen Jahreszeit entsprechende, frische Produkte mit intensiven Aromen ausgerichtet.

Dorfstrasse 3
+41 62 7215257
www.schlossgarten-schoeftland.ch
Fine Dining • Fusionsküche • modern

Essen:	**46**	50
Service:	**18**	20
Getränke:	**18**	20
Ambiente:	**9**	10

Gesamt: **91** | 100

Bänziger ¦¦¦

5703 Seon

Im Bänziger wird viel Wert auf eine «Cuisine du marché» gelegt. Beste saisonale Zutaten werden sorgfältig verarbeitet. Das grosse Kochhandwerk kommt im vier- bis sechsgängigen «Menu surprise» optimal zur Geltung. Die Gaststube ist stilvoll mit zeitgenössischer Kunst dekoriert.

Seetalstrasse 43
+41 62 775 11 39
www.restaurant-baenziger.ch
Schweizer Küche • französisch • Menu surprise

Essen:	**46**	50
Service:	**18**	20
Getränke:	**18**	20
Ambiente:	**9**	10
Gesamt:	**91**	100

Frohsinn ¦¦

5703 Seon

Wohlschmeckende Spargelgerichte, mediterrane Sommerspezialitäten oder köstliche Wildkreationen im Herbst, im Frohsinn ist die Saison noch zu spüren. Spitzenreiter und Evergreen ist und bleibt das Cordon bleu, das in dreizehn verlockenden Varianten zubereitet wird.

Seetalstrasse 11
+41 62 775 21 82
www.frohsinn-seon.ch
urchig • Fleisch • Schweizer Küche

Essen:	**43**	50
Service:	**18**	20
Getränke:	**16**	20
Ambiente:	**9**	10
Gesamt:	**86**	100

Zum Hirschen ¦¦¦

5234 Villigen

Hier ist eine harmonische Kombination zwischen ländlichen Räumlichkeiten und modernem Interieur gelungen. In diesem gemütlich-stilvollen Ambiente wird ein wöchentlich wechselndes, köstliches Drei- bis Vier-Gänge-Menu angeboten. Die Standardklassiker können à la carte bestellt werden.

Hauptstrasse 42
+41 56 284 11 81
www.hirschen-villigen.ch
französisch • regional • modern

Essen:	**45**	50
Service:	**18**	20
Getränke:	**18**	20
Ambiente:	**9**	10
Gesamt:	**90**	100

Ochsen ¦¦

5063 Wölflinswil

Im Landgasthof muss nicht nur gewählt werden, was man speisen möchte, sondern auch wo, denn die Sitzmöglichkeiten sind zahlreich: Die köstlichen Gerichte können in klassischen Gaststuben, im Wintergarten, in einem Bahnwagen oder in der Gartenwirtschaft genossen werden.

Dorfplatz 56
+41 62 877 11 06
www.ochsen-woelflinswil.ch
Gasthaus • Garten • unkonventionell

Essen:	**44**	50
Service:	**18**	20
Getränke:	**17**	20
Ambiente:	**9**	10
Gesamt:	**88**	100

¦ 80–84   ¦¦ 85–89   ¦¦¦ 90–94   ¦¦¦¦ 95–100 Punkte

Zum Sternen 🍴

5303 Würenlingen

Herzliche Gastlichkeit, zeitgemässe Küche und Weine aus eigenem Anbau haben im Sternen lange Tradition. Der kulinarische Kalender ist durch traditionelle Fixpunkte gekennzeichnet: köstliche Spargelgerichte im Frühling oder Sterne-Metzgete im Herbst, um nur wenige zu nennen.

Endingerstrasse 7
+41 56 297 40 00
www.sternen-wuerenlingen.ch
eigener Weinbau • regional • traditionell

Essen:	**44**	50
Service:	**18**	20
Getränke:	**18**	20
Ambiente:	**8**	10

Gesamt: **88** | 100

Federal 🍴

4800 Zofingen

Mit Liebe, Freude und Leidenschaft werden im Restaurant Federal herrliche Gerichte kreiert. Die Küche ist inspiriert von der klassischen französischen Gastronomie, in Kombination mit heimischen Düften und einer Prise Weltoffenheit resultiert dies in kulinarischen Höhenflügen.

Vordere Hauptgasse 57
+41 62 751 88 10
www.federalzofingen.ch
Fisch • französisch • unkonventionell

Essen:	**44**	50
Service:	**18**	20
Getränke:	**18**	20
Ambiente:	**8**	10

Gesamt: **88** | 100

BASEL-LANDSCHAFT

Sans Souci 🍴

4123 Allschwil

Im Allschwiler Sans Souci werden in elegantem Ambiente leckere Brasserie- und Grillspezialitäten serviert. Auf der Karte finden sich vor allem französische Klassiker, der Besuch lohnt sich aber besonders für die im Big Green Egg zur Perfektion grillierten Fleischspezialitäten.

Baslerstrasse 355
+41 61 302 14 70
www.sanssouci.ch
Brasserie • französisch • klassisch

Essen:	**44**	50
Service:	**18**	20
Getränke:	**18**	20
Ambiente:	**9**	10

Gesamt: **89** | 100

Krone

4102 Binningen

Wer thailändische Küche auf höchstem Niveau liebt, wird in Kittipon's Finest Thai Cuisine in der Krone fündig. Die Gerichte von Chefkoch Thianchai Suthanin basieren auf jahrhundertealten thailändischen Rezepten und werden aus frischen und lokalen Produkten zubereitet.

Hauptstrasse 127	Essen:	**45** | 50
+41 61 4212042	Service:	**18** | 20
www.kittipon-thai-restaurant.ch	Getränke:	**16** | 20
Casual Dining • Thai • traditionell	Ambiente:	**9** | 10
	Gesamt: 88 | 100	

Schloss Binningen

4102 Binningen

Trotz der alten Gemäuer serviert das Restaurant im Schloss eine moderne, kreative Küche. Die von Christoph Fischer, Catharina Modispacher und ihrer Equipe entwickelten Menus setzen auf Qualitätsprodukte, oft von hier, mal von weiter weg, aber immer frisch und schmackhaft.

Schlossgasse 5	Essen:	**47** | 50
+41 61 4256007	Service:	**18** | 20
www.schlossbinningen.ch	Getränke:	**18** | 20
Fine Dining • Gewölbe • elegant	Ambiente:	**9** | 10
	Gesamt: 92 | 100	

Basilicum

4103 Bottmingen

Küchenchef Jürgen Gerteiser präsentiert im Basilicum eine marktfrische Küche mit mediterranem Charme. Aktuelle Gerichte werden auf der Staffelei präsentiert, daneben gibt es ein preiswertes Mittagsangebot, ein saisonales Menu und eine kleine Speisekarte mit Basilicum-Klassikern.

Margrethenstrasse 1	Essen:	**46** | 50
+41 61 4217070	Service:	**18** | 20
www.basilicum.ch	Getränke:	**18** | 20
unkonventionell • mediterran • saisonal	Ambiente:	**8** | 10
	Gesamt: 90 | 100	

80–84   85–89   90–94   95–100 Punkte

Schloss Bottmingen ‖

4103 Bottmingen

Seit dem 13. Jahrhundert steht in Bottmingen das barocke Weiherschloss. Chef de Cuisine Guy Wallyn und Gastgeber Benjamin Sigg verwöhnen die Gäste mit dem Besten aus der klassischen französischen Küche. Im Sommer lockt der von Platanen beschattete Garten zu romantischen Abenden.

Schlossgasse 9	Essen: **45** ǀ 50
+41 61 4211515	Service: **18** ǀ 20
www.weiherschloss.ch	Getränke: **17** ǀ 20
französisch • klassisch • romantisch	Ambiente: **9** ǀ 10
	Gesamt: **89** ǀ 100

Le Murenberg ‖‖

4416 Bubendorf

Das Le Murenberg zelebriert französische Küche auf hohem Niveau. Denis Schmitts Küche basiert auf erstklassigen saisonalen Produkten aus der Region, zubereitet mit klassisch französischem Handwerk, und Gastgeberin Melanie Schmitt kümmert sich aufmerksam um die Gäste.

Krummackerstrasse 4	Essen: **47** ǀ 50
+41 61 9311454	Service: **19** ǀ 20
www.lemurenberg.ch	Getränke: **18** ǀ 20
Brasserie • klassisch • französisch	Ambiente: **9** ǀ 10
	Gesamt: **93** ǀ 100

Osteria Tre ‖‖‖

4416 Bubendorf

Küchenchef Vittorio Conte und seine Brigade kochen in der Osteria Tre auf höchstem Niveau, inspiriert von der kulinarischen Vielfalt Italiens. Traditionelle Gerichte treffen auf kreative Neuerungen; das Resultat ist eine elegante, moderne italienische Küche.

Kantonsstrasse 3	Essen: **47** ǀ 50
+41 61 9355555	Service: **18** ǀ 20
www.badbubendorf.ch	Getränke: **18** ǀ 20
Hotelrestaurant • italienisch • elegant	Ambiente: **9** ǀ 10
	Gesamt: **92** ǀ 100

Pergola ‖

4416 Bubendorf

Im hellen Wintergarten oder im Schatten der Pergola serviert das Team um Chefkoch Darren Benhar kreative Gerichte mit Einflüssen aus aller Welt und Schweizer Klassiker. Wer nicht wählen mag, entscheidet sich für das saisonale Menu – dieses gibt es mit Fleisch oder vegetarisch.

Kantonsstrasse 3	Essen: **45** ǀ 50
+41 61 9355555	Service: **18** ǀ 20
www.badbubendorf.ch	Getränke: **17** ǀ 20
Hotelrestaurant • mediterran • unkonventionell	Ambiente: **9** ǀ 10
	Gesamt: **89** ǀ 100

Iris Keller-Ey

Rössli 🍴🍴

4460 Gelterkinden

Im Restaurant Rössli, besser bekannt als «al Cavallino» wird nicht nur gutes Essen serviert, sondern auch eine gehörige Portion Italianità. Auf der Karte findet der Gast Klassiker und Eigenkreationen, die Teigwaren werden frisch zubereitet, und auch die Pizza ist hervorragend.

Rössligasse 20	Essen: **43** ı 50
+41 61 9830133	Service: **17** ı 20
www.roessli-gelterkinden.ch	Getränke: **17** ı 20
Gasthaus • italienisch • Pizza	Ambiente: **8** ı 10
🏠	Gesamt: **85** ı 100

Simply 🍴🍴

4242 Laufen

Das Vater-Sohn-Team Nick und Yannick Hänggi hat mit dem Simply im Rössli einen Ort geschaffen, wo es sich in gemütlicher Atmosphäre gut speisen lässt. Unterstützt von Serviceleiterin Stefanie servieren sie hervorragend zubereitete Schweizer Klassiker aus Zutaten der Region.

Hauptstrasse 28	Essen: **46** ı 50
+41 61 7616160	Service: **18** ı 20
www.simplygastro.ch	Getränke: **17** ı 20
Gasthaus • Familienbetrieb • regional	Ambiente: **8** ı 10
🏠 ♿ 💳	Gesamt: **89** ı 100

Schauenburg 🍴🍴🍴

4410 Liestal

Chefkoch Francis Mandin und seine talentierte Brigade kochen klassische französische Gourmetküche mit kreativen Elementen auf höchstem Niveau. Der Besuch des Restaurants Bad Schauenburg überzeugt und ist selbst für kritische Feinschmecker ein Muss.

Schauenburgerstrasse 76	Essen: **47** ı 50
+41 61 9062727	Service: **18** ı 20
www.badschauenburg.ch	Getränke: **18** ı 20
Hotelrestaurant • elegant • französisch	Ambiente: **9** ı 10
🏠 P 🛏	Gesamt: **92** ı 100

Gartenstadt 🍴

4142 Münchenstein

Wer ein gemütliches Ambiente und bodenständige Küche sucht, wird im Restaurant Gartenstadt fündig. Die mediterran angehauchten Gerichte werden aus lokalen Zutaten zubereitet und können bei schönem Wetter auf der von Kastanienbäumen beschatteten Terrasse genossen werden.

Emil-Frey-Strasse 164
+41 61 411 66 77
www.restaurantgartenstadt.ch
Gasthaus • Garten • gemütlich

Essen:	**44**	50
Service:	**18**	20
Getränke:	**17**	20
Ambiente:	**8**	10

Gesamt: **87** | 100

dr Egge 🍴

4132 Muttenz

Bierhalle, Scotch Club und nun gehobenes Restaurant mit Weinbar – der Egge hat einiges miterlebt. Italienisch angehauchte Küche, gut ausgestattete Weinkarte und Themenabende wie zum Beispiel der «Tartufo-bianco-d'Alba-Streifzug durchs Piemont» locken Gäste von nah und fern.

Baselstrasse 1
+41 61 461 66 11
www.egge-muttenz.ch
Gasthaus • Weinstube • italienisch

Essen:	**45**	50
Service:	**18**	20
Getränke:	**18**	20
Ambiente:	**8**	10

Gesamt: **89** | 100

Rössli ⑪

4436 Oberdorf

Vor allem für Fleischliebhaber lohnt sich ein Besuch im Rössli. Gastgeber und Koch Andi Suter war früher Metzger und weiss, wie man Fleisch richtig zubereitet. Es gibt aber auch immer eine Auswahl an spannenden vegetarischen Gerichten, damit jeder auf seine Kosten kommt.

Hauptstrasse 70 +41 61 9610301 www.roessli-oberdorf.ch Gasthaus • Schweizer Küche • regional	Essen:	**44**	50
	Service:	**19**	20
	Getränke:	**17**	20
	Ambiente:	**8**	10
	Gesamt: 88		100

Schlüssel ⑪⑪

4104 Oberwil

Felix Sutter kocht nach dem Motto «Das saisonal und lokal Nachhaltige wird zum Luxus» ein raffiniertes Menu. Die Gerichte des Viergängers wechseln nach Marktangebot alle drei bis vier Wochen. Gastgeberin Sandra Marugg-Suter kümmert sich derweil aufmerksam um die Gäste.

Hauptstrasse 41 +41 61 4011500 www.schluessel-oberwil.ch Fine Dining • saisonal • elegant	Essen:	**47**	50
	Service:	**19**	20
	Getränke:	**18**	20
	Ambiente:	**9**	10
	Gesamt: 93		100

Zur Sonne ⑪

4418 Reigoldswil

Silvan und Bea Degen empfangen ihre Gäste mit viel Herzlichkeit. Serviert wird eine klassische französische Küche mit regionalen und saisonalen Akzenten. Weinliebhaber werden im begehbaren Gewölbe-Weinkeller fündig, wo Trouvaillen von nah und fern lagern.

Dorfplatz 8 +41 61 9412514 www.sonnereigoldswil.ch Gasthaus • traditionell • Gewölbe	Essen:	**43**	50
	Service:	**18**	20
	Getränke:	**17**	20
	Ambiente:	**8**	10
	Gesamt: 86		100

Neumühle ⑪

2814 Roggenburg

Direkt an der Kantonsgrenze zwischen Jura und Basel-Land liegt die Neumühle – Moulin Neuf. Alle Gerichte sind aus lokalen biologischen Zutaten zubereitet, eine fixe Speisekarte gibt es nicht. Das Angebot wird vom Team um Gastgeberin Christine Weck mündlich kommuniziert.

Ederswilerstrasse 1 +41 32 4311350 www.neumuehle.ch im Grünen • bio • Menu Surprise	Essen:	**44**	50
	Service:	**18**	20
	Getränke:	**17**	20
	Ambiente:	**8**	10
	Gesamt: 87		100

BASEL-STADT

Ackermannshof ||| 4056 Basel

Flavio Fermi, ehemals Chefkoch in der Osteria Tre Bad in Bubendorf, zeigt auch in seinem neuen Zuhause in der Stadt, was er kann. Sein Gourmetmenu in vier, sechs oder acht Gängen mischt Klassisches aus seiner Heimat Italien mit Inspirationen aus aller Welt und ist dabei stimmig und fein.

Sankt-Johanns-Vorstadt 19/21	Essen:	45	50
+41 61 5512244	Service:	18	20
www.ackermannshof.ch	Getränke:	18	20
Fine Dining • elegant • modern	Ambiente:	9	10
	Gesamt: **90**		100

Acqua || 4051 Basel

Italianità meets Urban Lifestyle, das ist die Osteria Acqua in den alten Mauern des Wasserwerks. Wo früher Fuhrwerke standen, sprudelt heute italienisches Lebenselixier. Auf der Karte finden sich klassische italienische Gerichte, aufgeteilt in Antipasti, Primi und Secondi.

Binningerstrasse 14	Essen:	46	50
+41 61 5646666	Service:	17	20
www.acquabasilea.ch	Getränke:	17	20
Casual Dining • italienisch • modern	Ambiente:	9	10
	Gesamt: **89**		100

Apulia ▌▌ 4051 Basel

Im warmen Ambiente wird man von den Gastgebern Stefano Giovannini und Franco Mastrullo mit Spezialitäten aus der süditalienischen Region Apulien verwöhnt. Immer zu empfehlen sind die Hausspezialitäten Insalata di polpo, Orecchiette con cime di rapa und Branzino in crosta di sale.

Schützengraben 62	Essen: **44** ǀ 50
+41 61 2619980	Service: **18** ǀ 20
www.apuliabs.ch	Getränke: **17** ǀ 20
italienisch • klassisch • gemütlich	Ambiente: **9** ǀ 10
	Gesamt: **88** ǀ 100

Atelier ▌▌▌ 4051 Basel

Im Atelier im Basler Teufelhof steht das Handwerk im Vordergrund. In der Küche von Aschi Zahnd wird alles hausgemacht, sein Menu kann der Gast aber selbst zusammenstellen. Die Gerichte sind international, die Zutaten oft lokal. Auch die Weinkarte ist mit vielen Perlen gespickt.

Leonhardsgraben 49	Essen: **46** ǀ 50
+41 61 2611010	Service: **18** ǀ 20
www.teufelhof.com	Getränke: **18** ǀ 20
Hotelrestaurant • modern • weltlich	Ambiente: **8** ǀ 10
	Gesamt: **90** ǀ 100

Atlantis ▌▌ 4051 Basel

Seit 1947 wird im Basler Atlantis gegessen, getrunken und getanzt. Nicht nur wegen der Konzerte lohnt sich ein Besuch, auch die Küche punktet mit einer kreativen Speisekarte mit Einflüssen aus aller Welt. Die Produkte sind derweil grösstenteils lokal und aus nachhaltigem Anbau.

Klosterberg 13	Essen: **45** ǀ 50
+41 61 2289696	Service: **18** ǀ 20
www.atlantis-basel.ch	Getränke: **17** ǀ 20
traditionell • unkonventionell • weltlich	Ambiente: **9** ǀ 10
	Gesamt: **89** ǀ 100

Au Violon ▌▌▌ 4051 Basel

David Goldbronn, der unter anderem bei Starkoch Joël Robuchon gearbeitet hat, kocht in der Brasserie Au Violon klassische französische Küche auf hohem Niveau. Das elegante Ambiente lässt nicht darauf schliessen, dass man hier in einem ehemaligen Gefängnis speist.

Im Lohnhof 4	Essen: **45** ǀ 50
+41 61 2698711	Service: **18** ǀ 20
www.au-violon.com	Getränke: **18** ǀ 20
Hotelrestaurant • Brasserie • französisch	Ambiente: **9** ǀ 10
	Gesamt: **90** ǀ 100

Bel Etage

4051 Basel

Seit 1989 ist Michael Baader Chefkoch im Teufelhof. In dieser Zeit wurde das Restaurant zur Basler Gourmet-Institution. Seine Kreationen sind schnörkellos und stellen das Produkt in den Vordergrund. Auch die 450 Positionen umfassende Weinkarte wird Kenner glücklich machen.

Leonhardsgraben 49	Essen: **47** | 50
+41 61 2611010	Service: **19** | 20
www.teufelhof.com	Getränke: **18** | 20
Fine Dining • elegant • klassisch	Ambiente: **9** | 10
	Gesamt: **93** | 100

Cheval Blanc

4001 Basel

Peter Knogl gehört zu den besten Köchen der Welt. Im Cheval Blanc hebt er die französische Haute Cuisine mit mediterranen und asiatischen Einflüssen auf ein neues Niveau. Seine kreative, doch schnörkellose Küche vermag es, die Gäste immer wieder aufs Neue zu verzaubern.

Blumenrain 8	Essen: **50** | 50
+41 61 2605007	Service: **19** | 20
www.chevalblancbasel.com	Getränke: **20** | 20
Fine Dining • französisch • weltlich	Ambiente: **10** | 10
	Gesamt: **99** | 100

Chez Donati

4056 Basel

Das 1950 eröffnete Chez Donati ist eine Basler Institution. Chefkoch Alessandro Nardiello verbindet die Küche seiner Heimat mit französischen Elementen. Wer klassische italienische Küche und Weine liebt, wird hier glücklich. Die Gäste werden nach alter Schule aufmerksam bewirtet.

St. Johanns-Vorstadt 48	Essen: **45** | 50
+41 61 3220919	Service: **19** | 20
www.bindella.ch	Getränke: **18** | 20
Brasserie • italienisch • traditionell	Ambiente: **9** | 10
	Gesamt: **91** | 100

Dio/Mio ‖   4051 Basel

Im modern und stylish eingerichteten Dio/Mio in der Basler Innenstadt
serviert ein junges Team eine kleine Auswahl saisonaler Vorspeisen und
feine Neapolitanische Pizza: ein luftiger, weicher Teig, der mit erstklassi-
gen Zutaten belegt und bei 485 Grad im Ofen gebacken wird.

Theaterstrasse 10	Essen:	**45** ׀ 50
+41 61 2839000	Service:	**17** ׀ 20
www.diomio.ch	Getränke:	**16** ׀ 20
Pizza • modern • entspannt	Ambiente:	**8** ׀ 10

Gesamt: **86** ׀ 100

Gatto Nero ‖   4057 Basel

Im Kleinbasler Ristorante Gatto Nero von Matthias Tedesco wird die
einfache italienische Küche zelebriert. Alle Gerichte auf der oft
wechselnden kleinen Karte sind frisch und auf den Punkt gebracht, die
frischen Zutaten werden dabei in den Vordergrund gestellt.

Oetlingerstrasse 63	Essen:	**44** ׀ 50
+41 61 6815056	Service:	**18** ׀ 20
	Getränke:	**18** ׀ 20
Beiz • italienisch • traditionell	Ambiente:	**9** ׀ 10

Gesamt: **89** ׀ 100

Gifthüttli ‖   4051 Basel

Als das Gifthüttli eröffnet wurde, galt die Meinung, ausserhalb von
Brauerei-Gasträumen ausgeschenktes Bier sei Gift. Der hiesige Wirt
wagte es trotzdem, und so kam die Beiz zu ihrem Namen. In der gemüt-
lichen Gaststube wird neben Bier ein legendäres Cordon bleu serviert.

Schneidergasse 11	Essen:	**45** ׀ 50
+41 61 2611656	Service:	**17** ׀ 20
www.gifthuettli.ch	Getränke:	**16** ׀ 20
Beiz • Schweizer Küche • Weinstube	Ambiente:	**9** ׀ 10

Gesamt: **87** ׀ 100

Goldenen Sternen ‖‖   4052 Basel

Im Jahre 1412 erstmals erwähnt, gilt der Gasthof zum Goldenen Sternen
als ältester von Basel. Serviert werden in den historischen Räumlichkeiten
innovative Fischgerichte und Klassiker der Schweizer Küche. Im Sommer
lohnt sich der Besuch dank der zwei Terrassen mit Rhein-Sicht besonders.

St. Alban-Rheinweg 70	Essen:	**45** ׀ 50
+41 61 2721666	Service:	**18** ׀ 20
www.sternen-basel.ch	Getränke:	**18** ׀ 20
Gasthaus • Schweizer Küche • traditionell	Ambiente:	**9** ׀ 10

Gesamt: **90** ׀ 100

| ‖ 80–84 | ‖ 85–89 | ‖‖ 90–94 | ‖‖‖ 95–100 Punkte | 197 |

Hasenburg ⫫   4051 Basel

In der urchigen Traditionsbeiz mitten in Basel schafft Gastgeber Daniel Riederer den Spagat zwischen Tradition und Moderne mit Bravour. Er serviert Schweizer Klassiker wie Geschnetzeltes mit Rösti, findet aber auch Inspiration in fernen Ländern.

Schneidergasse 20	Essen:	**45** ǀ 50
+41 61 261 32 58	Service:	**18** ǀ 20
www.hasenburg.swiss	Getränke:	**17** ǀ 20
Beiz • Schweizer Küche • traditionell	Ambiente:	**9** ǀ 10
	Gesamt:	**89** ǀ 100

Kohlmanns ⫫   4051 Basel

Das Motto des Kohlmanns am Barfüsserplatz, «frech bürgerlich und überraschend regional», findet man in der Speisekarte wieder. Die Küche serviert bis spät neu aufgerollte klassische Gerichte aus Basel und Umland. Besonders beliebt sind die Feuerkuchen aus dem Holzofen.

Steinenberg 14	Essen:	**44** ǀ 50
+41 61 225 93 93	Service:	**18** ǀ 20
www.kohlmanns.ch	Getränke:	**18** ǀ 20
Gasthaus • regional • unkonventionell	Ambiente:	**8** ǀ 10
	Gesamt:	**88** ǀ 100

Krafft ⫫   4058 Basel

Im eleganten Speisesaal mit deckenhohen Bogenfenstern oder auf der Sommerterrasse am Rhein geniesst man die bunten Kreationen des Krafft-Teams. Viele der Gerichte aus Wasser, Wald und Wiese sind zum Teilen gedacht, aber auch wer alleine speist, kommt auf seine Kosten.

Rheingasse 12	Essen:	**46** ǀ 50
+41 61 690 91 30	Service:	**17** ǀ 20
www.krafftbasel.ch	Getränke:	**17** ǀ 20
Sharing Menu • unkonventionell • gemütlich	Ambiente:	**9** ǀ 10
	Gesamt:	**89** ǀ 100

Kunsthalle ⑂⑂

4001 Basel

Im traditionsreichen Restaurant Kunsthalle speist «tout Bâle». Auf der Speisekarte finden sich Klassiker aus der Schweiz, aus Frankreich und Italien. Serviert werden sie im eleganten weissen Teil des Restaurants, im gemütlichen Schluuch oder im Schatten der Bäume auf der Terrasse.

Steinenberg 7	Essen: **45** ǀ 50
+41 61 2724233	Service: **18** ǀ 20
www.restaurant-kunsthalle.ch	Getränke: **17** ǀ 20
Garten • traditionell • saisonal	Ambiente: **9** ǀ 10
	Gesamt: **89** ǀ 100

L'Ambasciatore ⑂⑂

4051 Basel

Die ausgefallene, moderne Einrichtung des Ambasciatore ist ein Blickfang. Auf der Speisekarte finden sich klassische italienische Antipasti, Primi und Secondi mit modernem Twist. Es wird bewusst einfach angerichtet, um den Gast nicht vom Geschmack der Gerichte abzulenken.

Elisabethenstrasse 33	Essen: **44** ǀ 50
+41 61 2287080	Service: **18** ǀ 20
www.lambasciatore.ch	Getränke: **17** ǀ 20
italienisch • modern • entspannt	Ambiente: **9** ǀ 10
	Gesamt: **88** ǀ 100

LA ⑂⑂⑂

4056 Basel

Im Restaurant LA bieten Salvatore Mantelli und Andrej Radisa eine unkonventionelle, moderne, aber ungekünstelte Küche mit Einflüssen aus der ganzen Welt. Das Ambiente im kleinen Restaurant ist stylish, doch gemütlich; man speist mit Blick auf die offene Küche.

St. Johanns- Vorstadt 13	Essen: **46** ǀ 50
+41 61 5349669	Service: **18** ǀ 20
www.restaurant-la.com	Getränke: **18** ǀ 20
modern • unkonventionell • Fusionsküche	Ambiente: **9** ǀ 10
	Gesamt: **91** ǀ 100

⑂ 80–84   ⑂⑂ 85–89   ⑂⑂⑂ 90–94   ⑂⑂⑂⑂ 95–100 Punkte

Latini

4001 Basel

Ein italienisches Bistro wie aus dem Bilderbuch, das ist das Latini beim Barfüsserplatz. Hier geniesst man schnörkellose Osteria-Küche, wie man sie auch bei unseren südlichen Nachbarn findet. Besonders lohnt sich der Besuch für die frische Pasta, die im Haus handgemacht wird.

Falknerstrasse 31	Essen:	**44** | 50
+41 61 2613443	Service:	**18** | 20
www.bindella.ch	Getränke:	**18** | 20
Bistro • klassisch • italienisch	Ambiente:	**8** | 10
	Gesamt:	**88** | 100

Nomad

4052 Basel

In der Nomad Eatery & Bar kann man seinen Hunger und sein Fernweh stillen. Gerichte aus aller Welt finden in diesem stylishen Bistro ihr Zuhause. Ob Early Bird oder Nachteule, hier gibt es von früh bis spät Spannendes zu essen und zu trinken, serviert in einem urbanen Ambiente.

Brunngässlein 8	Essen:	**44** | 50
+41 61 6909160	Service:	**18** | 20
www.nomad.ch	Getränke:	**17** | 20
modern • unkonventionell • Fusionsküche	Ambiente:	**8** | 10
	Gesamt:	**87** | 100

Oliv

4054 Basel

Stets im Wandel ist das Restaurant Oliv. Von französischer Gourmet- zu einer frischen mediterranen Küche und nun asiatisch inspiriert, seit 40 Jahren wird hier innovativ gekocht. Küchenchef Didier Bitsch setzt die Konzepte immer mit grosser Präzision und Kreativität um.

Bachlettenstrasse 1	Essen:	**47** | 50
+41 61 2830303	Service:	**19** | 20
restaurantoliv.ch	Getränke:	**18** | 20
Allrounder • mediterran • traditionell	Ambiente:	**8** | 10
	Gesamt:	**92** | 100

One Restaurant ♟♟   4057 Basel

Das Kleinbasler Kulturlokal Parterre One ist traditionell anders. Hier trifft Gastronomie auf Kultur, Kulinarik auf leise und laute Töne. Im Restaurantbereich wird Wert auf saisonale Qualität gelegt. Fisch, Fleisch und Vegetarisches werden gleich bewertet und mit viel Liebe zubereitet.

Klybeckstrasse 1b	Essen: **44** ⏐ 50
+41 61 6958998	Service: **18** ⏐ 20
www.parterre.net	Getränke: **17** ⏐ 20
Eventlocation • modern • unkonventionell	Ambiente: **9** ⏐ 10
	Gesamt: **88** ⏐ 100

Park ♟♟   4058 Basel

Im Tierpark Lange Erlen weht ein frischer Wind, der hungrig macht und Neugierde weckt. Das frisch renovierte Restaurant Park bietet boden- ständige Gerichte aus aller Welt in aufregenden Variationen. Gross und Klein finden hier etwas Feines im gemütlichen, naturnahen Ambiente.

Erlenparkweg 55	Essen: **44** ⏐ 50
+41 61 6814022	Service: **17** ⏐ 20
www.parterre.net	Getränke: **16** ⏐ 20
Im Grünen • Schweizer Küche • mediterran	Ambiente: **9** ⏐ 10
	Gesamt: **86** ⏐ 100

Platanenhof ♟♟   4057 Basel

Seit 1992 wird die Quartierbeiz Platanenhof mit ihrem lauschigen Bier- garten von Charlotte Wirthlin geführt. Im Schatten der namensgeben- den Platanen wird frische, saisonale Küche aus lokalen Zutaten serviert. Im benachbarten Kulturbetrieb Humbug schwingt man das Tanzbein.

Klybeckstrasse 241	Essen: **43** ⏐ 50
+41 61 6310090	Service: **17** ⏐ 20
www.platanenhof-basel.ch	Getränke: **16** ⏐ 20
Beiz • unkonventionell • Kulturlokal	Ambiente: **9** ⏐ 10
	Gesamt: **85** ⏐ 100

Rhyschänzli ♟♟   4056 Basel

Das Rhyschänzli ist ein modernes, gemütliches Lokal mit hohen Decken und entspannter Atmosphäre. Besonders Fleischliebhaber werden hier glücklich, die Dry-aged-Fleischstücke werden perfekt auf den Punkt gril- liert. Aber auch für Vegetarier gibt es immer eine spannende Auswahl.

Lichtstrasse 9	Essen: **42** ⏐ 50
+41 61 2722323	Service: **18** ⏐ 20
www.rhyschaenzli.ch	Getränke: **16** ⏐ 20
Schweizer Küche • regional • Fleisch	Ambiente: **9** ⏐ 10
	Gesamt: **85** ⏐ 100

Rhywyera

4058 Basel

Trotz der Lage mitten im lebendigen Kleinbasel verbreitet das Rhywyera eine entspannte mediterrane Stimmung, besonders auf der Terrasse über dem Rhein. Hier geniesst man einen herrlichen Blick aufs Wasser und eine kreative Küche, die gekonnt Schweizerisches mit Exotischem verbindet.

Unterer Rheinweg 10	Essen:	**44** ǀ 50
+41 61 6833202	Service:	**17** ǀ 20
www.rhywyera.ch	Getränke:	**17** ǀ 20
mediterran • am Wasser • modern	Ambiente:	**8** ǀ 10
	Gesamt:	**86** ǀ 100

Roots

4056 Basel

In edler Atmosphäre direkt am Rheinufer geniesst man hier die spannenden Kreationen von Küchenchef Pascal Steffen. Fleisch und Fisch spielen in den stets wechselnden, auf saisonalen Produkten basierenden Menus eine Nebenrolle; wo sie vorkommen, setzen sie spannende Akzente.

Mülhauserstrasse 17	Essen:	**47** ǀ 50
+41 61 3221056	Service:	**19** ǀ 20
www.roots-basel.ch	Getränke:	**18** ǀ 20
Fine Dining • edel • Fusionsküche	Ambiente:	**9** ǀ 10
	Gesamt:	**93** ǀ 100

Rostiger Anker

4057 Basel

Direkt am Hafenbecken 1 im Basler Rheinhafen befindet sich das Restaurant Rostiger Anker. Es bietet nicht nur einen einmaligen Ausblick auf den regen Schiffsverkehr im Dreiländereck, sondern auch eine kleine, aber feine Auswahl an kreativen, leckeren Gerichten.

Hafenstrasse 25a	Essen:	**43** ǀ 50
+41 61 6310803	Service:	**17** ǀ 20
www.rostigeranker.ch	Getränke:	**17** ǀ 20
saisonal • am Wasser • entspannt	Ambiente:	**9** ǀ 10
	Gesamt:	**86** ǀ 100

Roter Bären ♉♉♉

4058 Basel

Das Restaurant Roter Bär bietet an einer der lebhaftesten Ecken des Kleinbasels eine kreative, moderne Saisonküche. Es wird nicht zwischen Vorspeise und Hauptgang unterschieden, alle Gerichte haben die gleiche Grösse. Das stylishe Interieur lädt zum Verweilen ein.

Ochsengasse 17	Essen: **46** | 50
+41 61 2610261	Service: **18** | 20
www.roterbaeren.ch	Getränke: **17** | 20
Sharing Menu • unkonventionell • saisonal	Ambiente: **9** | 10
	Gesamt: **90** | 100

Rubino ♉♉

4051 Basel

Im Rubino kocht Manuela Buser kreative Gerichte mit mediterranen Einflüssen. Nachhaltiger und gesunder Genuss steht im Vordergrund, die Rohstoffe stammen aus biologischer Produktion. Auch die von Gastgeber Beat Rubitschung zusammengestellte Weinkarte ist umfangreich.

Luftgässlein 1	Essen: **44** | 50
+41 61 3337770	Service: **18** | 20
www.rubino-basel.ch	Getränke: **19** | 20
nachhaltig • Schweizer Küche • mediterran	Ambiente: **8** | 10
	Gesamt: **89** | 100

Safran Zunft ♉♉

4001 Basel

Die Safran Zunft wurde im Mittelalter als eine der vier Basler Herrenzünfte gegründet. Trotz des Traditionsbewusstseins des Betriebs ist die Speisekarte modern und kreativ. Unter Einbindung von regionalen und saisonalen Produkten entsteht hier eine Küche mit internationalem Anklang.

Gerbergasse 11	Essen: **44** | 50
+41 61 2699494	Service: **18** | 20
www.safran-zunft.ch	Getränke: **17** | 20
traditionell • elegant • Fusionsküche	Ambiente: **9** | 10
	Gesamt: **88** | 100

Schliessi ♉♉

4058 Basel

Ein Ausflug ins Schliessi am Fluss Wiese lohnt sich immer, zu Fuss oder per Velo. Im gemütlichen Restaurant im Grünen gibt es vor allem Schweizer Küche: Serviert werden Klassiker wie Rösti, Wurstsalat und Flammkuchen. Auch wer eine Feier plant, ist an der richtigen Adresse.

Wildschutzweg 30	Essen: **44** | 50
+41 61 6012420	Service: **17** | 20
www.restaurant-schliessi.ch	Getränke: **16** | 20
Beiz • im Grünen • regional	Ambiente: **8** | 10
	Gesamt: **85** | 100

Schlüsselzunft

4001 Basel

In den altehrwürdigen Mauern des ältesten Zunfthauses der Stadt verwöhnen Küchenchef Andreas Uebersax und sein Team die Gäste mit einer saisonalen Marktküche. Ob Businesslunch oder Gourmet-Menü, die Küche verbindet lokale Tradition mit internationalen Einflüssen.

Freie Strasse 25
+41 61 2612046
www.schluesselzunft.ch
französisch · traditionell · elegant

Essen:	**46**	50
Service:	**18**	20
Getränke:	**18**	20
Ambiente:	**9**	10
Gesamt:	**91**	100

Schützenhaus

4051 Basel

Das Ambiente des denkmalgeschützten Schützenhauses bietet etwas für jeden Geschmack: Serviert werden Schweizer Klassiker mit internationalen Akzenten im Garten unter Kastanien, im mit Wappen dekorierten Schützensaal, im gemütlichen Schluuch oder im lichtdurchfluteten Gartensaal.

Schützenmattstrasse 56
+41 61 2726760
www.schuetzenhaus-basel.ch
Schweizer Küche · traditionell · urchig

Essen:	**45**	50
Service:	**18**	20
Getränke:	**17**	20
Ambiente:	**9**	10
Gesamt:	**89**	100

Stucki ||||

4059 Basel

Tanja Grandits und ihr Team kreieren im Stucki eine Küche, die an Kreativität und Geschmacksvielfalt schwer zu übertreffen ist. Ob zum Business-Lunch oder abends zum neungängigen Aroma-Menu, die harmonischen Gerichte schaffen es stets, zu überraschen, ohne zu überfordern.

Bruderholzallee 42	Essen:	**49** | 50
+41 61 3618222	Service:	**20** | 20
www.tanjagrandits.ch	Getränke:	**19** | 20
Fine Dining • Fusionsküche • elegant	Ambiente:	**9** | 10
🏠 P	Gesamt: **97** | 100	

Trois Rois |||

4001 Basel

In der Brasserie Les Trois Rois werden exzellente französisch inspirierte Gerichte mit Einflüssen aus aller Welt serviert. Dass nur die besten lokalen Produkte zum Zug kommen, ist selbstverständlich. Maître d'hôtel Hervé Mahler kümmert sich aufmerksam um die Gäste.

Blumenrain 8	Essen:	**46** | 50
+41 61 2605002	Service:	**19** | 20
www.lestroisrois.com	Getränke:	**18** | 20
Brasserie • französisch • elegant	Ambiente:	**9** | 10
P ♿ 🛏 🖵	Gesamt: **92** | 100	

Ufer7 ||

4058 Basel

Das Ufer7 bietet urbanes Ambiente in der Basler Innenstadt. Die Karte ist modern und unkompliziert: Serviert wird, was das Team gerne isst. Der Gast kann sein Menu im Baukastensystem aus Vorspeisen, Salaten und Hauptspeisen zusammenstellen und diese teilen oder alleine geniessen.

Untere Rheingasse 11	Essen:	**44** | 50
+41 61 5510077	Service:	**18** | 20
www.ufer7.ch	Getränke:	**17** | 20
am Wasser • unkonventionell • entspannt	Ambiente:	**9** | 10
🏠 🖵	Gesamt: **88** | 100	

UM ||

4001 Basel

Das Unternehmen Mitte bekommt mit dem UM Zuwachs. Der portugiesische Chefkoch Pedro Limão zaubert aus biologischen Zutaten ein viergängiges Menu, dessen mediterran inspirierte Gerichte modern sind und gespickt mit überraschenden Geschmackskombinationen.

Gerbergasse 30	Essen:	**44** | 50
+41 79 7578033	Service:	**18** | 20
www.restaurant.mitte.ch	Getränke:	**17** | 20
mediterran • bio • regionale Produkte	Ambiente:	**8** | 10
🏠 ♿ 🖵	Gesamt: **87** | 100	

| \| 80–84 | || 85–89 | ||| 90–94 | |||| 95–100 Punkte | 205 |

Viertel-Kreis ||

4053 Basel

Christoph «Stöff» Lehmann ist der omnipräsente Gastgeber hier. In der «Spunte mit Stil» wird nachhaltig gekocht – vieles kommt direkt vom Produzenten. Nach dem «Nose-to-Tail Prinzip» werden ganze Tiere verarbeitet, und am Wochenende gibt es ein einziges Menu surprise.

Gundeldingerstrasse 505	Essen:	**45** ı 50
+41 61 3311701	Service:	**17** ı 20
www.viertel-kreis.ch	Getränke:	**17** ı 20
regional • nachhaltig • unkonventionell	Ambiente:	**9** ı 10
	Gesamt:	**88** ı 100

Vito Gundeli |

4053 Basel

In der Pizzeria Vito im Gundeli werden grosszügige Stücke knuspriger Pizza al taglio zu einem sympathischen Preis serviert. Wer möchte, kann seinen Belag selbst zusammenstellen. Das unkomplizierte Konzept ist äusserst erfolgreich: Mittlerweile gibt es fünf Vito-Filialen.

Güterstrasse 138	Essen:	**42** ı 50
+41 79 64 62211	Service:	**17** ı 20
www.vito.ch	Getränke:	**16** ı 20
Gasthaus • italienisch • klassisch	Ambiente:	**8** ı 10
	Gesamt:	**83** ı 100

Volkshaus ||

4058 Basel

Die Stararchitekten Herzog & de Meuron haben der Bar und Brasserie im Volkshaus Basel Grossstadtatmosphäre eingehaucht. Serviert wird Schweizer und französische Küche mit Klassikern wie Tatar, Hackbraten oder Steak frites, es werden aber auch leichtere Saisongerichte angeboten.

Rebgasse 12–14	Essen:	**45** ı 50
+41 61 6909310	Service:	**18** ı 20
www.volkshaus-basel.ch	Getränke:	**17** ı 20
Brasserie • Schweizer Küche • traditionell	Ambiente:	**9** ı 10
	Gesamt:	**89** ı 100

Zum Bierjohann ||

4056 Basel

Der Basler Bierjohann ist der «Place to be» für Bierliebhaber der Stadt. Die Auswahl von rund 250 Flaschenbieren und 18 Offenbieren ist international. Für den Hunger gibt es kleine Gerichte wie Wurst-Käse-Salat, Brezen mit Obazda oder Currywurst – diese gibt's auch vegan.

Elsässerstrasse 17	Essen:	**43** ı 50
+41 61 5544644	Service:	**17** ı 20
www.bierjohann.ch	Getränke:	**19** ı 20
Brauerei • Biervielfalt • entspannt	Ambiente:	**8** ı 10
	Gesamt:	**87** ı 100

Zum Braunen Mutz ⫙

4051 Basel

Der Braune Mutz am zentralen Barfüsserplatz ist eine Basler Institution. In der Bierhalle geht es unkompliziert zu und her: Es gibt währschafte Beizengerichte. In der eleganten Premier Étage wird eine schmackhafte Schweizer Küche mit französischen Einflüssen serviert.

Barfüsserplatz 10	Essen:	**43** | 50
+41 61 2613369	Service:	**17** | 20
www.brauner-mutz-basel.ch	Getränke:	**17** | 20
Schweizer Küche • traditionell • urchig	Ambiente:	**9** | 10
	Gesamt: **86** | 100	

Zum Goldenen Fass ⫙

4057 Basel

Mitten im lebendigen Kleinbasel haben Gilbert Engelhard, Bettina Larghi und Ueli Gerber mit dem Goldenen Fass einen Ort für Kulinarik und Kultur geschaffen. Die Küche ist radikal saisonal und setzt voll auf regionale, naturnahe und nachhaltige Produkte.

Hammerstrasse 108	Essen:	**45** | 50
+41 61 6933400	Service:	**18** | 20
www.goldenes-fass.ch	Getränke:	**17** | 20
regional • saisonal • unkonventionell	Ambiente:	**8** | 10
	Gesamt: **88** | 100	

Zum Tell ⫙

4051 Basel

Im Restaurant Zum Tell geniesst man mit Freunden regionale und Bündner Spezialitäten wie Capuns und leckere Schmorgerichte. Die Stimmung im gemütlichen Restaurant lädt zum Verweilen ein; es befindet sich in einem hübschen Altstadthaus in der Nähe des Spalentors.

Spalenvorstadt 38	Essen:	**44** | 50
+41 61 2620280	Service:	**17** | 20
www.zumtellbasel.ch	Getränke:	**17** | 20
Beiz • Schweizer Küche • regional	Ambiente:	**9** | 10
	Gesamt: **87** | 100	

Zum Wilde Maa ⫙

4057 Basel

Seit der Eröffnung im Juni 2021 ist das Zum Wilde Maa im Kleinbasel zum Geheimtipp geworden. Gastgeberin Petra von Gunten und Chef Andreas Schürmann bieten schmackhafte Saisonküche und haben eine ruhige Oase für Genussbewusste im Basler Matthäusquartier geschaffen.

Oetlingerstrasse 165	Essen:	**47** | 50
+41 61 3631919	Service:	**17** | 20
zumwildemaa.ch	Getränke:	**17** | 20
Casual Dining • regionale Produkte • entspannt • Sharing Menu	Ambiente:	**8** | 10
	Gesamt: **89** | 100	

⫙ 80–84   ⫙ 85–89   ⫙ 90–94   ⫙ 95–100 Punkte

Zur Mägd ||

4056 Basel

Im Zunfthaus Zur Mägd hat früher Künstler Hans Holbein getafelt. Heute ist das Lokal in der St.-Johanns-Vorstadt ein Treffpunkt für Geniesser aller Art. Serviert werden feine Klassiker der italienischen Küche, ob zum Lunch im Restaurant oder im lauschigen Garten.

St. Johanns-Vorstadt 29
+41 61 2815010
www.zurmaegd.ch
Gasthaus • italienisch • traditionell

Essen:	**44** ǀ 50
Service:	**17** ǀ 20
Getränke:	**17** ǀ 20
Ambiente:	**9** ǀ 10
Gesamt:	**87** ǀ 100

Zur Wanderruh ||

4053 Basel

Die heimelige Jugendstilbeiz im Gundeli ist seit Jahren Quartiertreff und die kulinarische Oase von Dani Jenzer. Die Beiz ist bekannt für ihr Cordon bleu mit Pommes allumettes und die Spezialitäten aus Osteuropa. Immer mittwochs gibt's den wohl besten Hackbraten im Gundeli.

Dornacherstrasse 151
+41 61 3610888
www.wanderruh.ch
Beiz • Schweizer Küche • urchig

Essen:	**44** ǀ 50
Service:	**17** ǀ 20
Getränke:	**17** ǀ 20
Ambiente:	**8** ǀ 10
Gesamt:	**86** ǀ 100

Baslerhof ||

4126 Bettingen

Nur wenige Kilometer von der Stadt Basel entfernt liegt der Baslerhof im hübschen Bettingen. Im romantischen Landgasthof oder auf der Panoramaterrasse werden saisonale Spezialitäten und Klassiker serviert. Auch wegen der vielfältigen Weinkarte lohnt sich ein Ausflug dorthin.

Brohegasse 6
+41 61 6032425
www.baslerhof-bettingen.ch
Gasthaus • urchig • Fleisch

Essen:	**44** ǀ 50
Service:	**17** ǀ 20
Getränke:	**16** ǀ 20
Ambiente:	**8** ǀ 10
Gesamt:	**85** ǀ 100

Musetti ||

4125 Riehen

Moreno Musetti serviert in Riehen klassische italienische Küche auf hohem Niveau. Es gibt eine spannende Auswahl an Antipasti, Primi mit hausgemachter Pasta und feinen Secondi. Wer Entscheidungsschwierigkeiten hat, bestellt am besten das viergängige «Menù a sorpresa».

Weilstrasse 51
+41 61 6412642
www.wiesengartenmusetti.ch
Gasthaus • italienisch • traditionell

Essen:	**45** ǀ 50
Service:	**18** ǀ 20
Getränke:	**17** ǀ 20
Ambiente:	**9** ǀ 10
Gesamt:	**89** ǀ 100

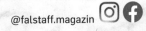

ICH

DIE BESTEN RESTAURANTS UND BEIZEN IM KANTON ZÜRICH.

ZÜRCHER FISCHSUPPE

Für 4 Personen
ZUBEREITUNGSZEIT: CA. 45 MINUTEN
SCHWIERIGKEITSGRAD: ●●○○○

ZUTATEN

- 30 g Butter
- 1 Zwiebel, fein gehackt
- 2 Knoblauchzehen, fein gehackt
- 1 Kartoffel, geschält und gewürfelt
- 200 g Tomaten, geschält und entkernt
- 200 ml Weisswein
- 800 ml Wasser oder Fischfond (aus Knochen)
- 400 g Fischfilets (Felchen, Egli, Saibling)
- Petersilie, gehackt
- 1 Zweig Thymian, abgezupft
- 1 Msp Safran
- Salz, Pfeffer
- 3 EL Doppelrahm
- Butter zum Braten
- 400 g extra Fischfilets, in Streifen
- Dill zum Anrichten

ZUBEREITUNG

- Zuerst Zwiebel und Knoblauch, danach Gemüse in Butter glasig dünsten

- Mit Weißwein und Wasser/Fischfond ablöschen Fischfilets, Kräuter und Safran dazugeben und ca. 20 Minuten köcheln lassen

- Mit dem Mixstab pürieren, mit Salz und Pfeffer abschmecken und Doppelrahm untermengen

- Die Filetstreifen in Butter anbraten und in der fertigen Suppe ziehen lassen

- In Suppentellern anrichten und mit Dill garnieren

TOP-LOKALE
ZÜRICH

1.	**The Restaurant** 8032 Zürich	Seite 289	**97** Punkte
1.	**Widder Restaurant** 8001 Zürich	Seite 293	**97** Punkte
2.	**Pavillon** 8001 Zürich	Seite 277	**96** Punkte
3.	**Ornellaia** 8001 Zürich	Seite 276	**95** Punkte
4.	**EquiTable** 8004 Zürich	Seite 254	**94** Punkte
5.	**Igniv** 8001 Zürich	Seite 263	**94** Punkte
5.	**Rico's** 8700 Küsnacht	Seite 224	**94** Punkte
5.	**Tobias Buholzer** 8803 Rüschlikon	Seite 230	**94** Punkte
6.	**Krone** 8158 Regensberg	Seite 228	**93** Punkte
6.	**Maison Manesse** 8045 Zürich	Seite 271	**93** Punkte
6.	**Rosi** 8004 Zürich	Seite 281	**93** Punkte
7.	**Wirtschaft im Franz** 8003 Zürich	Seite 293	**93** Punkte
8.	**Josef** 8005 Zürich	Seite 265	**92** Punkte
9.	**Gamper** 8004 Zürich	Seite 257	**92** Punkte
9.	**Neue Taverne** 8001 Zürich	Seite 274	**92** Punkte

Die Reihung ergibt sich aus Gesamtpunktzahl und Essensbewertung.

 80–84   85–89   90–94  95–100 Punkte

213

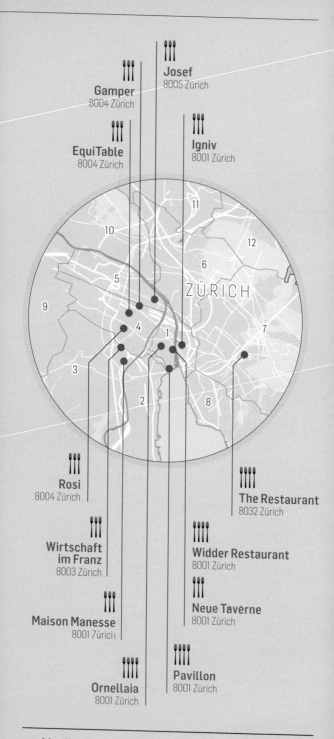

Josef
8005 Zürich

Gamper
8004 Zürich

EquiTable
8004 Zürich

Igniv
8001 Zürich

11

10

12

5

6

ZÜRICH

9

4

1

7

3

2

8

Rosi
8004 Zürich

The Restaurant
8032 Zürich

Wirtschaft
im Franz
8003 Zürich

Widder Restaurant
8001 Zürich

Neue Taverne
8001 Zürich

Maison Manesse
8001 Zürich

Ornellaia
8001 Zürich

Pavillon
8001 Zürich

ZÜRICH
TOP-LOKALE IM ÜBERBLICK

KANTON ZÜRICH

Regensberg

Küsnacht

Rüschlikon

Krone
8158 Regensberg

Rico's
8700 Küsnacht

Tobias Buholzer
8803 Rüschlikon

 80–84   85–89   90–94   95–100 Punkte

ZÜRICH

Alte Post

8914 Aeugstertal

Wer ehrliche Schweizer Küche liebt, ist im Restaurant Alte Post absolut richtig. Die traditionellen Gerichte, die hier serviert werden, basieren auf hochwertigen, biologisch produzierten Produkten von Kleinproduzenten aus der Region – puristisch und auf den Punkt zubereitet.

Pöstliweg 1
+41 44 7616138

Beiz • urchig • nachhaltig

Essen:	43	50
Service:	17	20
Getränke:	16	20
Ambiente:	8	10

Gesamt: 84 | 100

Zur Trotte

8415 Berg am Irchel

Jakob und Rosanna Baur-Spinelli konzentrieren sich in der Trotte auf das Wesentliche. Es ist nur zur Spargelzeit regelmässig geöffnet, in der Wildsaison auf Reservation. Fast alles hier stammt aus Eigenproduktion: der Spargel, das Holzofenbrot, sowie der Wein und die Edelbrände.

Dorfstrasse 2
+41 52 3181132
www.zur-trotte.ch
Gasthaus • eigener Weinbau • regional

Essen:	46	50
Service:	19	20
Getränke:	17	20
Ambiente:	8	10

Gesamt: 90 | 100

Löwen ▌▌▌

8608 Bubikon

Das Team um Domenico Miggiano verwöhnt die Gäste im Gourmet-Restaurant Apriori mit Leidenschaft und Herzblut. Die zubereiteten Gerichten sind kreativ, klassisch und saisonal. Dazu reicht Sommelière und Gastgeberin Rita Miggiano passende Tropfen aus der erlesenen Weinkarte.

Wolfhauserstrasse 2
+41 55 243 17 16
www.loewenbubikon.ch
Gasthaus • Fine Dining • saisonal

Essen:	**46** ∣ 50
Service:	**18** ∣ 20
Getränke:	**17** ∣ 20
Ambiente:	**9** ∣ 10
Gesamt:	**90** ∣ 100

Meiers Come Inn ▌▌

8180 Bülach

Im Meiers Come Inn am Stadtrand von Bülach servieren Max Meier und Vandee Suwannatat Meier eine authentische thailändische Küche, die Geniesser von nah und fern anzieht. Die würzigen Gerichte sind schmackhaft und ausgeglichen, der Service ist herzlich und aufmerksam.

Kaffeestrasse 6c
+41 44 860 23 83
www.come-inn.ch
Thai • entspannt • modern

Essen:	**44** ∣ 50
Service:	**17** ∣ 20
Getränke:	**17** ∣ 20
Ambiente:	**8** ∣ 10
Gesamt:	**86** ∣ 100

Zum Goldenen Kopf ▌▌

8180 Bülach

Das Gastgeberpaar Yolanda und Leo Urschinger heisst seine Gäste seit über 20 Jahre im Goldenen Kopf in der Bülacher Altstadt willkommen. Auf der Karte finden sich vornehmlich österreichische Spezialitäten, aber auch einige Zutaten aus ferneren Ländern kommen zum Zug.

Marktgasse 9
+41 44 872 46 46
www.zum-goldenen-kopf.ch
Hotelrestaurant • traditionell • Schweizer Küche

Essen:	**45** ∣ 50
Service:	**18** ∣ 20
Getränke:	**18** ∣ 20
Ambiente:	**8** ∣ 10
Gesamt:	**89** ∣ 100

Schloss Laufen am Rheinfall ♈

8447 Dachsen

Das Schloss Laufen könnte nicht spektakulärer liegen – es thront über dem Rheinfall, dem grössten Wasserfall Europas. Hier gibt es ein Gesamterlebnis aus Naturschauspiel, Kulturerbe und Gastronomie. Serviert wird bodenständige, klassische Küche aus saisonalen Zutaten.

Schloss Laufen am Rheinfall		
+41 52 6596767		
www.schlosslaufen.ch		
im Schloss • saisonal • am Wasser		

Essen:	**44**	50
Service:	**18**	20
Getränke:	**17**	20
Ambiente:	**9**	10
Gesamt: **88**		100

Bienengarten ♈

8157 Dielsdorf

Frisch zubereitete saisonale Spezialitäten, beliebte Klassiker und den passenden Wein dazu geniesst man im Bienengarten im Zürcher Unterland. Der Traditionsbetrieb ist die richtige Adresse für eine ehrliche Küche. Die Wildkarte und die Metzgete locken in den kalten Monaten.

Regensbergstrasse 9		
+41 44 8531217		
www.bienengarten-dielsdorf.ch		
Schweizer Küche • entspannt • saisonal		

Essen:	**45**	50
Service:	**18**	20
Getränke:	**17**	20
Ambiente:	**9**	10
Gesamt: **89**		100

ArteChiara ♈

8953 Dietikon

Mitten in der Pandemie eröffneten Francesco Astuto, Gianluca Biondo, Maria Magurean und Carlo Pannecchia das ArteChiara. Es gibt feine italienische Spezialitäten, vor allem aber lohnt sich der Besuch für die hervorragende neapolitanische Pizza aus dem eigens dafür gebauten Ofen.

Altbergstrasse 26		
+41 44 7482020		
www.artechiara.ch		
Pizza • entspannt • italienisch		

Essen:	**45**	50
Service:	**16**	20
Getränke:	**16**	20
Ambiente:	**8**	10
Gesamt: **85**		100

Taverne zur Krone ♈

8953 Dietikon

Die Taverne zur Krone wirkt trotz der 300-jährigen Gemäuer kein bisschen angestaubt. Ob im traditionellen Stübli, der stilvollen Brasserie oder im schlichten Bistro, serviert wird eine frische Produkte-Küche, die ebenso gekonnt Modernes mit Traditionellem verbindet wie der Dekor.

Kronenplatz 1		
+41 44 7442535		
www.kronedietikon.ch		
Schweizer Küche • Fisch • traditionell		

Essen:	**43**	50
Service:	**17**	20
Getränke:	**16**	20
Ambiente:	**9**	10
Gesamt: **85**		100

bienz:photography

Waldmannsburg ⫙

8600 Dübendorf

In der Waldmannsburg speist man mit Blick über das Glatttal. Die Küche von Daniel Thierwächter ist klassisch mit einem modernen Touch, wo es Sinn macht. Dazu gibt es die persönliche Gastlichkeit von Fabian Aegerter, der auch für die spannende Weinauswahl verantwortlich ist.

Schlossstrasse 86	Essen: **42** | 50
+41 43 3551000	Service: **18** | 20
www.waldmannsburg.ch	Getränke: **17** | 20
Gasthaus • Schweizer Küche • im Grünen	Ambiente: **8** | 10
🏠 P	Gesamt: **85** | 100

QN World ⫙

8307 Effretikon

Das QN World befindet sich in der über 500-jährigen Würglenmühle. Die Bar zieht sich um den alten Mühlstuhl, die Einrichtung mischt Modernes und Altes. Im Restaurant werden mediterrane Speisen und Weine serviert. Danach lädt die Lounge zum Verweilen mit einem Digestif ein.

Rikonerstrasse 52	Essen: **44** | 50
+41 52 3553838	Service: **17** | 20
www.qn-world.ch	Getränke: **18** | 20
mediterran • entspannt • Cocktails	Ambiente: **9** | 10
🏠 P 🛏 🍽	Gesamt: **88** | 100

Bistro im Gasthof Hirschen ⫙

8193 Eglisau

Das Bistro ist bei Ausflüglern und Einheimischen nicht nur wegen seiner herrlichen Lage am Rhein beliebt. In gemütlicher Atmosphäre geniesst man im Hirschen mittags und abends Schweizer Bistroküche, knusprige Flammkuchen oder zwischendurch ein tolles Glas Wein.

Untergass 28	Essen: **44** | 50
+41 43 4111122	Service: **18** | 20
www.hirschen-eglisau.ch	Getränke: **18** | 20
Bistro • Schweizer Küche • entspannt	Ambiente: **9** | 10
🏠 🛏	Gesamt: **89** | 100

⫙ 80–84 ⫙⫙ 85–89 ⫙⫙⫙ 90–94 ⫙⫙⫙⫙ 95–100 Punkte

Hirschen

8193 Eglisau

Das reichhaltige Menu im Gasthof Hirschen bietet etwas für alle Geschmäcker: Klassiker wie knusprige Flammkuchen und Wiener Schnitzel oder lokale Spezialitäten wie die Eglisauer Weissweinsuppe. Das Team um Chefkoch Martin Becker kreiert eine besonnen zubereitete Saisonküche.

Untergass 28	Essen:	**45**	50
+41 43 4111122	Service:	**18**	20
www.hirschen-eglisau.ch	Getränke:	**17**	20
Gasthaus • Hotelrestaurant • traditionell	Ambiente:	**9**	10
	Gesamt: **89**		100

Sinfonia

8703 Erlenbach

Das «beste Bahnhofsbuffet der Goldküste» hat das Sinfonia gegenüber dem Bahnhof Erlenbach allemal. Chefkoch Maurizio Vannozzi stammt aus dem Latium, er macht von der Pasta bis zur Glace alles selbst. Hier werden selbst die anspruchsvollsten Fans der italienischen Küche glücklich.

Bahnhofstrasse 29	Essen:	**45**	50
+41 44 9100402	Service:	**18**	20
www.restaurantsinfonia.ch	Getränke:	**18**	20
Italienisch • saisonal • elegant	Ambiente:	**9**	10
	Gesamt: **90**		100

Zum Pflugstein

8703 Erlenbach

Köchin Maria Appel bereitet im Zum Pflugstein neben Hausklassikern wie Wiener Schnitzel oder Hacktätschli auch kreative, marktfrische Saisongerichte mit viel Liebe zum Detail zu. Gastgeberin aus Leidenschaft Jeanine Meili kümmert sich derweil aufmerksam um die Gäste.

Pflugsteinstrasse 71	Essen:	**46**	50
+41 44 9153649	Service:	**17**	20
www.pflugstein.ch	Getränke:	**18**	20
Fisch • Fleisch • im Grünen • traditionell	Ambiente:	**9**	10
	Gesamt: **90**		100

Neue Forch ‖

8127 Forch

Renato Zambelli und sein Team verwöhnen die Gäste der Neuen Forch mit feinen italienischen Speisen und einer beeindruckenden Weinauswahl. Serviert werden frische Antipasti, hausgemachte Pasta und auf dem Holzkohlegrill zubereitete edle Fleischstücke und ganze Fische.

Alte Forchstrasse 65
+41 43 2880788
www.neueforch.ch
italienisch • entspannt • Fleisch

Essen:	**44**	50
Service:	**18**	20
Getränke:	**17**	20
Ambiente:	**9**	10
Gesamt:	**88**	100

Blume ‖

8615 Freudwil

In der Blume ist von der Vorspeise bis zum Dessert alles hausgemacht. Das Restaurant steht für eine saisonale, gutbürgerliche Küche, die von Martin am Herd modern interpretiert wird. Frau Nicole ist die charmante Gastgeberin, die sich um die vorzüglichen Weine kümmert.

Freudwilerstrasse 6
+41 44 9401441
www.blumefreudwil.ch
Schweizer Küche • Fleisch • entspannt

Essen:	**43**	50
Service:	**17**	20
Getränke:	**18**	20
Ambiente:	**9**	10
Gesamt:	**87**	100

Sihlhalde ‖‖

8136 Gattikon

Gregor Smolinsky und sein Team servieren eine Küche, die von der Reduktion auf das Wesentliche geprägt ist. Nichts lenkt von der Topqualität der Zutaten ab, die Gerichte sind ausgeglichen und voller Geschmack. Wer sich nicht entscheiden mag, wählt das Gourmet-Menu.

Sihlhaldenstrasse 70
+41 44 7200927
www.smoly.ch
Fine Dining • Menu surprise • im Grünen

Essen:	**47**	50
Service:	**18**	20
Getränke:	**17**	20
Ambiente:	**9**	10
Gesamt:	**91**	100

Berg Ghöch ‖‖

8498 Gibswil

Erlesene Weine werden von Köstlichkeiten aus mediterraner und gutbürgerlicher Küche sowie der Holzofen-Pizza flankiert. Neben dem Ausblick auf die Glarner Alpen und ins Zürcher Oberland geniesst man im Berg auch die herzliche Gastfreundschaft von Josip und Rino.

Ghöchstrasse 187
+41 44 9391686
www.berg8498.ch
Schweizer Küche • Pizza • am Berg

Essen:	**45**	50
Service:	**18**	20
Getränke:	**18**	20
Ambiente:	**9**	10
Gesamt:	**90**	100

‖ 80–84 ‖ 85–89 ‖‖ 90–94 ‖‖ 95–100 Punkte

bienz:photography

Geeren ⅋⅋

Die Gaststube ist mit Kachelofen, hölzernen Tischen und langen Eckbänken herrlich gemütlich und bodenständig. Das macht den Geeren zu einer echten Rarität. Im Winter, wenn der Kachelofen läuft, räuchert man im zweiten Stock leckere Schüblinge und feinen Speck.

Obere Geerenstrasse 72	Essen:	**44**	50
+41 44 8214011	Service:	**17**	20
www.geeren.ch	Getränke:	**17**	20
Beiz • Schweizer Küche • Fleisch • urchig	Ambiente:	**9**	10
🏠 P	Gesamt: **87**	100

Bären ⅋⅋

Das Restaurant Bären in Grüningen lockt mit nicht alltäglichen Köstlichkeiten wie Wild aus eigener Jagd, Fisch aus dem Greifensee und regionalen Spezialitäten. Highlight ist unter anderem der Rehrücken, aber auch Murmeltier, Gams und Steinbock finden sich auf der Karte.

Stedtligass 26	Essen:	**44**	50
+41 44 9351176	Service:	**18**	20
restaurant-baeren-grueningen.ch	Getränke:	**17**	20
Wild • regionale Produkte • traditionell	Ambiente:	**8**	10
🏠 📠	Gesamt: **87**	100

Zum Lindenhof ⅋⅋

In der Wirtschaft zum Lindenhof gibt es den ganzen Tag über etwas Feines: ofenfrische Gipfeli zum Frühstück, preiswerte Tagesteller zum Zmittag, Kaffee und Kuchen am Nachmittag, am Abend eine grosse Auswahl Schweizer Klassiker und verschiedener spannender Saisongerichte.

Hauptstrasse	Essen:	**44**	50
+41 52 3751877	Service:	**18**	20
zum-lindenhof.ch	Getränke:	**16**	20
Schweizer Küche • saisonal • entspannt	Ambiente:	**8**	10
🏠 P ♿ 📠	Gesamt: **86**	100

Buech ⫿

8704 Herrliberg

Hoch über dem Herrliberg verbindet man lebensfrohe Menschen, kulinarische Genüsse und die harmonische Landschaft auf eine einzigartige Art und Weise. Saisonale Speisen und Klassiker der gutbürgerlichen Küche werden hier mit viel Kreativität neu interpretiert und umgesetzt.

Forchstrasse 267	Essen:	**43** ǀ 50
+41 44 9151010	Service:	**16** ǀ 20
www.restaurantbuech.ch	Getränke:	**17** ǀ 20
Schweizer Küche • im Grünen • entspannt	Ambiente:	**10** ǀ 10
	Gesamt:	**86** ǀ 100

Krone Sihlbrugg Tredecim ⫿⫿

8816 Hirzel

Liebe, Lust und Leidenschaft sind die Grundzutaten des Tredecim. Die Küche in der Krone Sihlbrugg ist von asiatischen Aromen und der französischen Küche inspiriert. Wer das ganze Spektrum entdecken möchte kann dies am besten beim 13-gängigen Überraschungsmenu tun.

Sihlbrugg 4	Essen:	**46** ǀ 50
+41 44 7298333	Service:	**18** ǀ 20
www.krone-sihlbrugg.ch	Getränke:	**18** ǀ 20
Hotelrestaurant • Fine Dining • Menu surprise	Ambiente:	**9** ǀ 10
	Gesamt:	**91** ǀ 100

Guhwilmühle ⫿

8354 Hofstetten

Hausgemacht ist hier kein blosses Versprechen. Würste, Brot und Kuchen werden selbst gemacht. Auch das verwendete Fleisch stammt von Tieren des eigenen Bauernhofs und die Forellen aus dem eigenen Teich. Wer im beliebten Ausflugslokal speisen möchte, sollte vorher reservieren.

Sennhof	Essen:	**43** ǀ 50
+41 52 3642163	Service:	**17** ǀ 20
www.guhwilmuehle.ch	Getränke:	**16** ǀ 20
eigene Fischzucht • im Grünen • Fleisch	Ambiente:	**8** ǀ 10
	Gesamt:	**84** ǀ 100

L'O ⫿⫿

8810 Horgen

Der Name ist eine Anspielung auf das französische Wort für Wasser, «Eau» – das Restaurant befindet sich nämlich direkt am Ufer des Zürichsees. In der eleganten offenen Küche werden vor dem Gast marktfrische Gerichte mit mediterranen Einflüssen und Grillspezialitäten zubereitet.

Bahnhofstrasse 29	Essen:	**44** ǀ 50
+41 44 7252525	Service:	**17** ǀ 20
www.lo-horgen.ch	Getränke:	**17** ǀ 20
Fisch • Fleisch • am Wasser	Ambiente:	**9** ǀ 10
	Gesamt:	**87** ǀ 100

⫿ 80–84   ⫿⫿ 85–89   ⫿⫿⫿ 90–94   ⫿⫿⫿⫿ 95–100 Punkte

Chez Fritz |||

Direkt am Zürichsee gelegen, lädt das Chez Fritz im gemütlichen und edlen Ambiente zum Entspannen und Geniessen ein. Das Restaurant bietet abwechslungsreiche und moderne Gerichte, die saisonal und mediterran geprägt sind und von einer Auswahl erlesener Weine umrahmt werden.

Seestrasse 195b	Essen:	**46**	50
+41 44 7152515	Service:	**18**	20
www.chezfritz.dinning.ch	Getränke:	**17**	20
mediterran • Eventlocation • am Wasser	Ambiente:	**9**	10
🏠 P 🖥	Gesamt: **90**	100

Oberer Mönchhof ||

8802 Kilchberg

In der eleganten Stube des Oberen Mönchhofs kann sich der Gast richtig verwöhnen lassen. Adrian Thoma und sein Team servieren eine Küche, in der Altbekanntes und Neues aufeinandertreffen und einander harmonisch ergänzen. Die herrliche Seesicht vervollständigt das Gourmet-Erlebnis.

Alte Landstrasse 98	Essen:	**46**	50
+41 44 7154006	Service:	**18**	20
www.moenchhof.ch	Getränke:	**16**	20
Essen mit Aussicht • regional • Fusionsküche	Ambiente:	**9**	10
🏠 P 🍴 ♿ 🖥	Gesamt: **89**	100

Chez Crettol ||

8700 Küsnacht

Das Chez Crettol zelebriert Raclette am Feuer und himmlische Fonduevariationen. Käseliebhaber rund um den Züricher See pilgern dafür seit knapp 40 Jahren zu Denise Crettol. Der heimliche Star auf dem Teller ist aber der Haussalat mit der sagenumwobene Sauce.

Florastrasse 22	Essen:	**44**	50
+41 44 9100315	Service:	**18**	20
	Getränke:	**17**	20
Familienbetrieb • Raclette • Fondue • urchig	Ambiente:	**9**	10
🖥	Gesamt: **88**	100

Rico's |||

8700 Küsnacht

Paradiesvogel und Gastgeber aus Leidenschaft Rico Zandonella serviert in seinem Restaurant eine internationale Küche auf höchstem Niveau. Das Ambiente im Rico's ist ausgefallen und stilvoll, die Gerichte nicht nur schön anzusehen, sondern auch präzis und exquisit im Geschmack.

Seestrasse 160	Essen:	**47**	50
+41 44 9100715	Service:	**19**	20
www.ricozandonella.ch	Getränke:	**19**	20
unkonventionell • Fine Dining • Fusionsküche	Ambiente:	**9**	10
🏠 P 🖥	Gesamt: **94**	100

Sonnengalerie ♚♚   8700 Küsnacht

In der Sonnengalerie des Romantik Seehotels Sonne treffen sich die Gourmets. Die Küche ist vornehmlich gutbürgerlich schweizerisch, holt sich aber auch gerne Inspiration in fernen Ländern. Auf dem saisonal wechselndes Menu findet jeder etwas für seinen Geschmack.

Seestrasse 120
+41 44 9141818
www.sonne.ch
Hotelrestaurant • traditionell • regional

Essen:	**45** ı 50
Service:	**18** ı 20
Getränke:	**17** ı 20
Ambiente:	**8** ı 10
Gesamt:	**88** ı 100

Steinburg ♚♚   8700 Küsnacht

Das Seerestaurant Steinburg bietet nicht nur eine tolle Aussicht über den See, sondern auch eine gehobene, modern umgesetzte gutbürgerliche Küche mit Einflüssen aus aller Welt. Geleitet wird das Restaurant von einem Team, das zwar jung ist, aber trotzdem viel Erfahrung mitbringt.

Seestrasse 110
+41 44 9100638
www.seerestaurant-steinburg.ch
saisonal • am Wasser • entspannt

Essen:	**43** ı 50
Service:	**17** ı 20
Getränke:	**17** ı 20
Ambiente:	**8** ı 10
Gesamt:	**85** ı 100

Albishaus ♚♚   8135 Langnau am Albis

Im Restaurant Albishaus wird mit saisonalen und regionalen Produkten gekocht. Der Fokus liegt auf Kreativität und Variantenreichtum. Die kulinarischen Traditionen werden auf der «Dachterrasse des Kantons» – die Aussicht ist atemberaubend – mit viel Liebe verfolgt.

Naturfreundeweg 8
+41 43 3778753
www.albishaus.ch
Allrounder • im Grünen • regional

Essen:	**44** ı 50
Service:	**17** ı 20
Getränke:	**18** ı 20
Ambiente:	**9** ı 10
Gesamt:	**88** ı 100

Alpenblick ♚♚   8706 Meilen

Die Zeit scheint in dieser Toggenwiler Bauernschenke stillzustehen. Eingebettet zwischen Wiesen und Bauernhöfen ist urchige Normalität Trumpf. Auch die Küche entspricht der traditionellen Einrichtung: Gutbürgerliche Speisen werden im Alpenblick zum Besten gegeben.

Toggwil 5
+41 44 9230402
www.alpenblickmeilen.ch
Schweizer Küche • im Grünen • traditionell

Essen:	**44** ı 50
Service:	**18** ı 20
Getränke:	**17** ı 20
Ambiente:	**9** ı 10
Gesamt:	**88** ı 100

♚ 80–84   ♚♚ 85–89   ♚♚♚ 90–94   ♚♚♚♚ 95–100 Punkte   225

Löwen Meilen 🍴

Die Räumlichkeiten des Löwen stammen aus dem 15. Jahrhundert. Serviert wird heute eine Saisonküche mit Einflüssen aus aller Welt, mit Fleisch aus tierfreundlicher Haltung und vielen vegetarischen Optionen. Im Sommer lohnt sich der Besuch, um im schönen Gärtli zu speisen.

Seestrasse 595	Essen: **44** | 50
+41 43 8441050	Service: **17** | 20
www.loewen-meilen.ch	Getränke: **17** | 20
Gasthaus • saisonal • klassisch • modern	Ambiente: **8** | 10
	Gesamt: **86** | 100

Restaurant27 by Livingdreams 🍴

Das Restaurant 27 ist eine Hommage an die Fusionsküche Südostasiens mit südamerikanischem Akzent. Küchenchef Yusuf Demirel kocht frisch, zeitgemäss und immer im Takt der Jahreszeiten. Nachhaltigkeit und der Respekt vor Mensch und Tier kommen hierbei nicht zu kurz.

Kirchgasse 27	Essen: **42** | 50
+41 044 7933027	Service: **17** | 20
www.livingdreams.ch	Getränke: **16** | 20
Fusionsküche • saisonal • unkonventionell	Ambiente: **8** | 10
	Gesamt: **83** | 100

Wirtschaft zur Burg 🍴🍴🍴

Die Wirtschaft zur Burg thront hoch über Meilen. Serviert werden in den schönen, holzgetäferten Stuben und im lauschigen Garten klassische Gerichte. Ein grosses Augenmerk wird auf Fisch gelegt, den man hier in verschiedensten Varianten findet. Auch die Weinauswahl ist spannend.

Auf der Burg 15	Essen: **45** | 50
+41 44 9230371	Service: **18** | 20
www.wirtschaftzurburg.ch	Getränke: **18** | 20
Gasthaus • Essen mit Aussicht • saisonal	Ambiente: **9** | 10
	Gesamt: **90** | 100

Rebe 🍴🍴

In der Rebe dreht sich alles ums Cordon bleu. Verschiedene Fleisch- und Käsesorten werden kombiniert. Es gibt sogar vegetarische Varianten. Alle sind nach Musikern benannt, so gibt es etwa das Cordon bleu «DJ Bobo»: Schweinefleisch, gefüllt mit Schinken und Appenzeller.

Mitteldorfweg 3	Essen: **44** | 50
+41 52 3156404	Service: **18** | 20
www.rebe.ch	Getränke: **17** | 20
Fleisch • entspannt • Schweizer Küche	Ambiente: **8** | 10
	Gesamt: **87** | 100

Hirschen Stammheim ¦¦¦   8477 Oberstammheim

Mirco Schumacher serviert den Gästen eine regionale Landküche. Um den Eigengeschmack der Produkte zu bewahren, verwendet er diese möglichst naturbelassen. Kulinarische Höhepunkte sind im Frühling die Variationen vom Stammer Grünspargel und die Wildgerichte im Herbst.

Steigstrasse 4	Essen: **46** ǀ 50
+41 52 745 11 24	Service: **18** ǀ 20
www.hirschenstammheim.ch	Getränke: **17** ǀ 20
Gasthaus • Schweizer Küche • regional	Ambiente: **9** ǀ 10

Gesamt: **90** ǀ 100

Wunderbrunnen ¦¦¦   8152 Opfikon

Der Wunderbrunnen am Dorfplatz in Opfikon verwöhnt seine Gäste seit 1882. Die gutbürgerliche Küche mit mediterranen Einflüssen ist stets saisonal und frisch. Dazu gibt es eine grosse Weinkarte mit über 130 Offenweinen. So findet jeder ein passendes Glas zu seinem Gericht.

Dorfstrasse 36	Essen: **45** ǀ 50
+41 44 810 24 24	Service: **18** ǀ 20
www.wunderbrunnen-opfikon.ch	Getränke: **19** ǀ 20
Gasthaus • grosse Weinkarte • saisonal	Ambiente: **9** ǀ 10

Gesamt: **91** ǀ 100

First ¦¦   8307 Ottikon bei Kemptthal

Sarah Twerenbold und Claire Kuhn haben mit dem Restaurant First einen Ort des Genusses geschaffen, an dem man leicht die Zeit vergisst. Nicht vergessen werden die Gäste die von der mediterranen Küche inspirierten Kreationen, die Küchenchef Kevin Della Rosa dort zaubert.

Schlossstrasse 2	Essen: **45** ǀ 50
+41 52 346 12 02	Service: **18** ǀ 20
www.restaurant-first.ch	Getränke: **17** ǀ 20
mediterran • saisonal • im Grünen	Ambiente: **9** ǀ 10

Gesamt: **89** ǀ 100

Wirtschaft zur Traube ¦¦   8307 Ottikon bei Kemptthal

Nach dem Motto «geradlinig, ehrlich, schnörkellos» serviert das Wirtepaar Kathrin und Thomas Kämpfer eine spannende Mischung aus traditioneller Schweizer Kost und exotischeren Zutaten. Thomas schwingt den Kochlöffel, während Kathrin sich aufmerksam um die Gäste kümmert.

Kyburgstrasse 17	Essen: **44** ǀ 50
+41 52 345 12 58	Service: **18** ǀ 20
www.traubeottikon.ch	Getränke: **17** ǀ 20
im Grünen • saisonal • traditionell	Ambiente: **9** ǀ 10

Gesamt: **88** ǀ 100

¦ 80–84   ¦¦ 85–89   ¦¦¦ 90–94   ¦¦¦¦ 95–100 Punkte

Landgasthof Sternen 🍴🍴

8422 Pfungen

Im gemütlichen Ambiente geniesst man aufwendige Amuse-Bouches, selbstgebackenes Brot und feine Desserts. Vater und Sohn, Max und Raphael Gut, kochen mit auserlesenen Zutaten, Liebe und Kreativität. An der Sternen-Metzgete wird nach Grossvaters Rezepten selber gewurstet.

Weiacherstrasse 38
+41 52 3152298
www.sternen-pfungen.ch
Gasthaus • Fine Dining • Menu surprise

🏠 P ♿ ✖ 🍴

Essen:	45	50
Service:	18	20
Getränke:	18	20
Ambiente:	8	10
Gesamt:	89	100

Krone 🍴🍴🍴

8158 Regensberg

Wer im Städtchen Regensberg ankommt, tritt in eine andere Welt ein, in der Ale Mordasini ausgeklügelte Kreationen von traditionell bis modern kreiert. Er lässt sich dabei von Einflüssen aus aller Welt inspirieren und erzeugt durch seine Gerichte Emotionen und Erinnerungen.

Oberburg 1
+41 44 8552020
www.kroneregensberg.com
Hotelrestaurant • Fine Dining • Essen mit Aussicht

🏠 🛏

Essen:	47	50
Service:	18	20
Getränke:	18	20
Ambiente:	10	10
Gesamt:	93	100

Taverne 🍴🍴

8158 Regensberg

Marktfrische Produkte und ausgeklügelte Kombinationen von traditionell bis modern liegen der Küche im Restaurant Taverne zugrunde. Der ausgezeichnete junge Küchenchef Ale Mordasini lässt sich bei seinen Kreationen von der gesamten kulinarischen Welt inspirieren.

Oberburg 1
+41 44 8552020
kroneregensberg.com
Hotelrestaurant • Fine Dining • modern

🛏 🍴

Essen:	44	50
Service:	18	20
Getränke:	18	20
Ambiente:	9	10
Gesamt:	89	100

Zur Eintracht 🍴🍴

8404 Reutlingen-Winterthur

Nach sieben Jahren als Gastgeber der Eintracht übergibt Roland Häusermann das Zepter an Roland König. Als Pächter des Al Giardino ist er ein würdiger Nachfolger. König steht für eine leichte Saisonküche, in der aber auch währschafte Schweizer Gerichte ihren Platz haben.

Reutlingerstrasse 67
+41 52 2421540
www.eintracht-reutlingen.ch
Schweizer Küche • Fleisch • entspannt

🏠 P 🍴

Essen:	43	50
Service:	17	20
Getränke:	16	20
Ambiente:	9	10
Gesamt:	85	100

Zum Buck 🍴🍴🍴

8462 Rheinau

Die Gaststube des 1492 erbauten Wirtshaus zum Buck wurde 2010 zurückhaltend renoviert, sie strahlt viel Gemütlichkeit aus. Serviert werden hier und im schönen grossen Garten währschafte Schweizer Traditionsgerichte, zubereitet aus frischen, regionalen und saisonalen Zutaten.

Buckstrasse 1
+41 52 319 12 68
www.buck-rheinau.ch
Garten • traditionell • entspannt

Essen:	**45**	50
Service:	**18**	20
Getränke:	**18**	20
Ambiente:	**9**	10
Gesamt: **90**		100

Mama Persia 🍴

8803 Rüschlikon

Das Mama Persia bringt Persien an den Zürichsee. Am Ufer im Garten oder in der mit Ornamenten und Teppichen verzierten Gaststube werden traditionelle Mezze, Grillspiesse, Eintöpfe und Reisspezialitäten serviert. Die Gerichte sind würzig und geschmacklich sehr harmonisch.

Seestrasse 116
+41 43 388 05 15
www.mamapersia.ch
persisch • vegetarisch • entspannt

Essen:	**44**	50
Service:	**16**	20
Getränke:	**16**	20
Ambiente:	**8**	10
Gesamt: **84**		100

Taverna Rosa 🍴🍴

8803 Rüschlikon

In der Taverna Rosa gibt es feine Spezialitäten aus dem Süden der Schweiz und Norden Italiens. Serviert werden diese in der stilvoll-gemütlichen Taverne oder draussen auf der lauschigen Gartenterrasse. Gruppen ab vier Personen können die sensationelle Tavolata bestellen.

Dorfstrasse 42
+41 44 724 00 77
www.die-rose.ch
vegetarisch • mediterran • entspannt

Essen:	**45**	50
Service:	**18**	20
Getränke:	**18**	20
Ambiente:	**8**	10
Gesamt: **89**		100

🍴 80–84 🍴🍴 85–89 🍴🍴🍴 90–94 🍴🍴🍴🍴 95–100 Punkte

229

Tobias Buholzer 🍴🍴🍴

8803 Rüschlikon

Für Tobias Buholzer ist Gemüse der «neue Luxus». Aus den besten Produkten, die der Markt hergibt, zaubern er und sein Team ein vegetarisches Menu, das die Jahreszeit widerspiegelt. Wer auf Fleisch und Fisch nicht verzichten möchte, kann einige Tagesempfehlungen dazubestellen.

Dorfstrasse 42
+41 44 724 00 77
www.die-rose.ch
Fine Dining • elegant • vegetarisch • Menu surprise

Essen:	**47**	50
Service:	**18**	20
Getränke:	**19**	20
Ambiente:	**10**	10

Gesamt: **94** | 100

Sonne Seuzach 🍴🍴

8472 Seuzach

Leidenschaftlich kreierte Gerichte aus regionalen Zutaten gehören hier genauso zum Programm wie Entertainment, das hier regelmässig in unterschiedlicher Form angeboten wird. Die Weinkarte ist mit bekannten Namen bestückt und lässt für Kenner kaum Wünsche offen.

Ohringerstrasse 2
+41 52 338 08 08
sonne-seuzach.ch
regionale Produkte • Hotelrestaurant • weltlich

Essen:	**44**	50
Service:	**18**	20
Getränke:	**18**	20
Ambiente:	**8**	10

Gesamt: **88** | 100

Zafferano 🍴🍴🍴

8001 Stadtkreis 1 Altstadt

Italienische Klassiker aus dem Steinofen, delikate Zutaten und grossartige Weine – all das bietet das neue Bindella-Lokal Ristorante Zafferano am Zürcher Limmatquai. Hausklassiker sind die Pizze im neapolitanischen Stil, der Risotto allo zafferano und die Filettini di Manzo.

Limmatquai 54
+41 44 272 33 22
www.bindella.ch
italienisch • klassisch • Pizza • mediterran

Essen:	**45**	50
Service:	**18**	20
Getränke:	**18**	20
Ambiente:	**9**	10

Gesamt: **90** | 100

Rössli ⑂

8712 Stäfa

Seit 400 Jahren wird in der Rössli Beiz in Stäfa zeitgemässe Küche angeboten. Heute serviert das Team um Madlaina Weber und Simon Senn eine frisch zubereitete Hausmannskost mit Gerichten wie Fisch aus dem Zürichsee, Hackbraten und selbst gemachten Gnocchi.

Bahnhofstrasse 1
+41 44 9265767
www.roesslibeiz.ch
Beiz • entspannt • Schweizer Küche

Essen:	**45** ı 50
Service:	**19** ı 20
Getränke:	**16** ı 20
Ambiente:	**9** ı 10
Gesamt:	**89** ı 100

Villa Sunneschy ⑂

8712 Stäfa

Die Villa Sunneschy in Stäfa bietet einen wunderschönen Ausblick auf den Zürichsee. Auf der Karte findet man feine, bodenständige, frisch zubereitete Gerichte für den grossen und den kleinen Hunger. Geniessen kann man diese im Restaurant oder unter Palmen in der See-Loggia.

Seestrasse 156
+41 44 9273090
www.villa-s.ch
weltlich • am Wasser • entspannt

Essen:	**42** ı 50
Service:	**17** ı 20
Getränke:	**16** ı 20
Ambiente:	**9** ı 10
Gesamt:	**84** ı 100

Zur Sonne ⑂

8712 Stäfa

In zweiter Generation führen Patricia und Cäsar Meyer die Sonne in Stäfa. Da der Grossvater Berufsfischer war, legt Küchenchef Cäsar ein besonderes Augenmerk auf Fisch. Die Zutaten stammen fast alle aus der Region, der Süsswasserfisch sogar ausschliesslich aus dem Zürichsee.

Seestrasse 37
+41 43 4771010
www.sonnestaefa.ch
Gasthaus • Fisch • elegant

Essen:	**46** ı 50
Service:	**18** ı 20
Getränke:	**18** ı 20
Ambiente:	**9** ı 10
Gesamt:	**91** ı 100

Gourmet-Stübli ⑂

8428 Teufen

Im ehemaligen Heuboden befindet sich heute ein Gourmet-Restaurant. Hier treffen auserlesene Zutaten aus der ganzen Welt auf Tradition. Die frische, regionale, aber auch unkonventionelle Küche des Gourmet-Stübli kreiert dabei überraschende und sehr harmonische Kompositionen.

Oberteufenerstrasse 1
+41 44 8654972
wyberg.ch
Fine Dining • elegant • Fusionsküche

Essen:	**45** ı 50
Service:	**18** ı 20
Getränke:	**18** ı 20
Ambiente:	**9** ı 10
Gesamt:	**90** ı 100

⑂ 80–84   ⑂⑂ 85–89   ⑂⑂⑂ 90–94   ⑂⑂⑂⑂ 95–100 Punkte

Portofino 🍴

8800 Thalwil

Beim Besuch im Portofino kommt schnell Ferienstimmung auf. Das liegt nicht nur an der Lage direkt am See, sondern auch an der Karte, die mit schmackhaften italienischen Gerichten gespickt ist. Diese werden im Sommer im Garten und im Winter im Pavillon mit Cheminée-Feuer serviert.

Seestrasse 100
+41 44 7203240
www.portofino-am-see.ch
italienisch • am Wasser • Pizza

Essen:	**44** | 50
Service:	**18** | 20
Getränke:	**18** | 20
Ambiente:	**8** | 10
Gesamt:	**88** | 100

Uto Kulm 🍴

8143 Uetliberg

Das Uto Kulm auf dem Gipfel des Uetlibergs bietet nicht nur eine traumhafte Aussicht auf die Stadt und Alpen, auch kulinarisch lohnt sich der Ausflug auf den Hausberg Zürichs. Ob Zürcher Geschnetzeltes oder das drei bis fünfgängige Schlemmermenu, es gibt etwas für jeden Geschmack.

Uetliberg
+41 44 4576666
utokulm.ch
Gasthaus • am Berg • regional

Essen:	**43** | 50
Service:	**17** | 20
Getränke:	**16** | 20
Ambiente:	**9** | 10
Gesamt:	**85** | 100

Eder's Eichmühle 🍴

8820 Wädenswil

Familie Eder verführt die Gäste in der Mühle durch eine leichte, französische Küche der Spitzenklasse, herzliche Gastfreundschaft und stilvolles Ambiente. Das ehrwürdige Haus in traumhafter Lage hat alles, damit jeder Aufenthalt zu einem Genuss wird und keine Wünsche offen bleiben.

Eichmühle 2
+41 44 7803444
www.eichmuehle.ch
Menu surprise • elegant • französisch • Garten

Essen:	**45** | 50
Service:	**17** | 20
Getränke:	**17** | 20
Ambiente:	**9** | 10
Gesamt:	**88** | 100

Gambrinus ▌▌ 8820 Wädenswil

Im Gabrinus geniesst man die legendären Pouletfilets «Feuerstein» im Körbli. Seit der ersten Stunde begeistern sie jahrein, jahraus: eigenhändig zerlegt, mariniert, paniert, frittiert und mit Pommes und Saucen serviert. Für Fischliebhaber gibt es das Gegenstück mit Seefisch.

Seestrasse 85	Essen:	**44** ǀ 50
+41 44 7803995	Service:	**17** ǀ 20
www.restaurant-gambrinus.com	Getränke:	**16** ǀ 20
Schweizer Küche • traditionell • entspannt	Ambiente:	**9** ǀ 10
	Gesamt: **86** ǀ 100	

Wädi-Brau-Huus ▌ 8820 Wädenswil

Frisch, gutbürgerlich, saisonal und regional ist die abwechslungsreiche Küche in der einzigen Gasthausbrauerei am Zürichsee. Die Produkte stammen von lokalen Lieferanten und Produzenten. Und selbstredend spielt das Bier auch bei den Speisen eine bedeutende Rolle.

Florhofstrasse 9	Essen:	**43** ǀ 50
+41 44 7839392	Service:	**17** ǀ 20
www.waedenswiler.ch	Getränke:	**15** ǀ 20
Brauerei • Schweizer Küche • Biervielfalt	Ambiente:	**9** ǀ 10
	Gesamt: **84** ǀ 100	

Zum Doktorhaus ▌▌ 8304 Wallisellen

Das Doktorhaus heisst so, weil das ehemalige Gasthaus zur Linde im 19. Jahrhundert diverse Ärzte beherbergte. Heute wird hier gekocht und gegessen. Die frischen, mediterran angehauchten Gerichte werden im edlen Français, in der Vineria oder im Doktorstübli serviert.

Alte Winterthurerstrasse 31	Essen:	**45** ǀ 50
+41 44 8305822	Service:	**18** ǀ 20
www.doktorhaus.ch	Getränke:	**17** ǀ 20
traditionell • entspannt • Garten	Ambiente:	**8** ǀ 10
	Gesamt: **88** ǀ 100	

Gasthof Sternen ▌▌▌ 8602 Wangen bei Dübendorf

Mit viel Liebe zum Detail und handwerklichem Geschick wird im Sternen eine leichte, mediterran angehauchte und marktfrische Küche serviert. Im Gewölbe des ehemaligen Bads und Kohlekellers werden heute hohe Küchenkunst und liebevolle Gastfreundschaft zelebriert.

Sennhüttenstrasse 1	Essen:	**46** ǀ 50
+41 44 8334466	Service:	**18** ǀ 20
www.sternenwangen.ch	Getränke:	**18** ǀ 20
Gasthaus • Fine Dining • Fusionsküche	Ambiente:	**8** ǀ 10
	Gesamt: **90** ǀ 100	

▌ 80–84   ▌▌ 85–89   ▌▌▌ 90–94   ▌▌▌▌ 95–100 Punkte

Il Casale ███

8620 Wetzikon

Im historischen Bauernhaus begeistert das Il Casale mit moderner Italianità. Geniessern bietet die Karte italienische Klassiker und auch weniger bekannte mediterrane Leckerbissen. Die Herzen der Fleischliebhaber kommen donnerstags beim Bistecca-fiorentina-Menu auf ihre Kosten.

Leutholdstrasse 5
+41 43 4775737
www.il-casale.ch
italienisch • entspannt • saisonal

Essen:	**46**	50
Service:	**18**	20
Getränke:	**17**	20
Ambiente:	**9**	10
Gesamt:	**90**	100

Bahnhöfli ██

8408 Winterthur

Liebhaber der Schweizer Küche kommen im Restaurant Bahnhöfli vollends auf ihre Kosten. Um beste Qualität und Frische gewährleisten zu können, wird die Karte bewusst klein gehalten und das Angebot der Jahreszeit laufend angepasst. Die Top-Metzgete im Herbst ist weit bekannt.

Wydenweg 15
+41 52 2221944
www.bahnhöfli-wülflingen.ch
Schweizer Küche • Fleisch • entspannt

Essen:	**45**	50
Service:	**18**	20
Getränke:	**16**	20
Ambiente:	**8**	10
Gesamt:	**87**	100

Banane █

8400 Winterthur

Moderne Küche und regionale Produkte treffen im Restaurant, das nach der Südfrucht benannt ist, aufeinander. Küchenchef Riccardo Tortora verwöhnt mit einem ausgewählten Angebot an saisonalen, kreativen Speisen. Im Sommer geniesst man auf der gediegenen Dachterrasse.

Schaffhauserstrasse 8
+41 52 2681616
www.bananacity.ch
Hotelrestaurant • mediterran • modern

Essen:	**43**	50
Service:	**17**	20
Getränke:	**16**	20
Ambiente:	**8**	10
Gesamt:	**84**	100

Barnabas ██

8400 Winterthur

Nahe der Winterthurer Altstadt treffen unkompliziert zwei Kulturen aufeinander. Auf der vorwiegend indisch inspirierten Speisekarte bietet Küchenchef Ajmal Alam nach dem Motto «East meets West» auch Schweizer Klassiker, die mit Liebe und Perfektion zubereitet werden.

Büelrainstrasse 1
+41 52 2122545
barnabaswinti.ch
Beiz • indisch • entspannt

Essen:	**45**	50
Service:	**17**	20
Getränke:	**17**	20
Ambiente:	**8**	10
Gesamt:	**87**	100

Bloom

8400 Winterthur

«Mal klassisch inszeniert, mal experimentell gewagt» – so lautet die Küchenphilosophie im Bloom. Am besten findet sich dieses Motto im Kunstmenu wieder, bei dem man die Menü-Trilogie selbst zusammenstellen kann; es gibt Einblick in die kreative Food-Architektur.

Stadthausstrasse 4	Essen:	**45** | 50
+41 52 2650365	Service:	**17** | 20
www.bloom.ch	Getränke:	**17** | 20
Hotelrestaurant • Fusionsküche • Garten	Ambiente:	**9** | 10
	Gesamt: **88** | 100	

Brauhaus Sternen

8400 Winterthur

Im Brauhaus Sternen spielen Braupfanne und Backofen eine wichtige Rolle. Köstlichkeiten und Brauhaus-Klassiker wie Quarkteig-Krapfen, Brezel oder Wurst im Blätterteig werden im Ofen gebacken, während in den Braupfannen die passenden Biere dazu gebraut werden.

Neumarkt 9	Essen:	**43** | 50
+41 52 2028686	Service:	**17** | 20
www.brauhaus.ch	Getränke:	**17** | 20
Brauerei • Biervielfalt • Schweizer Küche	Ambiente:	**8** | 10
	Gesamt: **85** | 100	

Cantinetta Bindella

8400 Winterthur

Die Cantinetta Bindella nimmt ihre Gäste mit auf eine kulinarische Reise in die Toskana, und das an Winterthurs beliebtester Flaniermeile, der Marktgasse. Die Osteria besticht durch unvergleichliche Gemütlichkeit und bringt authentische Italianità in die Gartenstadt.

Marktgasse 44	Essen:	**45** | 50
+41 52 2121349	Service:	**18** | 20
www.bindella.ch	Getränke:	**18** | 20
italienisch • mediterran • entspannt	Ambiente:	**8** | 10
	Gesamt: **89** | 100	

 80–84 85–89 90–94 95–100 Punkte

Das Taggenberg ♍️

8408 Winterthur

Das Taggenberg ist seit Jahrzehnten Synonym für gehobene Küche. Die bewusst kleine, aber sehr feine Speisekarte bietet authentische und abwechslungsreiche Speisen, bei denen frisches und regionales Gemüse die Hauptrolle spielt. Karnivoren kommen hier trotzdem auf ihre Kosten.

Taggenbergstrasse 79
+41 52 220 52 22
www.dastaggenberg.ch
Essen mit Aussicht • saisonal • entspannt

Essen:	**45**	50
Service:	**17**	20
Getränke:	**18**	20
Ambiente:	**9**	10
Gesamt:	**89**	100

Don Camillo ♍️

8400 Winterthur

Die älteste Pizzeria der Stadt legt den Fokus auf Pizza und Salat. Der italienische Pizzaiolo im Don Camillo zaubert im Holzofen feinste Pizze, die einem lange in Erinnerung bleiben. Pizze aus Dinkelteig und glutenfreie Varianten werden hier ebenfalls angeboten.

Steinberggasse 51
+41 52 212 20 71
pizzeriadoncamillo.ch
Pizza • entspannt • gemütlich

Essen:	**45**	50
Service:	**17**	20
Getränke:	**17**	20
Ambiente:	**9**	10
Gesamt:	**88**	100

Fredi ♍️

8400 Winterthur

Im stilvoll renovierten Restaurant oder auf der lauschigen Gartenterrasse kann der Gast Schweizer Küche geniessen, die mediterran inspiriert ist und aus frischen und lokalen Zutaten zubereitet wird. Die mit viel Liebe zubereiteten Speisen sind nahe alle hausgemacht.

Stadthausstrasse 119
+41 52 260 58 88
restaurant-fredi.ch
weltlich • entspannt • Garten

Essen:	**44**	50
Service:	**18**	20
Getränke:	**18**	20
Ambiente:	**9**	10
Gesamt:	**89**	100

Frisk Fisk ♍️

8400 Winterthur

2017 eröffnete im Herzen der Winterthurer Altstadt die erste Lachsbar der Schweiz. Auf der schönen Strassenterrasse und im nordisch-stilvollen Restaurant serviert man Frisk-Fisk-Klassiker wie frische Austern, knusprige Lachs-Bagels oder die berühmt-berüchtigte Sea-Food-Platter.

Metzgasse 3
+41 52 212 44 35
www.friskfisk.ch
Fisch • Delikatessenverkauf • entspannt

Essen:	**44**	50
Service:	**18**	20
Getränke:	**18**	20
Ambiente:	**9**	10
Gesamt:	**89**	100

La Pergola

8400 Winterthur

Gemütliche Atmosphäre und herzlicher Service zeichnen dieses Lokal aus. Die Speisekarte reicht von mediterranen Speisen über klassische Hausmannskost bis hin zu saisonalen Spezialitäten. Egal, ob Pizza, Pasta oder Cordon bleu, hier wird alles sorgfältig und liebevoll zubereitet.

Stadthausstrasse 71
+41 52 2020202
www.la-pergola.ch
italienisch • Pizza • entspannt

Essen:	**42**	50
Service:	**17**	20
Getränke:	**17**	20
Ambiente:	**8**	10
Gesamt:	**84**	100

National

8400 Winterthur

Das National am Hauptbahnhof Winterthur ist bekannt für seine mediterrane Küche mit einem soliden Schweizer Fundament. Die Gäste kommen für die hausgemachten Ricotta-Gnocchi, Züri-Geschnetzeltes, das am Tisch zubereitete Tatar oder den reichhaltigen Sonntags-Brunch.

Stadthausstrasse 24
+41 52 2122424
www.bindella.ch
Schweizer Küche • mediterran • Brunch

Essen:	**44**	50
Service:	**18**	20
Getränke:	**18**	20
Ambiente:	**9**	10
Gesamt:	**89**	100

No18 Restaurant & Bar

8400 Winterthur

Küchenchef Sandro Jenni kocht im No18 Restaurant & Bar gutbürgerliche Gerichte mit mediterranem Touch. Die Speisekarte ist klein gehalten, es gibt eine Vitrine mit fangfrischem Fisch und Tagesempfehlungen, die vom freundlichen Serviceteam mündlich kommuniziert werden.

Wülflingerstrasse 18
+41 52 2220145
18-winterthur.ch
Bar • mediterran • Fisch

Essen:	**46**	50
Service:	**18**	20
Getränke:	**18**	20
Ambiente:	**8**	10
Gesamt:	**90**	100

Rosa Pulver ⅓⅓⅓

8400 Winterthur

Im Rosa Pulver wird in einer jungen, entspannten Atmosphäre eine Küche auf hohem Niveau dargeboten. Die Gerichte sind kreativ und machen Spass, Teller können entweder individuell bestellt oder zur Tavolata kombiniert werden. Dazu gibt es Weine aus naturnahem Anbau.

Stadthausstrasse 10		Essen:	**46**	50
+41 52 2120022		Service:	**18**	20
www.rosapulver.ch		Getränke:	**19**	20
Sharing Menu • regional • nachhaltig		Ambiente:	**9**	10
		Gesamt: **92**	100	

Rossberg ⅓⅓

8310 Winterthur

Auf dem Rossberg im Naherholungsgebiet von Winterthur wird in traumhafter Atmosphäre mitten im Grünen eine klassische, gutbürgerliche Küche serviert. Seit 1979 kümmern sich Gastgeber Irene und Erich Bucher mit Leidenschaft um die Gäste.

Rossbergstrasse 41		Essen:	**42**	50
+41 52 3451163		Service:	**18**	20
rossberg-winterthur.ch		Getränke:	**17**	20
traditionell • Schweizer Küche • gemütlich		Ambiente:	**9**	10
		Gesamt: **86**	100	

Schäfli ⅓⅓

8400 Winterthur

Schäfli-Besitzern Eva Pavlik ist 1980 mit ihrer Familie aus Tschechien geflüchtet und machte in der Schweiz die Wirteprüfung. Serviert werden im beliebten Restaurant in der Winterthurer Innenstadt klassische, währschafte Gerichte der Schweizer und tschechischen Küche.

Oberer Graben 18		Essen:	**45**	50
+41 52 2138413		Service:	**18**	20
www.restaurant-schaefli-winterthur.ch		Getränke:	**17**	20
Schweizer Küche • Fleisch • traditionell		Ambiente:	**8**	10
		Gesamt: **88**	100	

Schloss Wülflingen ⅓⅓

8408 Winterthur

Wer sich einen Abend lang adlig fühlen möchte, reserviert im Schloss Wülflingen. Im ehemaligen Sitz der Gerichtsherrschaft wird in den historischen Räumlichkeiten und im lauschigen Garten eine klassische Schweizer Küche aus frischen regionalen Zutaten angeboten.

Wülflingerstrasse 214		Essen:	**43**	50
+41 52 2221867		Service:	**17**	20
www.schloss-wuelflingen.ch		Getränke:	**17**	20
im Schloss • im Grünen • traditionell		Ambiente:	**9**	10
		Gesamt: **86**	100	

Schlosshalde 🍴🍴

8404 Winterthur

Das Restaurant Schlosshalde bietet etwas für die ganze Familie. Die Kleinen spielen auf dem grossen Spielplatz, während sich die Grossen kulinarisch verwöhnen lassen. Es gibt bodenständige saisonale Gerichte aus lokalen Produkten und Leckereien aus der hauseigenen Konditorei.

Mörsburgstrasse 36	Essen: **43** | 50
+41 52 2337878	Service: **17** | 20
www.schlosshalde-winterthur.ch	Getränke: **17** | 20
Gasthaus • im Grünen • entspannt	Ambiente: **9** | 10
	Gesamt: **86** | 100

Strauss 🍴🍴🍴

8400 Winterthur

Mitten in Winterthur befindet sich das Restaurant Strauss mit Vineria und Bar. Küchenchef Reto Keist und sein Team lassen sich von traditionellen Rezepten inspirieren, setzen dabei aber auf moderne Kochkunst. Gastgeberin Tuba Özdemir kümmert sich aufmerksam um das Wohl der Gäste.

Stadthausstrasse 8	Essen: **45** | 50
+41 52 2122970	Service: **19** | 20
www.strauss-winterthur.ch	Getränke: **17** | 20
Fine Dining • Fusionsküche • Menu surprise	Ambiente: **9** | 10
	Gesamt: **90** | 100

Trübli 🍴🍴🍴

8400 Winterthur

Seit 1785 gibt es das Trübli, heute weht dank des jungen Teams um Küchenchef Nicolai Pfisterer und Gastgeberin Ramona Gerber ein frischer Wind. Abends wird ausschliesslich ein kreatives Menu surprise aus saisonalen Zutaten serviert. Dazu gibt es eine spannende Weinauswahl.

Bosshardengässchen 2	Essen: **46** | 50
+41 52 2125536	Service: **19** | 20
www.restaurant-truebli.ch	Getränke: **19** | 20
Menu surprise • regional • Fusionsküche	Ambiente: **8** | 10
	Gesamt: **92** | 100

 80–84   🍴🍴 85–89   🍴🍴🍴 90–94   🍴🍴🍴🍴 95–100 Punkte

Winti-Kanne

8400 Winterthur

Andi Weigold und sein Team heissen die Gäste in der Winti-Kanne in der Winterthurer Fussgängerzone willkommen. Auf der Karte findet man herzhafte Gerichte aus der Schweiz und aus dem mediterranen Raum. Im gemütlichen Kyburgia Stübli im Obergeschoss gibt es feine Fondues.

Steinberggasse 25
+41 52 5505122
www.wintikanne.ch
Beiz • Hausmannskost • entspannt

Essen:	**44**	50
Service:	**18**	20
Getränke:	**17**	20
Ambiente:	**8**	10
Gesamt: **87**		100

Wirtshaus zur Krone

8400 Winterthur

Als ältestes Gasthaus in Winterthur ist die Krone der Tradition verpflichtet. Auf der Karte findet man Altbewährtes wie Wiener Schnitzel, Kalbsbäckli und Forellenfilet vom Kundelfingerhof, aber auch Veganer werden hier glücklich. Die meisten Zutaten stammen aus der Schweiz.

Marktgasse 49
+41 52 2081818
www.kronewinterthur.ch
Schweizer Küche • Fleisch • Frühstück

Essen:	**45**	50
Service:	**17**	20
Getränke:	**17**	20
Ambiente:	**8**	10
Gesamt: **87**		100

Rössli

8702 Zollikon

Der alte Riegelbau, der schöne Garten: Das Rössli versprüht durchweg Charme. Auf den Teller kommen neben Schweizer Klassikern wie Leberli oder Kalbsgeschnetzeltem auch moderne Gerichte. Die Cremeschnitte ist legendär, die Weinauswahl durchaus moderat kalkuliert.

Alte Landstrasse 86
+41 44 3912727
www.roesslizollikon.ch
Gasthaus • saisonal • klassisch

Essen:	**44**	50
Service:	**17**	20
Getränke:	**16**	20
Ambiente:	**9**	10
Gesamt: **86**		100

1Komma7 – Das Restaurant �U+1
8002 Zürich

Zentrum des 1Komma7 ist zweifelsohne das Feuer. Mit seiner Hilfe kreiert das Team in der Küche kreative, verspielte Speisen, die am Abend dem Sharing-Konzept gemäss zum Teilen serviert werden. Die Atmosphäre im grosszügigen Restaurant mit Terrasse ist modern und entspannt.

Claridenstrasse 14	Essen:	**45** | 50
+41 44 2082404	Service:	**16** | 20
1komma7.ch	Getränke:	**17** | 20
Steak • Sharing Menu • modern	Ambiente:	**8** | 10
	Gesamt: **86** | 100	

Accademia del Gusto �U+1�U+1
8004 Zürich

Das Accademia del Gusto nimmt seine Gäste seit 2008 mit Eleganz und Leidenschaft mit auf einen Kurzurlaub nach Italien. Mariana und Stefano Piscopo und das zwölfköpfige Team verwöhnen ihre Gäste mit italienischer «nouvelle cuisine». Die legendäre Torta Saint-Honoré – ein Muss.

Rotwandstrasse 48	Essen:	**45** | 50
+41 44 2416243	Service:	**17** | 20
www.accademiadelgusto.ch	Getränke:	**18** | 20
Fine Dining • italienisch • elegant	Ambiente:	**9** | 10
	Gesamt: **89** | 100	

Adlisberg �U+1�U+1�U+1
8044 Zürich

Authentische Zürcher und Schweizer Spezialitäten werden nur wenige Minuten vom Zürcher Stadtzentrum entfernt serviert: Mistkratzerli im Heu, Hackbraten, Zürcher Chatzegschrei und das sehr reichhaltige «Buurezmorge» am Sonntag begeistern Gross und Klein.

Adlisbergstrasse 75	Essen:	**45** | 50
+41 44 2669191	Service:	**18** | 20
www.adlisberg.ch	Getränke:	**18** | 20
Schweizer Küche • Brunch • im Grünen	Ambiente:	**9** | 10
	Gesamt: **90** | 100	

Afghan Anar �U+1�U+1
8005 Zürich

Einen Besuch im «Afghan Anar» gleich hinter dem Zürcher Limmatplatz rechtfertigen alleine schon die täglich frisch zubereiteten Teigtaschen, auf Paschtunisch Mantu genannt. Eine der unzähligen afghanischen Spezialitäten, die hier in herzlicher Atmosphäre angeboten werden.

Fierzgasse 22	Essen:	**45** | 50
+41 44 2231787	Service:	**16** | 20
www.afghananar.ch	Getränke:	**17** | 20
afghanisch • entspannt • regional	Ambiente:	**8** | 10
	Gesamt: **86** | 100	

♦ 80–84   ♦♦ 85–89   ♦♦♦ 90–94   ♦♦♦♦ 95–100 Punkte

Amalfi

8008 Zürich

Feinschmecker kommen hier in den Genuss von Spezialitäten und feinen Tropfen aus Kampanien. Das Amalfi bringt authentische Speisen wie Calamari fritti oder Insalata di polpo aus dem Süden Italiens nach Zürich und ist eine Hommage an das weltberühmte Küstenstädtchen.

Mainaustrasse 23
+41 43 4979686
www.bindella.ch
italienisch • elegant • Fisch

Essen:	**45** ǀ 50
Service:	**18** ǀ 20
Getränke:	**18** ǀ 20
Ambiente:	**8** ǀ 10
Gesamt:	**89** ǀ 100

Antinori

8001 Zürich

Mit den vielen venezianischen Köstlichkeiten, die heute nicht mehr aus der Stadt wegzudenken sind, begeistert die Cantinetta Antinori ihre Gäste immer wieder aufs Neue. Marchese Piero Antinori und Rudi Bindella eröffneten 1994 in Zürich die erste Cantinetta ausserhalb Italiens.

Augustinergasse 25
+41 44 2117210
www.cantinetta-antinori.com
Vinothek • mediterran • elegant

Essen:	**44** ǀ 50
Service:	**18** ǀ 20
Getränke:	**18** ǀ 20
Ambiente:	**9** ǀ 10
Gesamt:	**89** ǀ 100

AuGust 🍴

8001 Zürich

Am Rennweg werden Klassiker wie Schwartenmagen, Kutteln oder Siedfleischsalat restaurantfein gemacht. Im rustikalen, aber dennoch schicken Ambiente der Boucherie AuGust setzt Küchenchef Tino Staub Klassiker und selbst fast vergessene regionale Fleischküche zeitgemäss modern um.

Rennweg 7	Essen: **45** ǀ 50
+41 44 2242526	Service: **16** ǀ 20
www.widderhotel.com	Getränke: **16** ǀ 20
Schweizer Küche • Fleisch • modern	Ambiente: **9** ǀ 10
	Gesamt: **86** ǀ 100

Aura 🍴🍴🍴

8001 Zürich

Im Aura werden auserlesene Fleischstücke und Fische auf dem 800 °C heissen Broiler-Grill vor den Augen der Gäste zubereitet. Die traditionellen Räumlichkeiten der alten Börse im Herzen von Zürich laden zu innovativen europäischen und internationalen Köstlichkeiten ein.

Bleicherweg 5	Essen: **45** ǀ 50
+41 44 4481144	Service: **18** ǀ 20
www.aura-zurich.ch	Getränke: **18** ǀ 20
Fleisch • elegant • Eventlocation	Ambiente: **9** ǀ 10
	Gesamt: **90** ǀ 100

David Biedert ǀ davidbiedert.com

Bank 🍴🍴

8004 Zürich

Ob zum Frühstück nach dem Marktbesuch, zum ausgiebigen Brunch am Wochenende oder zum Abendessen mit kreativen Sharing Dishes – die Bank ist kulinarischer Treffpunkt für genussvolle Momente. Hier wird internationale Küche in urbaner Lage serviert.

Molkenstrasse 15	Essen: **45** ǀ 50
+41 44 2118004	Service: **18** ǀ 20
www.bankzuerich.ch	Getränke: **17** ǀ 20
Frühstück • Brunch • entspannt • regional	Ambiente: **9** ǀ 10
	Gesamt: **89** ǀ 100

Bar Basso ‖ 8001 Zürich

Saisonal jonglieren oder alpin schnabulieren? Die Bar Basso verwöhnt ihre Gäste mit kulinarischen Leckereien und kreativen Gerichten, die abends in einer fünfgängigen Tavolata geteilt werden können. Die Pizze und die wechselnde Mittagskarte lassen keine Wünsche offen.

Sihlstrasse 59	Essen:	**44** | 50
+41 43 4972528	Service:	**18** | 20
www.barbasso.ch	Getränke:	**18** | 20
Cocktails • entspannt • regional • Pizza	Ambiente:	**8** | 10
	Gesamt:	**88** | 100

Bärengasse ‖ 8001 Zürich

Dieter Meiers Restaurant am Paradeplatz ist berühmt für bestes argentinisches Rindfleisch. Während sich Nicolas J. Maeder um das Wohl der Gäste am Tisch kümmert, sorgt Küchenchef Tobias Hähnel dafür, dass das Rindfleisch genauso aufgetragen wird, wie der Gast es sich wünscht.

Bahnhofstrasse 25 / Bärengasse	Essen:	**44** | 50
+41 44 2100808	Service:	**17** | 20
www.restaurant-baerengasse.ch	Getränke:	**16** | 20
Fleisch • elegant • traditionell	Ambiente:	**9** | 10
	Gesamt:	**86** | 100

Barranco ⫪ 8004 Zürich

Im Barranco werden peruanische Klassiker wie Rinderherzspiesse «Anticuchos», Causa verde oder Ceviche von Küchenchef Jose Severino präsentiert. Am trendigen Bullingerplatz wird neben dem Klassiker Pisco Sour ein ebenfalls spannendes Naturweinangebot angeboten.

Sihlfeldstrasse 141	Essen: **44** | 50
+41 41 5585833	Service: **18** | 20
www.barranco.ch	Getränke: **18** | 20
peruanisch • modern • weltlich	Ambiente: **9** | 10
	Gesamt: **89** | 100

Bauernschänke ⫪⫪ 8001 Zürich

Die Kreationen der Bauernschänke eignen sich ideal zum Teilen. Die Gäste können so die ganze Bandbreite der höchst kreativen und geschmacklich raffinierten Gerichte geniessen. Die international inspirierten Kreationen von Nenad Mlinarevic werden von Saison und Markt bestimmt.

Rindermarkt 24	Essen: **46** | 50
+41 44 2624130	Service: **18** | 20
www.bauernschaenke.ch	Getränke: **19** | 20
Sharing Menu • regional • Menu surprise	Ambiente: **9** | 10
	Gesamt: **92** | 100

Baur au Lac Terrasse ⫪⫪ 8001 Zürich

Mit ihrer Lage am Zürichsee bietet die Terrasse des Baur au Lac nicht nur einen Panoramablick auf die Glarner Alpen, sondern auch eine Auswahl saisonaler Gerichte und süsser Versuchungen aus der hauseigenen Patisserie – ob zum Lunch, Kaffeekränzchen oder für einen Apéro.

Talstrasse 1	Essen: **45** | 50
+41 44 2205020	Service: **18** | 20
www.bauraulac.ch	Getränke: **18** | 20
Hotelrestaurant • saisonal • Seeterrasse	Ambiente: **9** | 10
	Gesamt: **90** | 100

Baur's ⫪⫪ 8001 Zürich

Das Baur's zelebriert in elegantem Ambiente Klassiker der europäischen Cuisine und serviert raffinierte Neuinterpretation der klassischen Brasserie – saisonal und frisch. Anhänger der vegetarischen und veganen Küche werden auf der farbenfrohen Menükarte ebenfalls fündig.

Talstrasse 1	Essen: **45** | 50
+41 44 2205060	Service: **18** | 20
www.baurs-zurich.ch	Getränke: **18** | 20
Hotelrestaurant • weltlich • elegant	Ambiente: **9** | 10
	Gesamt: **90** | 100

Bebek ❙❙

Ob ein türkisches Zmorge, ein Mezze-Teller zum Mittagessen oder ein Rinds-Sambuse mit Labneh am Abend – Anhängerinnen kreativer orientalischer Küche werden im nach dem gleichnamigen Istanbuler Stadtteil benannten Restaurant Bebek immer verwöhnt – von früh bis spät.

Badenerstrasse 171
+41 44 2971100
www.bebek.ch
türkisch • Levante • modern • Brunch

Essen:	**44**	50
Service:	**18**	20
Getränke:	**17**	20
Ambiente:	**9**	10
Gesamt:	**88**	100

Bederhof ❙❙

Frische und regionale Produkte sowie Liebe und Passion sind die Zutaten für diese währschafte Küche. Die Bederhof Klassiker wie Wiener Schnitzel und Markbein begeistern immer wieder. Die Weinkarte mit schönen Offenweinen geniesst man hier in gemütlicher Atmosphäre.

Brandschenkestrasse 177
+41 44 2851500
www.bederhof.ch
Fleisch • traditionell • regional

Essen:	**45**	50
Service:	**18**	20
Getränke:	**17**	20
Ambiente:	**9**	10
Gesamt:	**89**	100

Berg 8044 ❙❙

Im romantischen Restaurant Berg 8044 spielt sich alles unter freiem Himmel ab, weshalb das Lokal bei schlechtem Wetter auch geschlossen bleibt. Die raffinierten Speisen werden im Tavolata-Stil serviert und ausschliesslich auf glühender Holzkohle zubereitet.

Tobelhofstrasse 21
+41 44 5527555
www.berg8044.ch
regional • im Grünen • romantisch

Essen:	**44**	50
Service:	**17**	20
Getränke:	**17**	20
Ambiente:	**8**	10
Gesamt:	**86**	100

Bernoulli ❙❙

Im Bernoulli steht einem seit 1995 eine grosse Palette der italienischen Küche mit feinen Spezialitäten zur Auswahl. In gemütlicher Atmosphäre werden die Gäste mit feinen Spezialitäten verwöhnt. Die Desserts und Köstlichkeiten aus dem Weinkeller runden das Angebot perfekt ab.

Hardturmstrasse 261
+41 44 5638737
www.cucinarestaurant.ch
mediterran • klassisch • entspannt

Essen:	**45**	50
Service:	**18**	20
Getränke:	**17**	20
Ambiente:	**8**	10
Gesamt:	**88**	100

Berta ¶¶ 8003 Zürich

Das kleine Lokal am Zürcher Idaplatz wird von Italienfans heiss geliebt. Das Ambiente ist schlicht und entspannt, der Service herzlich und die Speisen traditionell italienisch. Antipasti, Ravioli und Osso buco etwa schmecken wie bei Mamma, nur ein wenig besser.

Bertastrasse 36	Essen:	**45**	50
+41 43 811 52 00	Service:	**17**	20
bottegaberta.ch	Getränke:	**16**	20
italienisch · entspannt · traditionell	Ambiente:	**8**	10
	Gesamt: 86		100

Bianchi ¶¶¶ 8001 Zürich

In den R-Monaten pilgern Austernliebhaber ins renommierte Fischlokal Bianchi und geniessen die Delikatesse mit einem prickelnden Glas Spumante. Im behaglichen Ambiente des Ristorante werden Fischgerichte des Belpaese mit täglich frischen Meeresfrüchten und Fisch zelebriert.

Limmatquai 82	Essen:	**46**	50
+41 44 262 98 44	Service:	**18**	20
www.bindella.ch	Getränke:	**19**	20
Fisch · italienisch · elegant	Ambiente:	**8**	10
	Gesamt: 91		100

Bimi ¶¶ 8008 Zürich

Nur wenige Gehminuten vom Zürcher Bellevue entfernt liegt mit dem Bimi eine Institution für japanische Kulinarik. Von klassisch-traditionell bis modern und von einfach bis raffiniert wird hier alles geboten. Das Ambiente des Lokals ist puristisch, genau so wie die Küche.

Seefeldstrasse 25	Essen:	**45**	50
+41 43 243 77 77	Service:	**18**	20
www.swissbimi.ch	Getränke:	**17**	20
japanisch · Sushi · entpannt	Ambiente:	**9**	10
	Gesamt: 89		100

¶ 80–84 ¶¶ 85–89 ¶¶¶ 90–94 ¶¶¶¶ 95–100 Punkte

247

Bindella ⅋

8001 Zürich

Italienische Klassiker wie die Linguine alla Veneziana mit Tomaten, Scampi und Oliven und feine Tropfen von führenden Winzern werden im Bindella serviert. Das Land Italien mit seiner Leidenschaft und seiner Kultur wird im pulsierenden Restaurant auf hohem Niveau gelebt.

In Gassen 6	Essen:	**45** ׀ 50
+41 44 221 25 46	Service:	**18** ׀ 20
www.bindella.ch	Getränke:	**17** ׀ 20
Fine Dining • italienisch • elegant	Ambiente:	**9** ׀ 10
	Gesamt: **89** ׀ 100	

Blau ⅋⅋⅋

8004 Zürich

Ob Frühstück, Snack, mehrgängig oder legerer Apéro, das Blau empfängt von frühmorgens bis spätabends seine Gäste. Gekocht wird mit wertvollen Zutaten im Rhythmus des Quartiers – lokal und saisonal. Kaffee, Tee, frische Säfte und Wein gibt es hier ebenfalls zu entdecken.

Herman-Greulich-Strasse 56	Essen:	**45** ׀ 50
+41 43 243 42 42	Service:	**18** ׀ 20
www.dasblau.ch	Getränke:	**18** ׀ 20
Brunch • entspannt • regional	Ambiente:	**9** ׀ 10
	Gesamt: **90** ׀ 100	

Blaue Ente

8008 Zürich

In der Blauen Ente mit ihrer unverwechselbaren Architektur stehen lokale Produkte von ausgewählten Produzenten und unverfälschte Aromen der Zutaten im Fokus. Das stadtbekannte Restaurant lebt eine verantwortungsvolle, pflanzenbasierte Genusskultur.

Seefeldstrasse 223
+41 44 3886840
www.blaue-ente.ch
vegetarisch • nachhaltig • modern

Essen:	**45**	50
Service:	**18**	20
Getränke:	**17**	20
Ambiente:	**9**	10
Gesamt: **89**		100

Blockhus

8001 Zürich

Etwas versteckt in der Nähe des Bellevues werden hausgemachte Pastagerichte und schnörkellos zubereitete Klassiker wie Zürigeschnetzeltes serviert. Neben einer gut sortierten Weichkäseauswahl bietet die 400-jährige Walliser Blockhütte eine hervorragende Weinkarte.

Schifflände 4
+41 044 2521453
www.restaurant-blockhus.ch
urchig • Fleisch • entspannt

Essen:	**44**	50
Service:	**17**	20
Getränke:	**17**	20
Ambiente:	**8**	10
Gesamt: **86**		100

Bodega Española

8001 Zürich

Das Española bietet täglich ein breites Angebot an frisch zubereiteten Tapas an. An den grossen Holztischen der 1874 gegründeten Bodega trifft sich eine gesellige Mischung aus Gästen mit dem gemeinsamen Ziel, die spanische Ess- und Trinkkultur zu entdecken und zu erleben.

Münstergasse 15
+41 44 2512310
bodega-espanola.ch
spanisch • urchig • entspannt

Essen:	**44**	50
Service:	**17**	20
Getränke:	**17**	20
Ambiente:	**9**	10
Gesamt: **87**		100

Bohemia

8032 Zürich

An 365 Tagen im Jahr verwöhnt das Bohemia von frühmorgens bis spätabends mit marktfrischen Salaten, hausgemachter Pasta, Seafood, Fleischspezialitäten und vegetarischen Speisen. Vom «la vie de bohème» der Brasserien und Bistros inspiriert wird die Leichtigkeit des Seins zelebriert.

Klosbachstrasse 2	Essen:	**45**	50
+41 44 3837060	Service:	**17**	20
www.bohemia.ch	Getränke:	**17**	20
Brunch • Brasserie • Cocktails	Ambiente:	**8**	10
	Gesamt: **87**	100

Brisket

8005 Zürich

Im Brisket kreiert das Brüderpaar Stephan und Thomas von Matt einzigartige Rezepte und serviert grossartiges, im massgefertigten Smoker «Dolly» geräuchertes Fleisch für ein Southern BBQ. Die Passion für die US-amerikanische Küche kam ihnen beim Reisen durch die USA.

Pfingstweidstrasse 6	Essen:	**45**	50
+41 44 2412020	Service:	**18**	20
www.brisket.ch	Getränke:	**16**	20
Bar • amerikanisch • BBQ	Ambiente:	**9**	10
	Gesamt: **88**	100

Bürgli

8038 Zürich

Im 1864 erbauten Haus geniesst man nicht nur die herrliche Aussicht über den See bis zu den Glarner Alpen, das über dem linken Zürichseeufer thronende Restaurant Bürgli bietet ein weiteres Highlight: Das Entrecôte im Pfännli mit Café-de-Paris-Sauce und Pommes frites à discrétion.

Kilchbergstrasse 15	Essen:	**46**	50
+41 44 4828100	Service:	**18**	20
www.restaurantbuergli.ch	Getränke:	**18**	20
Klassisch • modern • regional • nachhaltig	Ambiente:	**9**	10
	Gesamt: **91**	100

Camino

8004 Zürich

Das Camino bietet täglich drei verschiedene Mittagsmenus und feine Gerichte à la carte. Nicoló Barettis Küche ist ehrlich, geschmackvoll und verständlich. In der kleinen Oase mit ruhigem Innenhof geniesst man mediterrane Speisen, emotional inspiriert ohne Schnickschnack.

Freischützgasse 4	Essen:	**45**	50
+41 44 2402121	Service:	**18**	20
www.restaurant-camino.ch	Getränke:	**18**	20
Garten • mediterran • modern	Ambiente:	**8**	10
	Gesamt: **89**	100

Carlton ‖‖ 8001 Zürich

Küchenchef Philipp Heering zaubert hochstehende Kulinarik für grenzenlosen Genuss. Das Küchenteam im bekannten Carlton Restaurant & Bar kreiert zeitlose und klassische Gerichte internationaler Herkunft für Freunde, Geschäftspartner, Weinliebhaber und Geniesser.

Bahnhofstrasse 41	Essen: **45** | 50
+41 44 2271919	Service: **18** | 20
www.carlton.ch	Getränke: **19** | 20
weltlich • elegant • klassisch	Ambiente: **8** | 10
🏠 P ♿ ▭	Gesamt: **90** |100

Certo ‖ 8004 Zürich

Die italienische Küche im Certo steht für authentische, regionale Gerichte aus erstklassigen Produkten. Wer den «Giro d'Italia» – die kulinarische Italienreise – wählt, dem werden in einem gemütlichen Rhythmus verschiedene Portionen Antipasti, Primi und Secondi aufgetischt.

Strassburgstrasse 5	Essen: **44** | 50
+41 44 2410404	Service: **17** | 20
www.certo.ch	Getränke: **18** | 20
italienisch • saisonal • nachhaltig	Ambiente: **8** | 10
🏠 ♿ ▭	Gesamt: **87** |100

Clouds ‖ 8005 Zürich

Eine offene Küche, um die Köche bei ihrem Handwerk beobachten zu können, und der wohl spektakulärste Blick über die Stadt, den See bis hin zu den Bergen sind nur zwei Highlights des Restaurants Clouds Kitchen. Weitere Highlights sind in der innovativen Menukarte zu finden.

Maagplatz 5	Essen: **45** | 50
+41 44 4043000	Service: **18** | 20
www.clouds.ch	Getränke: **17** | 20
Bar • Bistro • Fine Dining	Ambiente: **9** | 10
P ♿ ✳ ▭	Gesamt: **89** |100

Coco Grill & Bar ‖ 8001 Zürich

Der Holzkohlegrill ist der Maschinenraum im Coco. Dort brennen die Küchenchefs für handverlesene, erstklassige Fleisch- und Fischspezialitäten. Angusfilet, Lobster, Kalbskoteletts, Seeteufel und vieles mehr werden nach dem Motto «Feuer frei für Fisch und Fleisch» zubereitet.

Bleicherweg 1a	Essen: **45** | 50
+41 44 2119898	Service: **17** | 20
www.restaurant-coco.ch	Getränke: **18** | 20
Fisch • Fleisch • elegant	Ambiente: **9** | 10
🏠 ♿ ▭	Gesamt: **89** |100

‖ 80–84   ‖ 85–89   ‖‖ 90–94   ‖‖ 95–100 Punkte

Conti ♨

8008 Zürich

Das direkt beim Opernhaus liegende Restaurant gehört längst zu Zürichs Inventar. Wer grillierte Meeresfische geniessen möchte, wählt «misto di pesce alla griglia». Feinschmecker kommen extra für die erstklassigen, ob zur Suppe oder zu den Spaghetti gereichten, Vongole.

Dufourstrasse 1	Essen:	**44** ǀ 50
+41 44 2510666	Service:	**18** ǀ 20
www.bindella.ch	Getränke:	**18** ǀ 20
italienisch • Fisch • elegant	Ambiente:	**9** ǀ 10
🏠 ♿ 💳	Gesamt:	**89** ǀ 100

Convivio ♨

8004 Zürich

Die Küche des Convivio ist saisonal, regional und vorwiegend biologisch, und die innovativen Gerichte sind mediterran inspiriert – ob à la carte oder als Menu surprise. Hier geniesst man ein auf das Maximum reduziertes Fine Dining im bewusst schlicht gehaltenen Ambiente.

Rotwandstrasse 62	Essen:	**46** ǀ 50
+41 43 3220053	Service:	**18** ǀ 20
www.convivio.ch	Getränke:	**18** ǀ 20
Fine Dining • saisonal • nachhaltig	Ambiente:	**9** ǀ 10
💳	Gesamt:	**91** ǀ 100

Da Angela ♨

8048 Zürich

Mike Thomi setzt auf eine authentische, italienisch-mediterrane Küche und kreiert kulinarische Genüsse mit frischen, ausgesuchten Produkten. Auf der Karte findet man feine Neuheiten und traditionelle Angela-Klassiker, um die Tradition der Namensgeberin Angela fortzuführen.

Hohlstrasse 449	Essen:	**46** ǀ 50
+41 44 4922931	Service:	**18** ǀ 20
www.daangela.ch	Getränke:	**18** ǀ 20
italienisch • mediterran • klassisch	Ambiente:	**9** ǀ 10
🏠 P ♿ 💳	Gesamt:	**91** ǀ 100

DAR ♟♟

8005 Zürich

Zizi Hattabs DAR schafft es, spanisch-marokkanische Einflüsse zu verbinden und in veganes Comfort-Food zu übersetzen, das Grenzen überschreitet. Auf der Getränkekarte finden sich ausgesuchte, naturnah produzierte Weine, kreative Cocktails und alkoholfreie Drinks.

Gasometerstrasse 5	Essen:	**46** ı 50
+41 43 2110033	Service:	**17** ı 20
restaurantdar.com	Getränke:	**17** ı 20
marokkanisch • vegan • unkonventionell • entspannt	Ambiente:	**8** ı 10
	Gesamt: **88** ı 100	

Dézaley ♟♟

8001 Zürich

Mitten in Zürich befindet sich eine welsche Insel: das Le Dézaley. Hier verschmelzen seit über 100 Jahren gutbürgerliche Küche mit Traditionen. Ein Highlight ist das Fondue aus reifem Surchoix-Käse, zu dem man einen feinen Tropfen aus der Romandie geniesst.

Römergasse 7+9	Essen:	**44** ı 50
+41 44 2516129	Service:	**17** ı 20
www.le-dezaley.ch	Getränke:	**17** ı 20
traditionell • urchig • Fondue	Ambiente:	**9** ı 10
	Gesamt: **87** ı 100	

Didi's Frieden ♟♟♟

8006 Zürich

Das Restaurant Didi's Frieden bietet im Herzen von Zürich und nur einen Steinwurf vom Bahnhof entfernt eine exquisite und raffinierte Küche. Didi Brunas Kreationen zeichnen sich durch leichte Fleisch- und Fischgerichte aus. Seine Dessertkunstwerke sind stadtbekannt.

Stampfenbachstrasse 32	Essen:	**45** ı 50
+41 44 2531810	Service:	**19** ı 20
www.didisfrieden.ch	Getränke:	**18** ı 20
weltlich • entspannt • klassisch	Ambiente:	**9** ı 10
	Gesamt: **91** ı 100	

Du Théâtre ♟♟♟

8008 Zürich

Das Du Théâtre nimmt seine Gäste mit auf eine bunte Reise durch die kulinarische Welt: ob Sepiasalat, Robespierre-Filet mit Café-de-Paris-Sauce oder sri-lankisches Lamm-Curry. Die passenden Weine mit Fokus auf Bordeaux, Pinot Noir und Riesling runden die Reise perfekt ab.

Dufourstrasse 20	Essen:	**45** ı 50
+41 44 2514844	Service:	**18** ı 20
www.du-theatre.ch	Getränke:	**18** ı 20
weltlich • elegant • traditionell	Ambiente:	**9** ı 10
	Gesamt: **90** ı 100	

♟ 80–84 ♟♟ 85–89 ♟♟♟ 90–94 ♟♟♟♟ 95–100 Punkte

Eichhörnli ‖   8004 Zürich

Im Restaurant Eichhörnli geniessen die Gäste Klassiker wie Kalbsleber-li mit Zwiebeln und Salbei, panierte Kalbsschnitzel oder Kalbsgeschnet-zeltes «Züri Art» in familiärem Ambiente. Des Schweizers liebstes Gericht – Rösti – steht hier im Mittelpunkt und ist ein wahres Gedicht.

Nietengasse 16	Essen:	**45** ǀ 50
+41 44 2919339	Service:	**18** ǀ 20
www.restaurant-eichhoernli.ch	Getränke:	**17** ǀ 20
Gasthaus • saisonal • gemütlich	Ambiente:	**9** ǀ 10
	Gesamt: **89** ǀ 100	

Ellermann's Hummerbar ‖   8021 Zürich

Feinschmecker und Fischliebhaber tauchen in Ellermann's Hummerbar in eine kulinarische Welt ab, in der frische Seafood-Variationen von inter-nationaler Herkunft serviert werden. Im Mittelpunkt der Bar im Hotel St. Gotthard stehen dabei Austern, Hummer, Meeresfrüchte und Sushi.

Bahnhofstrasse 87	Essen:	**44** ǀ 50
+41 44 2277621	Service:	**18** ǀ 20
ellermann.ch	Getränke:	**17** ǀ 20
Hotelrestaurant • Meeresfrüchte • elegant	Ambiente:	**9** ǀ 10
	Gesamt: **88** ǀ 100	

Enja ‖‖   8001 Zürich

Mitten in der Zürcher City brennt es. Und niemand ist beunruhigt – denn das Feuer lodert in einem raumhohen Grill im Restaurant Enja. Auf den Teller kommen Fleischspezialitäten und auch Vegetarisches, wobei Regi-onalität der Produkte und bestes Handwerk im Fokus stehen.

Sihlstrasse 9	Essen:	**46** ǀ 50
+41 44 2287517	Service:	**17** ǀ 20
www.restaurant-enja.ch	Getränke:	**19** ǀ 20
Casual Dining • Steak • regionale Produkte • modern	Ambiente:	**8** ǀ 10
	Gesamt: **90** ǀ 100	

EquiTable ‖‖   8004 Zürich

Im EquiTable ist Nachhaltigkeit ein Lebensstil. Mit höchster Perfektion kreiert das Küchenduo aus den besten, saisonal verfügbaren Regional- und Fairtrade-Produkten kulinarische Highlights. Das spannende vegeta-rische Angebot der Karte setzt Akzente für eine klimafreundliche Küche.

Stauffacherstrasse 163	Essen:	**48** ǀ 50
+41 43 5348277	Service:	**19** ǀ 20
www.equi-table.ch	Getränke:	**18** ǀ 20
Fine Dining • saisonal • nachhaltig	Ambiente:	**9** ǀ 10
	Gesamt: **94** ǀ 100	

Ferlin ♦♦♦

8006 Zürich

Wer venezianische Spezialitäten geniessen möchte, sollte das Restaurant in der Nähe des Stampfenbachplatzes besuchen. Bekannt für ihre hausgemachten Ravioli und die flambierten Kalbsnieren an Salbei verwöhnt Familie Ferlin seit 1907 ihre Gäste mit feinster Kulinarik.

Stampfenbachstrasse 38		Essen:	**46** | 50
+41 44 3623509		Service:	**18** | 20
www.casaferlin.ch		Getränke:	**18** | 20
italienisch • mediterran • klassisch		Ambiente:	**8** | 10
P 🖼		Gesamt:	**90** | 100

Fischers Fritz ♦♦

8038 Zürich

Fischspezialitäten geniesst man hier mit Blick über den Zürichsee direkt auf der grosszügigen Gartenterrasse. Die Knusperli aus Felchen, Forelle, Egli, Hecht, Saibling oder Wels, die täglich frisch vom Fischer Adrian Gerny gefangen werden, sind im Fischers Fritz unverwechselbar.

Seestrasse 557		Essen:	**45** | 50
+41 44 4801340		Service:	**18** | 20
www.fischers-fritz.ch		Getränke:	**17** | 20
Fisch • Seeterrasse • gemütlich		Ambiente:	**9** | 10
🏠 P 🍴 ♿ 🖼		Gesamt:	**89** | 100

Fonduestübli ♦♦

8004 Zürich

Wer Appetit auf Fondue hat, ist im urig eingerichteten Lokal an der richtigen Adresse. Das Fribourger Fondue Stübli ist seit über 40 Jahren der Spezialist für zerlaufenen Käse. Das Fondue moitié-moitié oder das pure Vacherin-Fondue sind die Spezialitäten des Restaurants.

Rotwandstrasse 38		Essen:	**44** | 50
+41 44 2419076		Service:	**19** | 20
www.fribourger-fondue-stuebli.ch		Getränke:	**17** | 20
Schweizer Küche • Fondue • urchig		Ambiente:	**9** | 10
🍴 🖼		Gesamt:	**89** | 100

Fork & Bottle ‖

«Vom Feld auf den Tisch» wird im Fork & Bottle mit Leib und Seele gelebt. Serviert werden ehrliches Pub-Essen, feine Gourmet-Burger und am Wochenende Brunch im British Style – alles hausgemacht. Die grösste Craft-Bier-Selektion der Stadt bietet jedem etwas Passendes.

Allmendstrasse 20	Essen: **46** ׀ 50
+41 44 2011817	Service: **18** ׀ 20
www.forkandbottle.ch	Getränke: **17** ׀ 20
Gasthaus • Biervielfalt • urchig	Ambiente: **8** ׀ 10
🏠 P 📧	Gesamt: **89** ׀ 100

Franzos ‖

8001 Zürich

Im Bistro geniesst man mit der kategorischen Nonchalance «Der Franzos klaut Blumen und stiehlt Herzen!» das Leben. Die dabei authentische französische Stimmung wird den ganzen Tag versprüht: ob zum ofenfrisches Pain au chocolat, Croque Monsieur, Café oder bei einem Glas Crémant.

Limmatquai 138	Essen: **44** ׀ 50
+41 44 5424633	Service: **18** ׀ 20
www.franzos.ch	Getränke: **17** ׀ 20
Bar • Bistro • französisch	Ambiente: **9** ׀ 10
🏠 📧	Gesamt: **88** ׀ 100

Freilager ‖

8047 Zürich

Lisa und Simon nehmen die Gäste mit auf eine kulinarische Reise, auf der man klassische Gerichte, modern und kreativ interpretiert, geniessen darf. Auf der Speisekarte findet man Gaspacho à l'andalouse, Sandre méditerranéenne, verschiedene Tatar-Kreationen und Gâteau au fromage.

Freilagerstrasse 53	Essen: **43** ׀ 50
+41 44 4920909	Service: **18** ׀ 20
www.restaurant-freilager.ch	Getränke: **18** ׀ 20
Brasserie • Fleisch • modern	Ambiente: **8** ׀ 10
🏠 ‖‖ ♿ 📧	Gesamt: **87** ׀ 100

Fujiya of Japan ‖

8002 Zürich

Das Fujiya of Japan im Hotel Ascot war das erste Teppanyaki-Restaurant der Schweiz. Die Gerichte werden nach strengem Ritual auf dem heissen Stein zubereitet und en pointe gebraten und präzise zerlegt. Im Sommer speist man auf der Terrasse mit Blick auf den Tessinerplatz.

Tessinerplatz 5	Essen: **46** ׀ 50
+41 77 4823153	Service: **18** ׀ 20
www.fujiya.ch	Getränke: **17** ׀ 20
Hotelrestaurant • japanisch • traditionell	Ambiente: **8** ׀ 10
🏠 ✶ 📧	Gesamt: **89** ׀ 100

Gamper ⑂⑂⑂

8004 Zürich

Ins Gamper geht man und geniesst, was Marius Frehner kreiert hat. Der Küchenchef steht für erstklassige Gerichte ohne Allüren – lokal, saisonal und frisch. Die Saison und die kreativen Ideen des Chefs bestimmen das Vier-Gänge-Menu, das anstatt der Speisekarte gereicht wird.

Nietengasse 1	Essen:	**47** | 50
+41 44 2211177	Service:	**18** | 20
www.gamper-restaurant.ch	Getränke:	**18** | 20
Fine Dining • saisonal • nachhaltig	Ambiente:	**9** | 10
	Gesamt:	**92** | 100

Gandria ⑂⑂⑂

8008 Zürich

Küchenchef Adriano Peroncini schafft es im Gandria perfekt, die traditionelle italienische Küche mit modernen kulinarischen Einflüssen zu vereinen. Er kreiert dadurch eine feine italienische Küche wie aus dem Bilderbuch, für die das Ristorante im Zürcher Seefeld steht.

Rudolfstrasse 6	Essen:	**46** | 50
+41 44 4227242	Service:	**18** | 20
www.restaurantgandria.ch	Getränke:	**18** | 20
italienisch • traditionell • modern	Ambiente:	**9** | 10
	Gesamt:	**91** | 100

Gartenhof ⑂⑂

8004 Zürich

Obwohl mitten in der Stadt gelegen, ist der lauschige Garten des Gartenhofs erstaunlich ruhig, und so wandert der Fokus schnell auf die leckeren Speisen und Gerichte. Das kleine Menu besticht mit Schweizer Klassikern, die kreativ mit einer mediterranen Nuance verfeinert werden.

Gartenhofstrasse 1	Essen:	**44** | 50
+41 43 2666363	Service:	**17** | 20
www.gartenhof.net	Getränke:	**17** | 20
Gasthaus • mediterran • klassisch	Ambiente:	**9** | 10
	Gesamt:	**87** | 100

⑂ 80–84　⑂⑂ 85–89　⑂⑂⑂ 90–94　⑂⑂⑂⑂ 95–100 Punkte

Gaucho

8004 Zürich

Seit 2013 servieren Toni und sein Team in der ehemaligen Garage im Kreis 4 täglich wechselnde Antipasti und saftiges argentinisches Gaucho-Beef, das direkt auf dem Holzkohlegrill zubereitet wird. Jedes Gericht im Gaucho wird mit der Hauptzutat gereicht: Leidenschaft.

Nietengasse 18	Essen:	**43** | 50
+41 44 3211818	Service:	**17** | 20
www.gaucho.ch	Getränke:	**17** | 20
mexikanisch • italienisch • Fleisch	Ambiente:	**8** | 10
	Gesamt:	**85** | 100

George Bar & Grill

8001 Zürich

Im obersten Stock des Casinos und mit Blick über die Dächer von Zürich geniesst man im George gestyltes Ambiente, moderne Kulinarik und die Spezialität: edle Fisch- und Fleischgerichte direkt vom Lavasteingrill. Die Weinauswahl variiert zwischen Crazy Wines und Klassikern.

Sihlstrasse 50	Essen:	**45** | 50
+41 44 4445060	Service:	**18** | 20
www.george-grill.ch	Getränke:	**18** | 20
Fine Dining • Fisch • Fleisch	Ambiente:	**9** | 10
	Gesamt:	**90** | 100

Gertrudhof

8003 Zürich

Das Restaurant ist Paradies für Cordon-bleu-Liebhaber und bietet eine breite Auswahl an unterschiedlichen Füllungen und garantiert hervorragende Fleischqualität. In der entspannten Atmosphäre des Gertrudhofs kommen auch Vegetarier auf ihre Kosten.

Gertrudstrasse 26	Essen:	**43** | 50
+41 44 4513131	Service:	**17** | 20
www.restaurantgertrudhof.ch	Getränke:	**16** | 20
Schweizer Küche • Fleisch • entspannt	Ambiente:	**9** | 10
	Gesamt:	**85** | 100

Giesserei ⫙⫙⫙ 8050 Zürich

Die Räume der ehemaligen Metallgiesserei und Armaturenfabrik in Zürich-Oerlikon sind eine attraktive Location, in der man elegant speisen, trinken und stilvoll feiern kann. Das postindustrielle Ambiente der Giesserei ist perfekt für Familienfeste, Flying Dinners und Hochzeiten.

Birchstrasse 108	Essen:	**45** ∣ 50
+41 43 205 10 10	Service:	**18** ∣ 20
www.diegiesserei.ch	Getränke:	**18** ∣ 20
Eventlocation • Geschäftsessen • unkonventionell	Ambiente:	**9** ∣ 10
	Gesamt:	**90** ∣ 100

Giglio ⫙⫙ 8004 Zürich

Viele Stammgäste bezeichnen das Il Giglio als «besten Italiener in Zürich». Dies liegt an der Liebe und der ehrlichen Freude am Kochen und an der frischen, authentischen, italienischen Küche, die als Business-Lunch oder am Abend als viergängiges Menu serviert wird.

Weberstrasse 14	Essen:	**44** ∣ 50
+41 44 242 85 97	Service:	**18** ∣ 20
www.ilgiglio.ch	Getränke:	**18** ∣ 20
Italienisch • mediterran • saisonal • klassisch	Ambiente:	**9** ∣ 10
	Gesamt:	**89** ∣ 100

Ginger ⫙⫙⫙ 8008 Zürich

Seit nun über 20 Jahren bildet die Sushi-Bar mit ihrem lautlosen Förderband das Herzstück im Restaurant Ginger. Die beiden Köche beim Anrichten und Zubereiten der kleinen japanischen Köstlichkeiten zu beobachten, ist gleichermassen Inspiration und Sinnesfreude.

Seefeldstrasse 62	Essen:	**45** ∣ 50
+41 44 422 95 09	Service:	**18** ∣ 20
ginger-restaurant.ch	Getränke:	**18** ∣ 20
japanisch • Sushi • traditionell	Ambiente:	**9** ∣ 10
	Gesamt:	**90** ∣ 100

Gonzalez ⫙⫙ 8057 Zürich

Seit über 30 Jahren wird im Restaurant Gonzalez nach spanischen Rezepten gekocht. In stilvollem Ambiente werden authentische Tapas sowie Fisch- und Fleischgerichte serviert. Dazu passend gibt es eine grosse Weinkarte mit Klassikern und Neuentdeckungen.

Schaffhauserstrasse 121	Essen:	**43** ∣ 50
+41 044 361 11 10	Service:	**17** ∣ 20
www.restaurant-gonzalez.ch	Getränke:	**17** ∣ 20
spanisch • mediterran • klassisch • elegant	Ambiente:	**9** ∣ 10
	Gesamt:	**86** ∣ 100

⫙ 80–84 ⫙⫙ 85–89 ⫙⫙⫙ 90–94 ⫙⫙⫙⫙ 95–100 Punkte

Gül ||| 8004 Zürich

Im Gül wird die traditionelle türkische Küche dem Zeitgeist entsprechend, raffiniert und innovativ interpretiert. Das Restaurant besitzt internationales Format, das junge Team sorgt für eine authentische Lebendigkeit und der Holzofen für eine angenehm heimelige Stimmung im Lokal.

Tellstrasse 22	Essen: **45** ǀ 50
+41 44 4319090	Service: **18** ǀ 20
www.guel.ch	Getränke: **18** ǀ 20
türkisch • nachhaltig • unkonventionell	Ambiente: **9** ǀ 10
	Gesamt: **90** ǀ 100

Hall || 8001 Zürich

Ob Kaffee, Lunch oder Apéro: Das Herzstück des Baur au Lac bietet ein einzigartiges Flair und den perfekten Rahmen für Austausch und Genuss. Hier treffen sich internationale Gäste bei einem Afternoon Tea und geniessen feinste Süssspeisen aus der hauseigenen Patisserie.

Talstrasse 1	Essen: **44** ǀ 50
+41 44 2205020	Service: **18** ǀ 20
www.bauraulac.ch	Getränke: **18** ǀ 20
Bistro • elegant • modern	Ambiente: **8** ǀ 10
	Gesamt: **88** ǀ 100

Halles || 8005 Zürich

Wer ans Les Halles denkt, denkt an die beliebte Hausspezialität «Moules et frites». Liebhabern werden die Schalentiere das ganze Jahr und täglich frisch angeboten. Vorsicht: «Es hätt solang's hätt». Aber auch ohne Moules et frites lohnt sich ein Besuch im farbenfrohen Lokal.

Pfingstweidstrasse 6	Essen: **44** ǀ 50
+41 44 2731111	Service: **17** ǀ 20
www.les-halles.ch	Getränke: **17** ǀ 20
mediterran • saisonal • lokal • unkonvetionell	Ambiente: **9** ǀ 10
	Gesamt: **87** ǀ 100

Hardhof ⫴

8004 Zürich

Am quirligen Albisriederplatz findet man einen Klassiker unter Zürichs Beizen. Im Hardhof zaubert das Küchenteam vortreffliche und herzhafte Gerichte. Man geniesst Spezialitäten wie die Kalbsleberli mit Rotweinjus, Hardhofwurst mit Bratkartoffeln oder Rindstatar vom Omoso-Rind.

sBadenerstrasse 344	Essen:	**43**	50
+41 44 4920711	Service:	**19**	20
www.restaurant-hardhof.ch	Getränke:	**16**	20
Gasthaus • Schweizer Küche • traditionell	Ambiente:	**9**	10
🔲 P ♿ ▭	Gesamt: **87**	100	

Hato ⫾⫾⫾

8001 Zürich

Das HATO im Zürcher Bankenviertel hat sich über die Jahre einen Namen in der Fine Asian Cuisine gemacht. Das Restaurant nimmt seine Gäste mit auf eine Reise mit exotischen Aromen und exquisiter Gaumenfreude, in der man Fleisch, Fisch und Gemüse im Hato-Stil geniesst.

Brandschenkestrasse 20	Essen:	**45**	50
+41 44 2501880	Service:	**18**	20
www.hato-restaurants.com	Getränke:	**18**	20
Fine Dining • asiatisch • elegant	Ambiente:	**9**	10
🏛	Gesamt: **90**	100	

Haus zum Rüden ⫾⫾⫾

8001 Zürich

Die Küche im Haus zum Rüden veranschaulicht in Gerichten wie Wachtelbrust mit Asiagemüse oder Schupfnudeln alla Sorrentina, wie mit kulinarischer Weitsicht eine regionale Küche mit einem Hauch Heimat und einer Prise Extravaganz kombiniert werden kann.

Limmatquai 42	Essen:	**46**	50
+41 44 2619566	Service:	**18**	20
www.haus-zum-rueden.ch	Getränke:	**17**	20
elegant • regional • klassisch	Ambiente:	**9**	10
🏛 ♿ ▭	Gesamt: **90**	100	

Helvetia ⫴

8004 Zürich

Im prachtvollen Gebäude mit Tradition und einer schillernden Historie kombiniert Küchenchef Diego von Büren weltgewandt und doch bodenständig hochdekorierte Sterneküche mit Schweizer Rezepten. Im Helvtia trifft man auf eine illustre Gästeschar aus Bohème und Bourgeoisie.

Stauffacherquai 1	Essen:	**44**	50
+41 44 2979999	Service:	**18**	20
www.hotel-helvetia.ch	Getränke:	**17**	20
Bar • Fine Dining • elegant	Ambiente:	**9**	10
🏛 ♿ 🛏 ▭	Gesamt: **88**	100	

⫴ 80–84   ⫾⫾ 85–89   ⫾⫾⫾ 90–94   ⫾⫾⫾⫾ 95–100 Punkte

Heugümper ⫴

Das Heugümper wurde 1996 eröffnet und beherbergt das Clublokal des Grasshopper Clubs. Aber auch Nichtmitglieder geniessen hier die asiatisch-mediterrane Küche, die Auswahl an schönen europäischen Weinen und das klassisch-moderne Ambiente.

Waaggasse 4	Essen:	**44** ı 50
+41 44 2111660	Service:	**18** ı 20
www.restaurantheuguemper.ch	Getränke:	**17** ı 20
mediterran • asiatisch • modern	Ambiente:	**9** ı 10
	Gesamt: **88** ı 100	

Hiltl ⫴

Der Vorreiter in der Welt des vegetarischen Fast Foods entzückt durch eine Vielzahl an Innovationen: ob am Buffet, à la carte oder beim Take-away in der benachbarten Vegimetzg. Die grosse Auswahl lässt keine Wünsche offen, sodass auch Nichtvegetarier auf ihre Kosten kommen.

Sihlstrasse 28	Essen:	**43** ı 50
+41 44 2277000	Service:	**18** ı 20
www.hiltl.ch	Getränke:	**18** ı 20
weltlich • vegetarisch • entspannt	Ambiente:	**8** ı 10
	Gesamt: **87** ı 100	

Hongxi ⫴

Im Restaurant Hongxi kreiert Küchenchef Ma Ngok Chau aus der schier grenzenlosen Bandbreite der chinesischen Küche authentische, zeitgenössische Gerichte und präsentiert die chinesische Esskultur mit saisonalen Zutaten in einer einzigartigen Qualität.

Zwinglistrasse 3	Essen:	**45** ı 50
+41 43 5492020	Service:	**18** ı 20
www.hongxi-restaurants.ch	Getränke:	**17** ı 20
chinesisch • regional • entspannt	Ambiente:	**9** ı 10
	Gesamt: **89** ı 100	

Hopfenau ⫴

Als kochender und als servierender Gastgeber sorgen Georg Ruis und Caspar Grobum für das Wohlbefinden ihrer Gäste und erfüllen die Hopfenau mit viel Leidenschaft und Kreativität. Die bewusst kleine Karte vereint Regionalität mit international nachhaltigen Produkten.

Hopfenstrasse 19	Essen:	**44** ı 50
+41 44 2117060	Service:	**18** ı 20
www.hopfenau.ch	Getränke:	**16** ı 20
saisonal • regional • entspannt	Ambiente:	**9** ı 10
	Gesamt: **87** ı 100	

Huusbeiz ▯▯

8004 Zürich

Die Huusbeiz setzt auf Swissness: Bei den Produkten oder der in Mundart gehaltenen Speisekarte. Die Küche besticht durch Kreativität und Mut für neue Ideen. Die kalte Paprika-Himbeer-Suppe, das Kuhfilet-Tatar oder Gebratener Kalbshals mit Belper Knolle laden zum Entdecken ein.

Badenerstrasse 310	Essen: **45** ǀ 50
+41 43 9317790	Service: **18** ǀ 20
www.huusbeiz.ch	Getränke: **18** ǀ 20
saisonal • regional • entspannt	Ambiente: **9** ǀ 10
🏠 P 🖼	Gesamt: **90** ǀ 100

Hôtel Bourbon ▯▯

8001 Zürich

Das Hôtel Bourbon serviert eine moderne amerikanische Küche, verfeinert mit einer kreativen Note: grillierte Avocado auf getoastetem Ciabatta, Tatar vom Kuh-Rumpsteak und frittierte Pouletfilets. Eine Auswahl an natürlichem und biodynamischem Wein rundet das Erlebnis ab.

Obere Zäune 19	Essen: **43** ǀ 50
+41 43 2512020	Service: **18** ǀ 20
www.hotelbourbon.ch	Getränke: **17** ǀ 20
weltlich • saisonal • modern	Ambiente: **9** ǀ 10
🏠 🖼	Gesamt: **87** ǀ 100

Igniv ▯▯▯

8001 Zürich

Wie schon in den anderen Igniv-Restaurants setzt Andreas Caminada im Hotel Marktgasse auf seine «Familie» und auf Fine-Dining-Sharing-Experience. Die Räume in einem der ältesten Gasthäuser Zürichs zeichnen sich durch historischen Charme und ausgesuchtes Design aus.

Marktgasse 17	Essen: **47** ǀ 50
+41 44 2661010	Service: **19** ǀ 20
www.marktgassehotel.ch	Getränke: **19** ǀ 20
Hotelrestaurant • Fine Dining • elegant	Ambiente: **9** ǀ 10
♿ 🚭 🛏 🖼	Gesamt: **94** ǀ 100

▯ 80–84 ▯▯ 85–89 ▯▯▯ 90–94 ▯▯▯▯ 95–100 Punkte

263

Il Gattopardo ⑪

Das Ambiente im Il Gattopardo gleicht der Filmkulisse eines italienischen Krimis, und es wäre gut möglich, dass am Nachbartisch ein Mafioso sitzt. Das Restaurant glänzt mit einer frischen mediterranen Küche mit Klassikern wie Costoletta di vitello, Fileto di manzo oder Ossobuco.

Rössligasse 7	Essen: **43** | 50
+41 76 3341123	Service: **17** | 20
www.ilgattopardo.ch	Getränke: **17** | 20
italienisch • mediterran • saisonal • klassisch	Ambiente: **9** | 10
	Gesamt: **86** | 100

Italia ⑪

Das Ristorante Italia ist eine Institution in der Zürcher Gastronomie. Im Stil einer klassischen italienischen Osteria werden hier feine Salumi aus nachhaltiger Produktion sowie hausgemachte Antipasti, Primi, Secondi und Dolci serviert. Dazu gibt es eine Auswahl italienischer Weine.

Zeughausstrasse 61	Essen: **45** | 50
+41 43 2338844	Service: **18** | 20
www.ristorante-italia.ch	Getränke: **17** | 20
italienisch • mediterran • klassisch • modern	Ambiente: **8** | 10
	Gesamt: **88** | 100

James Joyce ⑪

Das James Joyce verbindet irische Tradition mit Zürcher Lifestyle und ist Treffpunkt für Liebhaber von saftigen Burgern und gemütlichen Gesprächen. Hier bestellt man kühles Bier an der Bar, isst am besten den legendären James-Joyce-Burger und geniesst den Abend mit Freunden.

Pelikanstrasse 8	Essen: **42** | 50
+41 44 2211828	Service: **18** | 20
www.jamesjoyce.ch	Getränke: **18** | 20
Fleisch • Burger • elegant	Ambiente: **8** | 10
	Gesamt: **86** | 100

Jdaburg ⑪

In der Jdaburg schmeckt man Qualität beim ersten Biss. Gian und Nico bieten den Gästen eine frische saisonal geprägte Küche in elegant-alpiner Atmosphäre. Das Fleisch stammt aus der Heimat der Gastgeber und wird von Kleinbauern aus den Engadiner Bergen in die Stadt geliefert.

Gertrudstrasse 44	Essen: **44** | 50
+41 44 4511842	Service: **18** | 20
www.jdaburg.ch	Getränke: **17** | 20
Gasthaus • Fleisch • saisonal • elegant	Ambiente: **9** | 10
	Gesamt: **88** | 100

Josef ♙♙♙ 8005 Zürich

Forellentatar mit eingemachten Babypfirsichen und Mandelmilchcréme, flambierter Stör mit Zitrusrisotto oder die hausgemachten Rauchauberginen-Ravioli. Im Josef stellt man sich mehrere kleinere, feine Gerichte zusammen und geniesst den ganzen Abend ein Highlight nach dem anderen.

Gasometerstrasse 24	Essen:	**48** ׀ 50
+41 44 2716595	Service:	**18** ׀ 20
www.josef.ch	Getränke:	**18** ׀ 20
weltlich • saisonal • regional • entspannt	Ambiente:	**8** ׀ 10
	Gesamt:	**92** ׀ 100

Kaufleuten ♙♙ 8001 Zürich

Das Restaurant Kaufleuten ist ein Ort des unbeschwerten Zusammenseins. Es wird eine klassische Küche aus marktfrischen Produkten serviert. Neben Klassikern wie Zürcher Geschnetzeltem und Wiener Schnitzel gibt es auch kreative vegetarische Optionen und hausgemachte Pasta.

Pelikanplatz	Essen:	**44** ׀ 50
+41 44 2253333	Service:	**18** ׀ 20
www.kaufleuten.ch	Getränke:	**17** ׀ 20
Schweizer Küche • saisonal • elegant	Ambiente:	**9** ׀ 10
	Gesamt:	**88** ׀ 100

Kin ♙♙ 8003 Zürich

Lokale und saisonale Zutaten, fernöstlich inspiriert und mit spannenden Naturweinen gepaart. So kreiert der Küchenchef des Restaurants Kin, Beni Landolt, seine grossartigen Gerichte und hat sich damit einen festen Platz in der pulsierenden Gastroszene am Lochergut gesichert.

Meinrad-Lienert-Strasse 1	Essen:	**45** ׀ 50
+41 77 5315203	Service:	**17** ׀ 20
www.kin.restaurant	Getränke:	**17** ׀ 20
asiatisch • lokal • saisonal • modern	Ambiente:	**8** ׀ 10
	Gesamt:	**87** ׀ 100

Kindli ♙♙ 8001 Zürich

Im Haus zum Kindli wurden bereits vor über 500 Jahren die ersten Pilger verköstigt. Die weltoffene Tradition wird auch heute noch in der Pfalzgasse gelebt. Das Haus zum Kindli besticht durch beliebte klassische Gerichte, die mit schweizerischer Gastfreundschaft gepaart sind.

Strehlgasse 24	Essen:	**43** ׀ 50
+41 43 8887676	Service:	**18** ׀ 20
www.kindli.ch	Getränke:	**18** ׀ 20
mediterran • klassisch • traditionell	Ambiente:	**9** ׀ 10
	Gesamt:	**88** ׀ 100

♙ 80–84   ♙♙ 85–89   ♙♙♙ 90–94   ♙♙♙♙ 95–100 Punkte

Kle

Zizi Hattab hat ihr Handwerk bei den besten Köchen der Welt – darunter Andreas Caminada – erlernt. Das Küchenteam zaubert aus lokalen Produkten eine vegane Küche auf höchstem Niveau. Die kleine Weinkarte ist hervorragend, und der Service besticht durch Herzlichkeit.

Zweierstrasse 114	Essen:	**46**	50
+41 44 5481488	Service:	**18**	20
www.restaurantkle.com	Getränke:	**18**	20
Fine Dining • vegan • saisonal	Ambiente:	**9**	10
	Gesamt:	**91**	100

lucas peters

Kornsilo

8008 Zürich

Das unkomplizierte, lebendige Café Kornsilo ist ein sympathisches Quartierlokal mitten in der Mühle Tiefenbrunnen. Geboten wird urbane, einfach gehaltene Tagesküche, die auf frische, saisonale Zutaten setzt. Die hausgemachten Speisen gibt es auch als Take-away.

Seefeldstrasse 231	Essen:	**44**	50
+41 44 3899067	Service:	**16**	20
www.kornsilo.ch	Getränke:	**17**	20
entspannt • regionale Produkte • Allrounder	Ambiente:	**7**	10
	Gesamt:	**84**	100

Kronenhalle

8001 Zürich

Das Restaurant Kronenhalle geniesst internationales Ansehen, und die dazugehörige Bar ist eine der besten der Welt. Im Herzen von Zürich begegnen einander seit 98 Jahren Freunde, Künstler und Geschäftsleute, um sich an der erstklassigen Kulinarik dieser Institution zu erfreuen.

Rämistrasse 4	Essen:	**43**	50
+41 44 2629900	Service:	**19**	20
www.kronenhalle.ch	Getränke:	**17**	20
Fine Dining • Bar • elegant	Ambiente:	**10**	10
	Gesamt:	**89**	100

Kunsthaus Bar

8001 Zürich

Die Kunsthaus Bar befindet sich im eindrucksvollen neuen Erweiterungsbau des Zürcher Kunsthauses. Auf der Snackkarte des stilvollen Museumsrestaurants finden sich ausschliesslich lokale Produkte. Die Lunchmenus sind empfehlenswert und die Weinkarte gut bestückt.

Heimplatz 5	Essen:	**44** ǀ 50
+41 79 2424271	Service:	**16** ǀ 20
www.kunsthausbar.ch	Getränke:	**18** ǀ 20
Bistro • Bar • regionale Produkte	Ambiente:	**9** ǀ 10
	Gesamt:	**87** ǀ 100

L'altro

8002 Zürich

Ossobuco alla Nonna, gegrillte Gamberoni oder Costoletta mit frischen Waldpilzen – Marina und Babis lieben die italienische Küche und verhelfen den Klassikern zu einem grossen Auftritt. Die täglich frisch zubereitete Pasta vermittelt mitten Zürich zusätzlich ein Gefühl von Italien.

Sternenstrasse 11	Essen:	**43** ǀ 50
+41 44 2014398	Service:	**18** ǀ 20
www.l-altro.ch	Getränke:	**17** ǀ 20
mediterran • italienisch • klassisch • traditionell	Ambiente:	**8** ǀ 10
	Gesamt:	**86** ǀ 100

La Brea

8005 Zürich

Auf der Karte des La Brea findet man Soulfood, gemischte Platten und Tacos, die durch die amerikanisch-mexikanische Küche und die Strassen von Los Angeles inspiriert wurden. Die After-Dinner-Drinks wie «The Dude's White Russian» oder Mexican Coffee sind empfehlenswert.

Josefstrasse 59	Essen:	**44** ǀ 50
+41 44 3112020	Service:	**18** ǀ 20
de.la-brea.ch	Getränke:	**18** ǀ 20
mexikanisch • klassisch • gemütlich	Ambiente:	**9** ǀ 10
	Gesamt:	**89** ǀ 100

La Côte

8003 Zürich

Die Zeit ist im La Côte stehen geblieben. Das Lokal ist bekannt für seine Charbonnade à discrétion mit Pommes allumettes, zu denen fünf verschiedene Saucen gereicht werden – «solange das Füür brännt». Die Auswahl an klassisch französischen Weinen rundet das Ganze perfekt ab.

Aemtlerstrasse 26	Essen:	**43** ǀ 50
+41 44 2419191	Service:	**18** ǀ 20
www.restaurant-lacote.ch	Getränke:	**16** ǀ 20
Bistro • französisch • Fleisch • traditionell	Ambiente:	**9** ǀ 10
	Gesamt:	**86** ǀ 100

 80–84   85–89   90–94   95–100 Punkte

La Muña 🍴

8008 Zürich

Das La Muña thront hoch über der Stadt in der sechsten Etage des Zürcher Hotels La Réserve au Lac. Es ist eine wahre Schatztruhe, ausgestattet mit ausgefallenen Objekten aus Zürich und der ganzen Welt. Die Gerichte sind frisch und erlauben eine köstliche Weltreise.

Utoquai 45	Essen: **43** | 50
+41 44 2662525	Service: **18** | 20
www.lareserve-zurich.com	Getränke: **17** | 20
Fine Dining • Dachterrasse • entspannt	Ambiente: **9** | 10
	Gesamt: **87** | 100

La Rôtisserie 🍴

8001 Zürich

Küchenchef Stefan Jäckel serviert in der Rôtisserie im Hotel Storchen eine Küche von Weltformat. Die À-la-carte-Gerichte sind bodenständig und eher klassisch, wer sich aber für das Empfehlungsmenu entscheidet, wird auf eine spannende kulinarische Weltreise mitgenommen.

Weinplatz 2	Essen: **46** | 50
+41 44 2272113	Service: **19** | 20
www.storchen.ch	Getränke: **18** | 20
Fine Dining • klassisch • elegant	Ambiente: **9** | 10
	Gesamt: **92** | 100

La Zagra 🍴

8008 Zürich

Das La Zagra bringt die süditalienische Esskultur in die Stadt. Antonio Sturiale serviert hausgemachte Pasta, Ossobuco La Zagra oder Sogliola alla mugnaia (Seezunge). Die namensgebende Zitronenblüte «la Zagra» findet sich immer wieder und sehr dezent in den Gerichten wieder.

Seefeldstrasse 273	Essen: **44** | 50
+41 44 5504000	Service: **17** | 20
www.lazagra.ch	Getränke: **17** | 20
italienisch • Fleisch • klassisch • elegant	Ambiente: **9** | 10
	Gesamt: **87** | 100

Lake Side 🍴

8008 Zürich

Das Restaurant vermittelt das Lebensgefühl und den Geschmack einer internationalen Küche, die mediterran und von den In-Beach-Clubs Ibizas inspiriert ist. Das Lake Side bietet Terrasse, Bar und Konferenzzentrum und punktet mit seiner herrlichen Lage direkt am Zürichsee.

Bellerivestrasse 170	Essen: **43** | 50
+41 44 3858600	Service: **18** | 20
www.lake-side.ch	Getränke: **17** | 20
mediterran • klassisch • Seeterrasse	Ambiente: **8** | 10
	Gesamt: **86** | 100

LaSalle ▌▌

8005 Zürich

Inbar Zuckerberg erfrischt seit einigen Jahren das LaSalle mit ihrer französisch inspirierten Küche. Hier trifft mediterrane Leichtigkeit auf klassische Seelenwärmer. Seit diesem Jahr ist auch der bekannte Szenegastronom und Weinexperte Stefan Iseli mit an Bord.

Schiffbaustrasse 4	Essen: **45** ǀ 50
+41 44 2587071	Service: **18** ǀ 20
www.lasalle-restaurant.ch	Getränke: **17** ǀ 20
saisonal • klassisch • modern	Ambiente: **9** ǀ 10
🏛 ♿	Gesamt: **89** ǀ 100

Lipp ▌▌

8001 Zürich

Die Brasserie Lipp bietet den Gästen das besondere Pariser Flair und ist für Liebhaber von Meeresfrüchten, Fisch und Austern ein Paradies. Die Zutaten für die Speisen werden sorgfältig ausgesucht und mit Passion zubereitet. Dazu geniesst man eine erlesene Weinauswahl.

Uraniastrasse 9	Essen: **44** ǀ 50
+41 43 8886666	Service: **18** ǀ 20
www.brasserie-lipp.ch	Getränke: **18** ǀ 20
Brasserie • Fisch • französisch	Ambiente: **9** ǀ 10
🏛 ♿ 🖼	Gesamt: **89** ǀ 100

Loft Five ▌▌

8004 Zürich

Im Loft Five an der Europaallee gibt es Casual Fine Dining in urbaner Atmosphäre. Serviert werden Burger, saftige Fleischstücke und feine vegetarische Gerichte mit Einflüssen aus aller Welt. In der angrenzenden Cocktailbar werden Freunde der gehobenen Trinkkultur glücklich.

Europaallee 15	Essen: **44** ǀ 50
+41 44 7555050	Service: **18** ǀ 20
www.loftfive.ch	Getränke: **17** ǀ 20
Burger • modern • entspannt	Ambiente: **9** ǀ 10
🏛 ♿ 🖼	Gesamt: **88** ǀ 100

Lotti ▌▌▌

8001 Zürich

Urban, lebhaft und doch gemütlich ist das Lotti von Anna Zimmermann und Ralf Weber. Mittags gibt es eine kleine, aber feine Auswahl einfacher Gerichte, abends Schweizer Fleisch und Vegetarisches vom Holzgrill. Kaffee und Kuchen und eine spannende Weinkarte runden das Angebot ab.

Werdmühleplatz 3	Essen: **45** ǀ 50
+41 43 3990101	Service: **18** ǀ 20
www.lotti-lokal.ch	Getränke: **18** ǀ 20
Fleisch • nachhaltig • gemütlich • unkonventionell	Ambiente: **9** ǀ 10
🏛 ♿ 🖼	Gesamt: **90** ǀ 100

Luca² 🍴

8032 Zürich

Hinter dem Restaurant stehen Sommelier und Gastgeber Luca Todaro und Koch Luca Ronzani. Die zwei unterschiedlichen Charaktere verbindet die Leidenschaft für gutes mediterranes Essen, wie es hier serviert wird. Mal klassisch, mal in überraschenden Kombinationen und immer fein.

Asylstrasse 81	Essen:	**44**	50
+41 44 2520353	Service:	**18**	20
www.restaurant-luca.ch	Getränke:	**18**	20
italienisch • saisonal • elegant	Ambiente:	**9**	10
🏠 🖼	Gesamt: **89**	100

Lumière 🍴

8001 Zürich

Im Lumière geniesst man französische Klassiker in gemütlicher Atmosphäre. Die Hausspezialitäten sind Filet de boeuf und Entrecôte Café de Paris, aber auch Gerichte wie Canard à l'orange, Rindspaillard oder einen Tagesfisch findet man auf der klein gehaltenen Karte.

Widdergasse 5	Essen:	**44**	50
+41 44 2115665	Service:	**17**	20
www.restaurant-lumiere.ch	Getränke:	**16**	20
Bistro • Fleisch • klassisch • gemütlich	Ambiente:	**9**	10
🏠 🖼	Gesamt: **86**	100

Lupo 🍴

8004 Zürich

Die drei Szenegastronomen Claudio Sacchi, Patrick Schindler und Armin Azadpour eröffneten bei der Zürcher Kalkbreite Anfang dieses Jahres die Bar Lupo. Serviert werden schmackhafte Pastagerichte, umgarnt von einer grossartigen Auswahl an Drinks und Naturweinen.

Badenerstrasse 155	Essen:	**45**	50
	Service:	**18**	20
lupo.bar	Getränke:	**19**	20
Bistro • italienisch • modern	Ambiente:	**7**	10
🏠 🖼	Gesamt: **89**	100

Adrian Chambre

Maiden Shanghai 🍴

8055 Zürich

Das Konzept des Maiden Shanghai im Zürcher Hotel «Five» fand bereits in Dubai Anklang. Das Spezialitätenrestaurant glänzt durch moderne chinesische Küche, die traditionelle Rezepte zeitgemäss interpretiert. Dazu werden unter anderem erlesene Cocktails serviert.

Döltschiweg 234	Essen:	**44**	50
+41 44 4565555	Service:	**16**	20
zurich.fivehotelsandresorts.com	Getränke:	**18**	20
chinesisch • Essen mit Aussicht • traditionell	Ambiente:	**9**	10
	Gesamt:	**87**	100

Maison Manesse 🍴

8045 Zürich

Im Maison Manesse wird seit seiner Eröffnung «Fun Fine Dining» zelebriert. Serviert wird eine produktbasierte Saisonküche auf hohem Niveau mit einigen überraschenden Twists. Der Service ist zwanglos herzlich, und die Weinkarte überrascht mit vielen spannenden Positionen.

Hopfenstrasse 2	Essen:	**47**	50
+41 44 4620101	Service:	**19**	20
www.maisonmanesse.ch	Getränke:	**18**	20
Fine Dining • weltlich • saisonal • nachhaltig	Ambiente:	**9**	10
	Gesamt:	**93**	100

Mario 🍴

8001 Zürich

Die Liebe, Erfahrung und Leidenschaft zur Salumeria-Kultur – sei es zum Aperitivo, beim Carpaccio di Polpo oder Scaloppine al limone zum Dinner – erlebt man hier mitten in der Stadt Zürich. Im Fokus stehen typische Tessiner Gerichte, die Atmosphäre im Lokal ist elegant.

Nüschelerstrasse 6	Essen:	**43**	50
+41 44 2271922	Service:	**18**	20
www.labottegadimario.ch	Getränke:	**17**	20
mediterran • italienisch • klassisch • traditionell	Ambiente:	**9**	10
	Gesamt:	**87**	100

Markthalle

8005 Zürich

Das Restaurant in der Markthalle im Viadukt serviert von morgens bis abends feine Gerichte aus – selbstverständlich – marktfrischen Zutaten. Am Mittag gibt es eine kleine Auswahl einfacher Menus, am Abend eine kunterbunte Auswahl feiner Saisongerichte aus aller Welt.

Limmatstrasse 231	Essen:	**45**	50
+41 44 2010060	Service:	**17**	20
www.restaurant-markthalle.ch	Getränke:	**17**	20
mediterran • klassisch • gemütlich	Ambiente:	**8**	10
	Gesamt:	**87**	100

Marktküche

8004 Zürich

Wie es der Name verspricht, gibt es in der Marktküche frische Zutaten, die, wenn möglich, aus der Region stammen. Küchenchef Tobias Hoesli und sein Team verwandeln diese in kreative Menus, deren Gerichte frei von tierischen Produkten sind, aber nichts vermissen lassen.

Feldstrasse 98	Essen:	**46**	50
+41 44 2112211	Service:	**19**	20
www.marktkueche.ch	Getränke:	**18**	20
Fine Dining • vegetarisch • saisonal • lokal	Ambiente:	**8**	10
	Gesamt:	**91**	100

Metropol

8001 Zürich

Das Restaurant des geschichtsträchtigen Zürcher Metropol bietet moderne japanische Küche, im Izakaya-Stil serviert. Auf der Karte finden sich aber auch Klassiker wie Wiener Schnitzel. Genossen wird in stilvollem Ambiente an einem der Hotspots der Limmatstadt unweit des Sees.

Fraumünsterstrasse 12	Essen:	**44**	50
+41 44 2005900	Service:	**17**	20
www.metropol-restaurant.ch	Getränke:	**16**	20
Casual Dining • japanisch • modern	Ambiente:	**8**	10
	Gesamt:	**85**	100

Metzg

8004 Zürich

In der Metzg wird ausschliesslich Schweizer Fleisch aus artgerechter Haltung verwendet. Bei der Fleischverarbeitung und -zubereitung wird aber auch über den Tellerrand hinausgeschaut. Inhaberin Marlene Halter und ihr Team kochen, wie sie selbst gerne essen: frisch und kreativ.

Langstrasse 31	Essen:	**46**	50
+41 44 2910088	Service:	**18**	20
www.metzg-grill.ch	Getränke:	**18**	20
Fleisch • entspannt • regional	Ambiente:	**9**	10
	Gesamt:	**91**	100

Metzg ‖ 8008 Zürich

Seit über 30 Jahren gibt es das Restaurant Metzg. In der holzverkleideten Stube mit Schwedenofen oder im lauschigen Garten werden gutbürgerliche Spezialitäten der spanischen und Schweizer Küche serviert. So finden sich neben Cordons bleus Gerichte wie Gambas al Ajillo.

Seefeldstrasse 159	Essen: **45** ı 50
+41 44 4224713	Service: **18** ı 20
www.restaurant-metzg.ch	Getränke: **16** ı 20
Schweizer Küche • spanisch • urchig	Ambiente: **9** ı 10
	Gesamt: **88** ı 100

Miki ‖ 8003 Zürich

Das Miki bereitet japanische Ramensuppen aus Zutaten in Bioqualität zu. Die Nudeln werden im Kreis 3 selbst hergestellt, und die aromatischen Brühen köcheln lange vor sich hin, bevor sie dem Gast serviert werden. Das ist Soulfood vom Feinsten und daher auch sehr beliebt.

Sihlfeldstrasse 63	Essen: **44** ı 50
+41 44 4503776	Service: **17** ı 20
www.miki-ramen.ch	Getränke: **16** ı 20
asiatisch • japanisch • klassisch • traditionell	Ambiente: **9** ı 10
	Gesamt: **86** ı 100

Milchbar ‖ 8001 Zürich

2012 konnte Michel Péclard das Traditionscafé übernehmen. Mit Florian Weber verwandelte er es in ein Gaumenfreudenhaus, in dem von mittags bis abends eine unkomplizierte, doch raffinierte Küche, erfrischende Getränke und Spezialitätenkaffee angeboten werden.

Kapplergasse 16	Essen: **44** ı 50
+41 44 2119012	Service: **17** ı 20
www.milchbar.ch	Getränke: **17** ı 20
Bar • klassisch • unkonventionell	Ambiente: **9** ı 10
	Gesamt: **87** ı 100

Morgenstern ‖ 8004 Zürich

Im Morgenstern da Mario kommen Fans der mediterranen und insbesondere der italienischen Küche auf ihre Kosten. Wer oft hier speist, weiss, dass es sich lohnt, auf die Tagesempfehlungen zu setzen, die von den freundlichen Kellnern mündlich vorgetragen werden.

Zwinglistrasse 27	Essen: **43** ı 50
+41 44 2426830	Service: **18** ı 20
www.morgenstern-zh.ch	Getränke: **17** ı 20
klassisch • mediterran • elegant • urchig	Ambiente: **8** ı 10
	Gesamt: **86** ı 100

‖ 80–84   ‖ 85–89   ‖‖‖ 90–94   ‖‖‖‖ 95–100 Punkte

Münsterhöfli

8001 Zürich

Seit dem Mittelalter wird das Münsterhöfli als Gaststätte betrieben, sie ist somit die älteste der Stadt. Als stolze «Chnelle» serviert man hier Beizenklassiker wie Kalbsleberli, Flammkuchen und Hackbraten, dazu gibt es den herrlichen Blick auf Zürichs schönsten Altstadtplatz.

Münsterhof 6
+41 44 2623300
www.muensterhoefli.ch
Gasthaus • Fleisch • modern

Essen:	**44**	50
Service:	**18**	20
Getränke:	**18**	20
Ambiente:	**9**	10

Gesamt: **89** | 100

NapaGrill

8002 Zürich

Das NapaGrill ist ein Steakhouse nach kalifornischem Vorbild. Auf der Karte finden sich mehrheitlich auf dem Holzgrill zubereitete Dry-aged-Rindfleischstücke von Flannery Beef aus San Francisco, ergänzt durch lokale Produkte. Dazu gibts die passenden Weine aus dem Napa Valley.

Brandschenkestrasse 130
+41 44 2898080
www.napagrill.ch
Fine Dining • Fleisch • traditionell

Essen:	**44**	50
Service:	**18**	20
Getränke:	**17**	20
Ambiente:	**9**	10

Gesamt: **88** | 100

Neue Taverne

8001 Zürich

In der von Valentin Diem und Nenad Mlinarevic gegründeten Neuen Taverne wird Gemüse zelebriert – Fisch und Fleisch spielen höchstens eine Nebenrolle. Die von Küchenchef Fabian Fuchs gezauberten Gerichte lassen nichts vermissen und vermögen auch Fleischfans zu überzeugen.

Glockengasse 8
+41 44 2211262
www.neuetaverne.ch
Fine Dining • saisonal • lokal • entspannt

Essen:	**47**	50
Service:	**17**	20
Getränke:	**18**	20
Ambiente:	**10**	10

Gesamt: **92** | 100

Oberes Triemli

8055 Zürich

Seit über 150 Jahren ist das Restaurant Oberes Triemli in Familienhand. 2009 übernahm mit Fabian Gallmann der Ururenkel des Erbauers die Führung. Serviert wird in der gemütlichen Beiz eine gutbürgerliche Küche mit Schweizer Fundament und Einflüssen aus den angrenzenden Ländern.

Birmensdorferstrasse 535
+41 44 4631025
www.oberes-triemli.ch
traditionell • Schweizer Küche • Eventlocation • Fleisch

Essen:	**45** ǀ 50
Service:	**18** ǀ 20
Getränke:	**17** ǀ 20
Ambiente:	**9** ǀ 10
Gesamt:	**89** ǀ 100

Oepfelchammer

8001 Zürich

Wo schon Gotthelf gerne speiste und trank, trifft sich auch heute noch ganz Zürich. Die Oepfelchammer in der Altstadt gibt es seit 1801, und doch ist sie relevant geblieben. Hier kommt man vorbei auf ein Glas Wein, zum unkomplizierten Zmittag oder auf einen währschaften Znacht.

Rindermarkt 12
+41 44 2512336
www.oepfelchammer.ch
Essen mit Aussicht • regional • Fusionsküche

Essen:	**45** ǀ 50
Service:	**18** ǀ 20
Getränke:	**18** ǀ 20
Ambiente:	**8** ǀ 10
Gesamt:	**89** ǀ 100

Ojo de Agua – Weinkontor

8001 Zürich

Im gemütlichen Ojo de Agua in der Zürcher Altstadt werden seit über zehn Jahren die Rindfleischspezialitäten und Weine von Dieter Meiers Farmen in Argentinien serviert. Ob Tatar, Entrecôte oder Roastbeef, die schmackhaften Gerichte machen jeden Fleischliebhaber glücklich.

Oetenbachgasse 13
+41 44 2104700
ojodeagua.global
Fleich • Delikatessenverkauf • gemütlich

Essen:	**44** ǀ 50
Service:	**17** ǀ 20
Getränke:	**18** ǀ 20
Ambiente:	**8** ǀ 10
Gesamt:	**87** ǀ 100

80–84   85–89   90–94   95–100 Punkte

Ornellaia ||||

8001 Zürich

Das erste Ristorante Ornellaia ist ein Gemeinschaftsprojekt der Familie Bindella und des Ornellaia-Produzenten Frescobaldi. Das Restaurant serviert eine moderne Küche, ist kosmopolitisch und doch «molto italiano». Auch der beeindruckenden Weinkarte wegen lohnt sich der Besuch.

St. Anna Gasse 2	Essen: **49** | 50
+41 44 2120022	Service: **19** | 20
www.ristorante-ornellaia.ch	Getränke: **18** | 20
Fine Dining • italienisch • modern • elegant	Ambiente: **9** | 10
♿	Gesamt: **95** | 100

Osso |||

8005 Zürich

Im Osso Zürich wird auf dem Feuer gekocht. Zum Zug kommen nur die besten Produkte, mit viel Liebe verarbeitet. Spannend ist, dass Fleisch hier zur Nebensache erklärt wird. Die kreativen Hauptgänge sind alle vegetarisch, die Fleischstücke vom Grill werden als Beilage serviert.

Zollstrasse 121	Essen: **47** | 50
+41 44 5237633	Service: **18** | 20
www.ossozuerich.ch	Getränke: **17** | 20
Bar • vegetarisch • urchig	Ambiente: **10** | 10
🏠 💳	Gesamt: **92** | 100

Osteria Centrale ||

8037 Zürich

Nur hochwertige saisonale Zutaten werden für die italienischen Gerichte von Krista Ellensohn verwendet, weswegen sie trotz ihrer Einfachheit hervorragend schmecken. Auch die eigens importierte Weinauswahl ist spannend und zeigt die Vielfalt des italienischen Terroirs.

Nordstrasse 205	Essen: **44** | 50
+41 44 3702086	Service: **18** | 20
osteria-centrale.ch	Getränke: **18** | 20
italienisch • mediterran • klassisch • gemütlich	Ambiente: **9** | 10
🏠 P 💳	Gesamt: **89** | 100

Paneolio

8004 Zürich

Wer Sehnsucht nach Italien empfindet, besucht am besten das Paneolio im Kreis 4. Es liegt viel Italianità in der Luft. Küchenchef Daniele Pagliei nimmt den Gast auf eine kulinarische Reise in den Süden mit und zeigt dabei seine Küche der «Aromen der Vergangenheit».

Cramerstrasse 8
+41 44 2400250
www.paneolio.ch
italienisch • regional • saisonal • elegant

Essen:	**44**	50
Service:	**17**	20
Getränke:	**17**	20
Ambiente:	**8**	10
Gesamt:	**86**	100

parkhuus

8002 Zürich

Küchenchef Tarik Lange achtet bei seinen Gerichten auf Nachhaltigkeit. Die meisten seiner Zutaten stammen aus einheimischen Wäldern, Wiesen, Seen und Flüssen, die Kräuter sogar vom eigenen Dachgarten. Die Gerichte sind kreativ, verlieren dabei aber nie ihre Bodenhaftung.

Beethoven-Strasse 21
+41 43 8831075
www.parkhuus.ch
Fine Dining • saisonal • regional • elegant

Essen:	**45**	50
Service:	**18**	20
Getränke:	**18**	20
Ambiente:	**8**	10
Gesamt:	**89**	100

Pavillon

8001 Zürich

Nicht nur wegen der Location im Park des Baur au Lac lohnt sich der Besuch im von Stararchitekt Pierre-Yves Rochon gestalteten Pavillon. Die Küche von Spitzenkoch Laurent Eperon verbindet klassisch französische und moderne Elemente zu einem eleganten und zeitgenössischen Ganzen.

Talstrasse 1
+41 44 2205022
www.aupavillon.ch
Fine Dining • saisonal • klassisch • elegant

Essen:	**48**	50
Service:	**19**	20
Getränke:	**19**	20
Ambiente:	**10**	10
Gesamt:	**96**	100

80–84   85–89   90–94   95–100 Punkte

info@make-photography.com

Più 🍴

Das Più beim Schiffbau verspricht mehr Pizza, mehr Dolci und somit mehr Napoli in Zürich. Von den Stuzzichini zum Apéro über Pizza und Pasta bis zu einer Auswahl feiner Desserts bietet das Restaurant im belebten Kreis 5 alles, was ein Liebhaber der italienischen Küche begehrt.

Hardstrasse 259
+41 43 3669050
www.piu-ristorante.ch
Pizza • italienisch • mediterran

♿

Essen:	**45**	50
Service:	**18**	20
Getränke:	**17**	20
Ambiente:	**9**	10
Gesamt:	**89**	100

info@make-photography.com

Più 🍴

8004 Zürich

Wo früher Briefe und Pakete sortiert wurden, trifft sich heute ganz Zürich. Ob schneller Lunch, ausgedehnter Apéro, Znacht mit Freunden oder eine Pizza-to-go, im Più Ristorante an der Sihlpost gibt es für jeden Geschmack etwas Feines.

Kasernenstrasse 95
+41 44 2423322
www.piu-ristorante.ch
italienisch • Pizza • entspannt

🏠 ♿ 💳

Essen:	**44**	50
Service:	**18**	20
Getränke:	**18**	20
Ambiente:	**9**	10
Gesamt:	89	100

Pumpstation ▌▌

8008 Zürich

Direkt am Ufer des Zürichsees gelegen, ist die Pumpstation seit 1998 nicht aus Zürich wegzudenken. Hier gibt es neben kaltem Bier Feines vom Grill: Legendär ist zum Beispiel der Pumpi-Spiess. Dazu werden verschiedene Salate serviert, besonders der Kartoffelsalat ist sehr fein.

Seeanlage Utoquai +41 44 2609669 www.pumpstation.ch **Schweizer Küche • mediterran • Seeterrasse**	Essen: **43** ╷ 50 Service: **18** ╷ 20 Getränke: **16** ╷ 20 Ambiente: **9** ╷ 10
	Gesamt: **86** ╷ 100

Raclette ▌▌

8001 Zürich

In der Raclette-Stube mitten in der Zürcher Altstadt treffen sich Touristen und Alteingesessene zu Raclette und Fondue. Die Karte ist klein, zu den Hausspezialitäten gibt es viele Schweizer Weine und einige auserlesene Kirschschnäpse.

Zähringerstrasse 16 +41 44 2514130 www.raclette-stube.ch **Gasthaus • Fondue • urchig**	Essen: **43** ╷ 50 Service: **17** ╷ 20 Getränke: **17** ╷ 20 Ambiente: **8** ╷ 10
	Gesamt: **85** ╷ 100

Rank ▌▌

8001 Zürich

Im letzten Jahr eröffnete das Rechberg-Team ein neues Lokal: das Kulturlokal am Rank. Es ist Restaurant, Bar, Take-away, Imbiss und Konzertlokal in einem. Die Kreationen von Küchenchefin Michaela Frank sind stimmig. Auf der Weinkarte finden sich viele Schweizer Crus.

Niederdorfstrasse 60 +41 44 7778001 amrank.ch **Bar • Casual Dining • regionale Produkte • entspannt**	Essen: **45** ╷ 50 Service: **19** ╷ 20 Getränke: **17** ╷ 20 Ambiente: **8** ╷ 10
	Gesamt: **89** ╷ 100

Razzia ▌▌

8008 Zürich

Im opulent eingerichteten Razzia wird eine moderne Küche ohne starre Regeln zelebriert. Küchenchef Ekundayo Oduwaiye holt sich Inspiration aus aller Welt, das Herzstück des Restaurants bildet dabei der Grill. Inhaber Philipp Brockmann kümmert sich um das Wohl der Gäste.

Seefeldstrasse 82 +41 44 2967070 www.razzia-zuerich.ch **Weltlich • Fine Dining • modern**	Essen: **44** ╷ 50 Service: **18** ╷ 20 Getränke: **17** ╷ 20 Ambiente: **10** ╷ 10
	Gesamt: **89** ╷ 100

Rechberg 1837 ¶¶¶

Das Team um Küchenchef Carlos Navarro verwendet nur Zutaten, die es in Zürich um 1837 bereits gab. So entsteht ein Menu mit Schweizer Zutaten, die überraschend kombiniert werden. Auch auf der Weinkarte finden sich viele spannende Tropfen aus hiesigen Gefilden.

Chorgasse 20	Essen: **45** ı 50
+41 44 2221837	Service: **19** ı 20
www.rechberg.ch	Getränke: **19** ı 20
Fine Dining • klassisch • modern • entspannt	Ambiente: **9** ı 10
	Gesamt: **92** ı 100

Rigiblick ¶¶¶

8044 Zürich

Gastgeberin Vreni Giger und Küchenchef Nicolas Schumnik servieren im Restaurant Rigiblick eine regional-saisonale Küche auf hohem Niveau. Besonders zu empfehlen ist das Gourmet-Menu, das den Gast auf eine spannende kulinarische Reise über den Dächern von Zürich mitnimmt.

Germaniastrasse 99	Essen: **46** ı 50
+41 43 2551570	Service: **18** ı 20
www.restaurantrigiblick.ch	Getränke: **18** ı 20
Fine Dining • saisonal • regional	Ambiente: **9** ı 10
	Gesamt: **91** ı 100

Riviera ¶¶¶

8008 Zürich

Das Riviera bietet eine spannende italienische Küche. Mit dem kompromisslosen Fokus auf unverfälschten Geschmack, Tradition und Terroir kreiert Luca Messina kulinarische Leckerbissen, seine nord- und süditalienischen Wurzeln sind in den Gerichten dabei unverkennbar.

Dufourstrasse 161	Essen: **45** ı 50
+41 44 4220426	Service: **18** ı 20
www.enoteca-riviera.ch	Getränke: **18** ı 20
italienisch • mediterran • Weinbar • klassisch	Ambiente: **9** ı 10
	Gesamt: **90** ı 100

Roof Garden ¶¶

8001 Zürich

Sich wie an der entspannten Mittelmeer-Riviera fühlen? Im Roof Garden auf der Terrasse des Globus Warenhauses liegt dies absolut im Bereich des Möglichen. Die Gerichte von Küchenchef Dominik Altdorfer sind leicht und mediterran. So wird ein Besuch zum Kurzurlaub.

Schweizergasse 11	Essen: **44** ı 50
+41 44 5217777	Service: **17** ı 20
www.roofgarden.ch	Getränke: **17** ı 20
französisch • mediterran • elegant	Ambiente: **9** ı 10
	Gesamt: **87** ı 100

Rosaly's ⫙

8001 Zürich

Seit 30 Jahren gibt es das Rosaly's beim Bellevue. Heute servieren Fabio Lombardi und sein Team eine Küche, in der Altbewährtes neu interpretiert wird. Auf dem Menu finden sich Schweizer Klassiker und Inspirationen von fernen Ländern. Selbstverständlich ist alles hausgemacht.

Freieckgasse 7		Essen:	**44**	50
+41 44 2614430		Service:	**18**	20
www.rosalys.ch		Getränke:	**17**	20
Schweizer Küche • saisonal • gemütlich		Ambiente:	**9**	10
🏠		Gesamt: **88**	100	

Rosengarten ⫙⫙

8032 Zürich

Im Restaurant Rosengarten von Gian und Nico Gross wird die kulinarische Welt nicht neu erfunden, sondern Altbewährtes gepflegt. So finden sich auf der Karte Klassiker der Schweizer Küche wie Siedfleischsalat oder Fischknusperli, sorgfältig zubereitet aus frischen Zutaten.

Gemeindestrasse 60		Essen:	**43**	50
+41 44 2513736		Service:	**17**	20
www.rosengarten.ch		Getränke:	**17**	20
Schweizer Küche • saisonal • gemütlich		Ambiente:	**9**	10
🏠 ♿ 🖼		Gesamt: **86**	100	

Rosi ⫙⫙⫙

8004 Zürich

Im Rosi wird bayerische Küche aufgewertet und im Fine-Dining-Mantel präsentiert. Dabei entsteht ein Gourmet-Erlebnis, das zugleich währschaft und innovativ ist und viel Spass macht. Auch auf der Weinkarte finden sich viele spannende Tropfen aus naturnaher Produktion.

Sihlfeldstrasse 89		Essen:	**47**	50
+41 44 2916825		Service:	**18**	20
www.rosi.restaurant		Getränke:	**19**	20
Gasthaus • traditionell • gemütlich		Ambiente:	**9**	10
🏠		Gesamt: **93**	100	

Rosso ⫙⫙

8005 Zürich

Das Rosso ist frech, laut und anders. In einer urbanen Industrie-Atmosphäre wird hier eine italienisch inspirierte Küche serviert. Besonders die Pizzas sind beliebt, fein sind aber auch die anderen Gerichte auf der kleinen Karte, die je nach Saison angepasst wird.

Geroldstrasse 31		Essen:	**44**	50
+41 43 8182255		Service:	**17**	20
www.restaurant-rosso.ch		Getränke:	**17**	20
mediterran • Pizza • entspannt		Ambiente:	**8**	10
🏠 🖼		Gesamt: **86**	100	

Sala of Tokyo |||

Das Sala of Tokyo gibt es seit 1981. Heute gilt das älteste japanische Restaurant der Schweiz als die «Botschaft für japanisches Essen». Serviert werden traditionelle japanische Gerichte wie Sushi, Shabu shabu und Tempura, aus den besten erhältlichen Produkten zubereitet.

Schützengasse 5	Essen:	**47** | 50
+41 44 2715290	Service:	**18** | 20
www.sala-of-tokyo.ch	Getränke:	**18** | 20
japanisch • Fine Dining • klassisch • modern	Ambiente:	**9** | 10
🏠 🖼	Gesamt:	**92** | 100

Salon ||

8003 Zürich

Im Salon in Wiedikon wird klassische französische Bistroküche zelebriert. Ob Mittagsspecial oder abends à la carte, auf der überschaubaren Karte finden sich Gerichte wie Vichyssoise, Escargots und Entrecôte, zubereitet aus frischen regionalen Bio-Produkten.

Weststrasse 20	Essen:	**45** | 50
+41 44 5777374	Service:	**18** | 20
www.salutsalon.ch	Getränke:	**17** | 20
Bistro • saisonal • nachhaltig • gemütlich	Ambiente:	**9** | 10
🏠 ♿ 🖼	Gesamt:	**89** | 100

Saltz ||

8032 Zürich

Das vom Künstler Rolf Sachs entworfene Saltz bietet feines Essen in einer einzigartigen Atmosphäre. Küchenchef Julian Mai kreiert ein saisonales Menü von schnörkelloser Schlichtheit. Die Zutaten von nah und fern verbinden sich zu einem stimmigen, geschmackvollen Ganzen.

Kurhausstrasse 65	Essen:	**45** | 50
+41 44 4566000	Service:	**18** | 20
thedoldergrand.com	Getränke:	**17** | 20
Hotelrestaurant • lokal • modern • elegant	Ambiente:	**9** | 10
🏠 P 🛏 🖼	Gesamt:	**89** | 100

San Gennaro ᴉᴉ

8037 Zürich

Das San Gennaro am Ufer der Limmat galt lange als Geheimtipp. Heute wissen die meisten, dass es hier eine der besten Pizzen der Stadt gibt. 48 Stunden darf der Teig ruhen, die Pizza wird nach neapolitanischem Vorbild mit besten Zutaten belegt und kurz im sehr heissen Ofen gegart.

Hönggerstrasse 43	Essen:	**44** ǀ 50
+41 44 4611515	Service:	**17** ǀ 20
www.sangennarozurigo.ch	Getränke:	**16** ǀ 20
Pizza • italienisch • entspannt	Ambiente:	**8** ǀ 10
	Gesamt: **85** ǀ 100	

Santa Lucia Teatro ᴉᴉ

8001 Zürich

Das Santa Lucia Teatro ist der perfekte Ort, um nach einer Führung im Museum oder vor einem Theaterbesuch einen feinen Teller Pasta oder eine knusprige Pizza zu geniessen. Serviert werden die Gerichte entweder im grosszügigen Gastraum oder draussen auf der schönen Terrasse.

Rämistrasse 32	Essen:	**44** ǀ 50
+41 44 2620444	Service:	**17** ǀ 20
www.bindella.ch	Getränke:	**17** ǀ 20
Pizza • Pasta • gemütlich	Ambiente:	**8** ǀ 10
	Gesamt: **86** ǀ 100	

Schiller ᴉᴉ

8001 Zürich

Die Brasserie Schiller befindet sich im historischen Gebäude der «NZZ». Hier gibt es eine zeitgenössische französische Küche auf gehobenem Niveau. In der Goethe Bar nebenan kann man ganztags kleine Snacks geniessen und sich dem französischen Savoir-vivre hingeben.

Sechseläutenplatz 10	Essen:	**44** ǀ 50
+41 44 2222030	Service:	**18** ǀ 20
www.brasserie-schiller.ch	Getränke:	**17** ǀ 20
Brasserie • französisch • modern	Ambiente:	**9** ǀ 10
	Gesamt: **88** ǀ 100	

Schlüssel ♟♟ 8008 Zürich

Im Schlüssel im Seefeld verwöhnen Gastgeber Alexandre Hermann und Küchenchef Gernot Draxler die Gäste mit Schweizer und internationalen Gerichten – die Küche ist grosszügig, weltoffen, simpel und geradlinig. Auf der Weinkarte finden sich vor allem Schweizer Gewächse.

Seefeldstrasse 177	Essen:	**44**	50
+41 44 4220246	Service:	**17**	20
www.schluessel-zuerich.ch	Getränke:	**17**	20
Schweizer Küche • weltlich • saisonal	Ambiente:	**9**	10
	Gesamt: **87**	100	

Schützengasse ♟♟ 8001 Zürich

Das Motto des Restaurant Schützengasse ist «Great food is like great sex – the more you have, the more you want». Dem getreu, kommen die Stammgäste der guten Stimmung, aber auch der Klassiker wie Markbein mit Fleur de Sel oder Trüffeltortelloni wegen.

Schützengasse 32	Essen:	**44**	50
+41 44 5001030	Service:	**17**	20
www.schuetzengasse.com	Getränke:	**18**	20
mediterran • Terrasse • modern	Ambiente:	**9**	10
	Gesamt: **88**	100	

Seefeld ♟♟ 8008 Zürich

Antonello Mancosu versteht es, die Aromen und Traditionen Sardiniens ins Zürcher Seefeld zu bringen. Bei ihm geniesst man Minestra del giorno, Ravioli alla sanlurese und das traditionelle sardische Dessert Seada. Die Weinauswahl beinhaltet einige feine sardische Tropfen.

Horneggstrasse 15	Essen:	**45**	50
+41 44 3810771	Service:	**18**	20
www.brasserieseefeld.ch	Getränke:	**17**	20
Brasserie • italienisch • gemütlich	Ambiente:	**9**	10
	Gesamt: **89**	100	

Seerose ♟♟ 8038 Zürich

Die einzigartige Lage der Seerose lockt Gäste von nah und fern. Es liegt direkt am See mit eigenen Bootsanlageplätzen und einer eindrücklichen Weitsicht über die Stadt und die Alpen. Die Karte ist gespickt mit frischen, mediterranen Gerichten und Weinen für jeden Geschmack.

Seestrasse 493	Essen:	**45**	50
+41 44 4816383	Service:	**18**	20
www.seerose.dinning.ch	Getränke:	**17**	20
mediterran • saisonal • Seeterrasse	Ambiente:	**9**	10
	Gesamt: **89**	100	

Silex ⫙

8004 Zürich

Mit dem Silex eröffneten Jean-Denis Roger, George Tomlin und Julia von Meiss einen neuen Hotspot für Wein- und Kulinarikliebhaber. Die Weinkarte glänzt mit ihrer Mischung aus Klassikern und wilden Naturweinen, das Essen fokussiert auf beste lokale Produkte.

Freyastrasse 3	Essen:	**45**	50
+41 44 2103030	Service:	**18**	20
silexrestaurant.ch	Getränke:	**18**	20
Bistro • grosse Weinkarte • gemütlich	Ambiente:	**9**	10
	Gesamt: **90**	100	

Smith and de Luma ⫙

8045 Zürich

In einer schönen alten Industriehalle in der Binz befindet sich das Smith & de Luma. Serviert werden neben ein paar vegetarischen Optionen perfekt abgehangene, auf den Punkt gebratene Fleischstücke. Dazu gibt es eine fantastische Auswahl an Weinen, kuratiert von Smith & Smith.

Grubenstrasse 27	Essen:	**45**	50
+41 43 3330453	Service:	**17**	20
www.smithanddeluma.ch	Getränke:	**18**	20
Casual Dining • Fleisch • unkonventionell	Ambiente:	**9**	10
	Gesamt: **89**	100	

Sonnenberg ⅋⅋⅋

8032 Zürich

Das edle Restaurant Sonnenberg liegt in spektakulärer Lage über den Dächern von Zürich. Hier servieren der aus Napoli stammende Küchenchef Luigi Serpe und sein Team eine vornehmlich mediterrane Küche, wobei sich auch einige Schweizer Klassiker auf der Speisekarte finden.

Hitzigweg 15
+41 44 2669797
sonnenberg-zurich.ch
Schweizer Küche • mediterran • elegant

Essen:	**46**	50
Service:	**18**	20
Getränke:	**17**	20
Ambiente:	**9**	10
Gesamt:	**90**	100

www.dasbild.ch Judith Stadler André Uster

Soupière ⅋⅋

8021 Zürich

Im La Soupière werden regionale und französische Spezialitäten in stilvoller und eleganter Atmosphäre auf höchstem Niveau serviert. Küchenchef Martin Fencz kreiert feine Vorspeisen, verschiedene Grilladen, frische Fischgerichte und verführerische Desserts.

Bahnhofplatz 7
+41 44 2188888
www.hotelschweizerhof.com
Hotelrestaurant • Fine Dining • elegant

Essen:	**44**	50
Service:	**18**	20
Getränke:	**18**	20
Ambiente:	**9**	10
Gesamt:	**89**	100

Spitz ⅋⅋

8001 Zürich

Das junge Team hinter dem Restaurant Spitz beim Landesmuseum macht nicht nur kreative Drinks, auch das Essen kann sich sehen lassen. Auf der grossen Terrasse oder im stylischen Gastraum wird eine urbane Küche serviert, in der lokale Produkte meisterhaft verarbeitet werden.

Museumstrasse 2
+41 44 2219477
www.restaurantspitz.ch
Bistro • nachhaltig • gemütlich

Essen:	**45**	50
Service:	**17**	20
Getränke:	**18**	20
Ambiente:	**9**	10
Gesamt:	**89**	100

Stapferstube da Rizzo ￭￭ 8006 Zürich

Gastgeber Giovanni Rizzo macht jeden Besuch in der Stapferstube einzigartig. Er teilt seine Leidenschaft für edle Tropfen, ausgesuchte Zigarren und feines italienisches Essen mit den Gästen. Dabei findet jeder etwas, das er mag, ob hausgemachte Pasta, Fleisch oder Fisch.

Culmannstrasse 45	Essen:	**44**	50
+41 44 3501100	Service:	**18**	20
www.stapferstube.ch	Getränke:	**18**	20
italienisch • mediterran • elegant	Ambiente:	**9**	10
🏠 P 📠	Gesamt: **89**		100

Stoller ￭￭ 8003 Zürich

1938 kehrte Walter Stoller von Italien nach Zürich zurück und beschloss, hier Glaces zu verkaufen. 1945 zog er ins Stoller, welches heute von seinen Nachkommen geführt wird. Neben Glace gibt es eine kleine Karte mit feiner Hausmannskost, gekocht aus den besten Zutaten der Region.

Badenerstrasse 357	Essen:	**43**	50
+41 44 4054720	Service:	**17**	20
www.stoller.ch	Getränke:	**16**	20
Schweizer Küche • traditionell • gemütlich	Ambiente:	**9**	10
🏠 P 🛏 📠	Gesamt: **85**		100

Sushi Shin ￭￭￭ 8001 Zürich

Chef Kenichi Arimura serviert im Sushi Shin sein Omakase-Menu: Nur die besten Produkte, fangfrische Fische und Meeresfrüchte werden von ihm ausgewählt und den Gästen serviert. So entsteht ein intimes und exklusives Sushi- und Sashimi-basiertes Fine-Dining-Erlebnis.

Zinnengasse 7	Essen:	**47**	50
+41 44 4009989	Service:	**18**	20
www.sushishin.ch	Getränke:	**18**	20
Fine Dining • japanisch • Sushi	Ambiente:	**9**	10
📠	Gesamt: **92**		100

Tao's ￭￭ 8001 Zürich

Das Tao's bietet im Herzen Zürichs ein vielseitiges Angebot mit Club, Bar, Smokers Lounge und Restaurant. Die Küche bietet eine breite Auswahl: Von asiatischen Gerichten wie Sushi oder Dim Sum über Steaks vom Grill bis zu italienischer Pasta ist für jeden Geschmack etwas dabei.

Augustinergasse 3	Essen:	**44**	50
+41 44 4481122	Service:	**17**	20
www.taos-lounge.ch	Getränke:	**16**	20
Bar • japanisch • elegant	Ambiente:	**9**	10
🏠 📠	Gesamt: **86**		100

Tartufo 🍴

Im Il Tartufo findet man klassische mediterrane Rezepte, die Küchenchef Costa Nikolopoulos neu interpretiert und auf ein zeitgenössisches Niveau gehoben hat. Der passionierte Jäger und Sammler verwendet ausschliesslich frische und ausgewählte Produkte für seine Kreationen.

Lavaterstrasse 87	Essen: **44** | 50
+41 44 2011613	Service: **18** | 20
www.iltartufo-zuerich.ch	Getränke: **18** | 20
italienisch • mediterran • saisonal • klassisch	Ambiente: **9** | 10
🏠 P ▣	Gesamt: **89** | 100

David Biedert | davidbiedert.com

Terrasse 🍴

8001 Zürich

Das Restaurant Terrasse ist ein Treffpunkt für Kulinarikliebhaber im Zentrum von Zürich. Ob mittags, abends oder am Sonntag zum Brunch, die Küche vermag es stets, das Gleichgewicht zwischen Tradition und Moderne zu halten, sie serviert Klassiker und Neuinterpretationen.

Limmatquai 3	Essen: **45** | 50
+41 44 2511074	Service: **18** | 20
terrasse-zuerich.ch	Getränke: **17** | 20
Brunch • am Wasser • traditionell	Ambiente: **9** | 10
🏠 P ▣	Gesamt: **89** | 100

The Artisan 🍴

8037 Zürich

Die Grüne Oase in Wipkingen ist seit ihrer Eröffnung 2015 zur modernen Quartierbeiz geworden. Frische, unkomplizierte Gerichte werden aus regionalen Bio-Zutaten zubereitet, ein Teil davon stammt aus dem eigenen Garten. Dazu gibt es eine grosse Auswahl von Naturweinen.

Nordbrücke 4	Essen: **45** | 50
+41 44 5013571	Service: **17** | 20
www.theartisan.ch	Getränke: **18** | 20
regional • saisonal • grosse Weinkarte	Ambiente: **9** | 10
🏠 P 👫 ♿ ▣	Gesamt: **89** | 100

The Restaurant ▯▯▯▯

8032 Zürich

Das The Restaurant im Luxushotel Dolder Grand gilt als eines der besten Restaurants der Schweiz. Chefkoch Heiko Nieder verwandelt die besten erhältlichen Produkte in ein kreatives Menu der Superlative. Dazu gibt es die spannende Weinbegleitung von Sommelière Lisa Bader.

Kurhausstrasse 65	Essen:	**49** ǀ 50
+41 44 4566000	Service:	**19** ǀ 20
www.thedoldergrand.com	Getränke:	**19** ǀ 20
Hotelrestaurant • Fine Dining • elegant	Ambiente:	**10** ǀ 10
🏨 P ♿ 🛏	Gesamt:	**97** ǀ 100

Totò ▯▯

8008 Zürich

Benannt wurde das Restaurant nach dem italienischen Komiker Totò, der es verstand, das Leben zu geniessen. Nach seinem Vorbild werden hier mediterrane Küche und Gastfreundschaft zelebriert. Es gibt feine hausgemachte Pasta, traditionelle Secondi und Pizza aus dem Steinofen.

Seefeldstrasse 124	Essen:	**43** ǀ 50
+41 43 4430080	Service:	**18** ǀ 20
www.ristorante-toto.ch	Getränke:	**17** ǀ 20
italienisch • Pizza • entspannt	Ambiente:	**9** ǀ 10
🏨 ▭	Gesamt:	**87** ǀ 100

info@make-photography.com

Trattoria Sempre ▯▯

8001 Zürich

Der neuste Streich der Bindella-Gruppe ist die Trattoria Sempre im Zürcher Niederdorf. Das mit viel Italokitsch eingerichtete Lokal ist ungezwungen und gemütlich. Küchenchef Mario de Marino stammt von der Amalfiküste und bekocht die Gäste so, als wäre man bei ihm zu Hause.

Niederdorfstrasse 7	Essen:	**44** ǀ 50
+41 44 2625462	Service:	**18** ǀ 20
bindella.ch	Getränke:	**17** ǀ 20
Italienisch • mediterran • gemütlich	Ambiente:	**8** ǀ 10
🏨	Gesamt:	**87** ǀ 100

 80–84   85–89 ▯▯▯ 90–94 ▯▯▯▯ 95–100 Punkte

Vallocaia 🍴

8001 Zürich

Das Vallocaia im Zürcher Niederdorf ist nach dem Bindella-Weingut in der Toskana benannt. Dort holt sich auch die Küche ihre Inspiration: Die Spezialität des Hauses ist eine authentische Bistecca Fiorentina, die genüsslich am Tisch geteilt wird. So wird der Abend im Nu zum Fest.

Niederdorfstrasse 15	Essen:	**44**	50
+41 43 2685168	Service:	**18**	20
bindella.ch	Getränke:	**18**	20
italienisch • Fleisch • traditionell	Ambiente:	**8**	10
🏠	Gesamt:	**88**	100

Vereinigung 🍴

8045 Zürich

Seit diesem Sommer wird die Vereinigung unter neuer Leitung geführt. Vier junge Gastronomen hauchen der Wiediker Quartierbeiz neues Leben ein. Dabei bleibt vieles beim Alten: Es wird weiterhin «brachial saisonal» gekocht, und es herrscht unkompliziertes, gemütliches Ambiente.

Manessestrasse 132	Essen:	**45**	50
+41 44 4620148	Service:	**18**	20
www.vereinigung-barsol.ch	Getränke:	**17**	20
Beiz • regional • nachhaltig	Ambiente:	**8**	10
🏠 ▭	Gesamt:	**88**	100

Vesu 🍴

8055 Zürich

Im Vesu Sushi Bistro wird bewusster Genuss zelebriert. Auf der Karte finden sich viele vegetarische und vegane Sushi-Varianten, der Fisch stammt aus nachhaltiger Fischerei. Die kalten und warmen Sushi-Rolls können im gemütlichen modernen Restaurant genossen werden.

Birmensdorferstrasse 259	Essen:	**44**	50
+41 78 2404033	Service:	**17**	20
vesusushi.ch	Getränke:	**17**	20
vegetarisch • Sushi • gemütlich • japanisch • vegan	Ambiente:	**8**	10
▭	Gesamt:	**86**	100

Vineria Centrale �♩ 8005 Zürich

Wenige Lokale in Zürich versprühen so viel italienischen Charme wie die Vineria Centrale an der Neugasse. In der kleinen Bar gibt es eine kleine, aber feine Auswahl an italienischen Gerichten. Die angebotenen Weine werden von Inhaber Dario Bischofberger selbst aus Italien importiert.

Neugasse 42	Essen:	**43** | 50
+41 76 5132204	Service:	**18** | 20
www.vineriacentrale.ch	Getränke:	**18** | 20
Gasthaus • italienisch • entspannt	Ambiente:	**9** | 10
	Gesamt:	**88** | 100

Volkshaus ♩♩ 8004 Zürich

Das Volkshaus in Zürich ist eine Institution, welche die unterschiedlichsten Menschen anzieht. Sie kommen der lebhaften Stimmung und der feinen, währschaften Küche wegen. Es gibt Klassiker wie Hacktätschli oder Cordon bleu, aber auch leichtere, mediterran inspirierte Gerichte.

Stauffacherstrasse 60	Essen:	**44** | 50
+41 44 2421155	Service:	**18** | 20
www.restaurantvolkshaus.ch	Getränke:	**17** | 20
Gasthaus • Schweizer Küche • gemütlich	Ambiente:	**9** | 10
	Gesamt:	**88** | 100

Weinbeiz Höngg ♩♩ 8049 Zürich

In den zurückhaltend renovierten denkmalgeschützten Räumlichkeiten der Weinbeiz Höngg wird feine Hausmannskost serviert. Das Ambiente ist gesellig, es gibt Klassiker wie Cordons bleus, Schnitzel und Fischknusperli, dazu eine grosse Weinauswahl von Zweifel 1898.

Regensdorferstrasse 20	Essen:	**42** | 50
+41 44 3442343	Service:	**17** | 20
www.zweifel1898.ch	Getränke:	**18** | 20
eigener Weinbau • regional • traditionell	Ambiente:	**9** | 10
	Gesamt:	**86** | 100

Weinstube zur Haue ♩♩ 8001 Zürich

Der historische Gastraum der Weinstube zur Haue strahlt Gemütlichkeit aus. Chefkoch Stef Wieser verwendet vornehmlich nachhaltige regionale Produkte und bereitet daraus Gerichte, die bodenständig und doch filigran sind. Hausspezialität ist das Siedfleisch vom Hochlandrind.

Limmatquai 52	Essen:	**43** | 50
+41 44 2523362	Service:	**18** | 20
www.zurhaue.ch	Getränke:	**17** | 20
Gasthaus • nachhaltig • urchig	Ambiente:	**8** | 10
	Gesamt:	**86** | 100

♩ 80–84   ♩♩ 85–89   ♩♩♩ 90–94   ♩♩♩♩ 95–100 Punkte   291

Weisser Wind 🍴

8001 Zürich

Im Weisser Wind stellen Küchenchef Marek Sztukowski und Souschef Norman Pietrzyk täglich ein Menu aus frischen Zutaten zusammen. Die Küche ist gutbürgerlich und bietet viele vegetarische Optionen. Hier schlemmt man mit gutem Gewissen: Das Restaurant ist als CO2-neutral zertifiziert.

Oberdorfstrasse 20	Essen:	**43**	50
+41 44 2511845	Service:	**17**	20
weisserwind.ch	Getränke:	**17**	20
saisonal • gemütlich • modern	Ambiente:	**9**	10
	Gesamt **86**	100

Weisses Rössli 🍴

8002 Zürich

Mathieu Bacons Küche hat französisch-mediterrane Wurzeln, er findet aber Inspiration auf der ganzen Welt. Seine Gerichte sind ehrlich und elegant, der Service ist entspannt und doch aufmerksam. Für Gruppen kann eine Tavolata in der alten Kegelbahn des Hauses organisiert werden.

Bederstrasse 96	Essen:	**44**	50
+41 44 2126300	Service:	**18**	20
www.weisses-roessli.ch	Getränke:	**17**	20
mediterran • Terrasse • entspannt	Ambiente:	**9**	10
	Gesamt **88**	100

White Elephant ❙❙ 8006 Zürich

Seit 1991 steht das White Elephant im Zürcher Marriott für authentische thailändische Küche. Das gesamte Team stammt aus dem Land des Lächelns und sorgt mit seiner herzlichen Art für thailändische Atmosphäre. Ein Must für Liebhaber der beliebten Landesküche.

Neumühlequai 42	Essen: **45** ǀ 50
+41 44 3607322	Service: **17** ǀ 20
www.whiteelephant.ch	Getränke: **16** ǀ 20
Hotelrestaurant • Thai • traditionell	Ambiente: **9** ǀ 10
🛏🖼	Gesamt: **87** ǀ 100

Widder Restaurant ❙❙❙❙ 8001 Zürich

Chefkoch Stefan Heilemann machte das Widder Restaurant zur Zürcher Gourmet-Destination. Seine Küche ist geprägt von seinen vielen Reisen, er verbindet auf geschickte Weise Alltägliches mit Luxusprodukten und bleibt dabei stets auf den Geschmack fokussiert und geradlinig.

Widdergasse 6	Essen: **49** ǀ 50
+41 44 2242412	Service: **20** ǀ 20
www.widderhotel.com	Getränke: **18** ǀ 20
Fine Dining • Hotelrestaurant • elegant	Ambiente: **10** ǀ 10
🛏🖼	Gesamt: **97** ǀ 100

Wirtschaft im Franz ❙❙❙ 8003 Zürich

In der Wirtschaft im Franz teilen sich Mitinhaber Sebastian Funck und Gino Miodragovic die Rolle des Küchenchefs. Serviert wird eine ehrliche, doch raffinierte Produkteküche. Viele Gerichte basieren auf marktfrischem Saisongemüse, das kreativ in ein neues Licht gerückt wird.

Bremgartnerstrasse 18	Essen: **46** ǀ 50
+41 43 5584422	Service: **19** ǀ 20
www.wirtschaftimfranz.ch	Getränke: **18** ǀ 20
Casual Dining • regional • unkonventionell	Ambiente: **10** ǀ 10
🏡♿✈🖼	Gesamt: **93** ǀ 100

Wirtschaft zur Au ❙❙ 8045 Zürich

Die Liegenschaft der Wirtschaft zur Au wird voraussichtlich Mitte 2023 abgerissen. Bis dann werden in der gemütlichen Beiz noch feine Gerichte aus dem gekocht, was die Saison hergibt. Die Zutaten stammen aus nachhaltiger Produktion, und im Weinkeller findet man Schweizer Perlen.

Manessestrasse 208	Essen: **44** ǀ 50
+41 44 5453107	Service: **17** ǀ 20
www.zur-au.ch	Getränke: **17** ǀ 20
Beiz • nachhaltig • regional	Ambiente: **8** ǀ 10
🏡🖼	Gesamt: **86** ǀ 100

❙ 80–84 ❙❙ 85–89 ❙❙❙ 90–94 ❙❙❙❙ 95–100 Punkte

293

Wöschi ‖

8038 Zürich

Die Wöschi Wollishofen bietet vom Restaurant und der Terrasse aus einen herrlichen Blick auf den See. Das Menu ist klein, bietet aber für jeden Geschmack etwas. Die Gerichte wie Burger, hausgemachte Ravioli und Fischknusperli basieren, wenn möglich, auf einheimischen Produkten.

Seestrasse 457	Essen:	**43** | 50
+41 43 2431889	Service:	**18** | 20
www.woeschi.ch	Getränke:	**17** | 20
Seeterrasse • regional • gemütlich	Ambiente:	**8** | 10
🏠 P ♿ ▭		Gesamt: **86** | 100

Wystube Isebähnli ‖‖

8001 Zürich

Seit über 200 Jahren gibt es die Wystube Isebähnli in der Altstadt. Wie es der Name verspricht, spielt Wein eine grosse Rolle, im Keller lagern einige Perlen. Dazu gibt es eine gehobene Küche, das fünf- bis siebengängige Menu orientiert sich am Marktangebot und wechselt wöchentlich.

Froschaugasse 26	Essen:	**45** | 50
+41 43 2437787	Service:	**18** | 20
www.isebaehnli.com	Getränke:	**19** | 20
Gasthaus • grosse Weinkarte • traditionell	Ambiente:	**9** | 10
🏠 ✖		Gesamt: **91** | 100

YAMAS ‖

8004 Zürich

Das Yamas in der Europaallee bietet eine griechische und mediterrane Küche. Mittags gibt es frische und einfache Gerichte, von Mamas Küche inspiriert. Abends gibt es eine grosse Auswahl an Weinen im Offenausschank, erfrischende Drinks und griechische Häppchen zum Teilen.

Lagerstrasse 48	Essen:	**44** | 50
+41 44 5010020	Service:	**18** | 20
yamas.ch	Getränke:	**18** | 20
griechisch • mediterran • modern	Ambiente:	**8** | 10
🏠		Gesamt: **88** | 100

Yuma ‖

8004 Zürich

Das Yuma serviert Streetfood aus dem Nahen und Fernen Osten wie Dim Sum, Gua Bao Buns und Falafel sowie verschiedene gesunde Bowls. Sehr beliebt ist auch der Brunch am Wochenende. Auch dort gibt es eine breite Palette an verschiedenen Geschmäckern aus der ganzen Welt.

Badenerstrasse 120	Essen:	**44** | 50
+41 43 2438888	Service:	**17** | 20
www.yuma-zurich.ch	Getränke:	**16** | 20
Bar • weltlich • modern	Ambiente:	**9** | 10
🏠		Gesamt: **86** | 100

Ziegel oh Lac

8038 Zürich

Das Ziegel oh Lac ist die Beiz des einst «alternativen Kulturzentrums» Rote Fabrik. Direkt am See gelegen, lässt es sich hier gemütlich speisen und trinken. Auf der Karte finden alle etwas, ob Fleischtiger, Vegetarier oder Veganer. Die meisten Zutaten stammen aus Bio-Anbau.

Seestrasse 407
+41 44 4816242
www.ziegelohlac.ch
unkonventionell • bio • am See

Essen:	**42** | 50
Service:	**17** | 20
Getränke:	**17** | 20
Ambiente:	**9** | 10
Gesamt:	**85** | 100

Ziegelhütte

8051 Zürich

Die Ziegelhütte ist eine Landbeiz, die innerhalb der Stadtgrenzen Zürichs liegt. Auf den Grill und in die Pfanne kommt oft Fleisch von benachbarten Bauern, dabei wird immer das ganze Tier verarbeitet. Auch Gemüse kommt nicht zu kurz, vieles davon wächst sogar im eigenen Garten.

Hüttenkopfstrasse 70
+41 44 3224003
www.wirtschaft-ziegelhuette.ch
nachhaltig • Essen im Grünen • saisonal

Essen:	**46** | 50
Service:	**18** | 20
Getränke:	**18** | 20
Ambiente:	**9** | 10
Gesamt:	**91** | 100

Zum Kropf

8001 Zürich

Das Zum Kropf empfängt seit über 120 Jahren Gäste in der Zürcher Innenstadt. Die Speisekarte ist geprägt von gutbürgerlicher Schweizer Küche. Serviert werden über die Jahre perfektionierte Klassiker wie Zürcher Geschnetzeltes mit Rösti, Siedfleisch vom Hohrücken und Kutteln.

In Gassen 16
+41 44 2211805
www.zumkropf.ch
Gasthaus • Schweizer Küche • traditionell

Essen:	**44** | 50
Service:	**18** | 20
Getränke:	**18** | 20
Ambiente:	**8** | 10
Gesamt:	**88** | 100

Zunfthaus zur Waag |||

Seit 2004 ist Wirt Sepp Wimmer präsenter Gastgeber im geschichtsträchtigen Zunfthaus zur Waag. In stilvollem Ambiente serviert sein Team die Kreationen von Küchenchef Erik Schröter, der neben Klassikern wie Zürcher Geschnetzeltes auch kreative moderne Gerichte zaubert.

Münsterhof 8
+41 44 2169966
www.zunfthaus-zur-waag.ch
Gasthaus • Schweizer Küche • klassisch

Essen:	**45**	50
Service:	**18**	20
Getränke:	**18**	20
Ambiente:	**9**	10
Gesamt:	**90**	100

Zunfthaus zur Zimmerleuten ||

8001 Zürich

Direkt an der Limmat, in einem historischen Gebäude aus dem Mittelalter, findet sich das Zunfthaus zur Zimmerleuten. Ob entspannt in der Küferstube, draussen zum «Open Air Fondue» oder gediegen im Restaurant im ersten Stock, hier findet man für jeden Anlass das passende Ambiente.

Limmatquai 40
+41 44 2505363
www.zunfthaus-zimmerleuten.ch
Gasthaus • Schweizer Küche • traditionell

Essen:	**43**	50
Service:	**17**	20
Getränke:	**16**	20
Ambiente:	**9**	10
Gesamt:	**85**	100

Zur Goldige Guttere ||

8003 Zürich

Im Restaurant Zur Goldige Guttere servieren Linda Hüsser und Meret Diener ausschliesslich Lokales, wobei Gemüse klar im Vordergrund steht. Die überraschenden kulinarischen Kombinationen machen Freude, genauso wie die Unkompliziertheit, die im Lokal herrscht.

Sihlfeldstrasse 45
+41 44 4511414
www.zurgoldigeguttere.ch
Casual Dining • regional • entspannt

Essen:	**45**	50
Service:	**18**	20
Getränke:	**15**	20
Ambiente:	**8**	10
Gesamt:	**86**	100

Sablier |||

8058 Zürich-Flughafen

Das Restaurant im Zürcher Flughafenkomplex bietet eine Reise durch die kulinarische Vielfalt Frankreichs. Die Küche ist zeitgenössisch, die Weinkarte unwiderstehlich gut bestückt. Dazu besteht die Möglichkeit, den Ausblick von der grössten Rooftop-Terrasse der Schweiz zu geniessen.

The Circle 23
+41 44 445219999
sablier.ch
Bar • Essen mit Aussicht • französisch

Essen:	**45**	50
Service:	**17**	20
Getränke:	**18**	20
Ambiente:	**10**	10
Gesamt:	**90**	100

296 falstaff Beizenguide 2023

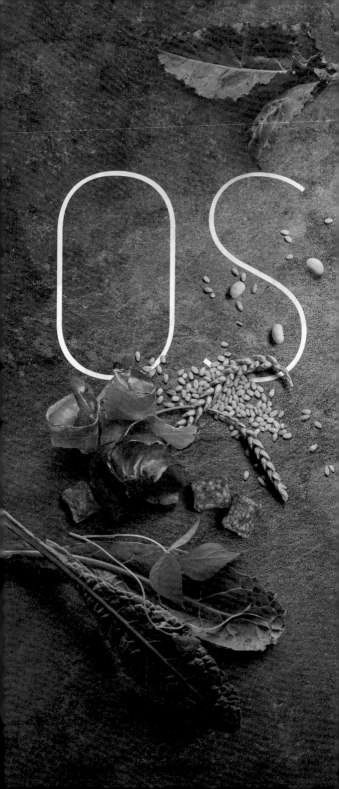

SCHWEIZ

DIE BESTEN RESTAURANTS
UND BEIZEN IN DEN KANTONEN
APPENZELL AUSSERRHODEN,
APPENZELL INNERRHODEN,
GLARUS, GRAUBÜNDEN,
ST. GALLEN, SCHAFFHAUSEN
UND THURGAU.

GSÖDSUPPE

Für 4 Personen
ZUBEREITUNGSZEIT: CA. 120 MINUTEN
SCHWIERIGKEITSGRAD: ●●○○○

ZUTATEN
HÜHNERFILET UND RÖSTI

- 100 g Rollgerste
- 100 g Borlottibohnen (oder weisse Bohnen)
- 100 g Sellerie
- 100 g Rüebli (Karotte oder Speiserübe)
- 100 g Lauch
- 200 g Kabis (Weisskohl)
- 250 g Kochspeck, würfelig (Schwarte aufheben)
- 1,5 l Hühnerbrühe
- 1 Appenzeller Pantli (oder Landjäger)
  in dünne Scheiben geschnitten

ZUBEREITUNG

– Borlottibohnen über Nacht in kaltem Wasser einweichen
  Gemüse in kleine Stücke schneiden

– Speck in heissem Öl anbraten, kleingeschnittenes Gemüse dazugeben
  und ca. 10 Minuten dünsten

– Brühe dazugiessen, aufkochen und ca. 90 Minuten inklusive Speck-
  schwarte zugedeckt köcheln lassen

– Speckschwarte entfernern und Pantli/Landjäger sowie gewaschene
  Rollgerstein die Suppe geben und diese weitere 30 – 45 Minuten offen
  köcheln lassen

– In Suppentellern mit gehackter Petersilie anrichten

TOP-LOKALE OSTSCHWEIZ

1.	Schauenstein 7414 Fürstenau	Seite 319	99 Punkte
2.	Memories 7310 Bad Ragaz	Seite 338	98 Punkte
3.	Einstein Gourmet 9000 St. Gallen	Seite 345	97 Punkte
3.	Taverne zum Schäfli 8556 Wigoltingen	Seite 364	97 Punkte
4.	7132 Silver 7132 Vals	Seite 336	96 Punkte
4.	Gasthaus zum Gupf 9038 Rehetobel	Seite 305	96 Punkte
4.	Krone – Säumerei am Inn 7522 La Punt Chamues-ch	Seite 322	96 Punkte
5.	IGNIV by Andreas Caminada 7310 Bad Ragaz	Seite 338	96 Punkte
6.	Da Vittorio 7500 St. Moritz	Seite 330	95 Punkte
6.	Ecco St. Moritz 7512 Champfèr	Seite 312	95 Punkte
6.	Igniv 7500 St. Moritz	Seite 331	95 Punkte
6.	Incantare 9410 Heiden	Seite 304	95 Punkte
7.	Casa Caminada 7414 Fürstenau	Seite 319	94 Punkte
8.	Jägerhof 9000 St. Gallen	Seite 346	94 Punkte
8.	La Brezza 7050 Arosa	Seite 310	94 Punkte

Die Reihung ergibt sich aus Gesamtpunktzahl und Essensbewertung.

 80–84   85–89   90–94 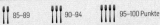 95–100 Punkte

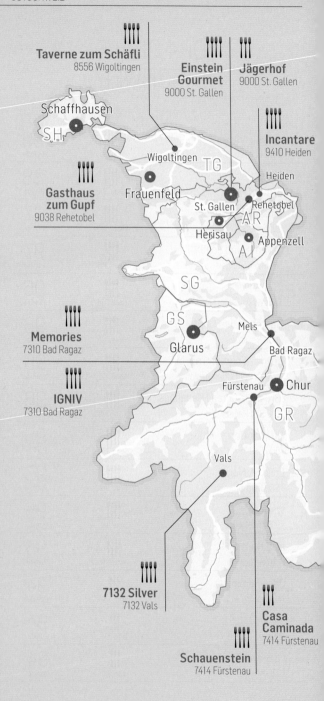

Taverne zum Schäfli
8556 Wigoltingen

Einstein Gourmet
9000 St. Gallen

Jägerhof
9000 St. Gallen

Incantare
9410 Heiden

Gasthaus zum Gupf
9038 Rehetobel

Schaffhausen
SH

Wigoltingen

TG

Heiden

Frauenfeld

St. Gallen

Rehetobel

AR

Herisau

AI

Appenzell

SG

GS

Memories
7310 Bad Ragaz

Mels

Glarus

Bad Ragaz

IGNIV
7310 Bad Ragaz

Fürstenau

Chur

GR

Vals

7132 Silver
7132 Vals

Casa Caminada
7414 Fürstenau

Schauenstein
7414 Fürstenau

OSTSCHWEIZ
TOP-LOKALE IM ÜBERBLICK

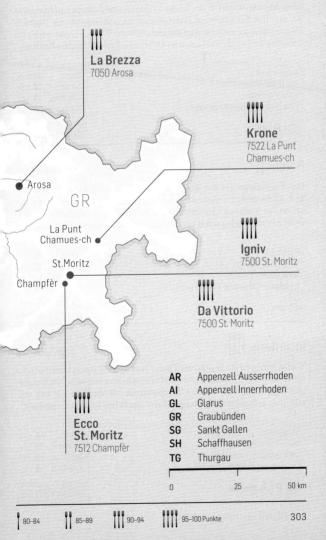

La Brezza
7050 Arosa

Krone
7522 La Punt
Chamues-ch

Igniv
7500 St. Moritz

Da Vittorio
7500 St. Moritz

**Ecco
St. Moritz**
7512 Champfèr

Arosa

GR

La Punt
Chamues-ch

St.Moritz

Champfèr

AR	Appenzell Ausserrhoden
AI	Appenzell Innerrhoden
GL	Glarus
GR	Graubünden
SG	Sankt Gallen
SH	Schaffhausen
TG	Thurgau

0   25   50 km

80–84   85–89   90–94   95–100 Punkte

APPENZELL AUSSERRHODEN

Truube ♦♦♦

9056 Gais

Silvia Manser vereint in der Küche Kulinarik und Ästhetik auf höchstem Niveau. Ihre Gerichte sind Gaumenschmaus und Augenweide zugleich. Thomas Manser verantwortet die umfangreiche Weinkarte, die weder bei Grossflaschen noch bei Weinen im Offenausschank Wünsche offenlässt.

Rotenwies 9	Essen:	**47**	50
+41 71 7931180	Service:	**19**	20
www.truube.ch	Getränke:	**19**	20
Fine Dining • regional • modern	Ambiente:	**8**	10
	Gesamt: **93**	100

Bären ♦♦

9035 Grub

Das Verwöhnprogramm wird dem Motto «Gemütlichkeit, Freundlichkeit, Zufriedenheit» mehr als gerecht. Dietmar Wild ist ein Meister der saisonalen Küche und Jeanette Pufahl eine herzliche Gastgeberin. Tapenade und Pesto werden selbst produziert – perfekte kulinarische Souvenirs.

Halten 112	Essen:	**45**	50
+41 71 8911355	Service:	**17**	20
www.baeren-grub.ch	Getränke:	**17**	20
Gasthaus • Schweizer Küche • gemütlich	Ambiente:	**9**	10
	Gesamt: **88**	100

Incantare ♦♦♦♦

9410 Heiden

Tobias Funke ist ein begnadeter Tüftler am Herd mit einem feinen Gespür für Trends: Das Gourmetmenu kann man mit einer fantastischen Weinbegleitung krönen oder sich für die spannende, alkoholfreie Variante entscheiden. Teils werden die Rohprodukte eigens fürs Incantare angebaut.

Seeallee 10	Essen:	**48**	50
+41 71 8984040	Service:	**19**	20
www.fernsicht-heiden.ch	Getränke:	**19**	20
Fine Dining • modern • elegant	Ambiente:	**9**	10
	Gesamt: **95**	100

Swiss Alpine ▮▮▮

9410 Heiden

Die gutbürgerlichen Gerichte aus ausschliesslich Schweizer Produkten sind Soulfood par excellence. Klassiker sind der Hackbraten oder der Appenzeller Chässalat. Die gemütliche Gaststube mit der grossen Fensterfront lädt zum Plaudern und Verweilen ein.

Seeallee 10	Essen:	**47** ꞁ 50
+41 71 8984040	Service:	**19** ꞁ 20
www.fernsicht-heiden.ch	Getränke:	**18** ꞁ 20
Schweizer Küche • im Grünen • modern	Ambiente:	**9** ꞁ 10
	Gesamt: **93** ꞁ 100	

Rössli ▮▮

9064 Hundwil

Bereits in vierter Generation führt Familie Knöpfel das schmucke Landgasthaus. Die währschaften Schweizer und Appenzeller Gerichte werden durch saisonale Schmankerl ergänzt: So stehen in der Fasnachtszeit Burger in allen Variationen im Fokus.

Wies 65	Essen:	**44** ꞁ 50
+41 71 3671215	Service:	**17** ꞁ 20
www.roessli-hundwil.ch	Getränke:	**16** ꞁ 20
Gasthaus • Familienbetrieb • Schweizer Küche	Ambiente:	**8** ꞁ 10
	Gesamt: **85** ꞁ 100	

Gasthaus zum Gupf ▮▮▮▮

9038 Rehetobel

Im Gupf lässt sich herrlich Höhenluft schnuppern: Das Gasthaus liegt auf 1000 Metern, und der Blick schweift vom Bodensee bis zum Alpstein. Walter Klose kocht auf höchstem Niveau, ganz gleich, ob währschafte Kost oder Haute Cuisine. Der Weinkeller ist schlichtweg spektakulär.

Gupf 21	Essen:	**48** ꞁ 50
+41 71 8771110	Service:	**19** ꞁ 20
www.gupf.ch	Getränke:	**20** ꞁ 20
Fine Dining • französisch • traditionell	Ambiente:	**9** ꞁ 10
	Gesamt: **96** ꞁ 100	

Steirerwirtin ▮▮

9063 Stein

Wem es nach Nockerln, Backhendl oder Marillenknödeln gelüstet, der kommt im etwas ausserhalb von Stein gelegenen Gasthof der Steirerin Eleonore Lindenmann voll auf seine Kosten. In der urgemütlichen Gaststube verweilt man bei einem Glas vom Grazer Stadtwein gerne länger.

Sägehüsli 177	Essen:	**45** ꞁ 50
+41 71 7931200	Service:	**18** ꞁ 20
www.steirerwirtin.ch	Getränke:	**17** ꞁ 20
österreichisch • Fleisch • traditionell	Ambiente:	**9** ꞁ 10
	Gesamt: **89** ꞁ 100	

▮ 80–84 ▮▮ 85–89 ▮▮▮ 90–94 ▮▮▮▮ 95–100 Punkte

Anker ¶¶¶

9053 Teufen

«Sönd Willkomm». Mit dem Gruss des Appenzellerlandes lädt das Team um Küchenchef Stefan Fritsche und Gastgeber Dominik Stadler in das gemütliche Restaurant mit herrlichem Blick auf den Alpstein. Im Fokus der marktfrischen Küche liegen die Fleischspezialitäten aus der hauseigenen Metzgerei.

Dorf 10	Essen: **47** | 50
+41 71 3331345	Service: **18** | 20
www.anker-teufen.ch	Getränke: **17** | 20
Hotelrestaurant • eigene Fleischerei • Essen mit Aussicht	Ambiente: **9** | 10
P 🛏 🍴	Gesamt: **91** | 100

Treichli ¶¶¶

9405 Wienacht-Tobel

Das Restaurant Treichli ist ein charmantes Kleinod, das von den Gastgebern Lian-Ling und Michael Knellwolf mit viel Liebe geführt wird. Traditionelles wie Kalbsleberli mit Rösti wird hier perfekt zubereitet, und die hausgemachten Glacé-Spezialitäten sind eine süsse Sünde.

Unterwienacht 451	Essen: **45** | 50
+41 71 8912161	Service: **19** | 20
www.treichli.ch	Getränke: **18** | 20
weltlich • Essen mit Aussicht • modern	Ambiente: **9** | 10
🚠 P 🍴	Gesamt: **91** | 100

APPENZELL INNERRHODEN

Landsgmendstobe ¶¶¶ 9050 Appenzell

Wer die deftig-währschafte Küche des Appenzellerlandes liebt, dem sei die Landsgmendstobe im Parterre des Romantikhotels Säntis ans Herz gelegt. Hier geniesst man Bierrahmsuppe, Siedwurst, und Chäasmaggrone. Das Weinangebot mit über 2000 Positionen lässt keine Wünsche offen.

Landesgemeindeplatz +41 71 788 11 11 www.saentis-appenzell.ch **Hotelrestaurant • Schweizer Küche • traditionell**	Essen:	**44** I 50
	Service:	**18** I 20
	Getränke:	**19** I 20
	Ambiente:	**9** I 10
🏠 P 🛏 📺	Gesamt: **90** I 100	

Bärenstobe ¶¶¶ 9108 Gonten

Jürgen Schmid und Carlo Bet verwöhnen Gourmets mit herrlichen saisonalen Gerichten, oft veredelt mit regionalen Zutaten. Der Bestand des historischen Weinkellers wird von Hans Rhyner kuratiert und lässt keine Wünsche offen. Die Champagner-Auswahl ist grandios.

Dorfstrasse 40 +41 71 795 40 10 www.baeren-gonten.ch **Hotelrestaurant • regional • gemütlich**	Essen:	**46** I 50
	Service:	**18** I 20
	Getränke:	**18** I 20
	Ambiente:	**9** I 10
🏠 P 🛏	Gesamt: **91** I 100	

¶ 80–84   ¶¶ 85–89   ¶¶¶ 90–94   ¶¶¶¶ 95–100 Punkte

Flickflauder ¦¦¦

9057 Weissbad

Im modernen, lichtdurchfluteten Ambiente des Flickflauder verwöhnt Käthi Fässler seit über 20 Jahren mit kreativer und saisonal fein abgestimmter Kochkunst. Das Gourmetmenu ist ein kulinarischer Klassiker und wird auch in einer vegetarischen Version angeboten.

Im Park 1
+41 71 7988080
www.hofweissbad.ch
Hotelrestaurant • modern • Menu surprise

Essen:	**46**	50
Service:	**19**	20
Getränke:	**19**	20
Ambiente:	**9**	10

Gesamt: **93** | 100

Schotten-Sepp ¦¦¦

9057 Weissbad

Das Holztäfer des alten «Kurhauses Weissbad» schafft ein gemütliches Ambiente, die grossen Fenster zum Garten sorgen für Licht, Leichtigkeit und garantieren zu jeder Jahreszeit fantastische Ausblicke. Käthi Fässler und ihr Team verwöhnen mit spannenden Kreationen.

Im Park 1
+41 71 7988080
www.hofweissbad.ch
Hotelrestaurant • urchig • gemütlich

Essen:	**45**	50
Service:	**19**	20
Getränke:	**18**	20
Ambiente:	**8**	10

Gesamt: **90** | 100

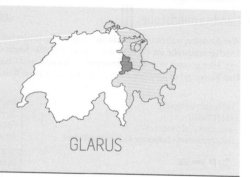

GLARUS

Markus Gass Chef's Table ¦¦¦

8866 Ziegelbrücke

Nach 18 Jahren im Adler Hurden fanden Markus Gass und Christine Hess Gass in der alten Spinnerei ihr neues Zuhause. Hier kocht der Chef ein Gourmetmenu für einen Tisch pro Abend. Dabei ist er stets präsent und beantwortet Fragen, während Gastgeberin Hess Gass die Gäste umsorgt.

Spinnereistrasse 6
+41 79 7727207
www.markus-gass.ch
Fine Dining • weltlich • elegant

Essen:	**48**	50
Service:	**18**	20
Getränke:	**18**	20
Ambiente:	**8**	10

Gesamt: **92** | 100

GRAUBÜNDEN

Ahaan Thai ⊘

7050 Arosa

In den 1930er-Jahren lernte der thailändische König Bhumibol Adulyadej in Arosa Skifahren. Er nächtigte im Arosa Kulm Hotel, daher die Idee zum Thai-Restaurant in den Alpen. Die in Thailand ausgebildete Crew um Chefköchin Tussanee Putkeaw kocht thailändisch auf hohem Niveau.

Innere Poststrasse 269	Essen:	**45** | 50
+41 81 3788888	Service:	**18** | 20
www.arosakulm.ch	Getränke:	**17** | 20
Thai • am Berg • grosse Weinkarte	Ambiente:	**8** | 10

	Gesamt:	**88** | 100

AlpArosa ⊘

7050 Arosa

Drei sorgfältig umgebaute ehemalige Bergställe beherbergen das AlpArosa mitten im Skigebiet. Nach dem Motto «gehoben, aber nicht abgehoben» wird hier feines Soul Food angeboten wie Rösti, Burger und Gerstensuppe, aber auch vegane und vegetarische Optionen fehlen nicht.

Hintere Hütte	Essen:	**45** | 50
+41 81 3303003	Service:	**18** | 20
winter.alparosa.ch	Getränke:	**18** | 20
regionale Produkte • am Berg • gemütlich	Ambiente:	**10** | 10

	Gesamt:	**91** | 100

⊘ 80–84   ⊘⊘ 85–89   ⊘⊘⊘ 90–94   ⊘⊘⊘⊘ 95–100 Punkte

SPORTALPEN

Kachelofa-Stübli ||| 7050 Arosa

Seit über 20 Jahren verwöhnt Chef de Cuisine Gerd Reber die Gäste des gemütlichen Kachelofa-Stüblis mit seiner eleganten Gourmetküche. Auf der Karte findet sich eine Mischung aus klassisch Französischem und Internationalem, wenn möglich aus lokalen Zutaten zubereitet.

Prätschlistrasse 38	Essen:	**45**	50
+41 81 3785555	Service:	**18**	20
www.waldhotel.ch	Getränke:	**18**	20
Hotelrestaurant • regional • traditionell	Ambiente:	**9**	10
	Gesamt:	**90**	100

La Brezza ||| 7050 Arosa

Der mehrfach ausgezeichnete Chefkoch Marco Campanella und sein Team zaubern hier auf 1800 Metern eine moderne und aromenreiche Gourmetküche, in der Traditionen neu aufgearbeitet werden. Das Restaurant ist nur im Winter geöffnet, im Sommer kocht die Equipe im Eden Roc Ascona.

Tschuggentorweg 1	Essen:	**47**	50
+41 81 3789999	Service:	**19**	20
www.tschuggen.ch	Getränke:	**19**	20
Hotelrestaurant • Fine Dining • elegant	Ambiente:	**9**	10
	Gesamt:	**94**	100

Muntanella || 7050 Arosa

Im Muntanella – Murmeltier auf Romanisch – merkt man, dass man in den Bergen ist. Die Speisekarte strotzt vor Bündner Produkten, die auf kreative Art zubereitet und angerichtet werden. Dabei ist oft der Einfluss von Küchenchef Florian Mainzgers Heimat Österreich spürbar.

Innere Poststrasse 269	Essen:	**45**	50
+41 81 3788888	Service:	**18**	20
www.arosakulm.ch	Getränke:	**18**	20
Hotelrestaurant • regional • traditionell	Ambiente:	**8**	10
	Gesamt:	**89**	100

Stüva Cuolm ♙♙   7050 Arosa

In der urchigen Stüva Cuolm wird italienisches Essen wie bei «Mamma» zelebriert. Gleich neben der Skipiste bekommt man hier mittags eine hervorragende Holzofenpizza und klassische Pastagerichte. Abends gibt es eine Auswahl an Gerichten zum Teilen, die als Tavolata serviert werden.

Poststrasse 269	Essen: **44** I 50
+41 81 3788888	Service: **18** I 20
www.arosakulm.ch	Getränke: **18** I 20
Hotelrestaurant • italienisch • am Berg	Ambiente: **9** I 10
🏠 🛏 🖨	Gesamt: **89** I 100

Vivanda ♙♙♙   7527 Brail

Das Vivanda hat einen neuen Platz erhalten. Man geniesst die moderne, elegante Gourmetküche von Chef Dario Cadonau nun mit einem beeindruckenden Blick auf Hotelgarten und Nationalpark. Den Wein zum Degustationsmenu kann der Gast im Gewölbekeller selbst auswählen.

Crusch Plantaun 217	Essen: **47** I 50
+41 81 8512000	Service: **18** I 20
inlain.ch	Getränke: **18** I 20
Fine Dining • Terrasse • traditionell	Ambiente: **8** I 10
🏠 P ♿ 🛏 🖨	Gesamt: **91** I 100

Ustria Miracla ♙♙   7165 Breil-Brigels

Die Brigade des Chefkochs Rudolf Möller verwöhnt die Gäste der Ustria Miracla mit einem vielseitigen Angebot. Ob leichtes Mittagessen, ein viergängiges romantisches Gourmetmenu oder währschafte Schweizer Küche, hier gibt es Gerichte auf hohem Niveau für jeden Geschmack.

Palius 18	Essen: **44** I 50
+41 81 9292626	Service: **18** I 20
www.laval.ch	Getränke: **17** I 20
Hotelrestaurant • am Berg • entspannt	Ambiente: **8** I 10
P 🛏 🖨	Gesamt: **87** I 100

Giacomo's ♙♙   7505 Celerina

Das Giacomo's bietet mediterranen Genuss mitten in den Alpen. Auf der italienischen Speisekarte findet man sowohl Klassisches als auch Innovatives vom Aperitivo bis zum Dolce. Auch die Weinkarte ist beeindruckend mit Perlen aus Italien, aber auch von der Alpennordseite.

Via Maistra 75	Essen: **44** I 50
+41 81 8365656	Service: **18** I 20
www.crestapalace.ch	Getränke: **18** I 20
Hotelrestaurant • italienisch • Fisch	Ambiente: **8** I 10
P ♙♙ ♿ ✕ 🛏 🖨	Gesamt: **88** I 100

♙ 80–84   ♙♙ 85–89   ♙♙♙ 90–94   ♙♙♙♙ 95–100 Punkte

Saluver 🍴 7505 Celerina

Im Restaurant im Hotel Saluver gibt es eine kunterbunte Speisekarte, in der Gerichte der Engadiner Tradition auf feine Fischspezialitäten und exotische Kompositionen treffen. Das Motto ist «einfach gut Essen». Geöffnet ist der Betrieb an 365 Tagen im Jahr, mittags und abends.

Via Maistra 128	Essen:	**45** | 50
+41 81 8331314	Service:	**18** | 20
www.saluver.ch	Getränke:	**16** | 20
Hotelrestaurant · Hausmannskost · traditionell	Ambiente:	**8** | 10
	Gesamt:	**87** | 100

Uondas 🍴 7505 Celerina

Uondas ist Romanisch für Wellen, eine Anspielung auf die Lage direkt am Inn. Serviert wird hier das regionale gereifte Madürä-Fleisch vom Lavagrill und ein Burger, von dem einige behaupten, er sei der beste des Engadins. Dazu gibt es eine Weinkarte mit spannenden, hippen Tropfen.

Via San Gian 7	Essen:	**43** | 50
+41 81 8370101	Service:	**17** | 20
rosatsch.ch	Getränke:	**16** | 20
Gasthaus · Steak · am Wasser	Ambiente:	**8** | 10
	Gesamt:	**84** | 100

Ecco St. Moritz 🍴🍴🍴🍴 7512 Champfèr

Nur die hochwertigsten Produkte schaffen es in die Menus der Ecco-Restaurants in St. Moritz und Ascona. Küchenchef Rolf Fliegauf zaubert daraus Gerichte, die in ihrer Zusammenstellung überraschen, aber nicht überfordern. Seine kreative Aromenküche lockt Gäste aus aller Welt an.

Via alla Maistra 3	Essen:	**48** | 50
+41 81 8366300	Service:	**19** | 20
www.giardino-mountain.ch	Getränke:	**19** | 20
Hotelrestaurant · Fine Dining · elegant	Ambiente:	**9** | 10
	Gesamt:	**95** | 100

Hide & Seek ♦♦

7512 Champfèr

Das Hide & Seek verwandelt lokale, saisonale Zutaten in überraschende Gerichte mit modernem Flair, manche davon sogar ayurvedisch inspiriert. Ob zum Frühstück, auf einen leichten Lunch oder zum gediegenen Abendessen unter Freunden – hier findet jeder etwas nach seinem Geschmack.

Via Maistra 3	Essen: **43** ǀ 50
+41 81 8366300	Service: **17** ǀ 20
giardinohotels.ch	Getränke: **17** ǀ 20
Hotelrestaurant • regional • gemütlich	Ambiente: **9** ǀ 10
	Gesamt: **86** ǀ 100

Stüva ♦♦

7512 Champfèr

Wer alpinen Hüttencharme sucht, ist in der Stüva im Hotel Giardino Mountain am richtigen Ort. Im gemütlichen Ambiente eines alten Engadinerhauses werden hier Klassiker der alpinen Küche serviert: Auf der Karte findet man deftige Gerichte wie Pizokel, Capuns und Schnitzel.

Via Maistra 3	Essen: **43** ǀ 50
+41 81 8366300	Service: **17** ǀ 20
giardino-mountain.ch	Getränke: **17** ǀ 20
Schweizer Küche • regional • urchig	Ambiente: **9** ǀ 10
	Gesamt: **86** ǀ 100

Talvo ♦♦♦

7512 Champfèr

Hier zaubert Chefkoch Martin Dalsass eine mediterrane Gourmetküche, für die nur die besten Produkte zum Einsatz kommen. Der gebürtige Südtiroler wird auch «Olivenölpapst» genannt – in seinen Menus verwendet er zehn bis zwölf Sorten Olivenöl. Die Weinkarte umfasst 800 Positionen.

Via Gunels 15	Essen: **47** ǀ 50
+41 81 8334455	Service: **19** ǀ 20
www.talvo.ch	Getränke: **19** ǀ 20
Fine Dining • regional • elegant	Ambiente: **9** ǀ 10
	Gesamt: **94** ǀ 100

Da Noi ♦♦

7000 Chur

Das Da Noi mitten in der Churer Altstadt ist ein Restaurant, wo frische mediterrane Küche zelebriert wird. Küchenchef Michele Trotta und sein Team kreieren Klassiker und Innovationen der italienischen Küche. Auch im Gastraum wird viel italienische Lebensfreude verbreitet.

Vazerolgasse 12	Essen: **44** ǀ 50
+41 81 2525858	Service: **18** ǀ 20
www.da-noi.ch	Getränke: **18** ǀ 20
mediterran • italienisch • modern	Ambiente: **9** ǀ 10
	Gesamt: **89** ǀ 100

♦ 80–84   ♦♦ 85–89   ♦♦♦ 90–94   ♦♦♦♦ 95–100 Punkte

Süsswinkel ♖♖

7000 Chur

Die Brasserie Süsswinkel ist ein Traditionslokal mitten in der Churer Altstadt. Seit Toni Curdin Foppa die Leitung übernommen hat, weht hier ein neuer Wind. Das Restaurant wurde renoviert, und die Karte bietet eine kleine, aber feine Auswahl klassischer Brasseriegerichte.

Süsswinkelgasse 1	Essen:	43	50
+41 81 2522856	Service:	18	20
www.restaurant-süsswinkel.ch	Getränke:	17	20
Brasserie • französisch • traditionell	Ambiente:	8	10

Gesamt: 86 | 100

Veltliner Weinstube zum Stern ♖♖

7000 Chur

In den Veltliner Weinstuben zum Stern in Chur kann man in einer traditionellen Bündner Beiz mit Holztäferung feine regionale Gerichte geniessen. Wie der Name verspricht, hält auch die Weinauswahl, was sie verspricht. Sie enthält feine Tropfen aus Graubünden und von weiter her.

Reichsgasse 11	Essen:	43	50
+41 81 2585757	Service:	18	20
www.stern-chur.ch	Getränke:	17	20
regional • traditionell • urchig	Ambiente:	8	10

Gesamt: 86 | 100

Chalet Güggel ♖

7270 Davos

Das ausschliesslich im Winter geöffnete, auf 2500 Metern über dem Meer gelegene Chalet Güggel bietet eine herrliche Aussicht auf die umliegende Bergwelt. Aber auch der freundliche Service und das feine Essen sind gute Gründe für einen Besuch. Es gibt Plättli, Pizza, Pasta und Co.

Brämabüelstrasse 11	Essen:	43	50
+41 81 4176270	Service:	16	20
www.chaletgueggel.ch	Getränke:	16	20
Schweizer Küche • am Berg • entspannt	Ambiente:	7	10

Gesamt: 82 | 100

Golden Dragon ♖♖

7270 Davos

Die authentische chinesische Küche des stylishen Restaurants Golden Dragon im Hotel Grischa ist weiterhin bekannt. Die mit viel Liebe zum Detail angerichteten Speisen schmecken nicht nur hervorragend, sie sind auch ein Augenschmaus. Besonders die Peking-Ente ist zu empfehlen.

Talstrasse 3	Essen:	44	50
+41 81 4149796	Service:	18	20
www.hotelgrischa.ch	Getränke:	17	20
Hotelrestaurant • chinesisch • weltlich	Ambiente:	8	10

Gesamt: 87 | 100

Pöstli ‖

7270 Davos

In der stylishen, gemütlich eingerichteten Gaststube des Pöstli Restaurants wird eine Gourmetküche mit französischen Wurzeln serviert. Chefkoch Peter Müller kreiert feine Gerichte, die kreativ sind und doch bodenständig schmecken. Das Restaurant ist nur im Winter geöffnet.

Promenade 42–51	Essen:	**45** ǀ 50
+41 81 4154500	Service:	**18** ǀ 20
www.morosani.ch	Getränke:	**18** ǀ 20
französisch • traditionell • elegant	Ambiente:	**8** ǀ 10

⌂ P ⯇ ▭

Gesamt: 89 ǀ 100

Sonja Haueis Photography

Adler ‖‖

7306 Fläsch

Seit 2014 führen der Südtiroler Siggi Tschurtschenthaler und seine Partnerin Melanie das Traditionslokal Adler im Winzerdorf Fläsch. Auf der Karte findet sich viel Frisches aus der Region mit einem Hauch Südtirol. Die Küche findet aber auch Inspiration in fernen Ländern.

Krüzgass 2	Essen:	**46** ǀ 50
+41 81 3026164	Service:	**18** ǀ 20
www.adlerflaesch.ch	Getränke:	**18** ǀ 20
Fine Dining • traditionell • im Grünen	Ambiente:	**8** ǀ 10

⌂ P ▭

Gesamt: 90 ǀ 100

Mühle ‖‖

7306 Fläsch

Hier pflegen Bernadette und Martin Herrmann eine in der Region verankerte kreative Gourmetküche. Produkte werden, wenn möglich, lokal bezogen; damit sie ihren Eigengeschmack voll entfalten können, werden sie zu reduzierten und doch komplexen Gerichten verarbeitet.

Müli 8	Essen:	**45** ǀ 50
+41 81 3307770	Service:	**18** ǀ 20
www.muehle-flaesch.ch	Getränke:	**18** ǀ 20
Schweizer Küche • traditionell • urchig	Ambiente:	**9** ǀ 10

⌂ P ‖‖ ▭

Gesamt: 90 ǀ 100

‖ 80–84   ‖‖ 85–89   ‖‖‖ 90–94   ‖‖‖‖ 95–100 Punkte

FOTO FETZER

Pinot ⫩

7306 Fläsch

Für Spitzengastronom Roland Schmidt ist das Pinot eine Hommage an die Wein- und Genussregion Bündner Herrschaft. Gekocht wird frisch, zeitgemäss, im Takt der vier Jahreszeiten und am liebsten mit regionalen Zutaten. Auch auf der Weinkarte gibt es viele lokale Tropfen zu entdecken.

Steigstrasse 12	Essen:	**43** ∣ 50
+41 81 5955557	Service:	**18** ∣ 20
www.restaurant-pinot.ch	Getränke:	**17** ∣ 20
saisonal • nachhaltig • Garten	Ambiente:	**9** ∣ 10
	Gesamt: **87** ∣ 100	

Casa Berendi ⫩

7017 Flims

Der Ausflug zur Casa Berendi lohnt sich nicht nur wegen der tollen Lage im Grünen, auch die Küche ist hervorragend. In der urchigen Holzstube oder auf der Terrasse mit Bergblick schmecken italienische Klassiker wie Ossobuco alla Milanese und Taglierini al Tartufo noch besser.

Foppa	Essen:	**44** ∣ 50
+41 79 2413251	Service:	**17** ∣ 20
www.casa-berendi.ch	Getränke:	**17** ∣ 20
italienisch • im Grünen • traditionell	Ambiente:	**9** ∣ 10
	Gesamt: **87** ∣ 100	

Cavigilli ⫩

7017 Flims

Der Veltliner Koch Sergio Leoni und die Trentiner Pâtissière Letizia Rasom zeigen im Cavigilli eine italienische Küche, die Tradition mit Moderne und mediterranes Flair mit alpinen Produkten verbindet. Aufgetischt wird in der holzgetäferten Stube oder im lauschigen Garten.

Via Arviul 1	Essen:	**45** ∣ 50
+41 81 9110125	Service:	**18** ∣ 20
www.cavigilli.ch	Getränke:	**18** ∣ 20
Fusionsküche • italienisch • mediterran	Ambiente:	**8** ∣ 10
	Gesamt: **89** ∣ 100	

Conn ⅋⅋
7017 Flims

Das Restaurant Conn ist ein beliebtes Ausflugsziel für Flimser Einheimische und Urlauber. Erreicht wird es zu Fuss, auf Langlaufski oder per Pferdekutsche. Serviert werden feine Bündner Spezialitäten wie Capuns und Polenta mit gebratenen Pilzen sowie die Conner Hauswurst.

Flims		Essen:	44	50
+41 81 9111231		Service:	18	20
www.conn.ch		Getränke:	18	20
regional • saisonal • im Grünen		Ambiente:	9	10
		Gesamt:	89	100

Startgels ⅋⅋
7017 Flims

Die Ustria Startgels ist mitten im Wander- und Skigebiet gelegen. Auf der grossen Sonnenterrasse und in der gemütlichen Gaststube werden von Ueli Grand auf dem offenen Feuer grilliertes Fleisch und sämige Polenta serviert. Frische Pasta und feine Desserts runden das Angebot ab.

Postfach 208		Essen:	45	50
+41 81 9115848		Service:	17	20
www.grandislaax.ch		Getränke:	18	20
regional • im Grünen • urchig		Ambiente:	9	10
		Gesamt:	89	100

Barga ⅋⅋⅋
7018 Flims Waldhaus

Im Restaurant Barga speist man in urchiger Atmosphäre am Kaminfeuer. Vorspeisen und Desserts wählt jeder Gast individuell, die hervorragenden Fleisch- und Fischspezialitäten werden pro Tisch als Tavolata serviert. Das Motto «ungezwungen, ehrlich und frisch» wird dabei umgesetzt.

Via Sorts Sut 3		Essen:	47	50
+41 81 9282828		Service:	17	20
www.adula.ch		Getränke:	18	20
regional • Fleisch • urchig		Ambiente:	9	10
		Gesamt:	91	100

Belle Epoque ⅋⅋
7018 Flims Waldhaus

Im Restaurant Belle Epoque herrscht eine zeitlose, elegante Atmosphäre. Diese wusste seinerzeit schon Albert Einstein zu schätzen, der hier Gast war. Auch heute noch lohnt sich der Besuch für die schöne Aussicht und die traditionelle Bündner Küche mit französischen Einflüssen.

Rudi Dadens 1		Essen:	44	50
+41 81 9281010		Service:	18	20
www.schweizerhof-flims.ch		Getränke:	17	20
französisch • regional • traditionell		Ambiente:	8	10
		Gesamt:	87	100

⅋ 80–84   ⅋⅋ 85–89   ⅋⅋⅋ 90–94   ⅋⅋⅋⅋ 95–100 Punkte

Chesa

7018 Flims Waldhaus

Auf der Karte des Restaurants Chesa findet man Schweizer und elsässische Tradition, gemischt mit mediterranen Gewürzen und Aromen. Valère Braun verarbeitet für seine spannenden Gerichte viele lokale Produkte. Wert wird auch auf einen freundlichen, gepflegten Service gelegt.

Promenada 18	Essen:	**42**	50
+41 81 9112338	Service:	**17**	20
www.hotelchesa.ch	Getränke:	**17**	20
Hotelrestaurant • regional • Terrasse	Ambiente:	**8**	10
	Gesamt: **84**		100

Epoca by Tristan Brandt

7018 Flims Waldhaus

Tristan Brandt und sein Team kreieren Fine Dining mit Schweizer Produkten, basierend auf französischer Küche, mit asiatischen Einflüssen. Serviert werden die eleganten Gerichte im modernen Speisesaal, dessen grosse Fenster die Aussen- und Innenwelt miteinander verschmelzen lassen.

Via dil Parc 3	Essen:	**45**	50
+41 81 9284950	Service:	**18**	20
www.waldhaus-flims.ch	Getränke:	**18**	20
Fusionsküche • französisch • modern	Ambiente:	**9**	10
	Gesamt: **90**		100

Fairöuz

7018 Flims Waldhaus

Chefkoch Boudi bietet im Fairöuz im Waldhaus Flims ein sinnliches und entspanntes Dining-Erlebnis, dass seine libanesische Heimat in die Bündner Alpen bringt. Serviert werden feine Mezze, Grill- und Schmorgerichte, die auch als Tavolata bestellt werden können.

Via dil Parc 3	Essen:	**45**	50
+41 81 9284848	Service:	**18**	20
www.waldhaus-flims.ch	Getränke:	**17**	20
Casual Dining • Middle East • traditionell	Ambiente:	**9**	10
	Gesamt: **89**		100

Siam

7018 Flims Waldhaus

Chefkoch Cute Sansri präsentiert im Siam eine vielfältige Küche aus seiner thailändischen Heimat. Auf der Karte finden sich Klassiker wie Phat Thai, aber auch Eigenkreationen. Serviert wird alles auf kleinen Tellern, so kann man viel Verschiedenes teilen und probieren.

Via dil Parc 3	Essen:	**45**	50
+41 81 9284934	Service:	**17**	20
www.waldhaus-flims.ch	Getränke:	**16**	20
Hotelrestaurant • Thai • modern	Ambiente:	**9**	10
	Gesamt: **87**		100

Cucagna Alpina 🍴🍴

7551 Ftan

Im Zentrum der Küche der Cucagna Alpina stehen beste lokale Produkte wie das Fleisch von Hatecke aus Scuol und das Gemüse vom Biohof Tanter Dossa. Verarbeitet werden diese zu ehrlichen, modernen Gerichten, die ohne fixe Menuabfolge nach Lust und Laune bestellt werden können.

Paradies 150		Essen:	**45** | 50
+41 81 8610808		Service:	**17** | 20
www.paradieshotel.ch		Getränke:	**16** | 20
regionale Produkte • saisonal • elegant		Ambiente:	**8** | 10
		Gesamt: **86** | 100	

Casa Caminada 🍴🍴🍴

7414 Fürstenau

In der Casa Caminada, gleich neben dem legendären Restaurant Schloss Schauenstein gelegen, wird eine schnörkellose, doch sinnliche Küche mit Bündner Wurzeln zelebriert. Küchenchef Mathias Klotzbeck verwandelt das Beste aus der Region in elegante, schmackhafte Gerichte von Welt.

Obergass 15		Essen:	**48** | 50
+41 81 6323050		Service:	**19** | 20
www.casacaminada.com		Getränke:	**18** | 20
Fine Dining • weltlich • unkonventionell		Ambiente:	**9** | 10
		Gesamt: **94** | 100	

Oz 🍴🍴🍴

7414 Fürstenau

Das Oz von Andreas Caminada bietet eine komplett vegetarische Gourmetküche an, zubereitet aus dem, was der Garten täglich liefert. Die Gäste sitzen am langen Tresen und schauen Chefkoch Timo Fritsche und Team zu, wie sie die kreativen Gerichte in der offenen Küche zubereiten.

Schlossgasse 77		Essen:	**47** | 50
+41 81 6321089		Service:	**18** | 20
www.oz-restaurant.com		Getränke:	**19** | 20
Fine Dining • vegetarisch • elegant		Ambiente:	**10** | 10
		Gesamt: **94** | 100	

Schauenstein 🍴🍴🍴🍴

7414 Fürstenau

Andreas Caminada, Küchenchef des Schlosses Schauenstein, gilt als einer der besten Köche der Welt. Gäste reisen aus aller Welt an, um die kreative Küche des Bündners zu erleben. Das Menu sucht Inspiration aus der ganzen Welt, dazu werden Raritäten aus dem Weinkeller ausgeschenkt.

Schlossgasse 77		Essen:	**50** | 50
+41 81 6321080		Service:	**20** | 20
www.schauenstein.ch		Getränke:	**19** | 20
Fine Dining • Menu surprise • im Schloss		Ambiente:	**10** | 10
		Gesamt: **99** | 100	

🍴 80–84   🍴🍴 85–89   🍴🍴🍴 90–94   🍴🍴🍴🍴 95–100 Punkte

Casa Casutt ||| 7130 Ilanz

Linus und Therese Arpagaus haben dem ehemaligen Hotel Casutt als Casa Casutt neues Leben eingehaucht. Serviert wird eine Küche, die fest in den Traditionen des Bündner Oberlands verankert ist. Auf der Karte finden sich unter anderem Klassiker wie Capuns, Koteletts und Kutteln.

Glennerstrasse 18	Essen:	**46**	50
+41 81 9251131	Service:	**18**	20
casacasutt.ch	Getränke:	**18**	20
Schweizer Küche • regional • traditionell	Ambiente:	**9**	10
	Gesamt: **91**	100

Alter Torkel ||| 7307 Jenins

Das «Huus vom Bündner Wii» macht seinem Ruf alle Ehre. Nirgends sonst gibt es eine so vollständige Auswahl Bündner Weine wie hier. Auch für die kreative Küche von Caminada-Schüler David Esser lohnt sich der Besuch, besonders bei schönem Wetter auf der Terrasse im Rebberg.

Jeninserstrasse 3	Essen:	**45**	50
+41 81 3023675	Service:	**19**	20
www.alter-torkel.ch	Getränke:	**20**	20
regional • grosse Weinkarte • im Grünen	Ambiente:	**9**	10
	Gesamt: **93**	100

Rätia || 7307 Jenins

«Essen wie zu Nanis Zeiten» ist das Motto von Jessica Steinkeller und Michael Kaufmann vom Rätia. Hier wird saisonal und nachhaltig gekocht: Gemüse wird frisch verwendet oder eingelegt, wenn es reif ist, Tiere werden ganz gekauft, vor Ort zerlegt und alle Teile verarbeitet.

Kreuzgasse 1	Essen:	**44**	50
+41 81 3023738	Service:	**18**	20
www.restaurantraetia.ch	Getränke:	**18**	20
regional • im Grünen • traditionell	Ambiente:	**8**	10
	Gesamt: **88**	100

Alpenrösli Berghaus || 7250 Klosters

Die Terrasse des Alpenrösli ist eine der schönsten der Region, sie ist perfekt für einen Lunch in der Sonne. Im Winter lässt man sich in der gemütlichen Stube mit einer kreativen Küche aus lokalen Zutaten verwöhnen. Auch die Weinkarte lässt Kennerherzen höherschlagen.

Talstrasse 135	Essen:	**45**	50
+41 81 4221357	Service:	**18**	20
www.alpenroesli.com	Getränke:	**17**	20
am Berg • regional • traditionell	Ambiente:	**9**	10
	Gesamt: **89**	100

Bär's ₩ 7250 Klosters

Im Bär's im Hotel Piz Buin trifft Altbewährtes auf Innovatives. Die Küche verbindet auf unverkrampfte Art und Weise klassische Bündner Gerichte mit internationalen Geschmäckern. Die Atmosphäre ist gediegen, ob auf der schönen Sonnenterrasse oder im eleganten Restaurantsaal.

Alte Bahnhofstrasse 1	Essen:	**45** ∣ 50
+41 81 4233309	Service:	**18** ∣ 20
www.pizbuin-klosters.ch	Getränke:	**18** ∣ 20
weltlich • regional • modern	Ambiente:	**8** ∣ 10
P ₩ 🛏 📠	Gesamt:	**89** ∣ 100

Chesa Grischuna ₩₩ 7250 Klosters

Die legendäre Chesa Grischuna wurde 1938 eröffnet. Hier liessen sich schon Royals, Schauspieler und Künstler verwöhnen. Chefkoch Ronald Fressner kommt aus der klassischen französischen Küche, er arbeitet aber auch moderne und mediterrane Elemente in seine Menus ein.

Bahnhofstrasse 12	Essen:	**46** ∣ 50
+41 81 4222222	Service:	**18** ∣ 20
www.chesagrischuna.ch	Getränke:	**18** ∣ 20
Fine Dining • traditionell • elegant	Ambiente:	**9** ∣ 10
🏛 P 🛏 📠	Gesamt:	**91** ∣ 100

Grischunstübli ₩₩ 7250 Klosters

Im Grischunstübli im Hotel Alpina verpasst Küchenchef Florian Friedl regionalen und internationalen Spezialitäten seine eigene Handschrift. Das knisternde Kaminfeuer und Gastgeberpaar Verena und Räto Conzett verbreiten derweil eine wohlige Wärme im Gastraum.

Bahnhofstrasse 1	Essen:	**45** ∣ 50
+41 81 4102434	Service:	**18** ∣ 20
www.alpina-klosters.ch	Getränke:	**18** ∣ 20
regional • weltlich • traditionell	Ambiente:	**9** ∣ 10
🏛 P 🛏 📠	Gesamt:	**90** ∣ 100

Höhwald ₩ 7250 Klosters

Das Gasthaus Höhwald im Walserdorf Monbiel etwas ausserhalb von Klosters erreicht man am besten zu Fuss oder im Winter mit der Kutsche. Nicht nur für die Aussicht lohnt sich der Besuch: Die hervorragende Küche verwendet meist Produkte aus der Region, vieles wird hausgemacht.

Monbielerstrasse 171	Essen:	**44** ∣ 50
+41 81 4223045	Service:	**18** ∣ 20
www.hoehwald-klosters.ch	Getränke:	**17** ∣ 20
regional • urchig • traditionell	Ambiente:	**8** ∣ 10
🏛 P 📠	Gesamt:	**87** ∣ 100

Berggasthof Albula Hospiz 7522 La Punt Chamues-ch

Seit dem Sommer 2022 leiten Jeannette Gianola und Edi Bischof den charmanten Berggasthof auf dem Albulapass. Die Küche ist bodenständig und fokussiert sich auf lokale Produkte, die im Sommer fast schon mediterran wirkende Kulisse um das Restaurant ist einzigartig schön.

Via d'alvra 30	Essen:	**43** ı 50
+41 81 9300001	Service:	**16** ı 20
www.albula2315.ch	Getränke:	**16** ı 20
Gasthaus • regionale • am Berg • gemütlich	Ambiente:	**10** ı 10
	Gesamt:	**85** ı 100

Krone – Säumerei am Inn 7522 La Punt Chamues-ch

In der Krone kocht seit Kurzem der Engländer James Baron. Seine Küche, verfeinert im Schloss Schauenstein und im Mandarin Oriental in Hongkong, verbindet Lokales mit Geschmäckern aus aller Welt. Gastgeberin ist seine Frau Natacha, die ausgebildete Tee-Sommelière ist.

Via Cumünela 2	Essen:	**48** ı 50
+41 81 8541269	Service:	**20** ı 20
www.krone-lapunt.ch	Getränke:	**18** ı 20
Fine Dining • regionale Produkte • weltlich	Ambiente:	**10** ı 10
	Gesamt:	**96** ı 100

 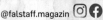

Das Elephant ||| 7032 Laax

1992 gastierte ein Elefant für ein paar Tage auf dem Crap Sogn Gion auf 2477 Metern. Kurzum beschlossen Gastgeber Yvonne Marx und Sascha Meyer, ihr Restaurant nach ihm zu benennen. Bekannt ist man mittlerweile für die Penne aus dem Parmesanlaib und die Fischspezialitäten.

Crap Masegn	Essen:	**45** | 50
+41 81 9277390	Service:	**18** | 20
www.daselephant.com	Getränke:	**18** | 20
am Berg • Essen mit Aussicht • unkonventionell	Ambiente:	**9** | 10
	Gesamt:	**90** | 100

Mulania || 7032 Laax

Yvonne Marx und Sascha Meyer kochen tagsüber im Das Elephant auf dem Berg. Abends verwöhnen sie ihre Gäste in gediegener Atmosphäre im Mulania in Laax. Auf der Karte finden sich leichte Saisongerichte und Klassiker der italienischen, französischen und österreichischen Küche.

Talstation Laax	Essen:	**44** | 50
+41 81 9279191	Service:	**18** | 20
www.mulania.ch	Getränke:	**17** | 20
Menu surprise • weltlich • elegant	Ambiente:	**9** | 10
	Gesamt:	**88** | 100

Piz Linard || 7543 Lavin

Im Restaurant Piz Linard spürt man die Liebe zum Detail. In der Gaststube wird viel Lokales und Hausgemachtes aufgetischt: Abends gibt's die «Cena Genuina», ein bodenständiges Vier-Gänge-Menu, mittags feine Suppen und Plättli mit Engadiner Käse- und Wurstspezialitäten.

Plazza Gronda 2	Essen:	**45** | 50
+41 81 8622626	Service:	**18** | 20
www.pizlinard.ch	Getränke:	**15** | 20
weltlich • entspannt • unkonventionell	Ambiente:	**9** | 10
	Gesamt:	**87** | 100

Bündnerstube Crap Naros || 7078 Lenzerheide

Im Restaurant Crap Naros geht es unkompliziert zu und her. Es wird noch so gekocht, wie es früher die Bauern taten: mit lokalen Zutaten nach alten Rezepten. Es gibt Käse, Fleisch vom Grill und Gemüse aus der Region. Die Schüssel wird dabei zum Teilen in die Tischmitte gestellt.

Voa Sporz 85	Essen:	**44** | 50
+41 81 3858585	Service:	**17** | 20
www.guardaval.ch	Getränke:	**17** | 20
regional • urchig • traditionell	Ambiente:	**9** | 10
	Gesamt:	**87** | 100

| | 80–84 | || 85–89 | ||| 90–94 | |||| 95–100 Punkte | 323 |

Guarda Val

7078 Lenzerheide

Küchenchef Salvatore Frequente verbindet im Gourmet-Restaurant Guarda Val seine sizilianischen Wurzeln mit dem, was die Berge zu bieten haben. Dabei entstehen spannende Gerichte mit Zutaten aus Meer, Berg, Wald, Luft und See, mit italienischer Seele und Bündner Charakter.

Voa Sporz 85	Essen:	**46**	50
+41 81 3858585	Service:	**18**	20
www.guardaval.ch	Getränke:	**18**	20
Fine Dining • regional • unkonventionell	Ambiente:	**9**	10
	Gesamt:	**91**	100

Nicole TRUCKSESS

La Riva

7078 Lenzerheide

Hier lässt es sich gediegen speisen, mit Aussicht auf den Heidsee und das umliegende Bergpanorama. Küchenchef Dominique Schrotter lässt sich für seine Kreationen von der ganzen Welt inspirieren. Ein Highlight ist das «Q.linarische Menu» und die dazu passende Weinbegleitung.

Voa davos Lai 27	Essen:	**46**	50
+41 81 3842600	Service:	**18**	20
www.la-riva.ch	Getränke:	**18**	20
am Wasser • saisonal • unkonventionell	Ambiente:	**9**	10
	Gesamt:	**91**	100

La Vatga

7078 Lenzerheide

Das La Vatga auf der Lenzerheide zaubert liebevoll komponierte Gerichte aus dem aktuellen Marktangebot. Auf den Tisch kommt nur, was frisch, lecker und gesund ist, ob mit Fisch und Fleisch oder ohne. Es gibt eine grosse Auswahl vegetarischer und veganer Gerichte.

Voa Principala 30	Essen:	**43**	50
+41 81 5150707	Service:	**17**	20
www.lavatga.ch	Getränke:	**17**	20
vegetarisch • regional • gemütlich	Ambiente:	**8**	10
	Gesamt:	**85**	100

DOLORES RUPA

Scalottas Terroir ¶¶¶ 7078 Lenzerheide

Hier zelebriert Küchenchef Hansjörg Ladurner eine nachhaltige Gourmetküche. Ein Teil des Gemüses kommt vom eigenen Bergacker, der Rest wird bei lokalen Bauern bezogen. Der Gast stellt sein Menu selbst zusammen und wählt drei bis fünf Gerichte aus der spannenden Karte.

Voa Principala 29
+41 81 3842148
scalottas-terroir.ch
regional • nachhaltig • bio

Essen:	**45**	50
Service:	**18**	20
Getränke:	**18**	20
Ambiente:	**9**	10
Gesamt:	**90**	100

Rebecca Clopath ¶¶¶ 7433 Lohn

Köchin und Aktivistin Rebecca Clopath kocht auf dem Bauernhof ihrer Familie, dem Biohof Taratsch, in regelmässigen Abständen ein mehrgängiges Essen aus lokalen Produkten. Diese von ihr «Esswahrnehmung» getauften nachmittagfüllenden Events sind längst kein Geheimtipp mehr.

Biohof Taratsch
+41 76 4370006
rebecca-clopath.ch
unkonventionell • nachhaltig • bio • am Berg

Essen:	**46**	50
Service:	**18**	20
Getränke:	**18**	20
Ambiente:	**9**	10
Gesamt:	**91**	100

Groven ¶¶ 6558 Lostallo

Das Groven ist seit Langem in fester Hand der Familie Rosa. Die Passion fürs Kochen erbte Alan Rosa von Vater Giacomo und Grossmutter Maria. Sein Menu wechselt täglich und baut auf dem auf, was auf dem Markt erhältlich ist. So entsteht seine kreative, bodenständige Saisonküche.

Str. Cantonale
+41 91 8301642
www.groven.ch
Gasthaus • saisonal • im Grünen

Essen:	**44**	50
Service:	**17**	20
Getränke:	**17**	20
Ambiente:	**9**	10
Gesamt:	**87**	100

¶ 80–84   ¶¶ 85–89   ¶¶¶ 90–94   ¶¶¶¶ 95–100 Punkte

Nicolo' Brunelli

Chesa Stüva Colani ψψψ

7523 Madulain

Massimo-Bottura-Schüler Paolo Casanova serviert im alten Engadiner-haus Stüva Colani eine Küche, die sich von den Jahreszeiten leiten lässt. Fest in der italienischen Tradition verankert, doch klar modern wird viel in der Natur Gesammeltes, Gefischtes und Gejagtes verarbeitet.

Via Principela 20A	Essen:	46 | 50
+41 76 6067216	Service:	18 | 20
www.hotelchesacolani.com	Getränke:	18 | 20
Fine Dining • italienisch • modern	Ambiente:	9 | 10
P ⊨ 🖃	Gesamt:	91 | 100

Falknis ψψ

7304 Maienfeld

Im gemütlichen Restaurant Falknis gibt es Gutbürgerliches aus regionalen Zutaten. Auch die Weinkarte bietet spannende lokale Tropfen. Chef Gion Rudolf Trepp ist stolz auf seine schlichte Küche. Zu Recht, die Gerichte schmecken hervorragend und sind alles andere als langweilig.

Bahnhofstrasse 10	Essen:	43 | 50
+41 81 3021818	Service:	18 | 20
www.restaurantfalknis.ch	Getränke:	18 | 20
Fleisch • regional • urchig	Ambiente:	9 | 10
🏠 P 🖃	Gesamt:	88 | 100

Stall 247 ψψψ

7304 Maienfeld

Der Stall 247 ist ein ehemaliger Kuhstall mit Blick auf die Reben von Maienfeld. Auf der Weinkarte findet man eine grosse Auswahl Herrschäftler Weine. Dazu gibt es Snacks und kleine Teller mit Produkten aus der Region wie Käse- und Fleischplättli, Suppen und hausgemachte Kuchen.

Spitalgasse 16	Essen:	45 | 50
+41 81 5994676	Service:	19 | 20
www.stall247.ch	Getränke:	18 | 20
regional • grosse Weinkarte • im Grünen	Ambiente:	9 | 10
🏠 P ♿ 🖃	Gesamt:	91 | 100

Triangel

7417 Paspels

Im Restaurant Triangel werden saisonale Gerichte aus besten Zutaten von nah und fern serviert, mit Blick auf die malerische Landschaft. Das Herzstück der Karte sind die saftigen Fisch- und Fleischstücke, denen der spanische Holzgrill «Josper» einmalige Röstaromen entlockt.

Domleschgerstrasse 80	Essen:	**42** ı 50
+41 81 6501000	Service:	**18** ı 20
triangel.ch	Getränke:	**17** ı 20
Gasthaus • im Grünen • klassisch	Ambiente:	**8** ı 10
	Gesamt:	**85** ı 100

Murtaröl

7517 Plaun da Lej

Das Murtaröl am Silsersee gehört seit den 1950er-Jahren der heutigen Familie Walther. 1984 folgte die Spezialisierung auf Fisch, seit 1995 kauft sie zusätzlich Meerfisch und -früchte auf dem Mailänder Markt ein, die im Restaurant und angrenzenden Laden frisch angeboten werden.

Via dal Malögia 14	Essen:	**44** ı 50
+41 81 8265350	Service:	**17** ı 20
www.plaundalej.ch	Getränke:	**17** ı 20
eigene Fischzucht • Fisch • traditionell	Ambiente:	**9** ı 10
	Gesamt:	**87** ı 100

Giodi

7504 Pontresina

Giodi ist kurz für «Giodimaint», das romanische Wort für Genuss. Zu den kreativen vegetarischen Gerichten von Köchin Kari Walker können Fleisch- und Fischbeilagen bestellt werden. Ein zusätzlicher Bonus ist der gut bestückte Weinkeller, der Kennerherzen höherschlagen lässt.

Via de la Straziun 2	Essen:	**42** ı 50
+41 81 8394580	Service:	**17** ı 20
www.saratz.ch	Getränke:	**18** ı 20
Hotelrestaurant • im Grünen • romantisch	Ambiente:	**8** ı 10
	Gesamt:	**85** ı 100

 80–84   85–89   90–94   95–100 Punkte

Kochendörfer ⫴

7504 Pontresina

Chefkoch Claudio Della Pedrina widmet sich zusammen mit seinem Team der schweizerischen und italienischen Küche. Besonders ist er dem Fisch zugetan, dessen Zubereitung er über die Jahre perfektioniert hat. Auf der Weinkarte finden sich spezielle Flaschen zu sympathischen Preisen.

Via Maistra 228
+41 81 8388040
www.albris.ch
Fisch • am Berg • modern

Essen:	**43**	50
Service:	**18**	20
Getränke:	**17**	20
Ambiente:	**8**	10
Gesamt	**86**	100

Kronenstübli ⫼

7504 Pontresina

Der Kronenhof ist die «Grande Dame» der Engadiner Luxushotels. Seit 1848 werden hier Gäste empfangen. Im heimeligen Kronenstübli zelebriert Chef de Cuisine Fabrizio Piantanida die klassische französische Küche wie zum Beispiel die am Tisch zubereitete «Canard à la Presse».

Via Maistra 130
+41 81 8303030
www.kronenhof.com
Hotelrestaurant • Fine Dining • elegant

Essen:	**46**	50
Service:	**18**	20
Getränke:	**18**	20
Ambiente:	**9**	10
Gesamt	**91**	100

Roseg Gletscher ⫴

7504 Pontresina

Der Ausflug ins Rosegtal lohnt sich nicht nur wegen der malerischen Landschaft, auch kulinarisch kommt man auf seine Kosten. Im Roseg Gletscher geniesst man mit Ausblick Gerichte der lokalen Küche und bedient sich im Anschluss am berühmten Dessertbuffet.

Val Roseg
+41 81 8426445
www.roseg-gletscher.ch
im Grünen • regional • traditionell

Essen:	**44**	50
Service:	**18**	20
Getränke:	**17**	20
Ambiente:	**9**	10
Gesamt	**88**	100

Vista ⫼

7152 Sagogn

Von der Terrasse des Vista geniesst man die versprochene Aussicht auf Bergpanorama und Golfplatz. Aber auch für die Küche lohnt sich der Ausflug: Im Sommer gibt es eine kleine Karte mit feinen Saisongerichten, im Winter wird dazu noch das mehrgängige Vista-Menu angeboten.

Via Vitg Dadens 71
+41 81 9213434
www.restaurant-vista.ch
Fusionsküche • Essen mit Aussicht • elegant

Essen:	**44**	50
Service:	**18**	20
Getränke:	**18**	20
Ambiente:	**10**	10
Gesamt	**90**	100

La Padella 🍴 7503 Samedan

Im Padella im Hotel Donatz wird auf gutbürgerliche Küche gesetzt. Spezialitäten wie das am Tisch flambierte Angus-Rind-Filet Woronoff, Siedfleischsalat oder Wiener Schnitzel werden perfekt auf den Punkt gebracht. Auch für die gut bestückte Weinkarte lohnt sich der Besuch.

Plazzet 15
+41 81 8524666
www.hoteldonatz.ch
französisch • Fleisch • grosse Weinkarte

Essen:	**43**	50
Service:	**17**	20
Getränke:	**17**	20
Ambiente:	**8**	10
Gesamt:	**85**	100

Muottas Muragl 🍴🍴 7503 Samedan

Das Panoramarestaurant im Romantik Hotel Muottas Muragl hat seinen Namen verdient: Der Ausblick auf die Bergwelt ist spektakulär. Aber auch die Küche hält, was sie verspricht: eine spannende Auswahl klassischer und moderner Gerichte mit viel frischen Bündner Produkten.

Punt Muragl 3
+41 81 8428232
www.mountains.ch
Fleisch • Essen mit Aussicht • regional

Essen:	**44**	50
Service:	**18**	20
Getränke:	**18**	20
Ambiente:	**9**	10
Gesamt:	**89**	100

Bündner Stube 🍴 7563 Samnaun

Chefkoch Steven del Regno und sein Team haben eine Vorliebe für lokale Produkte. In der Bündner Stube servieren sie, wie es der Name verspricht, Bündner Gerichte wie Bündnerfleisch, Capuns und Nusstorten, aber auch Exotischeres wie Hummerbisque findet man auf der Karte.

Dorfstrasse 17
+41 81 8619500
www.hotel-silvretta.ch
Schweizer Küche • regionale Produkte • gemütlich

Essen:	**44**	50
Service:	**16**	20
Getränke:	**16**	20
Ambiente:	**7**	10
Gesamt:	**83**	100

Osteria Fagetti 🍴🍴 6534 San Vittore

Kurz vor der Tessiner Grenze im Misox findet man die Osteria Fagetti. Die geografische Nähe zu Italien ist auf der Karte spürbar: Auf der kleinen Karte findet man klassische Gerichte unserer südlichen Nachbarn wie hausgemachte Pasta, Insalata di Polpo und Tagliata di Manzo.

Via Cantonale 168
+41 91 8272622

italienisch • regional • traditionell

Essen:	**44**	50
Service:	**17**	20
Getränke:	**17**	20
Ambiente:	**8**	10
Gesamt:	**86**	100

🍴 80–84   🍴🍴 85–89   🍴🍴🍴 90–94   🍴🍴🍴🍴 95–100 Punkte

Balthazar Downtown ⫚⫚⫚

7500 St. Moritz

Das durchgestylte Balthazar Downtown – Fish & Co. in St. Moritz bietet eine einmalige Fusionsküche: Italienisch-mediterrane Geschmäcker treffen auf japanisch-orientalische. Das Resultat sind schmackhafte, spannende Gerichte mit Fokus auf frischem Fisch und Meeresfrüchten.

Via Dal Bagn 20
+41 81 8341010
www.balthazar-stmoritz.ch
Fisch • elegant • unkonventionell

Essen:	**46**	50
Service:	**18**	20
Getränke:	**18**	20
Ambiente:	**9**	10
Gesamt:	**91**	100

Chesa Veglia ⫚⫚⫚

7500 St. Moritz

Seit 1936 ist die Chesa Veglia der Treffpunkt für Feinschmecker und VIPs in St. Moritz. Drei verschiedene Gaststuben bietet sie: die Pizzeria Heuboden, die Patrizier Stuben mit Schweizer Klassikern und die Chadafö, wo edle Fleisch- und Fischstücke im Steinofen grilliert werden.

Via Serlas 27
+41 81 8372800
www.badruttspalace.com
unkonventionell • urchig • elegant

Essen:	**45**	50
Service:	**19**	20
Getränke:	**18**	20
Ambiente:	**9**	10
Gesamt:	**91**	100

Da Adriano ⫚⫚⫚

7500 St. Moritz

Selten ist ein Restaurant nach dem Gastgeber benannt, wie es im Da Adriano der Fall ist. Namensgeber ist Adriano Feraco, der sich im viktorianischen Gastsaal mit grosser Leidenschaft um die Gäste kümmert. Aus der Küche kommen hervorragende italienische Klassiker von Nord bis Süd.

Via Mezdi 27
+41 81 8383083
www.kempinski.com
mediterran • traditionell • elegant

Essen:	**47**	50
Service:	**18**	20
Getränke:	**17**	20
Ambiente:	**9**	10
Gesamt:	**91**	100

Da Vittorio ⫚⫚⫚⫚

7500 St. Moritz

Das Da Vittorio im Carlton gilt als eines der besten italienischen Restaurants der Schweiz. Küchenchef Paolo Rota zaubert hier Gerichte, die zwar bodenständig sind, aber durch ihre Vollkommenheit beeindrucken. Dass nur die allerbesten Produkte verwendet werden, steht ausser Frage.

Via Johannes Badrutt 11
+41 81 8367000
www.carlton-stmoritz.ch
Fine Dining • italienisch • elegant

Essen:	**48**	50
Service:	**19**	20
Getränke:	**19**	20
Ambiente:	**9**	10
Gesamt:	**95**	100

Dal Mulin ₩₩₩   7500 St. Moritz

Gastgeber Kathrin und Danijel Krasnic kümmern sich im gemütlichen Dal Mulin aufmerksam um ihre Gäste. Diese kommen, um die kreative Saisonküche von Pietro Spotti zu geniessen, aber auch wegen der gut ausgestatteten Weinkarte, auf der sich viele Raritäten finden.

Plazza dal Mulin 4	Essen:	**45** ı 50
+41 81 8333366	Service:	**18** ı 20
www.dalmulin.ch	Getränke:	**19** ı 20
weltlich • grosse Weinkarte • gemütlich	Ambiente:	**8** ı 10
	Gesamt	**90** ı 100

Hato ₩₩₩   7500 St. Moritz

Im Hato Sankt Moritz gibt es ganzjährig «Fine Asian Cuisine», serviert in einem durchgestylten Ambiente. Küchenchef Maciej Darowski und seine sechsköpfige Crew bereiten hier kreative Gerichte mit Einflüssen aus der japanischen, der koreanischen und der chinesischen Küche zu.

Via da Vout 3	Essen:	**45** ı 50
+41 81 8380000	Service:	**18** ı 20
www.hato-restaurants.com	Getränke:	**18** ı 20
japanisch • koreanisch • elegant	Ambiente:	**9** ı 10
	Gesamt	**90** ı 100

IGNIV ₩₩₩₩   7500 St. Moritz

Das Igniv im Badrutt's Palace trägt die Handschrift von Andreas Caminada. Für die Umsetzung des Konzepts ist Timo Fritsche zuständig, der im Sommer Caminadas jüngstes Projekt Oz in Fürstenau leitet. An beiden Orten mit von der Partie ist Gastgeber und Sommelier Giuseppe lo Vasco.

Via Serlas 27	Essen:	**48** ı 50
+41 81 8372638	Service:	**19** ı 20
www.igniv.com	Getränke:	**19** ı 20
Hotelrestaurant • Fine Dining • Sharing Menu	Ambiente:	**9** ı 10
	Gesamt	**95** ı 100

Lej da Staz ₩₩   7500 St. Moritz

Am romantischen Stazersee liegt das Hotel Restorant Lej da Staz in der unberührten Natur. Erreichbar ist es zu Fuss von Pontresina, St. Moritz und Celerina. Der Spaziergang lohnt sich für die feine Auswahl an Bündner Klassikern, Evergreens der Schweizer Küche und lokalem Wein.

Via Dimlej	Essen:	**43** ı 50
+41 81 8336050	Service:	**17** ı 20
www.lejdastaz.ch	Getränke:	**16** ı 20
am Wasser • regional • gemütlich	Ambiente:	**9** ı 10
	Gesamt	**85** ı 100

₩ 80–84	₩₩ 85–89	₩₩₩ 90–94	₩₩₩₩ 95–100 Punkte

Matsuhisa ¶¶¶ 7500 St. Moritz

In der ehemaligen Tennishalle wird heute eine edle japanische Küche zelebriert. Küchenchef Nobuyuki Matsuhisa serviert traditionelle Gerichte aus seiner Heimat, mischt diese aber mit Einflüssen aus Lateinamerika. Am besten lässt man sich überraschen und bestellt das Omakase-Menu.

Via Serlas 27
+41 81 8371000
badruttspalace.com
Fusionsküche • japanisch • peruanisch

Essen:	**46**	50
Service:	**19**	20
Getränke:	**19**	20
Ambiente:	**9**	10
Gesamt:	**93**	100

STEVE HADORN

Mono ¶¶ 7500 St. Moritz

Das Restaurant Mono bietet eine schmackhafte italienische Frischküche im Zentrum von Sankt Moritz. Auf der Karte findet man klassische Gerichte, meist mit einem modernen Twist. Ein Must auch für Weinliebhaber: In der «Cantina» gibt es eine beeindruckende Auswahl.

Via Maistra 17
+41 81 8370400
www.monopol.ch
italienisch • mediterran • gemütlich

Essen:	**44**	50
Service:	**18**	20
Getränke:	**18**	20
Ambiente:	**9**	10
Gesamt:	**89**	100

Paradiso ¶¶¶ 7500 St. Moritz

Das Paradiso liegt mitten im Skigebiet hoch über St. Moritz. Hier geniessen die Gäste aus aller Welt eine vielseitige Auswahl verschiedener Gerichte: Vom Kaviar über Ramen-Suppe bis zum Fondue ist alles dabei. Auch der Weinkeller ist mit über 500 Etiketten äusserst gut bestückt.

Via Engadina 3
+41 81 8334002
paradiso-stmoritz.com
Essen mit Aussicht • entspannt • unkonventionell

Essen:	**45**	50
Service:	**18**	20
Getränke:	**18**	20
Ambiente:	**9**	10
Gesamt:	**90**	100

Sunny Bar ♯♯

7500 St. Moritz

In der Sunny Bar im Kulm Hotel präsentiert die peruanische Köchin Claudia Canessa Gerichte aus ihrer Heimat. Die Küche Perus ist geprägt von einem spannenden Mix aus traditionellen Inka-Rezepten mit spanischen und asiatischen Einflüssen. Sie bietet so etwas für jeden Geschmack.

Via Veglia 18	Essen: **44** ǀ 50
+41 81 8368203	Service: **17** ǀ 20
www.kulm.com	Getränke: **18** ǀ 20
Fusionsküche • unkonventionell • gemütlich	Ambiente: **9** ǀ 10
	Gesamt **88** ǀ 100

The K ♯♯♯

7500 St. Moritz

Im Sommer kocht Starkoch Mauro Colagreco im Restaurant Mirazur an der Côte d'Azur. Im Winter zieht es ihn in die Berge, wo man seine mediterrane Gourmetküche im K im Kulm Hotel geniessen kann. Er setzt auf frische Produkte, die er in spannenden Kombinationen serviert.

Via Veglia 18	Essen: **46** ǀ 50
+41 81 8368203	Service: **19** ǀ 20
www.kulm.com	Getränke: **19** ǀ 20
Fine Dining • mediterran • elegant	Ambiente: **9** ǀ 10
	Gesamt **93** ǀ 100

White Marmot ♯♯

7500 St. Moritz

Seit über 50 Jahren ist das White Marmot kulinarischer Hotspot im Skigebiet von St. Moritz. Chefkoch Marco Moroni kocht kreative Haute-Cuisine-Gerichte, die im stylischen Restaurant, in einem der Séparées oder mit Blick auf die Berge auf der Sonnenterrasse serviert werden.

Corviglia	Essen: **44** ǀ 50
+41 81 8337676	Service: **18** ǀ 20
www.mountains.ch	Getränke: **18** ǀ 20
am Berg • Essen mit Aussicht • traditionell	Ambiente: **9** ǀ 10
	Gesamt **89** ǀ 100

Stiva Veglia ♯♯♯

7130 Schnaus

In der gemütlichen Arvenstube der Stiva Veglia servieren Gastgeber Cornelia und Tino Zimmermann eine rustikale Gourmetküche. Die kreativen Gerichte werden oft aus lokalen Zutaten zubereitet. Es lohnt sich, viel Zeit mitzubringen und das drei- bis neungängige Genussmenu zu bestellen.

Miez Vitg 6	Essen: **46** ǀ 50
+41 81 9254121	Service: **18** ǀ 20
www.stiva-veglia.ch	Getränke: **17** ǀ 20
Menu Surprise • traditionell • elegant	Ambiente: **9** ǀ 10
	Gesamt **90** ǀ 100

♯ 80–84 ♯♯ 85–89 ♯♯♯ 90–94 ♯♯♯♯ 95–100 Punkte

333

GuardaVal ⫙⫙

7550 Scuol

Nur was in den Alpen gedeiht, kommt im GuardaVal auf den Tisch. Küchenchef René Stoye und sein Team beziehen viele Produkte in der nahen Umgebung von Scuol. Serviert werden die kreativen, frischen Gerichte entweder als Menu «Art Culinarica Alpina» oder als «Tavolata Alpina».

Vi 383 +41 81 8610909 www.guardaval-scuol.ch regional • Menu surprise • elegant		
Essen:	**45**	50
Service:	**18**	20
Getränke:	**19**	20
Ambiente:	**9**	10
Gesamt:	**91**	100

Pensiun Aldier ⫙

7554 Sent

Die Pensiun Aldier möchte nicht Gourmet-Restaurant sein, sondern Bergbeiz bleiben. Die Produkte stehen bei den schnörkellosen Gerichten im Mittelpunkt: Das Fleisch kommt von Bergbauern, und manchmal gibt es Pilze aus dem Wald; angerichtet wird auf klassischen, runden Tellern.

Plaz 154 +41 81 8603000 www.aldier.ch Hotelrestaurant • regional • gemütlich		
Essen:	**43**	50
Service:	**16**	20
Getränke:	**17**	20
Ambiente:	**8**	10
Gesamt:	**84**	100

Alpenrose ⫙⫙

7514 Sils-Maria

Als ältestes Gasthaus von Sils Maria ist die 1862 erbaute Alpenrose der Tradition verpflichtet, nimmt diese aber nicht allzu ernst. Peider Duri verbindet mit seiner Küche Altbewährtes wie Rösti und Wiener Schnitzel mit exotischeren Gerichten wie Frühlingsrollen und Poke Bowls.

Via da Marias 133 +41 81 8338008 www.restaurant-alpenrose-sils.ch regionale Produkte • elegant • gemütlich		
Essen:	**46**	50
Service:	**17**	20
Getränke:	**17**	20
Ambiente:	**8**	10
Gesamt:	**88**	100

Alte Herberge ⫙⫙

7435 Splügen

Im sanft renovierten Heustall des historischen Hotels Weiss Kreuz wird eine Küche serviert, die so vielfältig ist wie die Natur. Die kompetente Küchencrew verbindet mediterrane und alpine Gaumenfreuden. Aus den grossen Fenstern hat man einen weiten Blick über das Umland.

Oberdorf 38 +41 81 6309130 www.weiss-kreuz.ch regional • traditionell • urchig		
Essen:	**44**	50
Service:	**18**	20
Getränke:	**18**	20
Ambiente:	**9**	10
Gesamt:	**89**	100

Piz Platta ⅋⅋   7456 Sur

Das Berghaus ist der perfekte Ort für eine Auszeit. Auf der wunderschönen Alp Flix gelegen, bietet es eine tolle Aussicht auf die Berge und spärlichen Handyempfang. Pächter Mary und Tobias kommen aus der gehobenen Gastronomie, hier kochen sie reduziert und bodenständig.

Tigias 126		Essen:	**43** ǀ 50
+41 81 6591929		Service:	**18** ǀ 20
www.flix.ch		Getränke:	**16** ǀ 20
am Berg • regionale Produkte • gemütlich		Ambiente:	**9** ǀ 10
🏛 P 🛏 🍽		Gesamt:	**86** ǀ 100

Bocca Fina Chastè ⅋⅋⅋   7553 Tarasp

Bocca Fina heisst Gourmet auf Romanisch. Diese werden im gemütlichen, mit Arvenholz verkleideten Restaurant im Schlosshotel Chastè glücklich: Das Menu, das Andreas Heidenreich zaubert, verbindet Lokales mit internationalen Einflüssen und ist dabei elegant und harmonisch.

Sparsels		Essen:	**46** ǀ 50
+41 81 8613060		Service:	**18** ǀ 20
www.schlosshoteltarasp.ch		Getränke:	**18** ǀ 20
traditionell • regional • elegant		Ambiente:	**9** ǀ 10
🏛 P 🛏 🍽		Gesamt:	**91** ǀ 100

Casa Alva ⅋⅋   7014 Trin

Mit dem Menu «Berg & Küste» wird auf die Herkunft des Gastgeberpaars Saskia und Reto Gadola angespielt: Sie stammt von der Ostseeküste, er aus dem Bündner Oberland. Das Resultat: ein spannendes Menu, das von handwerklichem Können und ausgelesenen Produkten getragen wird.

Via Visut 31		Essen:	**46** ǀ 50
+41 81 6304245		Service:	**17** ǀ 20
casa-alva.ch		Getränke:	**16** ǀ 20
regionale Produkte • nachhaltig • gemütlich		Ambiente:	**8** ǀ 10
P 🍽		Gesamt:	**87** ǀ 100

Casa Tödi ⅋⅋   7166 Trun

Das Motto von Koch Manuel Reichenbachs Grossvater «Respektiere alles, verschwende nichts» gilt bis heute. Das Gemüse und die Früchte auf der Karte stammen aus dem Garten, was übrig bleibt, wird eingelegt, -gekocht oder fermentiert. Besonders zu empfehlen sind die Degustationsmenus.

Via Principala 78		Essen:	**44** ǀ 50
+41 81 9431121		Service:	**18** ǀ 20
www.casa-toedi.ch		Getränke:	**18** ǀ 20
regional • saisonal • traditionell		Ambiente:	**8** ǀ 10
🏛 P 🍴 ✈ 🛏 🍽		Gesamt:	**88** ǀ 100

⅋ 80–84   ⅋⅋ 85–89   ⅋⅋⅋ 90–94   ⅋⅋⅋⅋ 95–100 Punkte   335

Am Brunnen ▯▯▯

7122 Valendas

Das Gasthaus serviert kreative Gerichte, vornehmlich aus Zutaten der Region. Das Wirtepaar Matthias Althof und Elvira Solèr beherrscht sein Handwerk. Je nach Wetter und Laune speist man am grossen Dorfbrunnen, im idyllischen Garten oder in der gemütlichen Gaststube.

Am Platz 11
+41 81 9202122
www.gasthausambrunnen.ch
am Wasser • regional • urchig

Essen:	**46**	50
Service:	**17**	20
Getränke:	**18**	20
Ambiente:	**9**	10

Gesamt: **90** | 100

7132 Red ▯▯▯

7132 Vals

Das 7132 Red im edlen 7132 Hotel bietet eine elegante und moderne Küche mit mediterranen Einflüssen in gediegener Atmosphäre. Küchenchef Patrick Siekendieck und sein Team perfektionieren Klassiker wie Tatar oder Hummerspaghetti. Auch das Frühstück ist sehr zu empfehlen.

Poststrasse 560
+41 58 7132000
www.7132.com
mediterran • am Berg • elegant

Essen:	**45**	50
Service:	**19**	20
Getränke:	**19**	20
Ambiente:	**8**	10

Gesamt: **91** | 100

7132 Silver ▯▯▯▯

7132 Vals

Für seine komplexe und doch bodenständige Küche lässt sich Chefkoch Mitja Birlo von der Natur inspirieren. Vieles auf dem Teller kommt aus Seen, Wäldern und Äckern der Region. Ergänzt mit edlen Produkten aus aller Welt entstehen so weltliche Gerichte mit lokalem Bezug.

Poststrasse 560a
+41 58 7132000
7132silver.com
Fine Dining • Fusionsküche • Menu Surprise

Essen:	**48**	50
Service:	**19**	20
Getränke:	**19**	20
Ambiente:	**10**	10

Gesamt: **96** | 100

Castell 🍴   7524 Zuoz

Das oberhalb von Zuoz gelegene Castell bietet eine wunderbare Aussicht über das Engadin. Die Küche von Helmut Leitner ist geprägt von den Alpen, mediterranen Einflüssen und auch von weiter her. Ausgewählte Komponenten finden in seinen Gerichten in Harmonie zueinander.

Via Castell 300	Essen: **45** ǀ 50
+41 81 8515253	Service: **18** ǀ 20
www.hotelcastell.ch	Getränke: **18** ǀ 20
Essen mit Aussicht • regional • mediterran	Ambiente: **8** ǀ 10
🏠 P 🍴 🛏 ▭	Gesamt: **89** ǀ 100

ST. GALLEN

©ms-photo M.Studerus

Burg 🍴   9434 Au

Sascha Beilke pflegt traditionelles Handwerk mit einem kreativen Touch. Die bodenständigen Burg-Klassiker werden ergänzt mit eleganten, kulinarischen Köstlichkeiten. Vom Riegelhaus, das inmitten von Weinbergen liegt, bietet sich ein fantastischer Blick auf das St. Galler Rheintal.

Walzenhauserstrasse 100	Essen: **46** ǀ 50
+41 71 5362295	Service: **19** ǀ 20
www.burg-au.ch	Getränke: **18** ǀ 20
Essen mit Aussicht • saisonal • entspannt	Ambiente: **8** ǀ 10
🏠 P ♿ ▭	Gesamt: **91** ǀ 100

gladys im Grand Resort Bad Ragaz 🍴

7310 Bad Ragaz

Im Restaurant gladys kommen Golfer und Gourmets auf ihre Kosten. Nach einer ausgedehnten Runde tankt man bei Schweizer und internationalen Spezialitäten wieder auf. Bei Flammkuchen, Burger, Pasta oder dem klassischen Club-Sandwich lässt es sich herrlich fachsimpeln.

Hans Albrecht-Strasse
+41 81 3033720
www.resortragaz.ch
im Grünen • modern • traditionell

Essen:	**43** | 50
Service:	**18** | 20
Getränke:	**17** | 20
Ambiente:	**9** | 10
Gesamt:	**87** | 100

IGNIV by Andreas Caminada 🍴🍴

7310 Bad Ragaz

Seit Juni 2022 kocht Joël Ellenberger im IGNIV Bad Ragaz. Geprägt vom regionalen Spirit und dennoch weltoffen sind die Sharing-Gerichte in Bad Ragaz. Für die Weinbegleitung sorgt Sommelier Francesco Benvenuto. Der Fokus auf Grossflaschen passt perfekt zum Sharing-Konzept.

Bernhard-Simon-Strasse 1
+41 81 3033035
www.igniv.com
Hotelrestaurant • Fine Dining • grosse Weinkarte

Essen:	**47** | 50
Service:	**19** | 20
Getränke:	**20** | 20
Ambiente:	**10** | 10
Gesamt:	**96** | 100

Löwen 🍴

7310 Bad Ragaz

Ein lebendiges Stück Geschichte ist das Gasthaus Löwen in Bad Ragaz. In der gemütlichen Stube verwöhnt das «Löwenrudel» seine Gäste mit deftiger Küche, die Leib und Seele guttut. Dazu passen Weine aus der Bündner Herrschaft, die auf der Karte zuvorderst stehen.

Löwenstrasse 5
+41 81 3021306
www.loewen.biz
Gasthaus • regional • traditionell

Essen:	**44** | 50
Service:	**17** | 20
Getränke:	**16** | 20
Ambiente:	**9** | 10
Gesamt:	**86** | 100

Memories 🍴🍴

7310 Bad Ragaz

Der Alpenraum ist Sven Wassmers Speisekammer, die Natur seine Inspiration. Damit schafft er ein aussergewöhnliches Geschmacksuniversum. Die Weinbegleitung wird von Amanda Wassmer-Bulgin kuratiert, die auch ein exzellentes Gespür für die alkoholfreie Speisenbegleitung hat.

Bernhard-Simon-Strasse
+41 81 3033030
www.memories.ch
Fine Dining • regional • saisonal

Essen:	**49** | 50
Service:	**20** | 20
Getränke:	**20** | 20
Ambiente:	**9** | 10
Gesamt:	**98** | 100

Namun im Grand Resort Bad Ragaz

7310 Bad Ragaz

Zu einem fernöstlichen Geschmackserlebnis in stilvollem Ambiente entführt das Team im Namun seine Gäste. Serviert werden Tellergerichte oder exotische Spezialitäten zum Teilen. Die meisterhafte asiatische Küche vereint Tradition und Moderne.

Bernhard-Simon-Strasse	Essen: **44** | 50
+41 81 3033035	Service: **19** | 20
www.resortragaz.ch	Getränke: **18** | 20
Hotelrestaurant • Thai • chinesisch • modern	Ambiente: **8** | 10
	Gesamt: **89** | 100

Olives d'Or

7310 Bad Ragaz

Die gehobene Mittelmeerküche ist im Olives d'Or Programm. Mezze, hausgemachte Pasta und köstliche Fischgerichte zaubern eine mediterrane Stimmung auf die Teller. Im Sommer geniesst man das Dolce far niente auf der Terrasse mitten im Grünen.

Bernhard-Simon-Strasse	Essen: **43** | 50
+41 81 3033035	Service: **19** | 20
www.resortragaz.ch	Getränke: **18** | 20
Hotelrestaurant • mediterran • elegant	Ambiente: **8** | 10
	Gesamt: **88** | 100

Restaurant verve by sven

7310 Bad Ragaz

Die Küche ist eine Ode an die Lebensfreude und an den Genuss. Das Zweitrestaurant von Sven Wassmer im Luxusresort Bad Ragaz trägt klar seine Handschrift. Kreativ und handwerklich perfekt umgesetzt sind die Gerichte. Sympathisch: die liebevolle Auswahl für die kleinen Gäste.

Bernhard-Simon-Strasse	Essen: **46** | 50
+41 81 3033035	Service: **19** | 20
www.resortragaz.ch	Getränke: **18** | 20
Hotelrestaurant • saisonal • entspannt	Ambiente: **9** | 10
	Gesamt: **92** | 100

Rössli

7310 Bad Ragaz

Doris und Ueli Kellenberger leiten den Familienbetrieb in vierter Generation. Hier wird saisonal gekocht, am liebsten mit Zutaten aus der Region und mit viel Liebe zum Detail. Wöchentlich wechselt das Menu. Die Weinkarte liest sich wie das Who's who der besten Weine der Schweiz.

Freihofweg 3	Essen: **46** | 50
+41 81 3023232	Service: **18** | 20
www.roessliragaz.ch	Getränke: **18** | 20
Hotelrestaurant • regional • unkompliziert	Ambiente: **8** | 10
	Gesamt: **90** | 100

80–84   85–89   90–94   95–100 Punkte

Zollstube 🍴

7310 Bad Ragaz

In der gemütlichen Zollstube kommen Liebhaber der gehobenen Schweizer Küche auf ihre Kosten. Perfekt zubereitet sind die Capuns, die Bündner Gerstensuppe besticht mit feiner Sämigkeit. Spannende Bierauswahl. Das Hausbier wird mit Thermalwasser aus der Taminaschlucht gebraut.

Bernhard-Simon-Strasse	Essen: **44** ǀ 50
+41 81 3033035	Service: **18** ǀ 20
www.resortragaz.ch	Getränke: **17** ǀ 20
Gasthaus • Schweizer Küche • traditionell	Ambiente: **9** ǀ 10
🏠 P 🍴 ♿ 🚫 🛏 🍽	Gesamt: **88** ǀ 100

Bad Balgach 🍴

9436 Balgach

Bernd Schützelhofers Kreationen sind nicht nur ein Gaumenschmaus, sondern wahre Kunstwerke auf dem Teller. Die Freude am Kochen gibt er an seine Gäste auch in Form von Rezepten auf der Website weiter. Partnerin Jacqueline Pedregal verströmt als Gastgeberin Charme und Good Vibes.

Hauptstrasse 73	Essen: **45** ǀ 50
+41 71 5995959	Service: **16** ǀ 20
www.bad-balgach.com	Getränke: **16** ǀ 20
Fine Dining • regionale Produkte • Geschäftsessen	Ambiente: **7** ǀ 10
🏠 P 🍽	Gesamt: **84** ǀ 100

Rössli 🍴

9436 Balgach

Das denkmalgeschützte Gasthaus mit der gemütlichen, stilvoll eingerichteten Gaststube wurde erstmals 1798 in den Chroniken erwähnt. Die Küche von Gastgeber Gottfried Tatzl ist klassisch-traditionell und raffiniert ergänzt mit italienischen Akzenten.

Steigstrasse 1	Essen: **43** ǀ 50
+41 71 7222216	Service: **18** ǀ 20
www.roessli-balgach.ch	Getränke: **17** ǀ 20
Schweizer Küche • traditionell • urchig	Ambiente: **9** ǀ 10
🏠 P 🍽	Gesamt: **87** ǀ 100

Ochsen ⅋⅋

9442 Berneck

Die Familie Kast betreibt in Berneck eine Metzgerei und den Ochsen. Was für eine Symbiose! Fleischtiger kommen hier auf ihre Kosten. Und die nach einem alten Familienrezept zubereiteten Kutteln sind weiterum bekannt. Im Herbst kommt Wild von befreundeten Jägern auf den Teller.

Neugass 8	Essen:	**45**	50
+41 71 747 47 21	Service:	**18**	20
www.ochsen-berneck.ch	Getränke:	**17**	20
Wild • eigene Fleischerei • traditionell	Ambiente:	**8**	10

| | Gesamt: **88** | 100 |

Chrüz ⅋⅋

8733 Eschenbach

Bevor er am Herd zur Tat schreitet, bringt Reto Hasler seine neuen Kreationen gerne mit feiner Feder zu Papier. Klassiker werden neu interpretiert, Zutaten raffiniert kombiniert. In der Gaststube wird auf üppige Deko verzichtet. Die braucht es nicht, denn Haslers Teller sind eine Augenweide.

Rapperswilerstrasse 1	Essen:	**45**	50
+41 55 282 52 12	Service:	**17**	20
www.chruez-eschenbach.ch	Getränke:	**17**	20
Gasthaus • klassisch • elegant	Ambiente:	**8**	10

| | Gesamt: **87** | 100 |

Villa am See ⅋⅋⅋

9403 Goldach

Die Villa am See ist ein Bijou mit enormem Wohlfühlfaktor. Kulinarisch verwöhnt Peter Runge mit saisonaler Küche vom Feinsten. Ein Highlight sind die aromatischen Saucenspezialitäten, die Fleisch- wie Fischgerichten einen köstlichen Rahmen verpassen. Sehr gut sortierte Weinkarte.

Seestrasse 64	Essen:	**44**	50
+41 71 845 54 15	Service:	**19**	20
www.villa-am-see.ch	Getränke:	**18**	20
Fusionsküche • regional • Essen mit Aussicht	Ambiente:	**10**	10

| | Gesamt: **91** | 100 |

Bodega NOI ⅋⅋

9620 Lichtensteig

Nikos Stergiou verwöhnt seine Gäste mit saisonaler Küche. Seinen Gerichten verleiht er einen fein abgestimmten mediterranen Touch. Für die Weinbegleitung ist Stavros Stergiou verantwortlich. Im Keller der Bodega lagern rare Jahrgänge und ausgesuchte Spezialitäten.

Loretostrasse 19	Essen:	**44**	50
+41 71 988 88 28	Service:	**18**	20
www.bodeganoi.ch	Getränke:	**18**	20
regional • saisonal • modern	Ambiente:	**8**	10

| | Gesamt: **88** | 100 |

⅋ 80–84   ⅋⅋ 85–89   ⅋⅋⅋ 90–94   ⅋⅋⅋⅋ 95–100 Punkte

Neue Blumenau ||| 9308 Lömmenschwil

Beste regionale Zutaten inspirieren Bernadette Lisibach zu ihren kreativen Menus, die Gourmetherzen einen Takt schneller schlagen lassen. Zu jedem Menu wird auch die passende Weinbegleitung angeboten. Der eigene Garten mit vielen frischen Kräutern ist eine grüne Oase.

Romanshornerstrasse 2
+41 71 2983570
www.neueblumenau.ch
Schweizer Küche · regional · saisonal

Essen:	**46**	50
Service:	**19**	20
Getränke:	**18**	20
Ambiente:	**9**	10

Gesamt: **92** | 100

Schlüssel ||| 8887 Mels

Roger Kalberers Küche ist inspiriert von lokalen und saisonalen Zutaten. Kreativ verwebt er Traditionelles mit der modernen, frischen Gourmetküche. Die Nidbergstube im Patrizierhaus aus dem frühen 19. Jahrhundert schafft den eleganten Rahmen für die kulinarischen Schlüsselerlebnisse.

Oberdorfstrasse 5
+41 81 7231238
www.schluesselmels.ch
Fine Dining · französisch · saisonal

Essen:	**46**	50
Service:	**19**	20
Getränke:	**19**	20
Ambiente:	**9**	10

Gesamt: **93** | 100

Krone Mosnang || 9607 Mosnang

Die Schneiders lieben ihre Region. Bereits in der fünften Generation verwöhnt die Familie ihre Gäste mit einem vielseitigen, kreativen Speisenangebot, inspiriert von Produkten aus dem Toggenburg. Die Weinkarte ist gut bestückt mit Gewächsen aus den umliegenden Weinbaugebieten.

Unterdorf 20
+41 71 9832847
www.kronemosnang.ch
Schweizer Küche · regional · saisonal

Essen:	**43**	50
Service:	**18**	20
Getränke:	**17**	20
Ambiente:	**9**	10

Gesamt: **87** | 100

Haus zur Eintracht || 9463 Oberriet

Seit Kurzem ist Rolf Grobs ehemaliger Stellvertreter Tino Munkelt im Haus zur Eintracht am Ruder. Beim Konzept bleibt man dem Etablierten treu und serviert elegante, gutbürgerliche Gerichte mit dem gewissen Etwas. Auch der Weinkeller des Hauses weiss weiterhin zu überzeugen.

Buckstrasse 11
+41 71 7611000
www.hauszureintracht.ch
Schweizer Küche · saisonal · grosse Weinkarte

Essen:	**42**	50
Service:	**17**	20
Getränke:	**18**	20
Ambiente:	**8**	10

Gesamt: **85** | 100

Landhaus Rheineck 🍴 9424 Rheineck

Ramona Eigenmann und Gino Kobi verwöhnen ihre Gäste mit feinen Fisch- und Fleischgerichten, die mit raffinierten, eleganten Beilagen serviert werden. Im Gewölbekeller lagern auch etliche Grossflaschen, und die Auswahl an Destillaten zur Zigarre in der Lounge lässt keine Wünsche offen.

Appenzellerstrasse 73	Essen:	**46** | 50
+41 71 8881260	Service:	**18** | 20
www.landhaus-rheineck.ch	Getränke:	**17** | 20
saisonal • regional • **Essen mit Aussicht**	Ambiente:	**9** | 10
🏠 P 🖼	Gesamt: **90** | 100	

Schloss Wartegg 🍴 9404 Rorschacherberg

Das Schloss ist ein ganzheitlicher Kosmos in herrlicher Lage direkt am Bodensee. Der biodynamisch bewirtschaftete Garten liefert Gemüse, Kräuter und Früchte für die saisonale, leichte Küche. Im ProSpecieRara-Garten widmet man sich dem Anbau seltener Gemüsesorten.

Von Blarer Weg 1	Essen:	**44** | 50
+41 71 8586262	Service:	**18** | 20
www.wartegg.ch	Getränke:	**17** | 20
Hotelrestaurant • bio • Garten • im Schloss	Ambiente:	**9** | 10
🏠 P 🍴 ♿ 🛏 🖼	Gesamt: **88** | 100	

Am Gallusplatz 🍴 9000 St. Gallen

Oliver Wessiak verwöhnt im St. Galler Klosterviertel seine Gäste mit kreativen Gerichten, kulinarisch inspiriert von Asien, Frankreich und Österreich. Das weiss getünchte, historische Spitzgewölbe und die perfekt eingedeckten Tische schaffen ein herrliches Wohlfühl-Ambiente.

Gallusstrasse 24	Essen:	**43** | 50
+41 71 2300090	Service:	**17** | 20
amgallusplatz-sg.ch	Getränke:	**17** | 20
Fusionsküche • österreichisch • französisch • entspannt	Ambiente:	**9** | 10
🏠 ♿ 🖼	Gesamt: **86** | 100	

Au Premier ⫪ 9001 St. Gallen

Das Au Premier ist bekannt für seine Klassiker wie Hackbraten mit Kartoffelstock. Im Frühjahr 2022 ist eine feine Auswahl japanischer Spezialitäten dazugekommen. Vorbild sind die Izakaya, kleine Beizen, in denen Gerichte zum Naschen und Teilen serviert werden.

Bahnhofplatz 3	Essen:	**43** | 50
+41 71 2283232	Service:	**18** | 20
www.hotel-metropol.ch	Getränke:	**17** | 20
Schweizer Küche • japanisch • saisonal	Ambiente:	**9** | 10
🏠 🅿 🛏	**Gesamt: 87** | 100	

Baratella ⫪ 9000 St. Gallen

Für Freunde italienischer Küche ist das Baratella ein Must. Das fröhliche, unkomplizierte Ambiente lädt zu einer typisch italienischen Tavolata. Die Pasta ist hausgemacht, und die Auswahl an klassischen Minestre lässt das Herz eines jeden Suppenliebhabers höherschlagen.

Unterer Graben 20	Essen:	**44** | 50
+41 71 2226033	Service:	**18** | 20
www.restaurantbaratella.ch	Getränke:	**18** | 20
italienisch • traditionell • unkonventionell	Ambiente:	**9** | 10
🏠 ▭	**Gesamt: 89** | 100	

Candela ⫪ 9000 St. Gallen

Im Candela lässt es sich herrlich tafeln und im grossen Eventraum perfekt feiern. Küchenchef Reto Hofer pflegt eine variantenreiche Küche, die keine Wünsche offen lässt. Grosses Angebot an vegetarischen und veganen Gerichten, und die Käsekarte ist eine pikante Sünde wert.

Sonnenstrasse 5	Essen:	**46** | 50
+41 71 2464646	Service:	**17** | 20
www.restaurantcandela.ch	Getränke:	**17** | 20
Schweizer Küche • modern • entspannt	Ambiente:	**8** | 10
🏠 🅿 ♿ ▭	**Gesamt: 88** | 100	

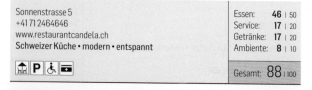

Corso ⑾⑾

9000 St. Gallen

Markus Schenks kulinarische Heimat sind die Alpen. Die Lieferanten und Produzenten der verwendeten Rohprodukte sind klar deklariert, was nun mit dem Signet von «Swisstainable» honoriert wurde. Grossartig ist die Weinkarte mit einer Vielzahl von Gewächsen abseits des Mainstreams.

Brühlgasse 37	Essen: **46** ǀ 50
+41 71 5113236	Service: **18** ǀ 20
www.restaurant-corso.ch	Getränke: **18** ǀ 20
Schweizer Küche • modern • saisonal	Ambiente: **9** ǀ 10
	Gesamt: **91** ǀ 100

Drahtseilbähnli ⑾

9000 St. Gallen

Hier verwöhnt Familie Braun rund um die Uhr, beginnend beim Frühstück, mit enormen Auswahlmöglichkeiten bis hin zu den währschaften Klassikern am Mittag und am Abend. Die Weinkarte ist liebevoll kuratiert, und aus dem «Black Book» können Raritäten geordert werden.

St.Georgen-Strasse 3	Essen: **44** ǀ 50
+41 71 2224217	Service: **18** ǀ 20
www.drahtseilbaehnli.com	Getränke: **17** ǀ 20
Schweizer Küche • traditionell • gemütlich	Ambiente: **9** ǀ 10
	Gesamt: **88** ǀ 100

Einstein Gourmet ⑾⑾

9000 St. Gallen

Über den Dächern von St. Gallen laden die Küchenchefs Sebastian Zier und Richard Schmidtkonz zu kulinarischen Höhenflügen. Erstklassige Produkte werden mit viel Liebe zum Detail zu eleganten Köstlichkeiten. Für die grandiose Weinauswahl ist Restaurantleiter Loris Lenzo zuständig.

Berneggstrasse 2	Essen: **48** ǀ 50
+41 71 2275555	Service: **20** ǀ 20
www.einstein.ch	Getränke: **20** ǀ 20
Fine Dining • Fursionsküche • saisonal • regional	Ambiente: **9** ǀ 10
	Gesamt: **97** ǀ 100

⑾ 80–84   ⑾ 85–89   ⑾ 90–94   ⑾ 95–100 Punkte

Facincani

9000 St. Gallen

In der gemütlichen Gaststube kann man sich durch Italiens Küche schnabulieren. Egiziano und Gian-Antonio Franzon pflegen in ihrer Beiz Italianità in Purezza, vom Bresalo als Antipasti bis zum Gelato Affogato als Dolci. Ein Riesenplus sind die variablen Portionsgrössen.

Gallusstrasse 39		Essen:	43	50
+41 71 2222746		Service:	17	20
facincani.ch		Getränke:	16	20
italienisch • gemütlich • traditionell		Ambiente:	7	10
		Gesamt: 83	100	

Jägerhof

9000 St. Gallen

Die Brötchen zu den Amuse-Bouches backt die Mutter von Agron Lleshi, die Pralinés kreiert der Koch selbst. Marktfrisch, kreativ und mit einem mediterranen Touch sind die Gerichte. Die Weinauswahl von Chef de Service und Sommelier Wilko Bachmann lässt keine Wünsche offen.

Brühlbleichestrasse 11		Essen:	47	50
+41 71 2455022		Service:	19	20
www.jaegerhof.ch		Getränke:	19	20
Fine Dining • elegant • klassisch		Ambiente:	9	10
		Gesamt: 94	100	

Kafi Franz

9000 St. Gallen

Die Kombination aus Kaffee und Beiz bietet enorme kulinarische Möglichkeiten. Nach dem legendären Wiener Schnitzel locken Torten und hausgemachte Macarons, an den Wochenenden wird ein üppiges Brunchbuffet aufgebaut. Die entspannte Atmosphäre ist ein weiterer Wohlfühlfaktor.

Linsebühlstrasse 35		Essen:	43	50
+41 71 5253433		Service:	18	20
www.kafifranz.ch		Getränke:	17	20
Allrounder • entspannt • gemütlich		Ambiente:	9	10
		Gesamt: 87	100	

Lagerhaus

9000 St. Gallen

Im ehemaligen Zollfreilager von St. Gallen wird sommers wie winters grilliert. Der Buchenholzgrill macht es möglich und adelt die Beiz mit Loftcharakter zur urbanen Feuerstelle. Das Bistecca wird beim Metzger zwölf Monate veredelt. Auf den Rost kommen auch Second Cuts.

Davidstrasse 42		Essen:	44	50
+41 71 2237007		Service:	18	20
www.restaurantlagerhaus.ch		Getränke:	18	20
Fleisch • Fisch • unkonventionell		Ambiente:	9	10
		Gesamt: 89	100	

Misnik ⫴

9000 St. Gallen

Das perfekte Steak auf den Teller bringen: Das hat sich das Team vom Misnik auf die Fahne geschrieben. Dazu werden Saucen nach Wahl und eine Beilage serviert. Das Fleisch stammt von der Hinterhofmetzgerei in Staad. Dort wird das Fleisch von Rindern aus eigener Herde verarbeitet.

Schützengasse 8	Essen:	**44** ∣ 50
+41 71 2233717	Service:	**17** ∣ 20
misnik.ch	Getränke:	**17** ∣ 20
Steak • nachhaltig • regionale Produkte	Ambiente:	**9** ∣ 10
🖵	Gesamt:	**87** ∣ 100

Netts Schützengarten ⫴

9004 St. Gallen

Die Netts sind Familie, Gastgeber und Geniesser. Unkompliziert und gemütlich lässt es sich hier tafeln. Grossartig ist die «nette Platte» für grössere Tischrunden. Dazu munden die Spezialitäten aus den Kesseln der Schützengarten Brauerei oder ein Tropfen aus der umfangreichen Weinkarte.

St. Jakobstrasse 35	Essen:	**45** ∣ 50
+41 71 2426677	Service:	**17** ∣ 20
www.netts.ch	Getränke:	**18** ∣ 20
Schweizer Küche • Brauerei • gemütlich	Ambiente:	**9** ∣ 10
🏠 P ♿ 🖵	Gesamt:	**89** ∣ 100

Neubad ⫴

9000 St. Gallen

Die Gastgeber Sandro und Natalie Vladani verzichten bewusst auf die Elemente eines klassischen Menus wie Vor- und Hauptspeise und bieten stattdessen Genuss-Teller-Kreationen an, die in der Portionsgrösse variabel sind. Die Weinkarte ist sehr gut bestückt.

Bankgasse 6	Essen:	**44** ∣ 50
+41 71 2228683	Service:	**18** ∣ 20
www.restaurant-neubad.ch	Getränke:	**18** ∣ 20
Schweizer Küche • traditionell • gemütlich	Ambiente:	**9** ∣ 10
🏠 🖵	Gesamt:	**89** ∣ 100

Perronnord ⫴

9000 St. Gallen

Einst waren die Bahnhofbuffets in der Schweiz eine kulinarische Institution. Im Perronnord wird diese schöne Kultur vorzüglich gepflegt. Hier trifft man sich zum Feierabendbier oder geniesst ein Glas Wein zu Tapas. Wiener Schnitzel und Cordon bleu stillen den grossen Hunger.

Rosenbergstrasse 48	Essen:	**43** ∣ 50
+41 71 2201130	Service:	**18** ∣ 20
www.perronnord.ch	Getränke:	**17** ∣ 20
Schweizer Küche • entspannt • modern	Ambiente:	**8** ∣ 10
🏠 🖵	Gesamt:	**86** ∣ 100

Schwarzer Adler ⫲

9000 St. Gallen

Das Erststockrestaurant liegt im Herzen der St. Galler Altstadt und verfügt über einen schönen Hinterhofgarten. Emanuel Eggers Küche ist traditionell und kreativ. Die Auswahl an vegetarischen Speisen ist vielseitig. Mittagsgästen wird ein abwechslungsreiches Tagesmenü geboten.

Marktplatz 12	Essen:	**44** | 50
+41 71 2227507	Service:	**17** | 20
www.schwarzeradler.ch	Getränke:	**16** | 20
Schweizer Küche • saisonal • traditionell	Ambiente:	**9** | 10
	Gesamt:	**86** | 100

Walhalla ⫲

9000 St. Gallen

Die Brasserie liegt direkt neben dem Bahnhof St. Gallen. Hier geniessen Einheimische und Durchreisende deftige Klassiker wie Zürcher Geschnetzeltes und Cordon bleu. Für den kleinen Hunger ist die Auswahl an Bistrogerichten wie Flammkuchen oder Caesar's Salad optimal.

Poststrasse 27	Essen:	**42** | 50
+41 71 2282800	Service:	**17** | 20
www.hotelwalhalla.ch	Getränke:	**18** | 20
Bistro • Schweizer Küche • traditionell	Ambiente:	**8** | 10
	Gesamt:	**85** | 100

Wienerberg ⫲

9000 St. Gallen

Hoch über der Stadt, direkt neben der Universität gelegen, war das Restaurant Wienerberg in den 80ern eine beliebte Beiz für Professoren wie Studenten. 2021 übernahm Alessandro Hasler das Jugendstilrestaurant. Gekocht wird traditionell mit einem mediterranen Touch.

Bodanstrasse 2	Essen:	**43** | 50
+41 71 2231635	Service:	**17** | 20
www.wienerberg.info	Getränke:	**17** | 20
Gasthaus • grosse Weinkarte • traditionell	Ambiente:	**8** | 10
	Gesamt:	**85** | 100

Wirtschaft zur alten Post ⫲⫲

9000 St. Gallen

Die Alte Post ist ein gastronomischer Fixpunkt in der St. Galler Altstadt. In der Bar im Erdgeschoss trifft man sich zum Apéro. In der gemütlichen Gaststube im ersten Stock werden Klassiker wie Bratwurst und Rösti serviert. Die umfangreiche Weinkarte lässt keine Wünsche offen.

Gallusstrasse 4	Essen:	**47** | 50
+41 71 2226601	Service:	**17** | 20
www.apost.ch	Getränke:	**19** | 20
Gasthaus • regional • entspannt	Ambiente:	**8** | 10
	Gesamt:	**91** | 100

Alltag Agentur Maurus Hofer

Zum Goldenen Schäfli 🍴🍴🍴 9000 St. Gallen

Das Erststockbeizli im Haus aus dem Jahr 1484 ist dem Engagement weitsichtiger Bürger zu verdanken. Sie gründeten eine Genossenschaft und bewahrten so das historische Gebäude vor der Abrissbirne. Schweizer Klassiker wie Mistkratzerli und Hackbraten schmecken hier hervorragend.

Metzgergasse 5	Essen:	**44** ǀ 50
+41 71 2233737	Service:	**19** ǀ 20
www.zumgoldenenschaeflisg.ch	Getränke:	**18** ǀ 20
Gasthaus • Schweizer Küche • urchig	Ambiente:	**9** ǀ 10
	Gesamt: **90** ǀ 100	

Zum Schlössli 🍴🍴 9000 St. Gallen

Das Schlössli im St. Galler Klosterviertel ist ein Must für Romantiker und Gourmets. Gastgeber Ambros Wirth setzt auf regionale Zutaten und fast vergessene Spezialitäten, die auf dem Teller gekonnt in Szene gesetzt werden. Wie das Süppli von der blauen St. Galler Kartoffel.

Zeughausgasse 17	Essen:	**46** ǀ 50
+41 71 2221256	Service:	**17** ǀ 20
www.schloessli-sg.ch	Getränke:	**18** ǀ 20
Schweizer Küche • regional • romantisch	Ambiente:	**8** ǀ 10
	Gesamt: **89** ǀ 100	

Zum Löwen 🍴🍴 9327 Tübach

Jacques und Gabj Neher führen das Traditionslokal mit viel Liebe zum Detail. Fleischgerichte stehen im Fokus. Im Frühling und Herbst kommt an der Kalbs-Gourmet-Metzgete nach dem Nose-to-Tail-Prinzip alles vom Tier auf den Tisch. Zur Jagdsaison wird Wild aus der Region serviert.

Kirchstrasse 9	Essen:	**44** ǀ 50
+41 71 8412042	Service:	**17** ǀ 20
www.wirtschaft-loewen.ch	Getränke:	**18** ǀ 20
Schweizer Küche • Fleisch • traditionell	Ambiente:	**9** ǀ 10
	Gesamt: **88** ǀ 100	

🍴 80–84 🍴🍴 85–89 🍴🍴🍴 90–94 🍴🍴🍴🍴 95–100 Punkte

Löwen ⑪ 8880 Walenstadt

In der historischen Taverne kocht Stefan Rehli für seine Gäste jeden Abend ein neu kreiertes Feinschmeckermenu mit bis zu sieben Gängen. Charmant und aufmerksam umsorgt Ramona Schneider die Gäste. Der Fokus der Weinkarte ist auf Gewächse aus der Region gerichtet.

Seestrasse 20
+41 81 7351180
www.loewen-walenstadt.ch
Hotelrestaurant • Schweizer Küche • Fisch • regional

Essen:	**46**	50
Service:	**18**	20
Getränke:	**18**	20
Ambiente:	**9**	10
Gesamt:	**91**	100

Fischerstube ⑪ 8872 Weesen

Seit März 2022 verwöhnt Alain Koenig, ehemals Küchenchef im Zürcher Zunfthaus zur Waag, die Gäste der traditionsreichen Fischerstube mit Frischem aus See und Meer. Sympathisch: «Dieters marinierte Albeli» bleiben als Reminiszenz an Vorbesitzer Dieter Frese auf der Karte.

Marktgasse 9
+41 55 6161608
www.fischerstubeweesen.ch
Fisch • regionale Produkte • klassisch

Essen:	**44**	50
Service:	**17**	20
Getränke:	**18**	20
Ambiente:	**9**	10
Gesamt:	**88**	100

Paradiesli ⑪ 8872 Weesen

Vieles, was hier liebevoll angerichtet auf den Teller kommt, stammt aus der eigenen Bioproduktion. Auf vier Hektar Land gedeihen in dem milden Klima am Südufer des Walensees Salate, Gemüse, Beeren und Stammobst. Der Garten Eden scheint im Paradiesli zum Greifen nah.

Obere Betliserstrasse 12
+41 55 6111179
www.paradiesli-betlis.ch
eigener Gemüsegarten • Essen mit Aussicht • entspannt

Essen:	**46**	50
Service:	**18**	20
Getränke:	**18**	20
Ambiente:	**10**	10
Gesamt:	**92**	100

Barcelona-Central ⑪ 9500 Wil

Die Karte im Barcelona-Central wechselt täglich und bietet für Mittagsgäste viel Abwechslung, sei es mit typisch spanischen Gerichten oder Cordon bleu und Rösti. Abends werden im Restaurant in der Wiler Altstadt Tapas serviert. Ideal für grössere Runden, die gerne alles ausprobieren.

Tonhallestrasse 24
+41 71 9990397
www.barcelona-central.ch
Schweizer Küche • spanisch • Tapas • entspannt

Essen:	**44**	50
Service:	**18**	20
Getränke:	**16**	20
Ambiente:	**8**	10
Gesamt:	**86**	100

Freischütz ‖ 9500 Wil

Herzliche Gastfreundschaft, gemütliche Atmosphäre und viel Italianità sind die Eckpfeiler der Vinothek. Gekocht wird hier saisonal mit viel Kreativität und Lust an neuen Kombinationen. Darum wird auf eine Menukarte verzichtet und auf den direkten Dialog mit den Gästen gesetzt.

Marktgasse 51	Essen:	**43**	50
+41 71 9111756	Service:	**18**	20
www.vinothek-wil.ch	Getränke:	**19**	20
Vinothek • italienisch • Tapas	Ambiente:	**8**	10
	Gesamt: **88**	100	

Al Covo ‖ 9300 Wittenbach

Pizzaofen, Pastamaschine und eine von Palmen gesäumte Terrasse. Bei so viel Italianità kommt Ferienstimmung auf. Die Küche bietet alles, was wir am Belpaese so lieben: hausgemachte Pasta, Pizza und Focaccia aus dem Holzofen, und das Buffet ist mit frischen Antipasti bestückt.

Abacus-Platz 1	Essen:	**45**	50
+41 71 2902020	Service:	**17**	20
www.alcovo.ch	Getränke:	**17**	20
italienisch • Pizza • modern	Ambiente:	**8**	10
	Gesamt: **87**	100	

Segreto ‖‖ 9300 Wittenbach

Martin Benninger interpretiert die Klassiker der mediterranen Küche erfrischend neu und modern. Viele saisonale Zutaten stammen aus unmittelbarer Nähe und verleihen den Gerichten eine berührende aromatische Intensität. Die Weinkarte ist eine Bibel des auserlesenen Geschmacks.

Abacus-Platz 1	Essen:	**46**	50
+41 71 2901117	Service:	**19**	20
www.segreto.ch	Getränke:	**18**	20
Fine Dining • italienisch • regional	Ambiente:	**9**	10
	Gesamt: **92**	100	

‖ 80–84 ‖ 85–89 ‖‖ 90–94 ‖‖‖ 95–100 Punkte

SCHAFFHAUSEN

Gemeindehaus Beringen 🍴

8222 Beringen

Hier geniesst man deftigen Wurst-Käse-Salat oder schwelgt bei Chateaubriand oder geräucherten Jakobsmuscheln. Kroketten und Frites werden selbst gemacht. In der Smokers Lounge warten exquisite Zigarren, eine Auswahl von 350 Destillaten und bequeme Chesterfield-Fauteuils.

Oberdorf 12	Essen: **45** ı 50
+41 52 6851091	Service: **18** ı 20
www.gemeindehaus-beringen.ch	Getränke: **18** ı 20
Schweizer Küche · regional · saisonal	Ambiente: **8** ı 10
	Gesamt: **89** ı 100

Rheingold 🍴

8212 Neuhausen am Rheinfall

Evelyne und Stefan Burger-Marquis verwöhnen in dem schmucken, gemütlichen Restaurant ihre Gäste mit raffiniert zubereiteten Klassikern. Wer Lust auf Abwechslung hat, reist kulinarisch nach Südostasien und geniesst exotische Spezialitäten der malaysischen Küche.

Rheingoldstrasse 51	Essen: **44** ı 50
+41 52 6721990	Service: **18** ı 20
www.rheingold-nh.ch	Getränke: **17** ı 20
grosse Weinkarte · malaysisch · entspannt	Ambiente: **9** ı 10
	Gesamt: **88** ı 100

Schlössli Wörth ♯♯

8212 Neuhausen am Rheinfall

Der Blick auf die tosenden Wassermassen des Rheinfalls ist spektakulär. Und die variantenreiche Speisekarte verwöhnt die Gaumen der Ausflügler vortrefflich. Klassiker der Schweizer Küche werden ergänzt mit einer leichten, raffinierten Fischküche. Schöne Auswahl an regionalen Weinen.

Rheinfallquai 30	Essen:	**44** ╷ 50
+41 52 672 18 21	Service:	**17** ╷ 20
www.schloessliwoerth.ch	Getränke:	**17** ╷ 20
Essen mit Aussicht • Fisch • gemütlich	Ambiente:	**8** ╷ 10
	Gesamt:	**86** ╷ 100

Gmaandhuus 8213 ♯♯

8213 Neunkirch

Die grossen Rundbogenfenster, die Bodendielen und die klassischen Wirtshausstühle schaffen ein gemütliches Ambiente. Gastgeber Marco Rüedi und Küchenchef Ivo Lobeek verwöhnen mit saisonal abgestimmten Gerichten der Schweizer Küche mit einem charmanten französischen Touch.

Vordergasse 26	Essen:	**43** ╷ 50
+41 52 681 59 59	Service:	**17** ╷ 20
www.gmaandhuus8213.ch	Getränke:	**17** ╷ 20
französisch • traditionell • urchig • unkonventionell	Ambiente:	**9** ╷ 10
	Gesamt:	**86** ╷ 100

Bad Osterfingen ♯♯♯

8218 Osterfingen

Zweifelsohne gibt es hier die besten Spätzli im Kanton und die cremigsten Saucen als Dreingabe noch dazu. Die Gaststube ist urgemütlich und der Garten im Sommer ein Traum. Zu den traditionellen Speisen munden die Weine von Michael Meyer aus eigener Kelterung hervorragend.

Zollstrasse 17	Essen:	**47** ╷ 50
+41 52 681 21 21	Service:	**17** ╷ 20
www.badosterfingen.ch	Getränke:	**17** ╷ 20
Gasthaus • Schweizer Küche • traditionell	Ambiente:	**9** ╷ 10
	Gesamt:	**90** ╷ 100

Bergtrotte Osterfingen ♟♟

8218 Osterfingen

Die historische Bergtrotte ist ein Hotspot für Liebhaber der Weine aus dem Blauburgunderland. Das sanft renovierte Gebäude, ergänzt durch den minimalistischen Restaurant-Neubau, liegt inmitten von Reben. Serviert werden liebevoll zubereitete Klassiker aus der Region.

Trottenweg 38	Essen:	**44**	50
+41 52 6811168	Service:	**17**	20
www.bergtrotte.ch	Getränke:	**17**	20
Gasthaus • Essen mit Aussicht • traditionell	Ambiente:	**9**	10

Gesamt: **87** | 100

Al Andalus ♟♟

8200 Schaffhausen

Die Auswahl an Tapas im Al Andalus kann sich sehen lassen. Die köstlichen Häppchen sind ein prima Auftakt für lange Nächte oder ein willkommener Snack für zwischendurch. Klassiker wie Cordon bleu erhalten durch klassische spanische Zutaten einen iberischen Touch.

Unterstadt 21	Essen:	**44**	50
+41 52 6256098	Service:	**17**	20
www.alandalus-sh.ch	Getränke:	**17**	20
spanisch • Fleisch • Fisch • vegetarisch	Ambiente:	**8**	10

Gesamt: **86** | 100

Annegreth's Schützenstube ♟♟

8200 Schaffhausen

Genuss aus der Heimat servieren Anita Schwegler und Annegreth Eggenberg. Das Einkaufen der Zutaten für die marktfrische Küche ist für die beiden ein Statement: Herkunft und Produktion sind massgebend, die Auswahl an Gerichten für Karnivoren und Veggies ausgeglichen.

Schützengraben 27	Essen:	**43**	50
+41 52 6254249	Service:	**17**	20
www.schuetzenstube.ch	Getränke:	**17**	20
regional • saisonal • urchig • nachhaltig	Ambiente:	**9**	10

Gesamt: **86** | 100

Beckenburg ♟♟

8200 Schaffhausen

Das Team der Beckenburg setzt auf innovative, marktfrische Küche und hat sich einen festen Platz auf der kulinarischen Landkarte von Schaffhausen und Umgebung erkocht. Klassische Gerichte erhalten einen kreativen Touch, so wird das Kalbstatar mit geräucherter Aubergine kombiniert.

Neustadt 1	Essen:	**44**	50
+41 52 6201212	Service:	**18**	20
www.beckenburg.ch	Getränke:	**17**	20
Schweizer Küche • saisonal • regional	Ambiente:	**8**	10

Gesamt: **87** | 100

D'Chuchi 🍴

8200 Schaffhausen

Jan Schmidlin steht in dem kleinen Lokal am Herd und kocht grandios schnörkellos. In Pfannen und Töpfe kommt, was Saison hat und in der Region erhältlich ist. Klar und puristisch ist auch das Ambiente mit klaren Linien und ruhigen, dunklen Farben. Ideal für eine lukullische Auszeit.

Brunnengasse 3/5	Essen: **45** ǀ 50
+41 52 6200528	Service: **18** ǀ 20
www.dchuchi.ch	Getränke: **18** ǀ 20
Casual Dining • regional • saisonal • modern	Ambiente: **7** ǀ 10
♿ 🖩	Gesamt: **88** ǀ 100

Fass Beiz 🍴

8200 Schaffhausen

Die Fass Beiz ist auch Café und Bar. Hier ist der Ort zum Diskutieren und Plaudern. Wenn sich darob der Hunger meldet, bieten die Menuvorschläge an der Wandtafel Feines aus nachhaltiger Produktion. Sympathisch ist das Angebot an Nachos-Variationen für den kleinen Appetit.

Webergasse 13	Essen: **43** ǀ 50
+41 52 6240948	Service: **17** ǀ 20
www.fassbeiz.ch	Getränke: **17** ǀ 20
Schweizer Küche • nachhaltig • traditionell	Ambiente: **9** ǀ 10
🏠 🖩	Gesamt: **86** ǀ 100

Gerberstube 🍴

8200 Schaffhausen

Hier werden Pasta-Träume wahr. Egal, ob gefüllt, gedreht oder gerillt, ob nur mit Butter oder raffiniertem Sugo: Parmigiano und Reibe gehören zum Gedeck dazu. Dass diese gepflegte Italianità mit einer Auswahl feinster italienischer Weine gekrönt wird, versteht sich von selbst.

Bachstrasse 8	Essen: **43** ǀ 50
+41 52 6252155	Service: **18** ǀ 20
www.bindella.ch	Getränke: **18** ǀ 20
italienisch • traditionell • klassisch	Ambiente: **8** ǀ 10
🏠 🖩	Gesamt: **87** ǀ 100

🍴 80–84　🍴🍴 85–89　🍴🍴🍴 90–94　🍴🍴🍴🍴 95–100 Punkte

Güterhof ▮▮

8200 Schaffhausen

Am Rheinufer gelegen, ist das restaurierte Lagerhaus ein Blickfang mit herrlichem Ausblick. Zelebriert wird hier nicht nur klassische Schweizer Küche: Die Sushi-Auswahl ist eine Sünde wert, und am Sonntag lockt der Brunch à discrétion. Tolle Auswahl an Weinen aus der Region.

Freier Platz 10	Essen: **44** ⎮ 50
+41 52 6304040	Service: **17** ⎮ 20
www.gueterhof.ch	Getränke: **17** ⎮ 20
Schweizer Küche • Brunch • weltlich • entspannt	Ambiente: **8** ⎮ 10
	Gesamt: **86** ⎮ 100

Sommerlust ▮▮▮

8200 Schaffhausen

Küchenchef Dan Rodriguez Zaugg ist ein Tüftler am Herd und vereint heimische Zutaten mit internationaler Kochkunst. Er spielt mit den Texturen seiner Menukreationen ein sinnliches Spiel und bereitet so seinen Gästen spannende Momente. Der schöne Garten ist die pure Sommerlust.

Rheinhaldenstrasse 8	Essen: **46** ⎮ 50
+41 52 5335533	Service: **18** ⎮ 20
www.sommerlust.ch	Getränke: **17** ⎮ 20
Fusionsküche • Garten • modern	Ambiente: **9** ⎮ 10
	Gesamt: **90** ⎮ 100

Zum Frieden ▮▮

8200 Schaffhausen

Hier ist es einfach gemütlich: Die holzgetäferte Stube, der grüne Kachelofen und das liebevoll zusammengestellte Interieur schaffen den perfekten Rahmen für Fabrice Bischoffs raffinierte, von den Jahreszeiten geprägte Küche. Grossartige Weinauswahl mit dem Fokus auf heimische Gewächse.

Herrenacker 11	Essen: **43** ⎮ 50
+41 52 6254767	Service: **18** ⎮ 20
www.wirtschaft-frieden.ch	Getränke: **17** ⎮ 20
Schweizer Küche • Garten • traditionell	Ambiente: **9** ⎮ 10
	Gesamt: **87** ⎮ 100

THURGAU

Urs Wilhelm's Restaurant 🍴🍴🍴   8595 Altnau

Urs Wilhelm ist bekannt für täglich wechselnde, marktfrische Speisen und vorzügliche Saucen, die dazu in Kännchen serviert werden. Seine Frau Rita ist die herzliche Gastgeberin im nostalgischen Restaurant, das ein bisschen wie die gute Stube eines englischen Landlords wirkt.

Kaffeegasse 1	Essen:	**47**	50
+41 71 6951847	Service:	**19**	20
www.urswilhelm.ch	Getränke:	**18**	20
Allrounder • Schweizer Küche • entspannt	Ambiente:	**8**	10

🏠 P 🛏   Gesamt: **92** | 100

Giusis Restaurant 🍴🍴   8580 Amriswil

Giuseppe Storniolo und Küchenchef Sven Scholz verwöhnen ihre Gäste mit viel Herzlichkeit und perfektem Kochhandwerk. Wenn immer möglich, stammen die saisonalen Zutaten von regionalen Produzenten. Das mit viel Geschmack eingerichtete Lokal ist auch eine Freude fürs Auge.

Rennweg 6	Essen:	**44**	50
+41 71 4127070	Service:	**17**	20
www.giusisrestaurant.ch	Getränke:	**17**	20
Fusionsküche • regional • nachhaltig	Ambiente:	**9**	10

🏠 ▭   Gesamt: **87** | 100

Michelas Ilge ¦¦¦

9320 Arbon

Wirtin Michela Abbondandolo steht selbst am Herd und kreiert für ihre Gäste mittags vier Menus zu einem günstigen Preis. Am Abend wird gepflegt am gedeckten Tisch gespeist. Serviert werden Schweizer Spezialitäten und Klassiker der mediterranen Küche inklusiv hausgemachter Pasta.

Kapellgasse 6
+41 71 440 47 48
www.michelasilge.ch
Schweizer Küche • italienisch • entspannt

Essen:	**45**	50
Service:	**19**	20
Getränke:	**17**	20
Ambiente:	**9**	10
Gesamt:	**90**	100

Römerhof ¦¦

9320 Arbon

Küchenchef Gerald Bergue kocht im historischen Gasthof klassisch französisch mit einem Hauch von Weltküche. Das Gourmetmenu wird von der passenden Getränkebegleitung gekrönt. Auch eine mauritianische Tavolata mit den Spezialitäten der Insel kann gebucht werden.

Freiheitsgasse 3
+41 71 447 30 30
www.roemerhof-arbon.ch
Hotelrestaurant • weltlich • gemütlich

Essen:	**43**	50
Service:	**19**	20
Getränke:	**17**	20
Ambiente:	**8**	10
Gesamt:	**87**	100

Zum Hirschen ¦¦

8524 Buch bei Frauenfeld

In der Wirtschaft zum Hirschen kocht Yvonne Harder gutbürgerlich mit regionalen Produkten und verwöhnt die Gäste mit Hackbraten und Butterspätzli, Cordon bleu und einer grossen Auswahl an frischen Salaten. In der Hirschenscheune können grössere Gesellschaften feiern.

Hauptstrasse 17
+41 52 746 14 28
www.hirschen-buch.ch
Schweizer Küche • Fleisch • regional

Essen:	**45**	50
Service:	**17**	20
Getränke:	**16**	20
Ambiente:	**10**	10
Gesamt:	**88**	100

Schupfen ¦¦¦

8253 Diessenhofen

Philipp Diener und seine Crew verwöhnen die Gäste im Schupfen mit Feinem vom Wasser und Land. Die Atmosphäre ist familiär, und die Lage direkt am Rheinufer lädt zum Entspannen ein. Legendär sind die hauseigenen Events wie das Wild-Buffet und die Rhyschüür-Metzgete.

Steinerstrasse 501
+41 52 657 10 42
www.schupfen.ch
Gasthaus • saisonal • am Wasser

Essen:	**46**	50
Service:	**18**	20
Getränke:	**18**	20
Ambiente:	**8**	10
Gesamt:	**90**	100

Seelust ⏝⏝

9322 Egnach

Zutaten aus nächster Nähe, leicht und elegant zubereitet, das charakterisiert die Küche des schmucken Landgasthofes. Ein weiteres Plus ist die vegetarische Menuvariante. Die Weinauswahl trumpft mit den besten Gewächsen aus dem Thurgau, die man in der Vinothek auch kaufen kann.

Wiedehorn 10	Essen:	**44** I 50
+41 71 4747575	Service:	**18** I 20
www.seelust.ch	Getränke:	**17** I 20
Gasthaus • Fusionsküche • regional	Ambiente:	**9** I 10
	Gesamt: **88** I 100	

Aachbrüggli ⏝⏝

8586 Erlen

Im Aachbrüggli pflegt Guido Schlumpf eine gutbürgerliche, französisch angehauchte Küche. Die Fleischspezialitäten stammen aus der Schweiz, das Gemüse von regionalen Produzenten. Das kulinarische Vergnügen wird von Marianne Schlumpfs Gastfreundschaft perfekt ergänzt.

Poststrasse 8	Essen:	**44** I 50
+41 71 6482626	Service:	**17** I 20
www.aachbrueggli.ch	Getränke:	**17** I 20
Gasthaus • regional • unkompliziert	Ambiente:	**8** I 10
	Gesamt: **86** I 100	

Seegarten ⏝⏝

8272 Ermatingen

Berufsfischer Rolf Meier beliefert die Gastgeberinnen Myrtha Graf und Luzia Graf-Meier, die den Fang des Tages zu leichten, raffinierten Gerichten verarbeiten. Auch Gemüse, Kräuter und Früchte stammen entweder aus dem Familiengarten oder von, wenn immer möglich, Thurgauer Produzenten.

Untere Seestrasse 39	Essen:	**46** I 50
+41 71 6600621	Service:	**18** I 20
www.seegarten-ermatingen.ch	Getränke:	**17** I 20
Fisch • regional • urchig	Ambiente:	**8** I 10
	Gesamt: **89** I 100	

Brauhaus Sternen ⏝

8500 Frauenfeld

Hier dreht sich alles um Bier und deftige Kost. Zu den hauseigenen Bierspezialitäten sind Weisswürste und Brezeln eine ebenso perfekte Wahl. Wer tiefer in die Welt von Hopfen und Malz eintauchen möchte, findet zahlreiche weitere Bierspezialitäten auf der Karte.

Hohenzornstrasse 2	Essen:	**42** I 50
+41 52 7289909	Service:	**17** I 20
www.brauhaus.ch	Getränke:	**16** I 20
Brauerei • Biervielfalt • urchig	Ambiente:	**9** I 10
	Gesamt: **84** I 100	

80–84 ⎪ 85–89 ⎪ 90–94 ⎪ 95–100 Punkte

giusi's brotegg ¶¶

8500 Frauenfeld

Hier kocht Carl Näther vorzüglich und mit viel Liebe zum Detail. Die Zutaten stammen, wenn immer möglich, von Produzenten aus der Region. Die Brunchkarte an den Wochenenden ist enorm vielseitig: Eggs Benedict, Strammer Max und Shakshuka sind nur einige Beispiele.

General-Weber-Strasse 38
+41 71 622 45 45
www.giusisfrauenfeld.ch
Brunch • gemütlich • entspannt

Essen:	**43**	50
Service:	**18**	20
Getränke:	**18**	20
Ambiente:	**8**	10
Gesamt:	**87**	100

il tiramisù ¶¶

8500 Frauenfeld

Die Gastgeber Marianna und Enzo Zuccherino aktualisieren monatlich ihre Speise- und Weinkarte und laden so zu immer neuen Genussreisen durch das kulinarische Erbe Italiens. Ob Linguine oder Lasagne: Italianità auf den Tellern ist hier garantiert. Schöne Auswahl an Offenweinen.

Balierestrasse 10
+41 52 550 58 60
iltiramisu.ch
Casual Dining • italienisch • klassisch

Essen:	**43**	50
Service:	**17**	20
Getränke:	**17**	20
Ambiente:	**8**	10
Gesamt:	**85**	100

Zum goldenen Kreuz

8500 Frauenfeld

Im Frauenfelder Traditionsgasthof verwöhnen Küchenchef Christoph Komarnicki und seine Crew mit kreativer, saisonaler Küche aus Produkten regionaler Herkunft. Die historische Gaststube mit Holztäfer an Wänden ist ein ausgesprochen schöner Ort zum Geniessen und Plaudern.

Zürcherstrasse 134
+41 52 725 01 10
www.goldeneskreuz.ch
Gasthaus • Fusionsküche • elegant

Essen:	**46** | 50
Service:	**19** | 20
Getränke:	**17** | 20
Ambiente:	**8** | 10
Gesamt:	**90** | 100

Wave

9326 Horn

Im «Wave» zelebrieren Christian Göpel und Marco Schwarzer saisonale Produkte auf innovative Art und Weise. Klassisches Küchenhandwerk wie Filetieren, Tranchieren und Flambieren erfolgt an den Tischen der Gäste. Das elegante Restaurant gehört zum Hotel & Spa Bad Horn.

Seestrasse 36
+41 71 844 51 51
www.badhorn.ch
Hotelrestaurant • Fine Dining • elegant

Essen:	**45** | 50
Service:	**18** | 20
Getränke:	**18** | 20
Ambiente:	**10** | 10
Gesamt:	**91** | 100

Seegasthof Schiff

8593 Kesswil

Simona Siracusa und Elias Raggenbass sind seit 2021 Gastgeber im historischen Riegelhaus mit der fantastischen Aussicht über den See. Die Speisenauswahl ist klein, aber fein und wechselt im Zwei-Wochen-Rhythmus. Das garantiert Abwechslung und immer neue, spannende Kreationen.

Hafenstrasse 28
+41 71 463 18 55
seegasthof-schiff.ch
Gasthaus • Fisch • am Wasser

Essen:	**45** | 50
Service:	**18** | 20
Getränke:	**17** | 20
Ambiente:	**9** | 10
Gesamt:	**89** | 100

Schloss Seeburg

8280 Kreuzlingen

Die Lage inmitten der weitläufigen Parkanlage am Bodensee ist eine Wohltat für die Seele. Und die frische, saisonal ausgerichtete Küche eine Freude für den Gaumen, ganz gleich, ob für den grossen oder den kleinen Hunger. Bei der Weinauswahl setzt man auf Gewächse aus der Region.

Seeweg 5
+41 71 688 40 40
www.schloss-seeburg.ch
weltlich • Fisch • im Park • entspannt

Essen:	**43** | 50
Service:	**18** | 20
Getränke:	**17** | 20
Ambiente:	**9** | 10
Gesamt:	**87** | 100

80–84   85–89   90–94   95–100 Punkte

Seegarten ⫙

8280 Kreuzlingen

Ein mariner Sehnsuchtsort ist das schmucke, unmittelbar am Kreuzlinger Yachthafen gelegene Restaurant. Peter Günter bringt das kulinarische Spektrum der Region auf den Tisch und setzt auf frische Grundprodukte aus der Region. Tolle Weinkarte mit Raritäten aus dem Bordelais.

Promenadenstrasse 40	Essen:	**44** | 50
+41 71 6882877	Service:	**19** | 20
www.seegarten.ch	Getränke:	**17** | 20
Fisch • traditionell • am Wasser • nachhaltig	Ambiente:	**9** | 10
🏠 P 🍴 ♿ 📺	Gesamt: **89** | 100	

Schiff ⫙⫙

8265 Mammern

Seit drei Generationen wirkt die Familie Meier als Gastgeber im Schiff. Gekocht wird mit saisonalen Lebensmitteln vom Markt, die oft auch aus eigener landwirtschaftlicher Produktion stammen. Gemütlich ist es in der heimeligen Gaststube, und im Sommer lockt die Gartenwirtschaft.

Seestrasse 3	Essen:	**45** | 50
+41 52 7412444	Service:	**18** | 20
www.schiff-mammern.ch	Getränke:	**18** | 20
Gasthof • regional • traditionell	Ambiente:	**9** | 10
🏠 P ♿ 🛏 📺	Gesamt: **90** | 100	

Linde Roggwil ‖

9325 Roggwil

Christian Tobler steht nicht nur gerne hinterm Herd und kocht für seine Gäste herzhafte Schweizer Gerichte aus erlesenen regionalen Zutaten, er ist auch gelernter Brauer und damit Vertreter der gepflegten Bierkultur. Die passende Bierbegleitung stammt aus der eigenen Huusbraui.

St.Gallerstrasse 46
+41 71 4551204
www.linde-roggwil.ch
Schweizer Küche • Biervielfalt • traditionell

Essen:	**44** ǀ 50
Service:	**18** ǀ 20
Getränke:	**17** ǀ 20
Ambiente:	**9** ǀ 10
Gesamt:	**88** ǀ 100

Linde ‖

8274 Tägerwilen

Die Rezepte von Gastgeber Thomas Jucker sind inspiriert von der französischen und der italienischen Küche. Bei allem, was serviert wird, ist seine Freude an der kulinarischen Vielfalt spürbar. Sein kulinarisches Motto: «Einfachheit ist der Mut zum Wesentlichen.»

Hauptstrasse 96
+41 71 6691168
www.juckers-hotel.com
Allrounder • regionale Produkte • modern

Essen:	**42** ǀ 50
Service:	**18** ǀ 20
Getränke:	**17** ǀ 20
Ambiente:	**8** ǀ 10
Gesamt:	**85** ǀ 100

Frohsinn ‖

8524 Uesslingen

Der Iselisberg ist bekannt als superbe Weinlage. An dessen Fuss liegt das gemütliche Restaurant Frohsinn. Das Gastgeberpaar Markus und Ruth Rindlisbacher serviert hier ländlich-rustikale Gerichte für jeden Geschmack und verwöhnt hungrige Spaziergänger und Wanderer.

Iselisbergstrasse 2
+41 52 7461110
www.frohsinn-uesslingen.ch
Schweizer Küche • Fleisch • im Grünen • traditionell

Essen:	**45** ǀ 50
Service:	**18** ǀ 20
Getränke:	**17** ǀ 20
Ambiente:	**8** ǀ 10
Gesamt:	**88** ǀ 100

Traube ‖

8524 Uesslingen

Im heimeligen Ambiente der Traube verwöhnen Kari und Astrid Schuler-Schönenberger ihre Gäste mit kulinarischen Genüssen einer vielseitigen Küche. Terrinen aus Rehfleisch und Gänseleber bereitet Kari selbst zu. Schöne Auswahl an Weinen vom Iselisberg, auch im Offenausschank.

Schaffhauserstrasse 33
+41 52 7461150
www.traube-dietingen.ch
Gasthaus • Schweizer Küche • traditionell

Essen:	**44** ǀ 50
Service:	**19** ǀ 20
Getränke:	**17** ǀ 20
Ambiente:	**8** ǀ 10
Gesamt:	**88** ǀ 100

‖ 80–84   ‖‖ 85–89   ‖‖‖ 90–94   ‖‖‖‖ 95–100 Punkte

Gambrinus ♟♟

8570 Weinfelden

Im historischen Zentrum von Weinfelden liegt das Gambrinus. Hier verwöhnen Silvana und Roberto Lombardo mit feinster italienischer Küche. Die Pasta-Spezialitäten werden im Restaurant frisch zubereitet, und die hauchdünnen Ravioli mit den raffinierten Füllungen sind ein Gedicht.

Marktstrasse 2
+41 71 622 11 40
www.gambrinus-weinfelden.ch
Familienbetrieb • italienisch • entspannt

Essen:	**45**	50
Service:	**19**	20
Getränke:	**17**	20
Ambiente:	**8**	10
Gesamt:	**89**	100

Landgasthof Wartegg ♟♟

8554 Wigoltingen

In diesem schmucken Landgasthof kann man so richtig die Seele baumeln lassen. Den perfekten kulinarischen Rahmen dazu schafft die Gastgeberfamilie Frei mit feinsten Gerichten und einer fantastischen Weinauswahl. Zusätzlichen Applaus gibt es für das vegane Menu.

Müllheimerstrasse 3
+41 52 770 08 08
www.landgasthof-wartegg.ch
Gasthaus • traditionell • saisonal • entspannt

Essen:	**45**	50
Service:	**18**	20
Getränke:	**17**	20
Ambiente:	**9**	10
Gesamt:	**89**	100

Taverne zum Schäfli ♟♟♟♟

8556 Wigoltingen

Christian Kuchlers Schaffen ist durch und durch sinnlich. Auserlesene Zutaten werden zu finessenreichen Speisen, die ästhetisch angerichtet serviert werden. Was den Wein anbelangt, ist Kuchler der Schweizer Winzerszene, deutschen Rieslingen und Crus aus dem Burgund zugetan.

Oberdorfstrasse 8
+41 52 763 11 72
www.schaefli-wigoltingen.ch
Fine Dining • regional • elegant

Essen:	**48**	50
Service:	**20**	20
Getränke:	**20**	20
Ambiente:	**9**	10
Gesamt:	**97**	100

Morgensonne ♟

8525 Wilen bei Neunforn

Familie Stürzinger setzt auf saisonale, gutbürgerliche Küche. Die Zutaten stammen aus der näheren Umgebung. Das selbstgebackene Brot und das Rauchfleisch aus der eigenen Räucherkammer passen hervorragend zum Most aus den eigenen Äpfeln und zum Wein aus dem eigenen Rebberg.

Dorfstrasse 38
+41 52 745 12 33
www.wirtschaftzurmorgensonne.ch
eigener Weinbau • regional • traditionell

Essen:	**43**	50
Service:	**17**	20
Getränke:	**15**	20
Ambiente:	**9**	10
Gesamt:	**84**	100

IHRE GENUSSWELT FÜR EIN JAHR!

Tauchen Sie in die Welt von Wein, Kulinarik, Lifestyle & Genussreisen ein.

Viele tolle Prämien warten auf Sie – ideal auch als Geschenk.

falstaff

GENIESSEN WEIN ESSEN REISEN

Jetzt bestellen unter:
falstaff.com/abo

AL

SCHWEIZ

DIE BESTEN RESTAURANTS
UND BEIZEN IN DEN
KANTONEN LUZERN,
NIDWALDEN, OBWALDEN,
SCHWYZ, URI UND ZUG.

ZUGER KIRSCHTORTE

Für 4 Personen
ZUBEREITUNGSZEIT: CA. 120 MINUTEN
SCHWIERIGKEITSGRAD: ●●●●○

ZUTATEN

- 1 TL Backpulver (Biskuit)
- 150 g Butter (Creme)
- 3 Eier (Biskuit)
- 1 Eigelb (Creme)
- 50 g Gonfi (Johannisbeerkonfitüre) (Creme)
- 130 ml Kirschwasser
- 50 g Mehl (Biskuit)
- 150 g Puderzucker (Creme)
- 80 g Puderzucker (Biskuit)
- 20 g Puderzucker (Kirschwasserlösung)
- 3 EL Wasser, lauwarm (Biskuit)

ZUTATEN JAPONAISBÖDEN

- 4 Eiweiss
- 100 g Haselnüsse, gemahlen
- 120 g Puderzucker
- 20 g Speisestärke

ZUBEREITUNG

- Eigelb mit 3 EL Wasser schaumig schlagen, nach und nach Puderzucker untermischen

- Mehl und Backpulver versieben und unterheben. Masse in Springform füllen und bei 180 Grad 25 Minuten lang backen

- Eiweiss steif schlagen, Puderzucker, Stärke und Haselnüsse untermischen. Masse teilen und in Springform dünne Böden spritzen, bei 170 Grad 20 Minuten lang backen

- Für die Creme Butter und Zucker schaumig rühren, danach Eigelb und Gonfi untermischen

- Böden mit Creme bestreichen und mit Kirschwasser getränkten Boden drauflegen, dann wieder Buttercreme und dann zweiten Boden aufsetzen

- Torte mit restlicher Creme bestreichen, Rand mit Nüssen bestreuen und Oberfläche mit Puderzucker überziehen

TOP-LOKALE ZENTRALSCHWEIZ

1.	**Magdalena** 6432 Schwyz	Seite 401	**97** Punkte
2.	**focus ATELIER** 6354 Vitznau	Seite 388	**96** Punkte
2.	**Sens** 6354 Vitznau	Seite 388	**96** Punkte
3.	**Rössli** 6182 Escholzmatt	Seite 373	**94** Punkte
4.	**The Japanese Restaurant** 6490 Andermatt	Seite 402	**94** Punkte
4.	**Wildenmann** 6343 Buonas	Seite 403	**94** Punkte
5.	**Belvédère** 6052 Hergiswil	Seite 392	**93** Punkte
5.	**Maihöfli** 6006 Luzern	Seite 379	**93** Punkte
6.	**Lucide** 6005 Luzern	Seite 379	**93** Punkte
6.	**PRISMA im Park Hotel Vitznau** 6354 Vitznau	Seite 388	**93** Punkte
6.	**Stiefels Hopfenkranz** 6004 Luzern	Seite 383	**93** Punkte
7.	**Bacchus** 6024 Hildisrieden	Seite 373	**92** Punkte
7.	**Löwen** 6313 Menzingen	Seite 404	**92** Punkte
8.	**Regina Montium** 6356 Rigi Kaltbad	Seite 386	**92** Punkte
8.	**Seebistro Belvédère** 6052 Hergiswil	Seite 392	**92** Punkte

Die Reihung ergibt sich aus Gesamtpunktzahl und Essensbewertung.

 80–84 85–89 90–94 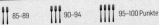 95–100 Punkte

ZENTRALSCHWEIZ
TOP-LOKALE IM ÜBERBLICK

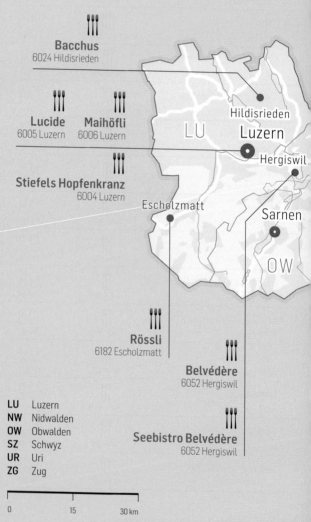

Bacchus
6024 Hildisrieden

Lucide
6005 Luzern

Maihöfli
6006 Luzern

Stiefels Hopfenkranz
6004 Luzern

Hildisrieden

LU

Luzern

Hergiswil

Escholzmatt

Sarnen

OW

Rössli
6182 Escholzmatt

Belvédère
6052 Hergiswil

Seebistro Belvédère
6052 Hergiswil

LU	Luzern
NW	Nidwalden
OW	Obwalden
SZ	Schwyz
UR	Uri
ZG	Zug

0   15   30 km

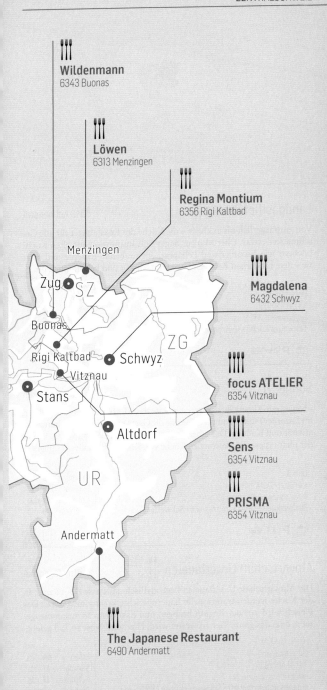

Wildenmann
6343 Buonas

Löwen
6313 Menzingen

Regina Montium
6356 Rigi Kaltbad

Magdalena
6432 Schwyz

Menzingen

Zug SZ

Buonas

Rigi Kaltbad Schwyz

ZG

Vitznau

focus ATELIER
6354 Vitznau

Stans

Altdorf

Sens
6354 Vitznau

PRISMA
6354 Vitznau

UR

Andermatt

The Japanese Restaurant
6490 Andermatt

80–84   85–89   90–94   95–100 Punkte

LUZERN

Landgasthof Rössli ⫚

6043 Adligenswil

Von gutbürgerlich bis exklusiv – die Küche des Rössli bietet für alle Geschmäcker etwas. Chef Markus Sager holt Inspiration aus alten Kochbüchern wie Escoffier und Pellaprat, entstaubt die Rezepte und setzt sie – dem modernen Zeitgeist angepasst – leicht und bekömmlich um.

Dorfstrasse 1		Essen:	**42**	50
+41 41 370 10 30		Service:	**17**	20
www.roessli-adligenswil.ch		Getränke:	**18**	20
Schweizer Küche • französisch • traditionell • elegant		Ambiente:	**9**	10
🏠 P 🛏 🖥		Gesamt:	**86**	100

Sonne ⫚

6245 Ebersecken

«Neues mit Altbewährtem vereinen» ist das Motto der Familie Häfliger. Im Luzerner Hinterland verwöhnt sie die Gäste mit viel Leidenschaft, Kreativität und Können. Das Überraschungsmenu zeigt das ganze Spektrum der phantasievollen, saisonalen Küche von Küchenchef Oliver Häfliger.

Dorf 2		Essen:	**45**	50
+41 62 756 25 14		Service:	**18**	20
www.sonne-ebersecken.ch		Getränke:	**17**	20
Fusionsküche • Beiz • französisch • Schweizer Küche		Ambiente:	**9**	10
🏠 P 🍴 🖥		Gesamt:	**89**	100

Alpwirtschaft Unterlauelen ⫚

6013 Eigenthal

Die Alpwirtschaft Unterlauelen liegt idyllisch am Fusse des Pilatus. In der Küche werden traditionelle Bauerngerichte kreativ umgesetzt. Das Fleisch wird aus der Region bezogen und das Menu so zusammengesetzt, dass das ganze Tier verwertet wird. Hier wird Nose to Tail gelebt.

Unterlauelen		Essen:	**44**	50
+41 41 497 26 25		Service:	**17**	20
www.unterlauelen.ch		Getränke:	**17**	20
eigene Landwirtschaft • Schweizer Küche • im Grünen		Ambiente:	**9**	10
🏠 🍴 ♿ 🖥		Gesamt:	**87**	100

Kreuz ᴨ

Mittags werden im Restaurant Kreuz täglich wechselnde Mittagsmenus aus frischen und regionalen Zutaten aufgetischt. Abends öffnet das Restaurant für Feiern und Anlässe jeglicher Art, dazu werden liebevoll individuelle Gourmet-Menus mit perfekter Weinbegleitung zusammengestellt.

Seetalstrasse 90	Essen:	44 | 50
+41 41 2608484	Service:	17 | 20
www.kreuz-emmen.ch	Getränke:	17 | 20
französisch • Schweizer Küche • elegant • saisonal	Ambiente:	8 | 10
🏠 P	Gesamt:	**86** | 100

Rössli ᴨᴨ

Die Naturküche von Stefan Wiesner hat sich weit über die Kantonsgrenzen hinaus einen Namen gemacht. Das Wiesner-Menu steht für alchemistische Kreativität, Kochkunst, Besonderes und Unerwartetes. Es verbindet Genuss mit philosophischen Ideen aus Ökologie, Kultur, Ästhetik und Kunst.

Hauptstrasse 111	Essen:	48 | 50
+41 41 4861241	Service:	19 | 20
www.stefanwiesner.ch	Getränke:	19 | 20
saisonal • unkonventionell • nachhaltig	Ambiente:	8 | 10
🏠 P 📠	Gesamt:	**94** | 100

Wirtshaus zum Herlisberg ᴨ

Sepp und Liselotte Niederberger-Estermann verwöhnen ihre Gäste im behaglichen Ambiente. Die klassische Schweizer Küche wird mit einem internationalen Touch versehen. Die Fleischspezialitäten von Sepp sind legendär, die Rohprodukte dazu stammen von Produzenten aus der Region.

Dorf 6	Essen:	43 | 50
+41 41 9301280	Service:	17 | 20
www.herlisberg.ch	Getränke:	17 | 20
Gasthaus • Schweizer Küche • gemütlich	Ambiente:	8 | 10
🏠 P	Gesamt:	**85** | 100

Bacchus ᴨᴨ

Werner Toblers Bacchus ist eine kulinarische Institution der Zentralschweiz. Ein Besuch bei ihm ist ein Gaumenerlebnis. Das bewusst klein gehaltene Angebot wird durch die Saison bestimmt. Seine Küche bezeichnet Tobler treffend als «Swissness à la française mit einer Prise Mittelmeer».

Sempacherstrasse 1	Essen:	47 | 50
+41 41 5300030	Service:	18 | 20
www.bacchus-bistro.ch	Getränke:	18 | 20
Schweizer Küche • mediterran • regionale Produkte	Ambiente:	9 | 10
🏠 P 👫 ♿ 📠	Gesamt:	**92** | 100

ᴨ 80–84   ᴨᴨ 85–89   ᴨᴨᴨ 90–94   ᴨᴨᴨᴨ 95–100 Punkte

Braui 🍴 6280 Hochdorf

Seit über 20 Jahren wird im Braui die Kunst des Kochens, Essens und der Gastfreundschaft mit Leidenschaft gelebt. In der Küche werden mit saisonalen Produkten traditionell-kreative Gerichte zubereitet. Am Mittag überzeugen feine Tagesmenus mit guter Preis-Leistung.

Brauiplatz 5	Essen: **44** | 50
+41 41 9101666	Service: **18** | 20
www.restaurantbraui.ch	Getränke: **17** | 20
Casual Dining • Schweizer Küche • entspannt	Ambiente: **8** | 10
	Gesamt: **87** | 100

Balances 🍴 6004 Luzern

Der Blick auf die Reuss, die Kapellbrücke und die Berge fasziniert Einheimische und Gäste gleichermassen. Im Des Balances zaubern die Kochkünstler Andy Fluri und Niko Eicher französisch-mediterrane Küche, die mit raffinierten Aromen und Variationen aus aller Welt überrascht.

Weinmarkt	Essen: **44** | 50
+41 41 4182828	Service: **18** | 20
www.balances.ch	Getränke: **18** | 20
Fine Dining • französisch • Essen mit Aussicht	Ambiente: **9** | 10
	Gesamt: **89** | 100

Barbatti 🍴 6004 Luzern

In gediegenem Ambiente zwischen Skulpturen, Wanduhren und Kronleuchtern wird im Kultlokal Barbatti beste italienische Küche serviert. Das Carré di agnello al forno ist die Spezialität des Hauses, aber auch die feinen Pastagerichte und kreativen Antipasti begeistern immer wieder.

Töpferstrasse 10	Essen: **45** | 50
+41 41 4101341	Service: **18** | 20
www.bindella.ch	Getränke: **18** | 20
Fine Dining • italienisch • grosse Weinkarte • klassisch	Ambiente: **9** | 10
	Gesamt: **90** | 100

Bodu

6004 Luzern

Mit viel Leidenschaft und Enthusiasmus wird dem Erbe des Gründers und Namensgebers der Brasserie Bodu, Monsieur Richard P. Beaudoux, Sorge getragen. In liebevollem und romantischem Ambiente werden beste Brasserie-Küche und ausgewählter Wein serviert, sanft begleitet von Chansons.

Kornmarkt 5	Essen:	**43** I 50
+41 41 4100177	Service:	**18** I 20
www.brasseriebodu.ch	Getränke:	**18** I 20
Bistro • französisch • gemütlich	Ambiente:	**9** I 10
	Gesamt:	**88** I 100

Borromäus

6003 Luzern

Im Borromäus speist man in der historischen Atmosphäre des ältesten Saals in Luzern. Ein junges Küchenteam verwöhnt mit Gerichten, deren Zutaten grösstenteils von Bauernhöfen aus dem Alpenraum stammen. Sommelier Marc Zeller hat eine formidable Weinkarte zusammengestellt.

Franziskanerplatz 12	Essen:	**46** I 50
+41 41 2101061	Service:	**16** I 20
www.schluessel-luzern.ch	Getränke:	**17** I 20
Hotelrestaurant • Fine Dining • regionale Produkte	Ambiente:	**8** I 10
	Gesamt:	**87** I 100

Burgerstube

6003 Luzern

Die urchige Burgerstube im Wilden Mann ist urgemütlich und gutbürgerlich, hier geht es lebhaft zu und her. Passend dazu werden lokale Traditionsgerichte, herzhaft und mit viel Liebe zubereitet, serviert. Ein Klassiker der Burgerstube: die exzellente Luzerner Chügelipastete.

Bahnhofstrasse 30	Essen:	**44** I 50
+41 41 2101666	Service:	**17** I 20
www.wilden-mann.ch	Getränke:	**17** I 20
Casual Dining • Schweizer Küche • traditionell	Ambiente:	**9** I 10
	Gesamt:	**87** I 100

Casa Tolone ♦♦ 6004 Luzern

Die Casa Tolone empfängt die Gäste mit feinster italienischer Küche, gemütlichem Ambiente und einer umfassenden Weinauswahl. Der Familienbetrieb wird mit viel Leidenschaft und Savoir-faire geführt. Die Küche präsentiert sich ebenso abwechslungsreich wie traditionsbewusst.

Fluhmattstrasse 48			Essen:	**44**	50
+41 41 4209988			Service:	**18**	20
www.casatolone.ch			Getränke:	**18**	20
Familienbetrieb • italienisch • traditionell			Ambiente:	**9**	10
			Gesamt:	**89**	100

Don Carlos ♦♦ 6015 Luzern

Don Carlos ist ein Treffpunkt für Jung und Alt. Ob zu einem Apéro oder einem Essen aus dem mediterran inspirierten Menu, bei Don Carlos sind genussvolle Stunden mit iberischem Feeling garantiert. Besonders beliebt sind der Tapasteller Don Carlos oder die Paella.

Ruopigenplatz 14			Essen:	**43**	50
+41 41 2506622			Service:	**17**	20
www.doncarlosrestaurant.ch			Getränke:	**17**	20
spanisch • traditionell • gemütlich			Ambiente:	**8**	10
			Gesamt:	**85**	100

Drei Könige ♦♦ 6003 Luzern

Im gemütlichen Eckrestaurant wird grundehrlich gekocht, mit Zutaten von regionalen Produzenten, deren Namen dann auch auf der Menukarte stehen. Das macht Lust und weckt die Neugier. «Ein Tisch, ein Menu» lautet die Regel für das Überraschungsmenü «La Grande Bouffe».

Klosterstrasse 10			Essen:	**45**	50
+41 41 2507676			Service:	**18**	20
www.3koenige-luzern.ch			Getränke:	**18**	20
regionale Produkte • gemütlich • Allrounder			Ambiente:	**8**	10
			Gesamt:	**89**	100

Felsenegg ♦♦ 6004 Luzern

Das Angebot im Restaurant Felsenegg ist bewusst klein gehalten, denn hier kommen nur frische, qualitativ hochwertige Gerichte auf den Tisch. Das Menu begeistert mit Hausklassikern wie Bœuf bourguignon, ergänzt wird die Karte oft durch Tagesspezialitäten auf der Tafel.

Maihofstrasse 4			Essen:	**44**	50
+41 41 4201013			Service:	**18**	20
www.felsenegg-luzern.ch			Getränke:	**17**	20
mediterran • regional • saisonal			Ambiente:	**9**	10
			Gesamt:	**88**	100

Franz 🍴🍴   6006 Luzern

Im Franz wird herzhafte Wiener Küche serviert. Gastgeberin Lisa Zellinger, Küchenchef Mario Lacroix und Patissier Harald Grösslinger sind die Garanten für unbeschwerte Stunden bei Wiener Schnitzel, Tafelspitz und Kaiserschmarrn. Die Weinkarte ist überwältigend.

Haldenstrasse 4	Essen:	**42** ǀ 50
+41 41 4185020	Service:	**18** ǀ 20
www.restaurant-franz.ch	Getränke:	**17** ǀ 20
Hotelrestaurant • österreichisch • Terrasse	Ambiente:	**9** ǀ 10
	Gesamt: **86** ǀ 100	

Grottino 1313 🍴🍴   6005 Luzern

Amore auf den ersten Biss – das ist im Grottino 1313 garantiert. Im wohl bekanntesten Geheimtipp Luzerns wird mediterrane Lebensfreude in unvergleichlichem Ambiente gelebt. Täglich werden in vier oder fünf Gängen kulinarische Hochgenüsse in Form eines Überraschungsmenus gezaubert.

Industriestrasse 7	Essen:	**45** ǀ 50
+41 41 6101313	Service:	**17** ǀ 20
www.grottino1313.ch	Getränke:	**17** ǀ 20
Casual Dining • italienisch • regionale Produkte • urchig	Ambiente:	**9** ǀ 10
	Gesamt: **88** ǀ 100	

Il Cortile 🍴🍴   6003 Luzern

Il Cortile – der Innenhof – ist ein wunderschönes Kleinod mitten in Luzern. Gastgeber Salvatore Ferraro zelebriert in seinem Lokal die mediterrane Gastfreundschaft. Serviert wird frische, gradlinige und elegante italienische Küche, begleitet von einer erlesenen Weinauswahl.

Rütligasse 2	Essen:	**43** ǀ 50
+41 41 2408800	Service:	**18** ǀ 20
www.ristoranteilcortile.ch	Getränke:	**17** ǀ 20
italienisch • klassisch • mediterran	Ambiente:	**9** ǀ 10
	Gesamt: **87** ǀ 100	

Jazzkantine zum Graben 🍴🍴🍴   6004 Luzern

Ganz nach Wildes Zitat «Mit dem guten Geschmack ist es ganz einfach. Man nehme von allem nur das Beste» werden hier grossartige Lebensmittel zelebriert. Eine sorgfältig zusammengestellte Auswahl regionaler Produzenten liefert die Zutaten für die authentische und kreative Küche.

Grabenstrasse 8	Essen:	**44** ǀ 50
+41 41 4107373	Service:	**19** ǀ 20
www.jazzkantine.com	Getränke:	**18** ǀ 20
Casual Dining • entspannt • saisonal • regional	Ambiente:	**9** ǀ 10
	Gesamt: **90** ǀ 100	

🍴 80–84   🍴🍴 85–89   🍴🍴🍴 90–94   🍴🍴🍴🍴 95–100 Punkte   377

Klingler's Ristorante ⫪

6006 Luzern

Im exklusiven Ristorante Klingler's im Grand Hotel National werden die Gäste in einmaligem Ambiente direkt am Vierwaldstättersee verwöhnt. Küchenchef Valerio Flori repräsentiert die Jahreszeiten mit einer italienisch-mediterran inspirierten, innovativen Marktküche.

Haldenstrasse 4
+41 41 4123838
www.klinglers-luzern.ch
mediterran • italienisch • klassisch • elegant

Essen:	**45** | 50
Service:	**19** | 20
Getränke:	**19** | 20
Ambiente:	**9** | 10
Gesamt:	**92** | 100

La Cucina ⫪

6002 Luzern

Das Ambiente und die servierten Köstlichkeiten machen in Qualität und Authentizität den kulinarischen Teil einer Toskana-Reise fast überflüssig. Ob Pizza oder Pasta – La Cucina serviert italienische Küche in Reinstform, begleitet von erlesenen Weinen aus Bella Italia.

Pilatusstrasse 29
+41 41 2268888
www.lacucina-luzern.ch
Hotelrestaurant • italienisch • Pizza • urchig

Essen:	**43** | 50
Service:	**18** | 20
Getränke:	**18** | 20
Ambiente:	**9** | 10
Gesamt:	**88** | 100

La Perla ⫪

6003 Luzern

Nicola Punzi führt seit Jahren erfolgreich das Restaurant La Perla. Moderne italienische Hausmannskost wird in elegantem und gleichzeitig unkompliziertem Ambiente serviert. Sorgfältig ausgewählte Produkte aus der Region werden hier mit mediterranem Flair veredelt.

Waldstätterstrasse 25
+41 41 2106747
www.laperla-luzern.ch
italienisch • gemütlich • mediterran

Essen:	**44** | 50
Service:	**18** | 20
Getränke:	**16** | 20
Ambiente:	**8** | 10
Gesamt:	**86** | 100

Libelle ⫪

6006 Luzern

Die Libelle ist der ideale Ort für den Genuss saisonaler Gaumenfreuden. Mit viel Sorgfalt, Liebe und Handarbeit zaubert das Küchenteam mittags und abends kreative Gerichte. Am Wochenende werden Frühaufsteher und Langschläfer mit einem reichhaltigen Frühstück verwöhnt.

Maihofstrasse 61
+41 41 4206161
www.restaurantlibelle.ch
saisonal • regional • gemütlich • modern

Essen:	**44** | 50
Service:	**19** | 20
Getränke:	**17** | 20
Ambiente:	**8** | 10
Gesamt:	**88** | 100

www.tinasturzenegger.com

Lucide ⫴

6005 Luzern

Küchenchefin Michèle Meier versteht es, auserwählte Zutaten innovativ zu interpretieren und liebevoll zuzubereiten. Ihre frische und unverfälschte Küche mag unkompliziert scheinen, entpuppt sich jedoch als komplex und inspirierend. Genossen wird in entspannter Atmosphäre.

Europaplatz 1	Essen:	**46** ǀ 50
+41 41 2267110	Service:	**19** ǀ 20
www.lucide-luzern.ch	Getränke:	**19** ǀ 20
Fine Dining • modern • elegant	Ambiente:	**9** ǀ 10
♿ ▭	Gesamt: **93** ǀ 100	

Lumières ⫼

6003 Luzern

Schon allein der Belle-Époque-Saal mit den Kronleuchtern ist grosses Kino, und die Sonnenterrasse legt den Gästen Stadt und See zu Füssen. Kulinarisch verwöhnt hier Ludovico de Vivo. Der junge Küchenchef interpretiert klassische Gerichte mit einem modernen Touch. Erlesene Weinkarte.

Kanonenstrasse	Essen:	**44** ǀ 50
+41 41 2891414	Service:	**17** ǀ 20
www.chateau-guetsch.ch	Getränke:	**16** ǀ 20
Hotelrestaurant • Essen mit Aussicht • klassisch	Ambiente:	**9** ǀ 10
🏔 🛏 ▭	Gesamt: **86** ǀ 100	

Maihöfli ⫴

6006 Luzern

In den Gerichten von Oscar de Matos sind sowohl spanische als auch Nikkei-Einflüsse aus Japan und Peru zu entdecken. Dabei bleibt sein Kochstil gradlinig – er zieht es vor, wenige Zutaten zu verwenden. Dank seines Könnens sind seine Menus dennoch immer überraschend und komplex.

Maihofstrasse 70	Essen:	**47** ǀ 50
+41 41 4206060	Service:	**18** ǀ 20
www.restaurantmaihoefli.ch	Getränke:	**19** ǀ 20
Fine Dining • Fusionsküche • modern	Ambiente:	**9** ǀ 10
🏔 P ♿ ▭	Gesamt: **93** ǀ 100	

Mill'Feuille ⅝

6004 Luzern

Mille Feuille – 1000 Blätter – steht für grosse Vielfalt. Die ist im Mill'Feuille zu finden: Ob Frühstück, Mittagsmenu, Apéro-Häppchen, Tapas oder Fünf-Gänge-Menu, das Restaurant mit spektakulärer Lage an der Reuss verwöhnt den ganzen Tag und bietet für alle Bedürfnisse das Richtige.

Mühlenplatz 6	Essen:	**43**	50
+41 41 4101092	Service:	**18**	20
www.millfeuille.ch	Getränke:	**17**	20
Essen mit Aussicht • am Wasser • modern	Ambiente:	**10**	10
	Gesamt: **88**	100	

Moosmatt ⅝

6005 Luzern

Diverse Tatar-Variationen gehören zu den Klassikern im Restaurant Moosmatt. Ergänzt werden sie durch feine, saisonale à-la-carte-Gerichte und einen passenden Wein aus der umfassenden Weinkarte. Im Winter lädt das urchige Fonduestübli zum gemütlichen Beisammensein ein.

Moosmattstrasse 24	Essen:	**45**	50
+41 41 3107380	Service:	**17**	20
www.moosmatt-luzern.ch	Getränke:	**16**	20
Schweizer Küche • Terrasse • entspannt • gemütlich	Ambiente:	**8**	10
	Gesamt: **86**	100	

National ⅝

6006 Luzern

Vom ausgedehnten Frühstück zum leichten Lunch oder romantischen Tête-à-Tête: Die kreative Küche des National begeistert mit hochwertigen saisonalen Produkten aus der Region. Die Karte bietet internationale Klassiker und einfache Gerichte für den kleinen Hunger zwischendurch.

Haldenstrasse 4	Essen:	**44**	50
+41 41 4190909	Service:	**19**	20
www.grandhotel-national.com	Getränke:	**18**	20
Hotelrestaurant • saisonal • regional • klassisch	Ambiente:	**8**	10
	Gesamt: **89**	100	

Neustadt ⅝

6003 Luzern

Im Restaurant Neustadt treffen sich Jung und Alt zum Schwatzen, Jassen und Essen. Es ist eine gemütliche und freundliche Beiz, die bodenständige Küche serviert. Spezialität des Hauses ist das Cordon bleu, das Liebhaber der gutbürgerlichen Küche garantiert begeistern wird.

Neustadtstrasse 21	Essen:	**45**	50
+41 41 2102371	Service:	**16**	20
www.hirschmatt-neustadt.ch	Getränke:	**15**	20
Schweizer Küche • entspannt • traditionell	Ambiente:	**9**	10
	Gesamt: **85**	100	

Ochsen ¶¶

6014 Luzern

Der geschichtsträchtige Ochsen wird in dritter Generation von der Familie Haldi geführt. Ob im heimeligen Restaurant, der gediegenen Gaststube oder im Sommer draussen – auf den Tisch kommt ehrliche, hausgemachte und einfache Küche mit saisonalen Zutaten aus der Region.

Cheerstrasse 2	Essen:	**43** ı 50
+41 41 2502322	Service:	**18** ı 20
www.ochsenlittau.ch	Getränke:	**17** ı 20
Familienbetrieb • Schweizer Küche • urchig	Ambiente:	**9** ı 10

Gesamt: **87** ı 100

Old Swiss House ¶¶¶

6004 Luzern

Das geschichtsträchtige Old Swiss House ist die Adresse par excellence für Wiener Schnitzel: Dünn geklopftes Kalbfleisch wird am Tisch vor den Gästen paniert und in der Kupferpfanne auf dem Flambierwagen in reichlich Butter gebraten. Ein Erlebnis für alle Sinne!

Löwenplatz 4	Essen:	**46** ı 50
+41 41 4106171	Service:	**18** ı 20
www.oldswisshouse.ch	Getränke:	**18** ı 20
Fine Dining • Schweizer Küche • traditionell	Ambiente:	**8** ı 10

Gesamt: **90** ı 100

Olivo ¶¶¶

6006 Luzern

Mit dem imposanten Ausblick von der Terrasse und einem stilvollen Ambiente im Innern lädt das Olivo zum kulinarischen Kurzurlaub bei jedem Wetter. Küchenchef Hugues Blanchard und seine Crew verwöhnen mit einer abwechslungsreichen und leichten mediterranen Küche.

Haldenstrasse 6	Essen:	**45** ı 50
+41 41 4185656	Service:	**19** ı 20
www.grandcasinoluzern.ch	Getränke:	**19** ı 20
mediterran • Terrasse • modern • elegant	Ambiente:	**9** ı 10

Gesamt: **92** ı 100

Pavillon ***

6002 Luzern

Das Restaurant Pavillon in Hotel Schweizerhof bietet seinen Gästen erstklassige Küche und eine imposante Lage mitten in der Leuchtenstadt. Das Küchenteam bereitet Spezialitäten aus der Region Luzern zu, ergänzt werden diese durch Kreationen aus exotischen Weltgegenden.

Schweizerhofquai	Essen: **45** ǀ 50
+41 41 4100410	Service: **19** ǀ 20
www.schweizerhof-luzern.ch	Getränke: **18** ǀ 20
Hotelrestaurant • regional • Essen mit Aussicht	Ambiente: **9** ǀ 10

Gesamt: **91** ǀ 100

Philipp Neri **

6015 Luzern

Das Philipp Neri verwöhnt seine Gäste unter der Woche mit frischen, saisonalen Mittagsmenus. Die grosszügigen und erschwinglichen «Büezer-Teller» stillen auch den grossen Hunger. Gemäss dem Leitspruch des Namenspatrons wird hier das Gewöhnliche ungewöhnlich gut gemacht.

Obermättlistrasse 14	Essen: **43** ǀ 50
+41 260 6262	Service: **18** ǀ 20
www.philippneri.ch	Getränke: **17** ǀ 20
Schweizer Küche • mediterran • modern	Ambiente: **9** ǀ 10

Gesamt: **87** ǀ 100

Rebstock ***

6006 Luzern

Am Fusse der Hofkirche mitten in Luzern empfängt das Restaurant Rebstock seine Besucher mit einer traditionellen, dennoch ideenreichen Küche. Der delikate Hackbraten Rebstock oder die legendären Luzerner Chügelipastetli sind immer Grund für einen Besuch im Rebstock.

St. Leodegarstrasse 3	Essen: **46** ǀ 50
+41 41 4171819	Service: **18** ǀ 20
www.rebstock-luzern.ch	Getränke: **18** ǀ 20
Hotelrestaurant • Schweizer Küche • regional	Ambiente: **9** ǀ 10

Gesamt: **91** ǀ 100

Reussbad chez Thomas **

6004 Luzern

Corinna und Ralf Thomas sind seit 2020 die herzlichen Gastgeber des Luzerner Traditionslokals am Nölliturm. Serviert werden Gerichte der klassischen Küche, die mit viel Gespür für Aromen und Texturen, Liebe zum Detail und handwerklichem Können zubereitet werden.

Brüggligasse 19	Essen: **45** ǀ 50
+41 41 2405423	Service: **18** ǀ 20
www.reussbad-luzern.ch	Getränke: **18** ǀ 20
Gasthaus • Fine Dining • klassisch • Terrasse	Ambiente: **8** ǀ 10

Gesamt: **89** ǀ 100

Sauvage ‖ 6003 Luzern

Im Sauvage, dem Gourmetrestaurant des Hotels Wilden Mann, wird französische und mediterrane Küche auf hohem Niveau geboten. Regionale Zutaten werden von Küchenchef Sascha Behrendt mit Aromen, Ideen und Zutaten aus der ganzen Welt zu köstlichen Kreationen kombiniert.

Bahnhofstrasse 30	Essen:	**44**	50
+41 41 2101666	Service:	**18**	20
www.wilden-mann.ch	Getränke:	**18**	20
französisch • mediterran • elegant	Ambiente:	**9**	10
	Gesamt:	**89**	100

Scala ‖‖ 6006 Luzern

Im Scala, hoch über Luzern gelegen, können kulinarische Hochgenüsse mit atemberaubender Aussicht auf den Vierwaldstättersee genossen werden. Das hohe Qualitätsniveau sowie das herzliche Engagement des Service- und des Küchenteams begeistern immer wieder aufs Neue.

Adligenswilerstrasse 22	Essen:	**44**	50
+41 41 4190000	Service:	**19**	20
www.hotel-montana.ch	Getränke:	**18**	20
Hotelrestaurant • Essen mit Aussicht • elegant	Ambiente:	**9**	10
	Gesamt:	**90**	100

Schwanen ‖ 6004 Luzern

Das Café de Ville versprüht Pariser Flair in Luzern. Im stilvoll dekorierten, lichtdurchfluteten Raum über dem Schwanenplatz werden Bistro-Klassiker wie Rindstatar, Clubsandwich oder Entrecôte serviert. Auch Gerichte für den kleinen Hunger finden sich im abwechslungsreichen Menu.

Schwanenplatz 4	Essen:	**43**	50
+41 41 4101177	Service:	**17**	20
www.cafedeville.ch	Getränke:	**16**	20
Schweizer Küche • französisch • Essen mit Aussicht	Ambiente:	**9**	10
	Gesamt:	**85**	100

Stiefels Hopfenkranz ‖‖ 6004 Luzern

Die kreativen und lebendigen Gastgeber Moritz und Luigina Stiefel verfolgen im Hopfenkranz einen ganzheitlichen Ansatz: Von der Ernte bis zum Teller werden nur erstklassige, regionale Zutaten verarbeitet. Daraus werden kreative und hochstehende Gerichte zusammengetüftelt.

Zürichstrasse 34	Essen:	**46**	50
+41 41 4107888	Service:	**19**	20
www.hopfenkranz.ch	Getränke:	**19**	20
Fine Dining • saisonal • modern	Ambiente:	**9**	10
	Gesamt:	**93**	100

Thai Garden 🍴

6002 Luzern

Das Thai Garden bietet ein kulinarisches Erlebnis in einzigartiger Qualität und Authentizität. Vom stilvollen thailändischen Interieur über den aufmerksamen Service bis zu den sorgfältig zubereiteten Köstlichkeiten – ein Besuch im Thai Garden bleibt unvergesslich.

Pilatusstrasse 29	Essen:	**44** | 50
+41 41 2268888	Service:	**19** | 20
www.astoria-luzern.ch	Getränke:	**17** | 20
Hotelrestaurant • Thai • elegant	Ambiente:	**9** | 10
🛏️ 💳	Gesamt:	**89** | 100

Copyright by Hotel Schweizerhof

Villa Schweizerhof 🍴

6006 Luzern

Saisonale, qualitativ hochwertige Zutaten werden von Küchenchef Marcel Ineichen mit viel Liebe zum Detail zu köstlichen Gerichten zubereitet. Seine Küche ist eine ehrliche Küche: gut gewürzt mit viel Regionalität und täglich frischen Kräutern aus dem eigenen Garten.

Haldenstrasse 30	Essen:	**43** | 50
+41 41 3701166	Service:	**19** | 20
www.villa-schweizerhof.ch	Getränke:	**18** | 20
eigener Kräutergarten • regional • Essen mit Aussicht	Ambiente:	**9** | 10
🏠 P 🛏️ 💳	Gesamt:	**89** | 100

Vrenelis Gärtli im Hotel Schlüssel ⫴

6003 Luzern

In modernem und pfiffigem Ambiente können hausgemachte Köstlichkeiten aus der Region genossen werden. Ob sorgfältig zusammengestellte Vreneli's Apéroplatte oder das berühmte Wiener Schnitzel, Vrenelis Gärtli ist Weinbar, unkompliziertes Restaurant und Beiz in einem.

Franziskanerplatz 12	Essen:	**43** ǀ 50
+41 41 2101061	Service:	**18** ǀ 20
www.schluessel-luzern.ch	Getränke:	**17** ǀ 20
grosse Weinkarte • regional • traditionell	Ambiente:	**8** ǀ 10
	Gesamt: **86** ǀ 100	

Krone ⫴

6102 Malters

Curdin Gianola kreiert hier rustikale Klassiker mit feinen, modernen Nuancen. Regional und saisonal müssen die Zutaten sein, die auf den Teller kommen. Einige Zutaten kommen sogar aus dem eigenen Garten. Kunst- und lustvoll werden so Gerichte auf Gourmetniveau zubereitet.

Blatten	Essen:	**45** ǀ 50
+41 41 4980707	Service:	**18** ǀ 20
www.gasthofkroneblatten.ch	Getränke:	**18** ǀ 20
Fine Dining • eigener Gemüsegarten • gemütlich	Ambiente:	**9** ǀ 10
	Gesamt: **90** ǀ 100	

Old Brewery ⫴

6102 Malters

Die Old Brewery in Malters ist für Amerika-Fans ein Must. Ob Poulet Wings, Ribs, Burger oder Quesadillas, hier werden die Gäste kulinarisch auf eine Reise nach Amerika mitgenommen. Begleitet werden die Speisen von einer grossen Auswahl ausgezeichneter Biere.

Luzernstrasse 102	Essen:	**42** ǀ 50
+41 41 4975555	Service:	**18** ǀ 20
www.oldbrewery.ch	Getränke:	**19** ǀ 20
Biervielfalt • Fleisch • entspannt	Ambiente:	**9** ǀ 10
	Gesamt: **88** ǀ 100	

⫲ 80–84 ⫴ 85–89 ⫴ 90–94 ⫼ 95–100 Punkte

Bistro im Hotel Balm 🍴

6045 Meggen

Aus einem kreativ zusammengestellten Bistromenu dürfen sich die Gäste des Bistros im Hotel Balm mehrere Gänge selber kombinieren. Unter der Woche lockt mittags ein attraktives Mittagsmenu, das zum Besuch in diesem freundlichen und familiären Ort einlädt.

Balmstrasse 3
+41 41 3771135
www.balm.ch
Bistro • Terrasse • entspannt

Essen:	**43**	50
Service:	**17**	20
Getränke:	**17**	20
Ambiente:	**9**	10
Gesamt:	**86**	100

La Pistache 🍴

6045 Meggen

Im liebevoll eingerichteten La Pistache verwöhnt Chefkoch Beat Stofer die Gäste. Mit viel Liebe kreiert er raffinierte Gourmet-Gerichte, die zu einem Drei-, Vier-, oder Fünf-Gänge-Menu kombiniert werden können. Begleitet werden die Speisen von sorgfältig ausgewählten Weinen.

Balmstrasse 3
+41 41 3771135
www.balm.ch
Fine Dining • regional • elegant

Essen:	**45**	50
Service:	**19**	20
Getränke:	**18**	20
Ambiente:	**9**	10
Gesamt:	**91**	100

Linde 🍴

6289 Müswangen

Der Landgasthof Linde ist der ideale Treffpunkt für Stammgäste, Vereine, Jasser, Wanderer oder Töff-Begeisterte. Ob Cordon bleu oder einer der vielen Fitnessteller, die gutbürgerliche und preiswerte Küche bietet für jeden Geschmack etwas. Im Sommer lockt die lauschige Terrasse.

Dorfstrasse 7
+41 41 9171371
www.linde-mueswangen.ch
Gasthaus • Schweizer Küche • im Grünen

Essen:	**44**	50
Service:	**18**	20
Getränke:	**17**	20
Ambiente:	**9**	10
Gesamt:	**88**	100

Regina Montium 🍴

6356 Rigi Kaltbad

Fernab von Stress und Hektik bietet das Regina Montium ausgezeichnete Naturküche auf 1550 m ü.M. Traditionsbewusst, aber nicht traditionell, regional, pur, saisonal und authentisch lässt sich die Terroir-Küche, die ausschliesslich Schweizer Rohstoffe verwendet, bezeichnen.

Staffelhöhenweg 59
+41 41 3998800
www.kraeuterhotel.ch
Fine Dining • eigener Gemüsegarten • Essen mit Aussicht

Essen:	**46**	50
Service:	**19**	20
Getränke:	**18**	20
Ambiente:	**9**	10
Gesamt:	**92**	100

Ochsen ‖   6023 Rothenburg

Das Menu des Ochsen bietet eine erlesene Auswahl regionaler Küche. Klassiker wie Hackbraten mit Rahmsauce, Rothenburger Schweinsbratwurst oder Rindstatar werden von saisonalen Kreationen ergänzt. Im Herbst werden feinste Wildgerichte aus eigener Jagd aufgetischt.

Flecken 32	Essen:	**45** ı 50
+41 41 2801272	Service:	**18** ı 20
www.ochsen-rothenburg.ch	Getränke:	**17** ı 20
Gasthaus • Schweizer Küche • Wild • traditionell	Ambiente:	**9** ı 10
	Gesamt: **89** ı 100	

OX'n ‖   6214 Schenkon

Das junge Team des OX'n bereitet mit Leidenschaft und Können aus erlesenen Zutaten moderne, neu interpretierte Schweizer Küche zu. Besonders das vier- bis siebengängige Überraschungs-Menu, das am Wochenende serviert wird, zeigt die Kreativität des Küchenteams.

Dorfstrasse 23a	Essen:	**45** ı 50
+41 41 9212000	Service:	**18** ı 20
www.oxn-schenkon.ch	Getränke:	**17** ı 20
Gasthaus • Schweizer Küche • Wild • traditionell	Ambiente:	**9** ı 10
	Gesamt: **89** ı 100	

Pony ‖   6019 Sigigen

Zwischen der Pilatuskette und den Hügeln des Napfgebiets liegt das Restaurant von Philipp und Andrea Felber. Im Beizli geniesst man regionale Gerichte. Im Pavillon wird à la carte gespeist. Der Mix aus Schweizer Küche und internationalen Klassikern ist sehr gelungen. Schöne Weinkarte.

Grabenstrasse 1	Essen:	**45** ı 50
+41 41 4953330	Service:	**18** ı 20
www.pony-sigigen.ch	Getränke:	**17** ı 20
Gasthaus • Schweizer Küche • traditionell	Ambiente:	**8** ı 10
	Gesamt: **88** ı 100	

Chez Be ‖   6210 Sursee

Chez Be bringt französisches Flair nach Sursee. Mittags verwöhnt Chef de Cuisine «Be» mit feinen Menus, am Abend wird entweder ein Drei-Gänge-Menu oder à la carte serviert. Dank auserwählten Spezialitäten und viel Savoir-faire können die Gäste französisches Savoir-vivre erleben.

Mühleplatz 11	Essen:	**43** ı 50
+41 41 9220800	Service:	**18** ı 20
www.chezbe.ch	Getränke:	**17** ı 20
Casual Dining • Bistro • französisch • entspannt	Ambiente:	**9** ı 10
	Gesamt: **87** ı 100	

‖ 80–84   ‖ 85–89   ‖‖ 90–94   ‖‖ 95–100 Punkte

focus ATELIER ||||

6354 Vitznau

Im focus Atelier verwandelt sich französische Küche in farbenfrohe Kreationen mit saisonalen Produkten aus der ganzen Welt. Die filigranen Kunstwerke von Küchenchef Patrick Mahler werden, in harmonischer Perfektion abgestimmt, in sieben oder neun Gängen präsentiert.

Seestrasse 18	Essen:	**48**	50
+41 41 3996060	Service:	**19**	20
www.parkhotel-vitznau.ch	Getränke:	**20**	20
Fine Dining • elegant • modern	Ambiente:	**9**	10
	Gesamt: **96**	100

PRISMA im Park Hotel Vitznau |||

6354 Vitznau

Sternekoch Philipp Heid bringt zwei Kulturen auf einen Teller. Sein Omakase Menu – was auf Japanisch «Ich überlasse es Ihnen» heisst – nimmt den Gast mit auf eine kulinarische Überraschungsreise. Die Etappen des kulinarischen Chef's Choice Menus werden im Sharing-Stil präsentiert.

Seestrasse 18	Essen:	**46**	50
+41 41 3996060	Service:	**18**	20
www.parkhotel-vitznau.ch	Getränke:	**20**	20
Fine Dining • Hotelrestaurant • grosse Weinkarte	Ambiente:	**9**	10
	Gesamt: **93**	100

Seeterrasse ||

6354 Vitznau

Fleischsommelier Felix Kattchin präsentiert den Gästen des Grillrestaurants Seeterrasse seine grosse Faszination: Das Brutzeln und Zischen von Fleisch ist Musik in seinen Ohren. Seine Passion ist in seinen mutigen, kreativen und aufregenden Gerichten regelrecht zu spüren.

Seestrasse 18	Essen:	**43**	50
+41 41 3996060	Service:	**18**	20
www.parkhotel-vitznau.ch	Getränke:	**19**	20
Hotelrestaurant • Steak • elegant	Ambiente:	**9**	10
	Gesamt: **89**	100

Sens ||||

6354 Vitznau

Jeroen Achtien ist seit 2018 Küchenchef des Hotels Vitznauerhof. 2021 wurde seine Kochkunst mit zwei Michelin-Sternen gekrönt. Seine Gerichte sind geprägt von wiederentdeckten Techniken wie dem Fermentieren. Hier werden regionale Produkte mit den besten Aromen aus aller Welt vereinigt.

Seestrasse 80	Essen:	**48**	50
+41 41 3997777	Service:	**20**	20
www.vitznauerhof.ch	Getränke:	**19**	20
Fine Dining • eigener Gemüsegarten • Seeterrasse	Ambiente:	**9**	10
	Gesamt: **96**	100

Vitznauerhof Panoramaterrasse ⦚⦚⦚

6354 Vitznau

Selten gibt es in der Schweiz eine schönere Panoramaterrasse als die des Vitznauerhofs. Dort können fantasievolle Kreationen aus knackigem Gemüse, frischem Fisch und saftigem Fleisch genossen werden. Das Küchenteam führt die Kunst des gesunden Essens lustvoll aus.

Seestrasse 80	Essen: **46** ǀ 50
+41 41 3997777	Service: **18** ǀ 20
www.vitznauerhof.ch	Getränke: **18** ǀ 20
Hotelrestaurant • Essen mit Ausblick • modern	Ambiente: **9** ǀ 10
	Gesamt: **91** ǀ 100

Alpenblick Weggis ⦚⦚

6353 Weggis

Im Alpenblick wird viel Wert auf den Ursprung der Produkte und Zutaten gelegt. Die daraus zubereiteten Köstlichkeiten werden ganz unkompliziert in Schüsseln und auf Platten serviert. Die Küche ist treu der Schweizer Tradition verbunden, dennoch offen für Neues und Unerwartetes.

Luzernerstrasse 31	Essen: **43** ǀ 50
+41 41 3990505	Service: **17** ǀ 20
www.alpenblick-weggis.ch	Getränke: **16** ǀ 20
Hotelrestaurant • Essen mit Ausblick • nachhaltig	Ambiente: **9** ǀ 10
	Gesamt: **85** ǀ 100

Beau Rivage ⦚⦚⦚

6353 Weggis

Marktfrische Gerichte der klassisch französischen und internationalen Küche werden im Beau Rivage direkt am Vierwaldstättersee geboten. Küchenchef Sebastiano Finocchiaro und sein Team bereiten mit viel Leidenschaft leichte, saisonale Gerichte und feine Fischspezialitäten zu.

Gotthardtstrasse 6	Essen: **45** ǀ 50
+41 41 3927900	Service: **18** ǀ 20
www.beaurivage-weggis.ch	Getränke: **18** ǀ 20
Hotelrestaurant • französisch • italienisch	Ambiente: **9** ǀ 10
	Gesamt: **90** ǀ 100

Friedheim ⦚⦚

6353 Weggis

Wo einst Schnaps gebrannt wurde, kann heute mit wunderbarem Blick auf den Vierwaldstättersee und die Berge geschlemmt werden. Das Restaurant Brönni bietet in freundlichem Ambiente frische, regionale Küche, die Freddy Zimmermann und sein Team mit viel Leidenschaft zubereiten.

Friedheimweg 31	Essen: **44** ǀ 50
+41 41 3901181	Service: **17** ǀ 20
www.hotel-friedheim.ch	Getränke: **17** ǀ 20
Hotelrestaurant • regional • Essen mit Aussicht	Ambiente: **9** ǀ 10
	Gesamt: **87** ǀ 100

⦚ 80–84   ⦚⦚ 85–89   ⦚⦚⦚ 90–94   ⦚⦚⦚⦚ 95–100 Punkte

HYG Restaurant & Bar 🍴

6353 Weggis

HYG kommt vom dänischen Hygge, das für «die schönen Seiten des Lebens in gemütlichem Ambiente geniessen» steht. Das im skandinavischen Stil eingerichtete Restaurant bietet Soulfood-Küche ohne Theater: Aus frischen, saisonalen Produkten werden aromatische Essen zubereitet.

Seestrasse 60	Essen:	**43** | 50
+41 41 3921100	Service:	**18** | 20
www.hyg.restaurant	Getränke:	**17** | 20
Casual Dining • regional • modern • gemütlich	Ambiente:	**9** | 10
🏠 ♿ 📷	Gesamt:	**87** | 100

NIDWALDEN

Nidwaldnerhof 🍴

6375 Beckenried

Direkt am Vierwaldstättersee liegt dieses charmante Seerestaurant. Küchenchef Simon Muther bezieht seine Zutaten überwiegend von regionalen Produzenten, und entsprechend saisonal ist die Menukarte ausgerichtet. Selbst die Shiitake stammen aus Höhlen des Gotthardmassivs.

Dorfstrasse 12	Essen:	**42** | 50
+41 41 6205252	Service:	**17** | 20
www.nidwaldnerhof.ch	Getränke:	**17** | 20
Hotelrestaurant • Seeterrasse • regionale Produkte	Ambiente:	**8** | 10
🏠 P 🛏 📷	Gesamt:	**84** | 100

Schlüssel 🍴🍴🍴

6375 Beckenried

Im Schlüssel wird das Menu mit den Gästen am Tisch besprochen, denn eine Speisekarte gibt es hier nicht. Nach der Auswahl der Anzahl der Gänge folgt ein einmaliges Genusserlebnis. Auf den Tisch kommt, was die Region hergibt. Die Kreationen begeistern durch Kreativität und Können.

Oberdorfstrasse 26	Essen:	**45** | 50
+41 41 6220333	Service:	**18** | 20
www.schluessel-beckenried.ch	Getränke:	**18** | 20
Hotelrestaurant • regional • saisonal • gemütlich	Ambiente:	**9** | 10
	Gesamt:	**90** | 100

Sternen 🍴🍴

6374 Buochs

Im Sternen wird aus marktfrischen Zutaten moderne, gutbürgerliche Küche zubereitet. Ob bei Spargel, Bärlauch oder Salaten mit Grilladen im Frühling und Sommer, einheimischem Wild oder selbstgemachter Metzgete im Herbst und Winter, hier sind Genussmomente garantiert.

Ennetbürgerstrasse 5	Essen:	**45** | 50
+41 41 6201141	Service:	**17** | 20
www.sternen-buochs.ch	Getränke:	**18** | 20
Hotelrestaurant • regional • entspannt	Ambiente:	**9** | 10
	Gesamt:	**89** | 100

Gasthaus zum Kreuz 🍴🍴🍴

6383 Dallenwil

Hier oft vorbeizuschauen, lohnt sich, denn die kulinarischen Kreationen wechseln im Rhythmus der Jahreszeiten. Gäste werden mit ausgewählten, oft regionalen Zutaten verwöhnt. Dabei stehen die eleganten Kreationen in stimmigem Kontrast zu der urchigen Gaststube.

Stettlistrasse 3	Essen:	**46** | 50
+41 41 6282020	Service:	**18** | 20
www.kreuz-dallenwil.ch	Getränke:	**17** | 20
Gasthaus • Fine Dining • elegant	Ambiente:	**9** | 10
	Gesamt:	**90** | 100

Hotel Villa Honegg 🍴🍴🍴

6373 Ennetbürgen

Das Küchenteam der Villa Honegg kocht mit Zutaten aus Höfen und Orten der Nachbarschaft und der Zentralschweiz. Die diversen Kräuter aus dem eigenen Kräutergarten geben den Gerichten jeweils noch das gewisse Etwas. So entstehen moderne Kreationen und raffinierte Klassiker.

Honegg	Essen:	**44** | 50
+41 41 6183200	Service:	**18** | 20
www.villa-honegg.ch	Getränke:	**18** | 20
Hotelrestaurant • Essen mit Aussicht • elegant	Ambiente:	**10** | 10
	Gesamt:	**90** | 100

🍴 80–84 🍴🍴 85–89 🍴🍴🍴 90–94 🍴🍴🍴🍴 95–100 Punkte

Belvédère ⫙⫙

6052 Hergiswil

Fabian Inderbitzins Gourmetküche begeistert mit Geschmack und Kreativität. Besonders auch das vegetarische Menu zeichnet sich durch gekonnte Verarbeitung saisonaler und regionaler Gemüse aus, die dank ausgetüftelter Kombinationen unvergessliche kulinarische Momente bescheren.

Seestrasse 18a
+41 41 630 30 35
www.seerestaurant-belvedere.ch
Fine Dining • am Wasser • elegant

Essen:	**47**	50
Service:	**18**	20
Getränke:	**19**	20
Ambiente:	**9**	10
Gesamt:	**93**	100

Seebistro Belvédère ⫙⫙⫙

6052 Hergiswil

Die moderne, leichte Bistroküche des Belvédère bietet delikate und köstliche Speisen zum Lunch oder Dinner. Regionale Küche wird hier mit einem wöchentlich wechselnden Menu zelebriert. Gewisse Klassiker bleiben jedoch, wie beispielsweise das Belvédère Tatar aus Emmentaler Rind.

Seestrasse 18a
+41 41 630 30 35
www.seerestaurant-belvedere.ch
Casual Dining • weltlich • am Wasser

Essen:	**46**	50
Service:	**18**	20
Getränke:	**19**	20
Ambiente:	**9**	10
Gesamt:	**92**	100

Oak Grill & Pool Patio ⫙⫙

6363 Obbürgen

Wie es der Name schon erahnen lässt, spielt im Oak Grill ein offener Grill die Hauptrolle. Hier wird nach dem Konzept von «Farm-to-Table» und «Nose-to-Tail» gekocht. Hochwertiges Fleisch Schweizer Herkunft und Fisch werden auf dem Grill zu aromatischen Köstlichkeiten zubereitet.

Bürgenstock 11b
+41 41 612 64 06
www.buergenstock.ch
Fleisch • elegant • Essen mit Aussicht

Essen:	**44**	50
Service:	**18**	20
Getränke:	**18**	20
Ambiente:	**9**	10
Gesamt:	**89**	100

Spices 🍴🍴 6363 Obbürgen

Spices bringt orientalische Küche ins Herz der Schweiz. In der Showküche bereiten preisgekrönte Köche authentische Kreationen aus Japan, China, Indien und Thailand zu. Besonders die Peking-Ente, die nach viel Üben und Perfektionieren meisterhaft zubereitet wird, bezaubert.

Bürgenstock 17
+41 41 612 64 02
www.buergenstock.ch
Thai • Essen mit Aussicht • unkonventionell

Essen:	**45** ⎮ 50
Service:	**18** ⎮ 20
Getränke:	**18** ⎮ 20
Ambiente:	**9** ⎮ 10
Gesamt:	**90** ⎮ 100

Verbena 🍴🍴 6363 Obbürgen

Küchenchef Stephan Förster kreiert im Verbena gesunde, bunte, innovative und kreative Gerichte. Saisonal inspiriert werden Fleisch, Fisch und Gemüse so zu kulinarischen Leichtigkeiten. Dies alles geniesst man bei ungehindertem Blick auf die umliegenden Alpen.

Bürgenstock 30
+41 41 612 64 10
www.buergenstock.ch
Casual Dining • Essen mit Aussicht • entspannt

Essen:	**44** ⎮ 50
Service:	**18** ⎮ 20
Getränke:	**18** ⎮ 20
Ambiente:	**8** ⎮ 10
Gesamt:	**88** ⎮ 100

🍴 80–84   🍴🍴 85–89   🍴🍴🍴 90–94   🍴🍴🍴🍴 95–100 Punkte

Engel Stans

6370 Stans

Im historischen Stanser Dorfkern bietet das Engel frische, saisonale Küche. Die Zutaten werden oft von Produzenten der Region bezogen. Ob Cordon-bleu-Variationen oder kreative Hotspot-Salatschüsseln, in gemütlichem Ambiente werden Gäste auf kulinarische Höhenflüge mitgenommen.

Dorfplatz 1
+41 41 6191010
www.engelstans.ch
Schweizer Küche • Fleisch • entspannt • regional

Essen:	**45**	50
Service:	**19**	20
Getränke:	**19**	20
Ambiente:	**9**	10
Gesamt:	**92**	100

Le Mirage

6370 Stans

Die Brasserie Le Mirage bringt französisches Flair nach Stans. Bei köstlicher Zwiebelsuppe, Œufs Cocotte oder Tarte Tatin geniesst man wie in der Grande Nation. Die Gastgeber Walter Blaser und Pascal Egli geben dem Ort mit viel Herzlichkeit eine unverwechselbare Atmosphäre.

Stansstaderstrasse 90
+41 41 6110830
www.brasserie-lemirage.ch
Brasserie • entspannt • französisch

Essen:	**42**	50
Service:	**18**	20
Getränke:	**17**	20
Ambiente:	**9**	10
Gesamt:	**86**	100

Melachere

6370 Stans

Egal, ob Melachere vom hebräischen «Melach», was König heisst, oder von «mehr lachen» kommt – Fakt ist: Hier wird gelacht, genossen und verweilt. Sie ist eine echte Dorfbeiz, bei Hauswurst, Riesensandwich oder Pizza wird diskutiert, gejasst und gemütliche Stunden verbracht.

Schmiedgasse 10
+41 78 7590350
www.melachere.ch
Beiz • Schweizer Küche • entspannt

Essen:	**42**	50
Service:	**18**	20
Getränke:	**17**	20
Ambiente:	**8**	10
Gesamt:	**85**	100

Stärne ⫴   6370 Stans

Aus Produkten der Umgebung wird im schmucken Stärne gutbürgerliche Küche zubereitet. Fixsterne auf dem Menu wie das überbackene Rindsfilet oder das Rindstatar werden von oft wechselnden saisonalen Gaumenfreuden ergänzt. Am Mittag gibt es luftige Pinsa oder attraktive Menus.

Spielgasse 2	Essen:	**45** ǀ 50
+41 41 6101178	Service:	**18** ǀ 20
www.staerne-stans.ch	Getränke:	**17** ǀ 20
Schweizer Küche • regional • entspannt	Ambiente:	**9** ǀ 10
🏠 P 🛏️🖼️	Gesamt:	**89** ǀ 100

Zur Rosenburg ⫴   6370 Stans

Im gemütlichen und stilvoll eingerichteten Restaurant Höfli werden raffinierte und harmonische Gerichte von höchster Qualität serviert. Mit frischen, saisonalen und regionalen Zutaten und dem gekonnten Einsatz von Kräutern und Gewürzen entstehen kulinarische Leckerbissen.

Alter Postplatz 3	Essen:	**45** ǀ 50
+41 41 6102461	Service:	**17** ǀ 20
www.rosenburg-stans.ch	Getränke:	**17** ǀ 20
Gasthaus • entspannt • regional • weltlich	Ambiente:	**8** ǀ 10
🏠 👫🖼️	Gesamt:	**87** ǀ 100

Gasthaus Trogen ⫴   6363 Stansstad

Das Gasthaus Trogen ist die Adresse für Liebhaber der traditionellen, dennoch innovativen Küche. Die Qualität der Zutaten steht für Chefköchin Madeleine Müller an erster Stelle. Daraus kreiert sie mit viel Leidenschaft frische, saisonale und regionale Leckerbissen.

Trogen	Essen:	**44** ǀ 50
+41 41 6610010	Service:	**17** ǀ 20
www.gasthaustrogen.ch	Getränke:	**18** ǀ 20
Gasthaus • regional • saisonal • im Grünen	Ambiente:	**8** ǀ 10
🏠 P ♿🛏️🖼️	Gesamt:	**87** ǀ 100

Uniquisine ⫴⫴   6362 Stansstad

Das Motto des Uniquisine-Ateliers lautet: «Zu Gast bei Freunden». So fühlt sich der Besuch in der stilvoll renovierten Wohnung auch an. Koch Christoph Oliver und Gastgeber Agron Tunprenkaj nehmen die Gäste auf ein exklusives, unvergessliches Erlebnis der kulinarischen Genüsse mit.

Stanserstrasse 23	Essen:	**45** ǀ 50
+41 41 6107878	Service:	**18** ǀ 20
www.uniquisine.ch	Getränke:	**18** ǀ 20
Fine Dining • Fusionsküche • modern	Ambiente:	**9** ǀ 10
🏠 ♿🖼️	Gesamt:	**90** ǀ 100

⫲ 80–84   ⫴ 85–89   ⫴⫴ 90–94   ⫴⫴⫴ 95–100 Punkte

OBWALDEN

Cattani ⅋⅋

6390 Engelberg

Gehobene Küche mit regionalen Einflüssen erwartet die Gäste im Cattani. Das Team um Küchenchefin Michéle Müller kreiert genussvolle Interpretationen Schweizer Spezialitäten mit internationalen Akzenten. Das Abendmenu richtet sich nach dem «Farm-to-Table-Konzept».

Dorfstrasse 40	Essen:	**45** | 50
+41 41 6397575	Service:	**17** | 20
www.kempinski.com	Getränke:	**17** | 20
Hotelrestaurant • Schweizer Küche • regional • elegant	Ambiente:	**9** | 10
	Gesamt: **88** | 100

Hess Asia ⅋⅋

6390 Engelberg

Hier werden alle Sinne angesprochen: Das elegante Restaurant inmitten der Bergwelt und die exotischen, authentischen Aromen der Küche Südostasiens sind ein herrliches Kontrastprogramm. Ente nach kantonesischer Art und vietnamesische Spezialitäten aus dem Wok wecken das Fernweh.

Dorfstrasse 50	Essen:	**45** | 50
+41 637 0909	Service:	**17** | 20
www.hess-asia.ch	Getränke:	**17** | 20
asiatisch • weltlich • elegant	Ambiente:	**8** | 10
	Gesamt: **87** | 100

Veranda ⅋⅋⅋

6073 Flüeli-Ranft

Die 47 Meter lange Veranda im Stil der Neorenaissance lädt zu unvergesslichen kulinarischen Erlebnissen ein. Wie in den goldenen Zeiten wird hier beste Küche zelebriert, die Gerichte werden aus gewissenhaft gewählten, regionalen Zutaten und bestem Kochhandwerk zubereitet.

Dossen 1	Essen:	**44** | 50
+41 41 6662400	Service:	**18** | 20
www.paxmontana.ch	Getränke:	**19** | 20
Hotelrestaurant • französisch • elegant	Ambiente:	**9** | 10
	Gesamt: **90** | 100

Edith's Alpenrösli ⅋⅋ 6074 Giswil

Einfach aussergewöhnlich ist der Leitsatz von Edith's Alpenrösli. Die gemütliche Gaststätte mit grosser Terrasse tischt feine Mittagsmenus, kreative und saisonale à la carte Gerichte und köstliche Kuchen zum Kaffee am Nachmittag. Alles einfach und aussergewöhnlich gut!

Hofstrasse 3 +41 676 0036 www.ediths-alpenrösli.ch **Schweizer Küche • Terrasse • modern • gemütlich**	Essen: **44** ⅼ 50 Service: **17** ⅼ 20 Getränke: **17** ⅼ 20 Ambiente: **9** ⅼ 10
🏠 P	Gesamt: **87** ⅼ 100

Rose ⅋⅋ 6064 Kerns

Mit viel Leidenschaft führt die Familie della Torre den Betrieb in dritter Generation. Serviert wird liebenswerte Heimatküche, die vom einfachen Mittagsmenu bis zum mehrgängigen Gourmet-Menu geht. Das Schweinsklarinettli ist zu Recht seit über 30 Jahren der Klassiker auf dem Menu.

Dorfstrasse 5 +41 41 660 1702 www.rose-kerns.ch **Familienbetrieb • Schweizer Küche • saisonal**	Essen: **43** ⅼ 50 Service: **18** ⅼ 20 Getränke: **17** ⅼ 20 Ambiente: **9** ⅼ 10
🏠 🛏	Gesamt: **87** ⅼ 100

Engel ⅋⅋ 6072 Sachseln

Küchenchef Raphael Wey zaubert raffinierte Kreationen: regional, abwechslungsreich und einfach fein. Internationale Impulse und regionale Rezepte werden zu optisch wie geschmacklich herrlichen Gerichten komponiert. Beste kulinarische Handwerkskunst im Herzen der Schweiz.

Brünigstrasse 100 +41 41 660 3646 www.engel-sachseln.ch **Hotelrestaurant • Casual Dining • Schweizer Küche**	Essen: **44** ⅼ 50 Service: **17** ⅼ 20 Getränke: **18** ⅼ 20 Ambiente: **9** ⅼ 10
🏠 P 🛏	Gesamt: **88** ⅼ 100

Alpenblick ⅋⅋⅋ 6066 St. Niklausen

Lucia und Rolf Anderhalden sind in zweiter Generation Gastgeber in diesem heimeligen Restaurant. Ihre Gäste verwöhnen sie mit verschiedenen Geschmacksthemen, wenn möglich zubereitet aus einheimischen, frischen Produkten und verfeinert mit Kräutern aus dem eigenen Gärtli.

Melchtalerstrasse 40 +41 41 660 1591 www.restaurantalpenblick.ch **Gasthaus • mediterran • Menu surprise**	Essen: **45** ⅼ 50 Service: **18** ⅼ 20 Getränke: **18** ⅼ 20 Ambiente: **9** ⅼ 10
🏠 P ♿ 📷	Gesamt: **90** ⅼ 100

SCHWYZ

Birdy's 🍴 6440 Brunnen

Jeroen Achtien und Christian Vogel ergänzen seit 2022 die Gastroszene in Brunnen. Die beiden Köche sind neugierig, kreativ und kompromisslos der Qualität verpflichtet. Die Karte ist flexibel und empfiehlt Gerichte zum Teilen. Auf dem Big Green Egg werden auch Second Cuts gegart.

Axenstrasse 9	Essen:	**46**	50
+41 41 8220404	Service:	**17**	20
www.birdys-brunnen.ch	Getränke:	**17**	20
innovativ • regional • modern	Ambiente:	**8**	10
♿ 🔲	Gesamt: **88**	100

Chez Renate 🍴 8840 Einsiedeln

Mit Blick auf das Ensemble des Klosters Einsiedeln lässt es sich hier gemütlich speisen. Renate Steiner verbindet in ihrer Küche Regionales mit einem modernen Touch. Die erlesenen Zutaten und die sorgfältige Zubereitung bereiten den Gästen unvergessliche kulinarische Erlebnisse.

Ilgenweidstrasse 6	Essen:	**44**	50
+41 55 4127070	Service:	**18**	20
www.chezrenate.ch	Getränke:	**18**	20
saisonal • regionale Produkte • gemütlich	Ambiente:	**8**	10
🏠 P 🔲	Gesamt: **88**	100

Loy Fah 🍴 8835 Feusisberg

Unerwartet urban und sinnlich verwöhnt Küchenchef Pich Tongurai mit feinster Thai-Küche. Hier verschmelzen Thailands Geist und Bangkoks Moderne zu einem herrlichen Genusskosmos. Das Konzept stammt vom thailändischen Stargastronomen Chef Tammasak Chootong.

Schönfelsstrasse	Essen:	**44**	50
+41 44 7860000	Service:	**17**	20
www.panoramaresort.ch	Getränke:	**18**	20
Fine Dining • Thai • Essen mit Aussicht	Ambiente:	**9**	10
P 🛏 🔲	Gesamt: **88**	100

Oliveiras

8853 Lachen

Das Restaurant verbindet auf raffinierte Art die mediterrane Küche mit portugiesischen Spezialitäten und Schweizer Einflüssen. Fonds, Jus und Saucen werden hausgemacht, und in Topf und Pfanne kommen marktfrische, saisonale Zutaten. Weinkarte mit exklusiven Crus aus Portugal.

Sagenriet 1	Essen:	**43** | 50
+41 55 4426949	Service:	**18** | 20
www.oliveiras.ch	Getränke:	**17** | 20
portugiesisch • mediterran • saisonal	Ambiente:	**8** | 10
	Gesamt:	**86** | 100

bienz:photography

The Steakhouse

8853 Lachen

In der «Meat Boutique» des The Steakhouse dürfen die Gäste selbst ihr Fleisch oder Seafood wählen. Danach kann dem Grillmeister beim Grillieren auf dem Holzkohlegrill zugeschaut werden. Vor dem Geniessen in entspanntem Ambiente wird in der Weingalerie der passende Wein gewählt.

Hafenstrasse 4	Essen:	**44** | 50
+41 55 4517373	Service:	**19** | 20
www.marinalachen.ch	Getränke:	**17** | 20
Fleisch • am See • modern	Ambiente:	**9** | 10
	Gesamt:	**89** | 100

Swiss-Chalet

6402 Merlischachen

Fleischtiger kommen im Swiss-Chalet auf ihre Kosten, denn den Fleischgerichten gehört die Hauptrolle. Ob Rindsfiletwürfel Stroganoff, Kalbsgeschnetzeltes oder Muotathaler Kalbsleberli – die Gerichte werden aus regionalen Zutaten mit viel Liebe und Leidenschaft zubereitet.

Luzerner Strasse 204	Essen:	**43** | 50
+41 854 5454	Service:	**18** | 20
www.swiss-chalet.ch	Getränke:	**16** | 20
Schweizer Küche • Fleisch • urchig	Ambiente:	**9** | 10
	Gesamt:	**86** | 100

Adler ||| 6436 Ried-Muotathal

Frisch, saisonal und regional – so lässt sich die Küche des Adlers beschreiben. Ob Forellen aus der Muota, Wild aus einheimischer Jagd oder regionalem Gitzi, mit viel Leidenschaft werden auserwählte Zutaten zu kulinarischen Kunstwerken mit unverfälschtem Geschmack zubereitet.

Kapellmatt 1	Essen:	**46**	50
+41 41 8302713	Service:	**19**	20
www.adler-muotathal.ch	Getränke:	**18**	20
Gasthaus · Schweizer Küche · traditionell	Ambiente:	**8**	10

P 🛏 🖃

Gesamt: **91** | 100

Adler || 8834 Schindellegi

Saisonale Spezialmenus wie die Trüffel- oder die Wildkarte werden im Restaurant Adler von ganzjährigen Klassikern wie Trianon Gourmandise, Kalbs-Cordon-bleu oder Tessiner Spezialitäten begleitet. Zu allem findet sich im imposanten Weinkeller garantiert der passende Tropfen.

Dorfstrasse 42	Essen:	**43**	50
+41 55 4402922	Service:	**18**	20
www.adler-gastro4you.ch	Getränke:	**18**	20
Schweizer Küche · Fleisch · entspannt	Ambiente:	**9**	10

P 🖃

Gesamt: **88** | 100

Fuego Steakhouse || 8834 Schindellegi

Fuego ist die Adresse für einfache, ehrliche und mediterrane Küche. Küchenchef Roberto Guastalegname lässt die Sonntagsküche der Nonni wieder aufleben. Der ehemalige Metzgermeister kennt sich auch bestens mit Fleisch aus, das er sorgfältig auswählt und auf dem Grill zubereitet.

Chaltenbodenstrasse 16	Essen:	**44**	50
+41 44 7889990	Service:	**18**	20
www.fuegosteakhouse.ch	Getränke:	**17**	20
Steak · mediterran · modern	Ambiente:	**8**	10

🏠 P 🖃

Gesamt: **87** | 100

Engel || 6430 Schwyz

In der Brasserie Engel in Schwyz wird französisches Savoir-vivre gelebt. Sorgfältig ausgewählte, mehrheitlich biologische regionale Zutaten werden zu saisonalen Leckerbissen zubereitet, die auf einer Tafel aufgelistet werden – ganz so, wie man es aus Frankreich kennt und liebt.

Schulgasse 13	Essen:	**45**	50
+41 41 8111242	Service:	**18**	20
www.restaurant-engel-schwyz.ch	Getränke:	**18**	20
Brasserie · bio · regional · mediterran	Ambiente:	**8**	10

🏠 ♿ 🖃

Gesamt: **89** | 100

Magdalena ||||

6432 Schwyz

Dominik Hartmann und sein Team begeistern mit gemüsebasierter Küche auf gehobenem Niveau. Aus Zutaten, die mehrheitlich aus der nächsten Umgebung stammen, werden fantasievolle, kreative und köstliche Gerichte gezaubert, die in fünf, sechs oder sieben Gängen genossen werden können.

Rickenbachstrasse 127
+41 41 810 06 06
www.restaurant-magdalena.ch
Fine Dining • regional • Menu surprise

Essen:	**48**	50
Service:	**19**	20
Getränke:	**20**	20
Ambiente:	**10**	10
Gesamt:	**97**	100

Obstmühle |

6430 Schwyz

Pia Gwerder und Urs Mörgeli sind Gastgeber mit Leib und Seele. In der gemütlichen Gaststube werden unkomplizierte, regionale Speisen serviert. Auf eine Menukarte verzichtet Urs Mörgeli. Lieber erklärt er den Gästen das kleine, feine Angebot aus topfrischen Zutaten direkt am Tisch.

Grundstrasse 13
+41 41 811 18 88
www.obstmuehle.ch
Schweizer Küche • traditionell • Fleisch

Essen:	**42**	50
Service:	**18**	20
Getränke:	**16**	20
Ambiente:	**8**	10
Gesamt:	**84**	100

URI

Gütsch by Markus Neff |||

6490 Andermatt

Auf einem Plateau über Andermatt schmiegt sich das Gütsch an die Gipfelspitzen. Bei fast endlosem Blick über die Zentralalpen kann Markus Neffs «Zwischen Berg und Tal»-Küche genossen werden: eine Küche, die sich durch elegante, kreative und dennoch klare Sprache charakterisiert.

Gotthardstrasse 53
+41 58 200 69 07
www.guetsch.com
Fine Dining • am Berg • modern

Essen:	**46**	50
Service:	**18**	20
Getränke:	**18**	20
Ambiente:	**9**	10
Gesamt:	**91**	100

| 80–84 | || 85–89 | ||| 90–94 | |||| 95–100 Punkte | 401 |

The Japanese Restaurant 🍴🍴🍴

6490 Andermatt

Dietmar Sawyere und sein Team kreieren erstklassige, authentische japanische Speisen. An der Sushi-und-Sashimi-Bar kann feinste Küche genossen werden. Für ein Gourmet-Erlebnis der Extraklasse sorgen die mehrgängigen Kaiseki-Menus, welche eine Spezialität des Hauses bilden.

Gotthardstrasse 4	Essen:	**47** | 50
+41 41 8887488	Service:	**19** | 20
www.thechediandermatt.com	Getränke:	**19** | 20
Fine Dining • japanisch • unkonventionell	Ambiente:	**9** | 10
P 🛏 📠	Gesamt: **94** | 100	

The Restaurant 🍴🍴🍴

6490 Andermatt

In vier offenen Atelierküchen wird hier Kulinarik unmittelbar erlebbar gemacht. Das von asiatischen und europäischen Einflüssen geprägte Menu bietet eine reizvolle Auswahl an beliebten Klassikern und kreativen Kreationen. Der Cheese Cellar ist ein Highlight für Käsefans.

Gotthardstrasse 4	Essen:	**45** | 50
+41 41 8887966	Service:	**18** | 20
www.thechediandermatt.com	Getränke:	**18** | 20
Hotelrestaurant • Fusionsküche • elegant	Ambiente:	**9** | 10
🏠 P 🛏 📠	Gesamt: **90** | 100	

Zwyssighaus 🍴🍴

6466 Bauen

Ehrwürdig thront das Zwyssighaus über dem Urnersee und bietet einen unvergesslichen Blick auf die Bergwelt. Kreativ und inspirierend bereitet Michael Engel in der Küche mit regionalen Produkten seine Speisen zu. Begleitet werden diese von Angela Hugs auserlesener Weinauswahl.

Bauen	Essen:	**45** | 50
+41 41 8781177	Service:	**18** | 20
www.zwyssighaus.ch	Getränke:	**17** | 20
Hotelrestaurant • Essen mit Aussicht • traditionell	Ambiente:	**9** | 10
🏠 🛏 📠	Gesamt: **89** | 100	

ZUG

Story 🍴 6340 Baar

Hier ist der Name Programm, denn das Restaurant Story hat wirklich eine gute Geschichte zu erzählen: Gastronomische Fachpersonen mit und ohne Beeinträchtigung arbeiten hier Hand in Hand, um ein leckeres Frühstücks- und Mittagsangebot sowie abwechslungsreiche Snacks anzubieten.

Neuhofstrasse 12	Essen:	**43**	50
+41 41 781 61 61	Service:	**18**	20
www.restaurant-story.ch	Getränke:	**16**	20
entspannt • weltlich • nachhaltig	Ambiente:	**8**	10
	Gesamt:	**85**	100

Wildenmann 🍴🍴 6343 Buonas

Das Gasthaus Wildenmann ist eine Oase am Zugersee. Fern von Hektik und Stress werden aus auserlesenen Produkten bester Qualität gradlinige, kreative, perfekt abgeschmeckte Gerichte zubereitet. Die gemütlichen Stuben und der wunderschöne Garten laden zum Träumen und Verweilen ein.

St. Germanstrasse 1	Essen:	**47**	50
+41 41 790 30 60	Service:	**19**	20
www.wildenmann-buonas.ch	Getränke:	**18**	20
Gasthaus • im Grünen • regional	Ambiente:	**10**	10
	Gesamt:	**94**	100

Krone 🍴 6330 Cham

Südländische Gastfreundschaft wird in der Krone mit Leidenschaft gelebt. Ein Besuch ist wie ein Kurzurlaub im Bel paese. Mittags gibt es verschiedene Spezialitäten im Lunchmenu, abends kann à la carte gewählt werden. Die verschiedenen handgemachten Ravioli begeistern besonders.

Zugerstrasse 7	Essen:	**44**	50
+41 41 781 48 80	Service:	**16**	20
www.krone-cham.ch	Getränke:	**16**	20
Familienbetrieb • italienisch • entspannt	Ambiente:	**9**	10
	Gesamt:	**85**	100

🍴 80–84   🍴🍴 85–89   🍴🍴🍴 90–94   🍴🍴🍴🍴 95–100 Punkte

Rössli

6330 Cham

Gastgeber Markus Stoller pflegt eine authentische, schnörkellose Küche. Serviert werden Schweizer Klassiker und italienische Spezialitäten. Die Zutaten dafür stammen grösstenteils von regionalen Produzenten und Lieferanten. Im Sommer geniesst man in der lauschigen Gartenlaube.

Sinserstrasse 4
+41 41 7801318
www.restaurant-roessli.ch
Schweizer Küche • italienisch • regional

Essen:	**44**	50
Service:	**16**	20
Getränke:	**16**	20
Ambiente:	**9**	10
Gesamt:	**85**	100

Löwen

6313 Menzingen

Im Gasthaus Löwen werden die Gäste überrascht – eine Speisekarte gibt es hier nicht. Ob drei oder sieben Gänge – die kreativen, leichten und saisonalen Gerichte aus Franco Körperichs Küche sind bestens aufeinander abgestimmt und bieten ein harmonisches Genusserlebnis.

Holzhäusernstrasse 2
+41 41 7590444
www.loewen-menzingen.ch
Gasthaus • Fine Dining • Menu surprise

Essen:	**47**	50
Service:	**18**	20
Getränke:	**18**	20
Ambiente:	**9**	10
Gesamt:	**92**	100

Hinterburgmühle

6345 Neuheim

Spezialität vom Gasthaus Hinterburgmühle sind die eigenen Forellen, die mit viel Platz und natürlicher Nahrung in Naturweihern aufwachsen. Ob gebraten mit Mandelbutter oder im Sud pochiert – die hervorragende Qualität begeistert und ist einen Besuch in Neuheim definitiv wert.

Edilbachstrasse 61
+41 41 7552120
www.hinterburgmuehle.ch
Gasthaus • eigene Fischzucht • entspannt • im Grünen

Essen:	**46**	50
Service:	**18**	20
Getränke:	**18**	20
Ambiente:	**8**	10
Gesamt:	**90**	100

Raten ♙♙ 6315 Oberägeri

Auf über 1000 m ü.M. wird im Raten nachhaltiger und bewusster Genuss gelebt. Aus regionalen Produkten wird traditionelle Schweizer Küche gekocht, die in den liebevoll dekorierten Räumlichkeiten genossen wird. Im vielseitigen Menu ist für alle Geschmäcker etwas dabei.

Ratenstrasse	Essen: **46** | 50
+41 41 7502250	Service: **16** | 20
www.restaurant-raten.ch	Getränke: **16** | 20
Schweizer Küche • im Grünen • traditionell	Ambiente: **8** | 10
	Gesamt: **86** | 100

Lindenhof ♙♙ 6314 Unterägeri

Traditionell und doch lebendig, ist der Lindenhof die perfekte Adresse für Fleisch- und Fischgeniesser sowie Liebhaber der gutbürgerlichen Küche. In liebevoller, ungezwungener Atmosphäre können marktfrische, der Saison angepasste Gourmet-Kreationen genossen werden.

Höfnerstrasse 13	Essen: **42** | 50
+41 41 7501188	Service: **18** | 20
www.lindenhof-unteraegeri.ch	Getränke: **17** | 20
Gasthaus • Casual Dining • Schweizer Küche	Ambiente: **8** | 10
	Gesamt: **85** | 100

Sternen ♙♙ 6318 Walchwil

Im historischen Gasthaus am Zugersee kocht Noémie Bernard gemeinsam mit Vater Giorgio. Die Schülerin von Tanja Grandits pflegt einen klassischen Stil mit neuzeitlichen, kreativen Elementen. Ob Saucen, Terrinen oder Sorbets: Alles wird aus besten Zutaten selbst hergestellt.

Dorfstrasse 1	Essen: **45** | 50
+41 41 7590101	Service: **18** | 20
www.sternenwalchwil.com	Getränke: **17** | 20
Gasthaus • grosse Weinkarte • klassisch	Ambiente: **9** | 10
	Gesamt: **89** | 100

♙ 80–84   ♙♙ 85–89   ♙♙♙ 90–94   ♙♙♙♙ 95–100 Punkte

Au Premier ⫷⫸ 6300 Zug

Auf der Speisekarte des Au Premier werden alle fündig. Dank regelmässig durchgeführter Spezialitätenwochen wird es nie langweilig, und die kulinarische Welt der Nachbarländer kann entdeckt werden. Die grosse Weinauswahl bietet garantiert die passende Trinkbegleitung.

Kolinplatz 11
+41 41 7293232
www.ochsen-zug.ch
Hotelrestaurant • elegant • weltlich • traditionell

Essen:	**46**	50
Service:	**18**	20
Getränke:	**18**	20
Ambiente:	**8**	10
Gesamt:	**90**	100

Bären ⫷⫸ 6302 Zug

Das Restaurant Bären ist eines der traditionsreichsten und ältesten Restaurants der Stadt Zug. In der Küche zaubert Thomas Janser mit viel Leidenschaft frische, gutbürgerliche Küche. In der heimeligen Stube kümmert sich Marlis Widmer liebevoll um die Gäste der Stadtbeiz.

Baarerstrasse 30
+41 41 7110943
www.restaurant-baeren-zug.ch
Schweizer Küche • Fleisch • traditionell

Essen:	**45**	50
Service:	**17**	20
Getränke:	**17**	20
Ambiente:	**8**	10
Gesamt:	**87**	100

Hafenrestaurant ⫷⫸ 6300 Zug

Die Fischküche ist das Herzstück des Speiseangebotes des Hafenrestaurants. Wenn möglich werden die Gerichte mit Fischen aus heimischen Gewässern zubereitet. Abgerundet wird das Menu mit mediterranen Fleisch-Spezialitäten, vegetarischen Kreationen und Schweizer Klassikern.

Hafenplatz 2
+41 41 7119070
www.hafenrestaurant.ch
Fisch • Seeterrasse • entspannt

Essen:	**43**	50
Service:	**18**	20
Getränke:	**17**	20
Ambiente:	**8**	10
Gesamt:	**86**	100

Parkhotel Restaurant Zug ⫷⫸ 6302 Zug

Im Zentrum von Zug wird im Parkhotel Restaurant Gastronomie der gehobenen Klasse geboten. In elegantem Ambiente werden traditionelle und international inspirierte Köstlichkeiten für den grossen und kleinen Hunger serviert. Das kreative Frühstücksmenu begeistert Frühaufsteher.

Industriestrasse 14
+41 41 7274747
www.parkhotel.ch
Hotelrestaurant • elegant • weltlich

Essen:	**43**	50
Service:	**17**	20
Getränke:	**17**	20
Ambiente:	**8**	10
Gesamt:	**85**	100

Più Zug 🍴🍴   6300 Zug

In den denkmalgeschützten Mauern der alten Zuger Post werden kreativ
interpretierte Klassiker des Belpaese mit passender Weinbegleitung aus
dem Bindella-Sortiment serviert. Die Atomosphäre im Lokal ist lebendig
und unkompliziert – so wird der Besuch zum Kurzurlaub am Mittelmeer.

Postplatz 1 +41 41 7116606 www.bindella.ch **italienisch • klassisch • entspannt**	Essen: **44** | 50 Service: **18** | 20 Getränke: **18** | 20 Ambiente: **9** | 10
🖨	Gesamt: **89** | 100

Platzhirsch 🍴🍴   6300 Zug

Wenn es um Tatar-Variationen geht, kennt der Platzhirsch keine Gren-
zen: Ob Fleisch, Fisch oder Gemüse, unter den wöchentlich wechselnden
Tatar-Variationen ist für jeden Geschmack etwas dabei. In der grossen
Weinauswahl findet sich auch garantiert die passende Trinkbegleitung.

Zeughausgasse 10 +41 41 7102727 www.platzhirschzug.ch **Vinothek • Fleisch • Fisch • entspannt**	Essen: **44** | 50 Service: **17** | 20 Getränke: **16** | 20 Ambiente: **9** | 10
🏠 ♿ ✈ 🖨	Gesamt: **86** | 100

Rathauskeller 🍴🍴   6301 Zug

Dank sorgfältiger Auswahl der Zutaten und respektvollen Umgangs bringt
Chefkoch Stefan Meier den ursprünglichen Geschmack der Produkte zur
Entfaltung. Durch überlegte Zubereitungsmethoden und clevere Kombi-
nationen werden so kulinarische Erlebnisse geschaffen, die begeistern.

Ober Altstadt 1 +41 41 7110058 www.rathauskeller.ch **Gasthaus • saisonal • entspannt**	Essen: **45** | 50 Service: **18** | 20 Getränke: **18** | 20 Ambiente: **8** | 10
🏠 🖨	Gesamt: **89** | 100

🍴 80–84   🍴🍴 85–89   🍴🍴🍴 90–94   🍴🍴🍴🍴 95–100 Punkte

Schiff

6300 Zug

Im Schiff speist man ebenerdig im Dock oder eine Etage höher im Oberdeck. Der historische Saal mit Kirschholztäfer und Fischgrätparkett ist ein Bijou. Die Gäste werden mit fangfrischem Fisch aus dem Zugersee oder saftigem Hackbraten verwöhnt. Kreative, vielseitige Veggie-Gerichte.

Graben 2
+41 41 7110055
www.restaurant-schiff.ch
Schweizer Küche • nachhaltig • Terrasse • entspannt

Essen:	**43**	50
Service:	**17**	20
Getränke:	**16**	20
Ambiente:	**8**	10
Gesamt:	**84**	100

Seebistro Seeliken

6300 Zug

Im Seebistro Seeliken wird weit mehr als die gängigen «Badi-Pommes» serviert: Mit farbigen Poke Bowls, Hamburger, Fischknusperli oder Flammkuchen sind nur einige der immer frisch zubereiteten Gerichte genannt. Geschlemmt wird mit romantischem Blick direkt auf den See.

Artherstrasse 2
+41 79 5255970
www.seeliken.ch
am Wasser • saisonal • entspannt

Essen:	**44**	50
Service:	**17**	20
Getränke:	**16**	20
Ambiente:	**8**	10
Gesamt:	**85**	100

Zum Kaiser Franz im Rössl

6300 Zug

Seit 2000 bringt Felix Franz mit dem Restaurant Zum Kaiser Franz österreichische Gastronomie und Lebenslust in die Zentralschweiz. Mit viel Charme, Elan und Herzlichkeit werden in edlem Ambiente hervorragende Gerichte der österreichischen Küche zum Besten gegeben.

Vorstadt 8
+41 41 7109636
www.kaiser-franz.ch
Fine Dining • österreichisch • elegant

Essen:	**44**	50
Service:	**17**	20
Getränke:	**17**	20
Ambiente:	**9**	10
Gesamt:	**87**	100

Zur Taube

6300 Zug

Giovanni Melis verwöhnt die Gäste mit klassischer mediterraner Küche. Im Sommer lockt die Terrasse mit atemberaubender Sicht über den Zugersee, romantische Sonnenuntergänge inklusive. Aline Sigrist wirkt als herzliche Gastgeberin, seit Herbst 2022 auch im Boutiquehotel.

Unter Altstadt 24
+41 41 5303767
www.hotel-lacolombe.com
Fine Dining • am Wasser • elegant

Essen:	**44**	50
Service:	**17**	20
Getränke:	**17**	20
Ambiente:	**9**	10
Gesamt:	**87**	100

INDEX NAME A–Z

C

Q

R

U

V

W

INDEX ORT A–Z

C

H

M

T

falstaff

Falstaff Verlag Schweiz AG
Lagerstrasse 121, 8004 Zürich
T: +41 (43) 210 7029
falstaff.com